민간임대주택법

이론 및 실무

임진욱 저

법률출판사

머리말

구「임대주택법」이 2015. 1. 13. 당시 정부의 기업형 임대주택을 주 내용으로 하는 '뉴스테이(new stay) 정책'을 발표함에 따라, 2015. 8. 경 ⓐ 임대사업자가 한국토지주택공사 등의 공공기관의 경우에 적용되는「공공주택특별법」, ⓑ 민간사업자인 경우에 적용되는「민간임대주택에 관한 특별법」으로 양분하게 되었습니다.

참고로 임대주택 관련법은 정부의 부동산정책의 변화에 따라,「세법」처럼 잦은 개정이 있는 것을 특징으로 합니다.

본 저자는 2018. 6.경 '판례와 함께하는 임대주택 관련법 해설'이라는 졸저를 출판한 적이 있는데, 일응 위와 같은 임대주택의 구분을 하고 저술하였지만, 위 책은 구「임대주택법」상 실제 투입한 건축비를 어떻게 볼 것인지 등을 주요한 관심사로 하고 있는 것이었습니다.

본 저자는 2018. 6.경 당시에는 위와 같은「민간임대주택에 관한 특별법」의 시행에도 불구하고, 관련 소송 사례나, 법률적 쟁점 등이 부각되지 않아 이를 위 책에 담을 수 없는 한계가 있었습니다.

본 저자는 그로부터 약 4년여가 지난 현재에는 어느 정도 민간임대주택에 관한 몇몇의 하급심 등의 판결 등을 검색해 볼 수 있었고, 실무에서 실제 발생하고 있는 몇 가지의 법률적 쟁점을 파악할 수 있었는바, 이에 관하여 본 저서로서 간략히 정리해 보았습니다.

본 저서는 대단한 이론서의 역할을 하는 것은 아니고, 다만 「민간임대주택에 관한 특별법」, 같은 법 시행령, 같은 법 시행규칙에 산재(散在)해 있는 규정들을 한 눈에 보기 편하게 만드는 것을 주요 목적으로 하고, 지금까지 파악한 하급심 등의 판결, 법제처의 질의 회신, 기타 본 저자가 실무에서 경험한 법률적 쟁점 등을 첨가하는 정도입니다.

추후 「민간임대주택에 관한 특별법」과 관련하여 법원의 판례가 계속 나올 것으로 보이고, 몇몇 법률적 쟁점들 또한 더욱 정리되어 갈 것으로 예상되는바, 본 저서의 개정의 필요성이 있을 때마다 개정해갈 예정입니다.

2023. 1.

변호사 임 진 욱

차 례

제2장 민간임대주택의 종류

제3장 임대사업자

제4장 주택임대관리업자

제5장 민간임대주택의 건설

제6장 공공지원 민간임대주택 공급촉진지구

제7장 민간임대주택의 공급

제8장 임대보증금에 대한 보증

제9장 임대차계약 등

제11장 임대의무기간 및 양도 등

제12장 임차인대표회의

第13장 민간임대주택의 관리

제14장 분양전환

제15장 임대주택분쟁조정위원회

제16장 보칙

第17장 과태료 부과 및 징수

제1장

민간임대주택에 관한 특별법의 탄생

1. '뉴 스테이(new stay) 정책'의 도입

종전에는「임대주택법」이 있었으나, 2015. 8. 28. 법률 제13499호로 전부 개정되어 2015. 12. 29.부터「민간임대주택에 관한 특별법」이 시행되었다.

이는 2015. 1. 13. 당시 정부의 국토교통부는 '기업형 임대주택'을 주내용으로 하는 소위 **'뉴 스테이(new stay) 정책'**을 도입함에 따라, 구 임대주택법 또한 이를 반영하는 취지에서 위와 같이 전부 개정된 것이다.

즉 당시 전세, 월세 시장의 비정상적인 가격상승을 억제하기 위하여 기존의 주택 분양이나 오피스 임대에만 주력하는 기업들을 주택임대시장에 끌어들이려 했던 것이다.

위와 같은「민간임대주택에 관한 특별법」의 전부 개정의 이유를 보면 "최근 집에 대한 인식이 '소유'에서 '거주'로 변화하면서 자가점유율이 지속적으로 하락하고, 임대차 방식이 전세에서 월세로 빠르게 전환됨에 따라, 전월세시장에서 수급불균형 현상이 발생하고 임차인들의 주거비 부담이 증가하는 등 전월세시장의 불안이 지속되고 있는바, 이러한 문제를 완화하기 위해서는 공공부문에 의한 공공임대주택 공급뿐 아니라 민간부문에 의한 민간임대주택 공급도 확충되어야 하나 민간부문에서 임대주택을 건설하는 경우에도 주택도시기금에서 건설자금을 융자받거나 공공택지를 공급받게 되면 공공임대주택으로 간주되어 임차인자격ㆍ초기임대료 제한, 분양전환 의무 등 규제가 과도한 반면, 이에 상응하는 금융ㆍ세제지원 등 인센티브는 충분하지 않은 실정이므로, 이에 '규제' 중심의 당시「임대주택법」을 '지원' 중심의「민간임대주택에 관한 특별법」으로 전부 개정하여 도시ㆍ건축 규제 완화 등 민간임대주택에 대한 지원을 강화하되, 공공부문의 지원을 활용하여 발생하는 민간의 개발이익을 적정하게 환수하기 위한 근거를 마련하는 등 관련

제도를 보완하려는 것이라고 밝히고 있다. 이는 곧 **임대주택의 공급 촉진**을 주목적으로 한 것이라고 할 것이다.

그리하여「민간임대주택에 관한 특별법」에서는 민간임대사업을 육성하기 위하여 당시 임대사업자에 대하여 적용되고 있는 6개의 핵심규제 중 ① 임차인 자격 제한, ② 최초 임대료 제한, ③ 분양전환의무, ④ 담보권 설정 제한 등 4개 규제를 폐지하고, ⑤ 임대의무 기간(8년 또는 4년) 및 ⑥ 임대료 상승률 제한(연 5%) 등 2개 규제만 존치하게 된 것이다.

즉 종전「임대주택법」에서는 '민간임대사업자'가 ① 공공택지에 임대주택을 건설하거나, ② 주택도시기금을 지원받아 임대주택을 건설하는 경우에도 공공건설임대주택으로 분류되어 ① 임차인 자격 제한, ② 최초 임대료 제한, ③ 분양전환의무 및 분양전환가격 제한, ④ 담보권 설정 제한 등을 받았던 것이나,「민간임대주택에 관한 특별법」에 이르러서는 위와 같은 제한을 받지 않게 되었던 것이다.

이에 대응하여 임차인의 입장에서는, 종전의「임대주택법」에는 우선분양전환권 및 분양전환가격의 제한 등의 규정을 가지고 있었지만,「민간임대주택에 관한 특별법」에서는 이에 관한 규정을 전혀 두고 있지 않게 된 것이다.

그러나 현장의 실무를 보면,「민간임대주택에 관한 특별법」에 근거한 민간임대주택에 대하여 임대차계약을 체결하는 임차인들은 막연히 기존의「임대주택법」에 근거한 임차인의 우선분양전환권 및 우선분양전환가격의 제한을 간접적 경험을 통하여 기억하고, 위와 같이 바뀐 법률의 내용을 제대로 숙지하지 못하고 있는 경우가 많다.

특히 임대주택의 사용검사 전 임차인을 모집하여 임차인으로부터 임대보증금을 받아 이를 건축재원으로 하여 임대주택을 신축하는 경우에 있어서 임차인과 민간임대사업자 사이의 마찰이 매우 많은 것이 현실이다.

2. 법률의 '전부 개정'의 법적 의미

법률이 '전부 개정'된 경우에는 기존 법률은 폐지하고, 새로운 법률을 '제정'하는 것과 마찬가지 의미를 가진다.

> 대법원 2019. 10. 31. 선고 2017두74320 판결 [건축신고반려처분취소]
>
> 개정 법률이 전부 개정인 경우에는 기존 법률을 폐지하고 새로운 법률을 제정하는 것과 마찬가지여서 원칙적으로 종전 법률의 본문 규정은 물론 부칙 규정도 모두 효력이 소멸되는 것으로 보아야 하므로 종전 법률 부칙의 경과규정도 실효되지만, 특별한 사정이 있는 경우에는 효력이 상실되지 않는다. 여기에서 말하는 '특별한 사정'은 전부 개정된 법률에서 종전 법률 부칙의 경과규정에 관하여 계속 적용한다는 별도의 규정을 둔 경우뿐만 아니라, 그러한 규정을 두지 않았다고 하더라도 종전의 경과규정이 실효되지 않고 계속 적용된다고 보아야 할 만한 예외적인 사정이 있는 경우도 포함한다. 이 경우 예외적인 '특별한 사정'이 있는지는 종전 경과규정의 입법 경위 · 취지, 전부 개정된 법령의 입법 취지 및 전반적 체계, 종전 경과규정이 실효된다고 볼 경우 법률상 공백 상태가 발생하는지 여부, 기타 제반 사정 등을 종합적으로 고려하여 개별적 · 구체적으로 판단하여야 한다.

3. 경과 조치

임대주택에 관한 관련법은 중요한 내용을 하위 법령에 많이 위임하는 특징을 가지고 있고,

또 이들이 정부의 부동산 정책에 따라 매우 자주 개정되는 특징을 가지고 있다. 그리고 임대주택은 법에 정한 법정 임대의무기간이 존재하므로 그 법률관계가 장기화되는 특징을 가지고 있기 때문에 당해 임대주택이 과연 어느 법령(법률, 시행령, 시행규칙)의 적용을 받는 것인지 특정하는 것이 매우 중요하다.

가. 일반적 적용례

민간건설임대주택에 관한 「민간임대주택에 관한 특별법」(이하 '이 법'이라고만 함.)의 개정규정은 이 법 시행 후 최초로 사업계획의 승인을 신청하는 경우부터 적용한다.

민간매입임대주택에 관한 이 법의 개정규정은 이 법 시행 후 최초로 민간매입임대주택으로 등록되어 공급되는 경우부터 적용한다.

나. 이미 등록한 임대주택에 관한 특례

종전의 「임대주택법」에 따라 등록한 임대주택은 종전의 「임대주택법」을 적용한다.

다. 민간건설임대주택에 관한 특례

이 법 시행 당시 종전의 「임대주택법」 제6조에 따라 등록한 임대사업자(주택도시기금이 출자한 부동산투자회사에 한정한다)가 민간건설임대주택으로 사업계획승인을 신청하였거나 받은 경우에는 제4조의 개정규정을 적용하여 주택도시기금을 지원할 수 있다.

라. 처분 등에 관한 일반적 경과조치

이 법 시행 당시 종전의 규정에 따른 행정기관의 행위나 행정기관에 대한 행위는 그에 해당하는 이 법에 따른 행정기관의 행위나 행정기관에 대한 행위로 본다.

마. 공공건설임대주택에 관한 경과조치

이 법 시행 당시 「공공주택 특별법」에 따른 공공주택사업자가 아닌 자가 건설하였거나, 건설하는 주택으로서 다음 각 호의 어느 하나에 해당하는 주택에 대하여는 종전의 「임대주택법」 제2조 제2호의2에 따른 공공건설임대주택으로 보아 종전의 규정을 적용한다.

1. 이 법 시행 당시 국가 · 지방자치단체의 재정 또는 주택도시기금의 자금을 지원받아 공공건설임대주택으로 건설하였거나 건설하고 있는 주택
2. 이 법 시행 당시 공공사업으로 조성된 택지에 「주택법」 제16조에 따라 공공건설임대주택으로 사업계획승인을 받아 건설하였거나 건설하고 있는 주택
3. 이 법 시행 당시 공공사업으로 조성된 택지를 공공건설임대주택 용도로 공급받아 이 법 시행 후 건설하는 주택

바. 토지임대부 임대주택에 관한 경과조치

이 법 시행 당시 종전의 「임대주택법」 제2조 제2호 가목의 토지임대부 임대주택에 대하여는 종전의 규정에 따른다.

사. 부도 등에 관한 경과조치

이 법 시행 당시 종전의 「임대주택법」 제2조 제8호의 부도임대주택 등에 관해서는 종전의 규정에 따른다. 종전의 「임대주택법」 제2조 제2호의2의 공공건설임대주택 중 공공주택사업자가 아닌 자가 건설한 주택에 대하여 이 법 시행 후 같은 조 제7호의 부도 등이 발생한 경우에도 같다.

아. 임대사업자에 대한 경과조치

이 법 시행 당시 종전의 「임대주택법」 제6조에 따라 등록한 임대사업자(공공주택사업자는 제외한다)는 이 법에 따른 일반형임대사업자로 본다. 이 경우 제5조 제4항의 개정규정에 따른 등록기준을 충족하는 경우에는 기업형임대사업자로 등록할 수 있다.

자. 임대주택조합에 대한 경과조치

이 법 시행 당시 종전의 「임대주택법」 제7조에 따라 설립된 임대주택조합은 이 법에 따른 임대사업자로 보되, 종전의 규정에 따른다.

차. 주택임대관리업 등록에 관한 경과조치 등

이 법 시행 당시 「주택법」에 따른 주택임대관리업의 등록은 이 법에 따라 등록한 것으로 본다. 제9조 제2호의 개정규정에 따른 피성년후견인 및 피한정후견인은 법률 제10429호 민법 일부개정법률 부칙 제2조에 따라 금치산 또는 한정치산 선고의 효력이 유지되는 사람을 포함하는 것으로 본다. 주택임대관리업의 등록말소에 관한 제10조의 개정규정은 이 법 시행 당시 「주택법」 제53조의2에 따라 등록한 주택임대관리업에도 적용한다.

카. 임대주택분쟁조정위원회에 대한 경과조치

이 법 시행 당시 종전의 「임대주택법」 제33조에 따라 구성된 임대주택분쟁조정위원회는 이 법에 따라 구성된 것으로 본다.

타. 벌칙이나 과태료에 관한 경과조치

이 법 시행 전의 행위에 대하여 벌칙이나 과태료를 적용할 때에는 종전의 규정에 따른다.

4. 다른 법률과의 관계

민간임대주택의 건설ㆍ공급 및 관리 등에 관하여 「민간임대주택에 관한 특별법」에서 정하지 아니한 사항에 대하여는 「주택법」, 「건축법」, 「공동주택관리법」 및 「주택임대차보호법」을 적용한다.(「민간임대주택에 관한 특별법」 제3조)

[법제처 법령해석 사례] 안건번호22-0668 회신일자2022-10-14

민원인 – 민간건설임대주택을 공급할 때 「주택법」 제39조에 따른 공동주택성능등급의 표시 의무가 적용되는지 여부(「민간임대주택에 관한 특별법」 제3조 등 관련)

1. 질의요지

「주택법」 제39조, 같은 법 시행령 제45조 제9호 및 「주택건설기준 등에 관한 규정」 제58조에 따르면 사업주체가 500세대 이상의 공동주택을 공급할 때에는 주택의 성능 및 품질을 입주자가 알 수 있도록 「녹색건축물 조성 지원법」(이하 "녹색건축법"이라 함)에 따라 화재 · 소방 관련 등급(「주택법」 제39조 제5호) 등의 공동주택 성능에 대한 등급을 발급받아 국토교통부령으로 정하는 방법으로 입주자 모집공고에 표시하여야 한다고 규정하고 있는 한편,

「민간임대주택에 관한 특별법」(이하 "민간임대주택법"이라 함) 제3조에서는 민간임대주택의 건설 · 공급 및 관리에 관하여 이 법에서 정하지 아니한 사항에 대해서는 「주택법」, 「건축법」, 「공동주택관리법」 및 「주택임대차보호법」을 적용한다고 규정하고 있고, 민간임대주택법 제17조에서는 민간임대주택의 건설은 「주택법」 또는 「건축법」에 따른다고 규정하고 있는바,

임대사업자가 민간건설임대주택(각주 : 민간임대주택법 제2조 제2호 가목에 따라 임대사업자가 임대를 목적으로 건설하여 임대하는 주택을 말하며, 이하 같음.)을 공급(각주 : 동일한 주택단지에서 <u>500세대 이상의 민간임대주택을 최초로</u>

공급하는 경우를 전제함.)하는 경우, 「주택법」 제39조에 따라 녹색건축법에 따라 발급받은 공동주택성능등급을 "임차인 모집계획안"에 표시해야 하는지?

2. 회답

이 사안의 경우, 「주택법」 제39조에 따라 공동주택성능등급을 "임차인 모집계획안"에 표시하여야 하는 것은 아닙니다.

3. 이유

「주택법」 제39조에서는 사업주체가 대통령령으로 정하는 호수 이상의 공동주택을 공급할 때에는 주택의 성능 및 품질을 입주자가 알 수 있도록 녹색건축법에 따라 화재 · 소방 · 피난안전 등 화재 · 소방 관련 등급(제5호) 등의 공동주택성능에 대한 등급을 발급받아 국토교통부령으로 정하는 방법으로 입주자 모집공고에 표시하여야 한다고 규정하고 있고, 같은 조의 위임에 따라 마련된 「주택건설기준 등에 관한 규칙」 제12조의2 본문에서는 「주택법」 제39조 각 호 외의 부분에서 "국토교통부령으로 정하는 방법"이란 별지 제1호 서식의 공동주택성능등급 인증서를 발급받아 「주택공급에 관한 규칙」 제19조부터 제21조까지의 규정에 따른 입주자 모집공고에 표시하는 방법을 말한다고 규정하고 있으며, 「주택공급에 관한 규칙」 제20조 제1항 각 호 외의 부분 전단에서는 사업주체는 입주자를 모집하려면 입주자모집공고안(제1호) 등의 서류를 갖추어 시장 · 군수 · 구청장의 승인을 받아야 한다고 규정하고 있습니다.

그리고 민간임대주택법 제3조에서는 민간임대주택의 건설 · 공급 및 관리에 관하여 같은 법에서 정하지 아니한 사항에 대하여는 「주택법」, 「건축법」, 「공동주택관리법」 및 「주택임대차보호법」을 적용한다고 규정하고 있고, 민간임대주택법

제17조 본문에서는 민간임대주택의 건설은 「주택법」 또는 「건축법」에 따른다고 규정하고 있으며, 민간임대주택법 제42조 제3항에서는 민간임대주택의 공급에 관한 사항에 대해서는 「주택법」 제20조, 제54조, 제57조부터 제63조까지, 제64조 및 제65조를 적용하지 아니한다고 규정하고 있는바, 이 사안에서는 민간임대주택법상의 민간건설임대주택을 공급하는 경우 임대사업자에게 「주택법」 제39조에 따른 공동주택성능등급 표시제도가 적용되는지가 문제됩니다.

먼저 입법기술상 "적용한다"란 어떤 사항을 규율하기 위해 만들어진 조문을 조금도 수정하지 않고 그와 성질이 같은 다른 규율 대상에 사용할 때의 표현방식으로, 이미 규정되어 있는 조문을 수정하지 않고 그대로 따르도록 한다는 점에서 기존 조문의 규율 범위를 확장하는 의미(각주 : 법제처 법령입안 · 심사기준(2021) p.792 참조)가 있어, 특정 조문을 그와 성질이 유사한 규율 대상에 대해 그 성질에 따라 다소 수정하여 적용하도록 하는 "준용"과는 다르다고 할 것이고, "따른다"란 관례, 유행이나 명령, 의견 따위를 그대로 실행한다는 등의 의미(각주 : 국립국어원 표준국어대사전 참조)로서 기존의 것을 "그대로 따른다"는 점에서 원칙적으로 "적용한다"와 동일한 의미로 보아야 할 것인바, 이 사안과 관련하여 민간건설임대주택을 공급하는 경우에 민간임대주택법 제3조 및 제17조에 따라 「주택법」 제39조가 적용되는지 여부를 해석하기 위해서는 민간임대주택법상 민간건설임대주택에 대해서 「주택법」 제39조를 그대로 따를 수 있는지를 살펴볼 필요가 있습니다.

그런데 「주택법」 제39조에서는 일정 규모 이상의 공동주택을 공급할 때 사업주체로 하여금 녹색건축법상의 공동주택성능등급을 발급받아 "입주자 모집공고"에 표시하도록 의무를 부과하면서, 같은 조의 위임에 따른 「주택건설기준 등에 관한 규칙」 제12조의2에서는 공동주택성능등급 인증서를 발급받아 「주택공급에 관한 규칙」 제19조부터 제21조까지의 규정에 따른 "입주자 모집공고"에 표시하도록 공동주택성능등급의 표시방법과 시기 등에 대해 구체적으로 규정하고 있으나, 민간임대주택법상 민간건설임대주택의 경우 같은 법 제42조 제3항에 따르면 「주택법」 제54조가 적용되지 않으므로 그 위임에 따라 마련된 「주택공급에 관한 규칙」의 해당 규정도 적용될 여지가 없고, 민간임대주택법 제42조 제4항, 같은 법 시행령 제33조의2 및 같은 법 제14조의12 제2항 제1호에 따르면 민간임대주택 임대사업자에게 최초 임대 시 "임차인 모집계획안"이라는 별도의 서류를 제출하도록 하고 있을 뿐인바, 결국 민간건설임대주택의 공급 과정에서는 "입주자 모집공고"라는 제도가 없으므로 이를 규율하고 있는 주택법령 상의 규정을 적용할 수도 없다고 보아야 합니다.

그렇다면 민간임대주택법상 민간건설임대주택의 경우에는 「주택법」 제39조에 따른 공동주택성능등급을 표시하기 위한 "입주자 모집공고"라는 제도가 없어 「주택공급에 관한 규칙」 제19조부터 제21조까지에 따른 표시방법과 시기 등을 적용할 수 없으므로, 「주택법」 제39조는 그 성질상 민간건설임대주택에 대하여 그대로 적용할 수 있는 규정으로 볼 수 없는바, 이 사안과 관련하여 민간건설임대주택을 공급하는 경우에는 「주택법」 제39조가 적용되지 않는다고 할 것입니다.

따라서 이 사안의 경우, 「주택법」 제39조에 따라 공동주택성능등급을 "임차인 모집계획안"에 표시하여야 하는 것은 아닙니다.

5. 임대주택의 종류

임대주택은 (a) 공공주택사업자가 공급하는 '공공임대주택'과 (b) 민간임대사업자가 공급하는 '민간임대주택'으로 대별된다.

(a) '공공임대주택'에 관한 근거 법률은 「공공주택 특별법」이며, (b) 민간임대주택에 대한 근거 법률은 「민간임대주택에 관한 특별법」이다[1].

임대주택의 종류는 매우 다양하고, 또 부동산 정책 변경에 따라 새롭게 도입되기도 하는데 현재의 임대주택은 일응 아래와 같이 구분될 수 있다.

---

1) 구 「임대주택법」 에서는 임대주택의 공급자가 국가, 지방자치단체, 한국토지주택공사와 같은 공공기관인 경우나 민간임대사업자인 경우 모두를 규율하고 있었고, 특히 민간임대사업자가 공급하는 경우라도, 공공택지에 건설 공급하거나, 주택도시기금 등을 지원받아 건설 공급하는 경우에도 '공공건설임대주택'으로 분류되어 분양전환가격 등의 법적 규제를 받았다.

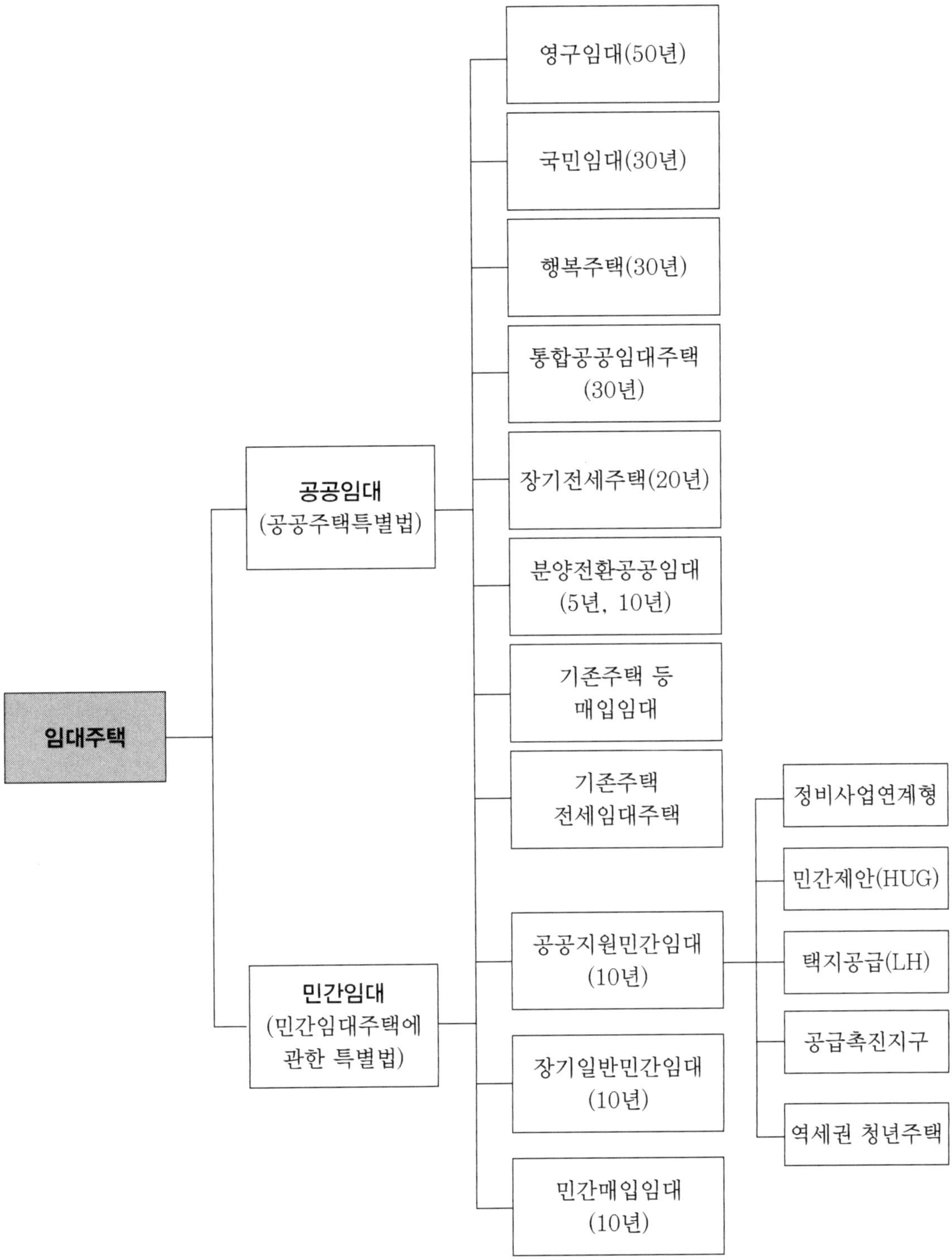
임대주택
공공임대
(공공주택특별법)
민간임대
(민간임대주택에
관한 특별법)
영구임대(50년)
국민임대(30년)
행복주택(30년)
통합공공임대주택
(30년)
장기전세주택(20년)
분양전환공공임대
(5년, 10년)
기존주택 등
매입임대
기존주택
전세임대주택
공공지원민간임대
(10년)
장기일반민간임대
(10년)
민간매입임대
(10년)
정비사업연계형
민간제안(HUG)
택지공급(LH)
공급촉진지구
역세권 청년주택

제2장

민간임대주택의 종류

1. 민간임대주택의 개념

"민간임대주택"이란 임대 목적으로 제공하는 주택으로서, 임대사업자가 민간임대주택에 관한 특별법 제5조에 따라 등록한 주택을 말하는바, 여기에는 ① 토지를 임차하여 건설된 주택, ② 준주택[2] 및 ③ 일부만을 임대하는 주택[3]을 포함한다.

영세한 서민이 주로 거주하고 있는 다가구주택도 임대주택으로 등록할 수 있도록 하고, 다가구 주택 내 하나의 실(室)에 본인이 거주하더라도 해당 주택을 임대주택으로 등록할 수 있도록, 2017. 1. 17. 법률 제14542호로 개정되어 2017. 7. 18.부터 시행하는 개정 법률에 반영되었다.

2. 민간임대주택의 종류

가. 취득 방식에 따른 구분

민간 임대주택은 아래와 같이 그 '취득 방식'에 따라, '민간건설 임대주택'과 '민간매입 임대주택'으로 대별된다.

1) 민간건설임대주택

"민간건설임대주택"이란, ① 임대사업자가 임대를 목적으로 건설하여 임대하는 주택과 ②「주택법」제4조에 따라 등록한 주택건설사업자가 같은 법 제15조에 따라 사업계획승인

---

2) 1.「주택법」 제2조 제1호에 따른 주택 외의 건축물을「건축법」에 따라「주택법 시행령」 제4조 제1호의 <u>기숙사로 리모델링한 건축물</u>
 2. 다음 각 목의 요건을 모두 갖춘「주택법 시행령」 제4조 제4호의 <u>오피스텔</u>
 가. 전용면적이 120제곱미터 이하일 것
 나. 상하수도 시설이 갖추어진 전용 입식 부엌, 전용 수세식 화장실 및 목욕시설(전용 수세식 화장실에 목욕시설을 갖춘 경우를 포함한다.)을 갖출 것

3) <u>다가구주택</u>(「건축법 시행령」 별표 1 제1호 다목)으로서 임대사업자 본인이 거주하는 실(室)을 제외한 나머지 실(室) 전부를 임대하는 주택

을 받아 건설한 주택 중 사용검사 때까지 분양되지 아니하여 임대하는 주택을 말한다.

[법제처 법령해설 사례] 안건번호21-0140 회신일자2021-06-04

민원인 - 주택을 신축하여 소유권보존등기를 마친 후 민간임대주택으로 등록하는 경우「민간임대주택에 관한 특별법」제2조 제2호에 따른 민간건설임대주택에 해당하는지 여부(「민간임대주택에 관한 특별법」 제2조 제2호 등 관련)

1. 질의요지

「건축법」에 따라 주택을 신축하여 소유권보존등기를 마친 소유자가 해당 주택을 임대하기 위해「민간임대주택에 관한 특별법」(이하 "민간임대주택에 관한 특별법"이라 함) 제5조 제1항 및 같은 법 시행령 제4조 제1항 제1호에 따라 임대사업자로 등록하는 경우, 해당 주택은 같은 법 제2조 제2호 가목에 따른 민간건설임대주택에 해당하는지?

※ 질의배경

민원인은 국토교통부에 주택을 건축하고 소유권보존등기를 마친 후 민간임대주택으로 등록하는 경우, 해당 주택이 민간건설임대주택에 해당하는지 질의하였고, 민간건설임대주택이 아닌 민간매입임대주택이라는 회신을 받자, 이에 이견이 있어 법제처에 법령해석을 요청함.

2. 회답

이 사안의 경우 해당 주택은 민간임대주택에 관한 특별법 제2조 제2호 가목에 따른 민간건설임대주택에 해당하지 않습니다.

3. 이유

민간임대주택에 관한 특별법 제2조 제1호에서는 "민간임대주택"을 임대사업자가 임대를 목적으로 제공하는 주택으로서 같은 법 제5조에 따라 등록한 주택으로 정의하면서 민간건설임대주택과 민간매입임대주택으로 구분하고 있고, 같은 조 제2호에서는 "민간건설임대주택"을 임대사업자가 임대를 목적으로 건설하여 임대하는 주택(가목)과 주택건설사업자가 사업계획승인을 받아 건설한 주택 중 사용검사 때까지 분양되지 아니하여 임대하는 주택(나목)으로 구분하고 있으며, 같은 조 제3호에서는 "민간매입임대주택"을 임대사업자가 매매 등으로 소유권을 취득하여 임대하는 주택으로 정의하고 있는바, 특정 주택을 같은 조 제2호가목에 따른 민간건설임대주택으로 보기 위해서는 "임대를 목적으로 건설"해야 한다는 점은 문언상 분명합니다.

그런데 민간임대주택에 관한 특별법 제5조 제1항 및 같은 조 제2항 제2호에서는 주택을 임대하기 위해 등록을 하는 경우 민간건설임대주택과 민간매입임대주택으로 구분하여야 한다고 규정하면서, 민간건설임대주택에 대해서는 같은 법 제4조에 따라 민간임대주택에 주어지는 주택도시기금 등의 우선 지원 외에 토지 등의 우선 공급(제18조), 간선시설의 우선 설치(제19조), 용적률의 완화(제21조의2) 등이 별도로 적용되고 있고, 「종합부동산세법」 제8조 제2항 및 같은 법 시행령 제3조에서는 과세표준 합산대상에서 제외하는 주택과 관련하여 민간건설임대주택과 민간매입임대주택의 적용 요건을 각각 달리 규정하고 있는바, 임대를 목적으로 건설한 민간건설임대주택과 민간매입임대주택을 구분하여 양자를 다르게 보고 별도의 규정을 적용하도록 하는 것이 민간임대주택에 관한 특별법 및 관련 법령의 체계라 할 것입니다.

그렇다면 이 사안과 같이 대상 주택이 민간임대주택에 관한 특별법 제2조 제2호 가목의 민간건설임대주택에 해당하는지를 판단해야 하는 경우에는 해당 주택이 당초 임대를 목적으로 건설되었다는 점이 객관적으로 확인될 필요가 있으므로, 적어도 주택 건설이 완료되기 전까지는 임대사업자 등록을 통해 해당 주택이 임대 목적으로 건설되었다는 점을 공적으로 확인하는 절차를 거쳐야 할 것인데, 주택의 건설이 완료되어 소유권보존등기를 마칠 때까지 충분한 시간적 여유가 있었음에도 불구하고 임대사업자로 등록하지 않았다면 사업자가 당초부터 해당 주택을 "임대를 목적으로 건설"하였다는 점을 객관적으로 확인할 수 없는바, 그럼에도 불구하고 이러한 주택을 민간임대주택에 관한 특별법 제2조 제2호 가목의 민간건설임대주택의 범위에 포함시키는 것은 같은 법 및 관련 법령의 체계에 부합하지 않는 해석입니다.

아울러 주택의 소유권보존등기를 마친 후 임대사업자로 등록을 하더라도 해당 주택을 민간임대주택에 관한 특별법 제2조 제2호 가목의 민간건설임대주택으로 본다면, 소유권보존등기를 마친 후 소유자가 일정 기간 거주하다가 임대사업자로 등록을 하는 경우에도 해당 주택을 민간임대주택에 관한 특별법 제2조 제2호 가목의 민간건설임대주택으로 보아야 하는바, 이는 임대 목적으로 사용되지 않고 있던 주택을 사후에 건설 목적에 대한 객관적인 확인 없이 민간임대주택에 관한 특별법 제2조 제2호 가목의 민간건설임대주택으로 인정함으로써 「종합부동산세법」에 따른 과세표준 합산대상에서 제외하는 등의 불합리한 결과를 초래할 수 있다는 점도 이 사안을 해석할 때 고려해야 합니다.

따라서 「건축법」에 따라 주택을 신축하여 소유권보존등기를 마친 소유자가 해당 주택을 임대하기 위해 민간임대주택에 관한 특별법 제5조 제1항 및 같은 법 시행령 제4조 제1항 제1호에 따라 임대사업자로 등록하는 경우, 해당 주택은 같은 법 제2조 제2호 가목에 따른 민간건설임대주택에 해당하지 않습니다.

2) 민간매입임대주택

"민간매입임대주택"이란 임대사업자가 **'매매 등'**으로 소유권을 취득하여 임대하는 민간임대주택을 말한다. 여기서 '매매 등'에는 **'매매, 증여, 상속 등'**이 포함될 수 있겠다.

한편 임대사업자가 기존의 '민간건설임대주택'을 '매매 등'으로 소유권을 취득하여 임대하는 경우, 바로 '민간매입임대주택'으로 분류되어, '민간건설임대주택'에 대한 관련 법령상의 법적 규제 등이 면제되는 것은 아니고, 「민간임대주택에 관한 특별법」 제43조 제2항, 제3항에 따라 양도인인 임대사업자의 지위를 포괄적으로 승계하기도 하므로, '민간건설임대주택'에 대한 관련 법령의 법적 규제 등은 그대로 잔존하는 것이다.(대법원 2006. 8. 25. 선고 2006다14103 판결 등 참조)

이는 민간건설임대주택이 주택도시기금 등의 지원을 받아 건설됨에 따라 공공성이 있는 경우, 임대사업자가 매매 등으로 변경되었다고 하더라도, 새로운 임대사업자가 기존의 주택도시기금 등을 채무인수 등을 한다면, 여전히 그 공공성이 유지되기 때문에 민간임대주택의 공공성에 따른 법적 규제는 그대로 유지된다는 취지이다.

즉 구「임대주택법」의 적용을 받는 사안으로, (a) '건설임대주택'의 경우에는 임대보증금에 대한 보증에 가입할 법적 의무가 있고(구「임대주택법」 제17조 제1항), 미가입한 경우 형사처벌의 대상(구「임대주택법」 제41조 제2항)이 되는 반면, (b) '매입임대주택'의 경우에는 위와 같은 보증에 가입할 의무가 있다는 법적 규정이 없었다.

주택도시기금을 지원받아 공공건설임대주택을 건설한 甲으로부터 당해 임대주택을 종전 주택도시기금 대출금 잔액을 인수하는 조건으로 매입한 乙은 당해 임대주택에 관한 임대보증금에 대한 보증에 미가입함에 따라 기소되었다. 이에 대한 1심의 유죄 취지의 판단은 대략 아래와 같다.

서울중앙지방법원 2020. 6 .23. 선고 2019고단7529 판결 [임대주택법 위반]

구 임대주택법 제2조 제3호는 '매입입대주택이란 임대사업자가 매매 등으로 소유권을 취득하여 임대하는 주택을 말한다.'고 규정하고 있다. 그러나 여기서 말하는 '매매 등'이란 모든 종류의 매매거래를 의미하는 것이 아니라 '분양전환절차가 완료되어 공공건설임대주택으로서의 소명을 다한 주택을 임대사업자가 매수하여 그 소유권을 취득한 후 임대사업에 제공하는 주택'으로 한정하여 행석하여야 한다. 또한 임대사업자가 건설임대주택을 다른 임대사업자에게 매각하였다고 하여 그 임대주택이 건설임대주택에서 매입임대주택으로 변경되는 것은 아니고, 새로운 임대사업자는 기존 임대사업자의 지위를 그대로 승계한다고 보아야 한다(대법원 2006. 8. 25. 선고 2006다14103 판결 등 참조).

(중략)

매입임대주택에 관한 구 임대주택법 제2조 제3호 규정을 해석함에는 이와 같은 배경을 고려할 수밖에 없다. 위 규정의 '임대사업자가 매매 등으로 소유권을 취득하여 임대하는 주택'이라 함은, 위와 같은 배경의 논리적 귀결로서, 공공의 재원이 투입되어 있는 임대주택이 그 입법목적을 최종적으로 달성하여 공공건설임대주택으로서의 임무를 다한 주택, 즉 분양전환절차가 완료된 후의 주택으로서 임대사업자가 임대사업을 위해 매수하여 임대사업에 제공하는 주택을 의미한다고 해석함이 타당하다.

(중략)

임차인 또는 임대사업자가 아닌 사람이 공공건설임대주택을 매수하였다면, 그 자체로 기 투입된 공공재원이 입법자가 상정한 입법목적에 종국적으로 소진된 것으로 평가될 수 있다는 점에서 임대사업자가 매수한 경우와는 본질적 차이가 있다.

위의 2심(서울중앙지방법원 2021. 7. 22. 선고 2020노2133 판결) 및 3심(대법원 2022. 2. 24. 선고 2021도10407 판결)은 1심 결론을 그대로 유지하였다.

나. 법적 성격에 따른 구분

구 분	사업주체	법정 임대의무기간	비 고
기업형 임대주택	기업형 임대사업자	8년	- 2018. 1. 16. 삭제됨 - 2018. 7. 17. 이후부터 '임대사업자'로 간주 - 2018. 7. 17. 이후부터 '장기일반 민간임대주택'으로 간주
준공공 임대주택	일반형 임대사업자	8년	- 2018. 1. 16. 삭제됨 - 2018. 7. 17. 이후부터 '임대사업자'로

			간주 – 2018. 7. 17. 이후부터 '장기일반 민간임대주택'으로 간주
단기 임대주택	일반형 임대사업자	4년	– 2020. 8. 18.부터 삭제됨
장기일반 민간임대주택	임대사업자	8년 –〉 10년	– 2020. 8. 18.부터 10년으로 연장됨 – 종전의 '단기임대주택'은 '장기일반 민간임대주택'으로 변경등록할 수 없음. – '아파트'를 '매입'하여 임대하는 주택은 '장기일반 민간임대주택'에서 제외 – 단「주택법」제2조 제20호의 **도시형 생활주택**은 위 아파트에서 제외되어 매입하여 임대하는 주택은 장기일반 민간임대주택에 포함됨
공공지원 민간임대주택	임대사업자	8년 –〉 10년	– 2020. 8. 18.부터 10년으로 연장됨 – 종전의 '단기임대주택'은 '공공지원 민간임대주택'으로 변경등록할 수 없음.

1) 기업형 임대주택

'기업형 임대주택'이란 '기업형 임대사업자'[4]가 8년 이상 임대할 목적으로 취득하여 임대하는 민간임대주택을 말한다.

'기업형 임대주택'은 2018. 1. 16. 법률 제15356호로 개정되어 2018. 7. 17.부터 시행되는 구「민간임대주택에 관한 특별법」에서 '공공지원민간임대주택'과 '장기일반 민간임대

4) 8년 이상 임대할 목적으로 100호 이상으로서「민간임대주택에 관한 특별법 시행령」으로 정하는 호수(1. 민간건설임대주택의 경우 가. 단독주택: 300호, 나. 공동주택: 300세대' 2. 민간매입임대주택의 경우 가. 단독주택: 100호, 나. 공동주택: 100세대) 이상의 민간임대주택을 취득하였거나 취득하려는 임대사업자를 말한다.

주택'이 '신설'됨에 따라 폐지되었다.

기존의 '기업형 임대주택'은 위 개정 법률에 정한 **'장기일반 민간임대주택'**으로 본다.

2) **준공공 임대주택**

'준공공 임대주택'이란 **'일반형 임대사업자'**[5]가 **8년 이상** 임대할 목적으로 취득하여 임대하는 민간임대주택을 말한다.

'준공공 임대주택'은 2018. 1. 16. 법률 제15356호로 개정되어 2018. 7. 17.부터 시행되는 구「민간임대주택에 관한 특별법」에서 '공공지원민간임대주택'과 '장기일반민간임대주택'이 '신설'됨에 따라 폐지되었다.

기존의 '준공공 임대주택'은 위 개정 법률에 정한 **'장기일반 민간임대주택'**으로 본다.

다만, 2015. 8. 28. 법률 제13499호로 전부 개정되어 2015. 12. 29.부터 시행되는「민간임대주택에 관한 특별법」부칙 제3조 제3항 제1호 및 제2호에 따라 '준공공임대주택'으로 보는 주택의 임대의무기간, 임대의무기간 이내 매각요건 및 절차, 저당권 설정 제한, 임대주택의 전대 제한, 경매 시 임차인 우선매수권 부여, 특별수선충당금의 적립대상에 관하여는 종전의 규정을 적용한다. 〈개정 2020. 8. 18.〉

3) 단기 임대주택

"단기 임대주택"이란 **'일반형 임대사업자'**가 **4년 이상** 임대할 목적으로 취득하여 임대하는 민간임대주택을 말한다.

---

5) 기업형 임대사업자가 아닌 임대사업자로서 1호 이상의 민간임대주택을 취득하였거나 취득하려는 임대사업자를 말한다.

"단기 임대주택"은 2020. 8. 18. 법률 제17482호로 개정되어 2020. 8. 18.부터 시행된 「민간임대주택에 관한 특별법」에서 삭제하여 향후 폐지하는 것으로 개정되었다.

다만, 2015. 8. 28. 법률 제13499호로 전부 개정되어 2015. 12. 29.부터 시행되는 「민간임대주택에 관한 특별법」 부칙 제3조 제3항 제3호에 따라 '단기임대주택'으로 보는 주택의 임대의무기간, 임대의무기간 이내 매각요건 및 절차, 저당권 설정 제한, 임대주택의 전대 제한, 경매 시 임차인 우선매수권 부여, 특별수선충당금의 적립대상에 관하여는 종전의 규정을 적용한다. 〈개정 2020. 8. 18.〉

2020. 8. 18. 당시 종전의 규정에 따라 '단기민간임대주택'을 등록한 임대사업자 및 그 민간임대주택은 임대사업자 및 그 민간임대주택의 등록이 말소되기 전까지 「민간임대주택에 관한 특별법」(법률 제17482호)에 따른 '임대사업자' 및 '장기일반민간임대주택'으로 보아 위 법을 적용한다. 다만 임대의무기간은 종전의 규정에 따른다.(「민간임대주택에 관한 특별법」 법률 제17482호, 부칙 제5조 제1항)

또한 2020. 8. 18. 당시 종전의 규정에 따라 등록한 '단기민간임대주택'은 2020. 8. 18. 이후 '장기일반민간임대주택' 또는 '공공지원민간임대주택'으로 변경 등록할 수 없다. (「민간임대주택에 관한 특별법」 법률 제17482호, 부칙 제5조 제2항)

민간임대주택에 대해서는 임차인의 주거안정 지원을 위하여 실질적인 '전월세 상한제', '계약갱신요구권' 및 '임대차 신고제' 등 공적인 규제가 적용되는 대신 등록 임대사업자에게 세제 혜택 등을 부여하여 왔으나, 위 개정 당시 '전월세 상한제', '임대차 계약갱신요구권' 및 '임대차 신고제' 등의 추진과 연계하여 주택임대차 관련 제도 간 정합성 확보를 위하여 기존 제도의 개편이 필요하게 되어 '전월세 상한제', '계약갱신요구권' 도입을 통해 일반 임대주택과 차별성이 희박해진 단기 민간임대주택을 폐지하게 된 것이다.

4) 장기일반 민간임대주택

"장기일반 민간임대주택"이란 임대사업자가 공공지원민간임대주택이 아닌 주택을 10년 이상 임대할 목적으로 취득하여 임대하는 민간임대주택[6]을 말한다. 단, '아파트(「주택법」 제2조 제20호의 '도시형 생활주택'이 아닌 것)'를 임대하는 '민간매입임대주택'은 제외된다.

2020. 8. 18. 법률 제17482로 개정되어 같은 날 시행된 「민간임대주택에 관한 특별법」에서는 '아파트'를 매입하여 임대하는 주택은 '장기일반민간임대주택'에서 제외함에 따라, '도시형 생활주택'인 '원룸형 주택'의 경우에도 주택으로 쓰는 층수가 5개 층 이상이면 '아파트'로 분류되어 '매입형'의 경우 '장기일반민간임대주택'으로 등록할 수 없게 되었다.

이에 2021. 3. 16. 법률 제17944호로 개정되어 같은 날 시행되는 「민간임대주택에 관한 특별법」 제2조 제5호가 위와 같이 개정되었고, 결국 「주택법」 제2조 제20호의 '도시형 생활주택'을 매입하여 임대하는 경우에는 위 '아파트'에서 제외하여 '장기일반 민간임대주택'에 해당되게 된 것이다. 다만 위 개정 규정은 2021. 5. 17.부터 시행한다.

한편 2020. 8. 18. 당시 종전의 규정에 따라 '장기일반민간임대주택' 중 '아파트'를 임대하는 '민간매입임대주택'을 등록한 임대사업자 및 그 민간임대주택은 임대사업자 및 그 민간임대주택의 등록이 말소되기 전까지 「민간임대주택에 관한 특별법」(법률 제17482호)에 따른 임대사업자 및 '장기일반민간임대주택'으로 보아 위 법을 적용한다. 다만 임대의무기간은 종전의 규정에 따른다.(「민간임대주택에 관한 특별법」 법률 제17482호, 부칙 제5조 제1항)

그리고, 임대의무기간이 종료되면 등록이 자동으로 말소되어, 원룸형 임대주택 공급이

6) 아파트(「주택법」 제2조 제20호의 도시형 생활주택이 아닌 것을 말한다)를 임대하는 민간매입임대주택은 제외

감소될 우려가 있는바, 원룸형 주택 임대 공급을 촉진하기 위하여 '아파트'의 범위에 '원룸형 주택'은 제외되도록「민간임대주택에 관한 특별법」이 2021. 3. 16. 법률 제17944호로 개정되었는바, 이는 곧 '원룸형 주택'의 민간임대주택 등록을 허용하려는 취지에서이다.

"장기일반민간임대주택"의 법정 임대의무기간이 기존에는 8년이었으나, 2020. 8. 18. 법률 제17482호로 개정되어 같은 날부터 시행된「민간임대주택에 관한 특별법」에서는 10년으로 연장하는 것으로 개정되었다.

그리고 위 개정 당시 주택시장 과열요인이 될 수 있는 '아파트'에 대한 '장기 일반 민간매입임대주택 유형'은 폐지하게 되었던 것이다.

즉「종합부동산세법 시행령[7]」제3조 제1항은 '종합부동산세를 합산배제하는 임대주택'에 대하여 규정하고 있는데, 이를 간략히 정리하면 아래와 같다.

| 매입임대주택 |

● 「민간임대주택에 관한 특별법」 제2조 제3호에 따른 민간매입 임대주택과「공공주택 특별법」제12조제1호의3에 따른 공공매입임대주택으로서 아래 조건에 해당하는 주택

주거전용면적	주택수	공시가격	임대기간	임대료
-	전국 1호 이상	6억원 이하[1] (비수도권 3억원 이하)	5년 이상[2]	증가율 5% 이하[3]

1) 해당 주택 임대를 개시한 날 또는 최초 합산배제신고 연도의 과세 기준일 현재 공시가격
2) 민간매입임대주택의 경우 2018. 3. 31. 이전에 임대사업자등록과 사업자등록을 한 주택으로 한정
3) 19. 2. 12. 이후 임대차계약을 갱신하거나 새로 체결하는 분부터 적용.

---

7) 2020. 10. 7. 대통령령 제31085호로 개정되기 전의 것

이와 같은 「종합부동산세법 시행령」 규정이 존재하자, 다수의 아파트 투기꾼들이 위와 같은 종합부동산세가 합산배제되는 임대주택(임대의무기간 5년 이상)을 다수 매입하고 임대의무기간 5년 동안 종합부동산세를 납부하지 않아도 되고, 그 5년이 지나 매입한 가격보다 더 상승된 가격으로 다시 매각할 것을 궁리하게 되었는바, 2020. 8. 18. 당시 정부는 위와 같은 요인이 당시 아파트 시세 급등의 원인으로 파악한 것이다.

이에 정부는 위와 같은 폐단을 시정하고자, 2020. 8. 18. (a) 기존의 민간임대주택에 관한 특별법에 정한 임대의무기간 8년인 장기일반민간임대주택의 임대의무기간을 10년으로 연장하여 규정하고, (b) '아파트에 대한 장기매입임대'를 원천적으로 금지하는 규정을 두게 된 것이다.

한편 임대의무기간이 4년인 단기 임대주택(아파트 포함)은 '종합부동산세 합산배제'의 대상이 애당초 아니기 때문에, 단기 임대주택(아파트 포함)을 새롭게 매입하여 임대하는 자(매입임대사업자)는 응당 당해 아파트에 대한 종합부동산세 합산배제를 받지 않아 당해 아파트에 대한 종합부동산세를 납부하여야 하는 것으로, 이는 단기임대주택(아파트)의 시세 급등과는 관련이 없다고 본 것이다.

5) 공공지원민간임대주택

"공공지원민간임대주택"이란, 임대사업자가 다음 어느 하나에 해당하는 민간임대주택을 10년 이상 **임대할 목적으로** 취득하여 민간임대주택에 관한 특별법에 따른 임대료 및 임차인의 자격 제한 등을 받아 임대하는 민간임대주택을 말한다.

① 「주택도시기금법」에 따른 주택도시기금의 출자를 받아 '건설' 또는 '매입'하는 민간임대주택

② (a) 「주택법」 제2조 제24호에 따른 공공택지[8] 또는 (b) 「민간임대주택에 관한 특별법」

8) "공공택지"란 다음 각 목의 어느 하나에 해당하는 공공사업에 의하여 개발·조성되는 공동주택이 건설되는 용지를 말한다.

제18조 제2항에 따라 수의계약 등으로 공급되는 토지 및 (c)「혁신도시 조성 및 발전에 관한 특별법」 제2조 제6호에 따른 '종전 부동산'을 '매입' 또는 '임차'하여 건설하는 민간임대주택

③ (a)「민간임대주택에 관한 특별법」 제21조 제2호에 따라 용적률을 완화 받거나, (b)「국토의 계획 및 이용에 관한 법률」 제30조에 따라 용도지역 변경을 통하여, 용적률을 완화 받아 '건설'하는 민간임대주택

④「민간임대주택에 관한 특별법」 제22조에 따라 지정되는 공공지원민간임대주택 공급촉진지구에서 '건설'하는 민간임대주택

⑤ 그 밖에「민간임대주택에 관한 특별법 시행규칙」으로 정하는[9] 공공지원을 받아 '건설'

가. 「주택법」 제24조 제2항에 따른 국민주택건설사업 또는 대지조성사업

나. 「택지개발촉진법」에 따른 택지개발사업. 다만, 같은 법 제7조 제1항 제4호에 따른 주택건설등 사업자가 같은 법 제12조 제5항에 따라 활용하는 택지는 제외한다.

다. 「산업입지 및 개발에 관한 법률」에 따른 산업단지개발사업

라. 「공공주택 특별법」에 따른 공공주택지구조성사업

마. 「민간임대주택에 관한 특별법」에 따른 공공지원민간임대주택 공급촉진지구 조성사업(같은 법 제23조 제1항 제2호에 해당하는 시행자가 같은 법 제34조에 따른 수용 또는 사용의 방식으로 시행하는 사업만 해당한다.)

바. 「도시개발법」에 따른 도시개발사업[같은 법 제11조 제1항 제1호부터 제4호까지의 시행자 또는 같은 항 제11호에 해당하는 시행자(같은 법 제11조 제1항 제1호부터 제4호까지의 시행자가 100분의 50을 초과하여 출자한 경우에 한정한다.)가 같은 법 제21조에 따른 수용 또는 사용의 방식으로 시행하는 사업과 혼용방식 중 수용 또는 사용의 방식이 적용되는 구역에서 시행하는 사업만 해당한다.]

사. 「경제자유구역의 지정 및 운영에 관한 특별법」에 따른 경제자유구역개발사업(수용 또는 사용의 방식으로 시행하는 사업과 혼용방식 중 수용 또는 사용의 방식이 적용되는 구역에서 시행하는 사업만 해당한다.)

아. 「혁신도시 조성 및 발전에 관한 특별법」에 따른 혁신도시개발사업

자. 「신행정수도 후속대책을 위한 연기·공주지역 행정중심복합도시 건설을 위한 특별법」에 따른 행정중심복합도시건설사업

차. 「공익사업을 위한 토지 등의 취득 및 보상에 관한 법률」 제4조에 따른 공익사업으로서 대통령령으로 정하는 사업

9) 1. 「도시 및 주거환경정비법」 제9조 제1항 세10호의 사항이 포함된 정비계획에 따라 민간임대주택을 공급하는 사업에 대하여 지원하는 「주택도시기금법」에 따른 주택도시기금(이하 "주택도시기금"이라 한다)의 출자·융자 또는 같은 법에 따른 주택도시보증공사의 보증으

또는 '매입'하는 민간임대주택

"공공지원민간임대주택"은 2018. 1. 16. 법률 제15356호로 개정되어 2018. 7. 17.부터 시행되는 구「민간임대주택에 관한 특별법」에서 '신설'된 것이었는바, 당시에는 법정 임대의무기간이 8년 이상인 경우를 일컫는 것이었다.

그런데 2020. 8. 18. 법률 제17482호로 개정되어 2020. 8. 18.부터 시행된 구「민간임대주택에 관한 특별법」에서 법정 임대의무기간을 기존 8년에서 10년으로 연장하는 것으로 되었다.

이러한 법정 임대의무기간이 10년으로 연장되는 것은 2020. 8. 18. 이후 등록하는 민간임대주택부터 적용하므로(「민간임대주택에 관한 특별법」 법률 제17482호, 부칙 제6조 제1항), 종전의 법정 임대의무기간이 8년인 것은 그대로 8년으로 유지된다.

[공공지원민간임대주택과 공공임대주택의 비교]

	공공지원민간임대주택	공공임대주택
근거 법률	「민간임대주택에 관한 특별법」	「공공주택특별법」
임차인 자격조건	무주택세대 구성원	무주택세대 구성원

로서 국토교통부장관이 정하여 고시하는 출자·융자 또는 보증
2.「빈집 및 소규모주택 정비에 관한 특례법」 제49조 제1항에 따른 용적률의 완화
3.「주택도시기금법」 제9조에 따른 주택도시기금의 융자로서 다음 각 호의 어느 하나에 해당하는 융자
가. 임대사업자가 소유하고 있는 임대주택에 대한 주택담보대출 상환 등 국토교통부장관이 정하여 고시하는 요건에 해당하는 융자
나.「사회적기업 육성법」 제2조 제1호에 따른 사회적기업, 「협동조합 기본법」 제2조 제3호에 따른 사회적협동조합 또는「민법」 제32조에 따른 비영리법인 등이 국토교통부장관이 정하여 고시하는 저렴한 임대료, 안정적 거주기간의 보장 및 사회적 가치의 추구를 위한 민간임대주택을 공급하기 위해 지원받은 융자
다.「빈집 및 소규모주택 정비에 관한 특례법」 제2조 제1항 제3호 가목 또는 나목 사업에 대한 융자로서 국토교통부장관이 정하여 고시하는 요건에 해당하는 융자
라. 그 밖에 국토교통부장관이 정하여 고시하는 융자

거주지 제한	원칙적으로 제한 없음	해당 지역 거주자
분양전환의무	법정 임대의무기간(4년, 8년 또는 10년) 경과 후 임대사업자가 결정	임대 후 분양전환을 할 목적으로 건설한 공공건설임대주택의 경우, 법정 임대의무기간(10년) 경과 후 분양전환하여야 함.
임차인의 우선분양전환권	원칙적으로 없음. 임대차 계약으로 따로 인정할 수 있음	법에서 규정하고 있음
청약통장 사용 여부	원칙적으로 사용하지 않음	사용

3. 준주택의 용도 제한

민간임대주택으로 등록한 준주택은 주거용이 아닌 용도로 사용할 수 없다.(「민간임대주택에 관한 특별법」 제50조 제1항)

시장·군수·구청장은 민간임대주택으로 등록한 준주택이 주거용으로 사용되고 있는지를 확인하기 위하여 필요한 경우, 임대사업자 및 임차인에게 필요한 서류 등의 제출을 요구할 수 있고, 소속 공무원으로 하여금 해당 준주택에 출입하여 조사하게 하거나 관계인에게 필요한 질문을 하게 할 수 있다. 이 경우 임대사업자 및 임차인은 정당한 사유가 없으면 이에 따라야 한다.

가. 등록 직권 말소

준주택에 대한 용도제한을 위반한 경우에는 시장·군수·구청장은 임대사업자의 등록의 전부 또는 일부를 말소할 수 있다.(「민간임대주택에 관한 특별법」 제6조 제9호)

나. 과태료

이를 위반하여 준주택을 주거용이 아닌 용도로 사용한 자에 대하여는 **1천만원 이하의 과태료**를 부과한다.(「민간임대주택에 관한 특별법」 제67조 제2항 제7호)

제3장

임대사업자

1. 임대사업자

가. 정 의

「민간임대주택에 관한 특별법」 상의 "임대사업자"란, "공공주택사업자"(「공공주택 특별법」 제4조 제1항)가 아닌 자로서, 1호 이상의 민간임대주택을 취득하여, 임대하는 사업을 할 목적으로 「민간임대주택에 관한 특별법」 제5조에 따라 '등록'한 자를 말한다.

(a)「소득세법」 제168조 제1항, 「법인세법」 제111조 제1항 및 「부가가치세법」 제8조 제1항에 따라 관할 세무서장에게 사업자 등록을 하였다고 하더라도, (b) 위와 같이 「민간임대주택에 관한 특별법」 에 근거하여 관할 시장 · 군수 · 구청장에게 임대사업자 등록을 하지 않았다면, 「민간임대주택에 관한 특별법」 에 정한 '임대사업자'에 해당하지 않는다.

> **대법원 2019. 5. 10. 선고 2016도2448 판결**
>
> 대전지방법원 2016. 1. 28. 선고 2015노412 판결 [임대주택법위반]
>
> 임대사업자로 등록되었는지 여부는 해당 주택이 임대사업자 등록 시 임대주택으로 등록되었는지를 개별적으로 판단하여야 하고, 문제된 주택이 아닌 다른 주택을 임대주택으로 하여 임대사업자로 등록한 자가 임대주택으로 등록되지 않은 주택에 대한 관계에서까지 임대사업자의 지위를 가진다고 볼 수는 없다.

나. 제도권과 비제도권의 구분

그리고 경우에 따라서는, 위와 같이 「소득세법」 제168조 제1항, 「법인세법」 제111조 제1항 및 「부가가치세법」 제8조 제1항에 따라 관할 세무서장에게 사업자 등록을 하였다고 하더라도, 「민간임대주택에 관한 특별법」 에 의하여 '등록'하였는지 여부에 따라, ① 등록한 임대사업자를 '제도권 임대사업자', ② 등록하지 않은 임대사업자를 '비제도권 임대사업자'로, ① 등록한 임대주택을 **'제도권 임대주택'**, ② 등록하지 않은 임대주택을 **'비제도권 임대주택'**으로 구분하여 설명하기도 한다.

민간임대주택의 제도권과 비제도권의 차이[10)]

구 분	제도권 임대주택	비제도권 임대주택
임대사업자 등록	시장 · 군수 · 구청장에게 주택 임대사업자 등록	무등록
사업자 등록	세무서장에게 사업자 등록	등록이 원칙이나 등록하지 않은 경우가 대부분임. 2020년부터 '미등록 가산세' 부담
임대주택 등록	시장 · 군수 · 구청장에게 주택 임대사업자 등록	무등록
임대주택(임대조건) 신고	시장 · 군수 · 구청장에게 임대주택 운영, 처분 신고	신고 불필요 다만 2021. 6. 1.부터는 신고 필요
최소 임대기간	4년	2년 (임차인과 합의 시 1년 또는 그 이하도 가능)
임대주택 조세 감면	취득세, 재산세, 양도소득세 등 감면 및 종합부동산세 합산배제	없음 (경우에 따라 감면혜택 존재)
자가점유주택 조세 감면	임대주택은 주택수에서 제외 1가구 1주택에 따른 감면 혜택	없음

다. 비제도권 임대사업자에 대한 대략적인 세제 등

1) 비과세

<u>1개의 주택[11)](주택부수토지 포함)을 소유하는 자</u>의 주택임대소득 또는 해당 과세기간에

10) 현무준, '맞춤형 주택임대사업을 위한 임대주택시장의 이해(주택임대사업 실무와 이론), 2017. 3. 24.도서출판 범론사, 185쪽

11) 기준시가가 <u>9억원</u>(과세기간 종료일 또는 해당 주택의 양도일을 기준으로 판단)을 초과하는

총수입금액의 합계액이 2천만원 이하인 자의 주택임대소득(2018. 12. 31. 이전에 끝나는 과세기간까지 발생하는 소득으로 한정한다.)에 대하여는 소득세를 과세하지 아니한다.(「소득세법」 제12조 제2호 나목)

주택임대소득 과세대상 판단 흐름도

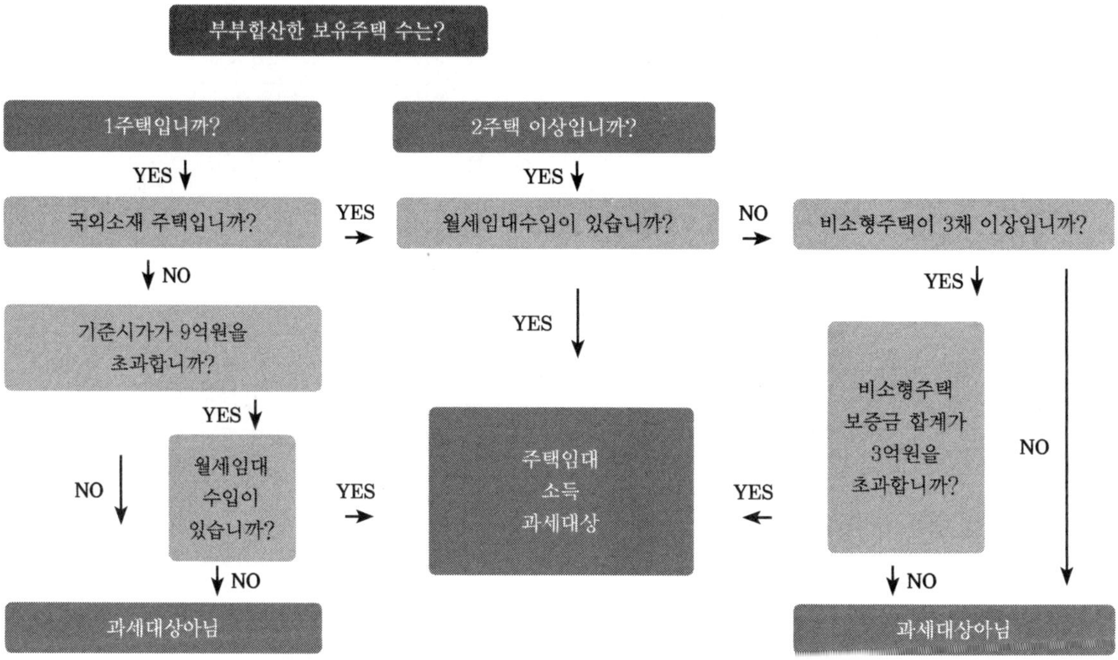

2) 과세('종합과세'와 '분리과세' 중 선택 가능)

2019. 1. 1. 이후 과세기간에 총수입금액의 합계액이 2천만원 이하인 자의 주택임대소득에 대하여는 소득세를 과세한다. 다만 이러한 경우 납세자는 '종합과세'나 '분리과세' 중 하나를 선택할 수 있다.(「소득세법」 제64조의2, 「소득세법 시행령」 제122조의2)

주택 및 국외에 소재하는 주택의 임대소득은 제외한다.

선 택	① (주택임대소득 + 종합과세대상 다른 소득) X 누진세율(6~45%) ② 주택임대소득 X 14% + 종합과세대상 다른 소득 X 누진세율(6~45%)

[주택임대소득 분리과세 계산구조]

구 분	등록 임대주택[12]	미등록 임대주택
수입금액	월세 + 간주임대료	월세 + 간주임대료
필요경비	수입금액 X 60%	수입금액 X 50%
소득금액 (과세표준)	수입금액 − 필요경비 − 공제금액(4백만원[13])	수입금액 − 필요경비 − 공제금액(2백만원[14])
산출세액	과세표준 × 세율(14%)	과세표준 × 세율(14%)
세액감면[15]	단기 임대주택(4년) : 30%(20%), 장기 임대주택(8 · 10년) : 75%(50%)	−
결정세액	산출세액 − 세액감면	산출세액 − 세액감면

[종합과세와 분리과세의 결정세액 계산구조]

<table>
<tr><th rowspan="2">구 분</th><th rowspan="2">종합과세 선택</th><th colspan="2">분리과세 선택</th></tr>
<tr><th>종합과세대상 소득</th><th>분리과세 주택임대소득</th></tr>
<tr><td>주택임대
수입금액</td><td>월세 + 간주임대료</td><td rowspan="2">해당사항 없음</td><td>월세 + 간주임대료</td></tr>
<tr><td>주택임대
필요경비</td><td><table><tr><td>구분</td><td>필요경비</td></tr><tr><td>장부
신고</td><td>실제 지출한
경비</td></tr></table></td><td><table><tr><td>구분</td><td>필요경비</td></tr><tr><td>등록</td><td>수입금액
의 60%</td></tr></table></td></tr>
</table>

12) 「민간임대주택에 관한 특별법」 및 「소득세법」 등에 의하여 관할 지자체장 및 세무서장에게 모두 등록하고, 임대료 등의 증가율이 년 5%를 초과하지 않아야 함.
13) 공제금액 : 분리과세 주택임대소득을 제외한 종합소득금액이 2천만원 이하인 경우 4백만원
14) 공제금액 : 분리과세 주택임대소득을 제외한 종합소득금액이 2천만원 이하인 경우 2백만원
15) 국민주택규모 주택으로 「조세특례제한법」 제96조의 요건을 충족하여야 함

<table>
<tr><td></td><td>추계신고 | 기존 단순경비율에 의한 경비</td><td rowspan="2"></td><td rowspan="5">미등록 | 수입금액의 50%
수입금액(−)필요경비
(−)공제금액*

* 분리과세
주택임대소득을 제외한
종합소득금액이 2천만원
이하인 경우 공제
등록 | 미등록
4백만원 | 2백만원</td></tr>
<tr><td>주택임대
소득금액</td><td>수입금액 − 필요경비</td></tr>
<tr><td>종합소득
금액</td><td>주택임대 소득금액 +
종합과세 대상 다른
소득금액</td><td>분리과세
주택임대소득 외의
종합과세 대상
소득금액</td></tr>
<tr><td>소득공제</td><td>인적공제 등 각종 소득공제</td><td>인적공제 등 각종
소득공제</td></tr>
<tr><td>과세표준</td><td>종합소득금액 − 소득공제</td><td>종합소득금액 −
소득공제</td></tr>
<tr><td>세 율</td><td>6 ~ 45%</td><td>6 ~ 45%</td><td>14%(단일 세율)</td></tr>
<tr><td>산출세액</td><td>과세표준 X 세율</td><td>과세표준 X 세율</td><td>과세표준 X 세율</td></tr>
<tr><td>공제감면
세액</td><td>소득세법 및 조특법 상의
각종 공제, 감면
*소형주택 임대사업자
감면 포함</td><td>소득세법 및 조특법
상의 각종 공제, 감면
*소형주택
임대사업자 감면
제외</td><td>소형주택 임대사업자 감면
구분 | 감면율
단기임대 | 30% (2호 이상 20%)
장기임대 | 75% (2호 이상 50%)</td></tr>
<tr><td rowspan="2">결정세액</td><td rowspan="2">산출세액 − 공제감면세액</td><td>산출세액 −
공제감면세액</td><td>산출세액 − 감면세액</td></tr>
<tr><td colspan="2">종합과세대상 결정세액과 분리과세대상 결정세액
합산하여 신고납부</td></tr>
</table>

3) 미등록 가산세 부담

주택임대소득이 있는 사업자가 <u>사업 개시일부터 20일 이내에</u> 사업장 관할 세무서장에게 사업자 등록을 신청하지 아니한 경우에는 사업 개시일부터 등록을 신청한 날의 직전일까지의 주택임대수입금액의 1천분의 2를 가산세로 해당 과세기간의 종합소득 결정세액에 더하여 납부하여야 한다. 위 가산세는 종합소득산출세액이 없는 경우에도 적용한다.(「소득세법」 제81조의12 제1항, 제2항)

라. 종 류

① **"기업형 임대사업자"**란 8년 이상 임대할 목적으로 100호 이상으로서 대통령령으로 정하는 호수 이상[16]의 민간임대주택을 취득하였거나 취득하려는 임대사업자를 말한다.
② **"일반형 임대사업자"**란 "기업형 임대사업자"가 아닌 임대사업자로서 1호 이상의 민간임대주택을 취득하였거나 취득하려는 임대사업자를 말한다.

그런데 위와 같은 '임대주택 등록 호수'에 따라, '기업형 임대사업자'와 '일반형 임대사업자'의 구분은「민간임대주택에 관한 특별법」(2015. 8. 28., 전부 개정, 법률 제13499호)에 규정을 두기 시작하였다가, 「민간임대주택에 관한 특별법」(2018. 1. 16. 일부 개정, 법률 제15356호, 시행 2018. 7. 17.)에 의해 삭제되고, '민간임대사업자'로 단일화되었다.

기존의 '기업형 임대사업자'와 '일반형 임대사업자'는 위 개정 규정에 따른 '임대사업자'로 본다.

16) 「민간임대주택에 관한 특별법 시행령」(2017. 9.19. 대통령령 제28323호로 일부 개정된 것) 제3조
 1. 민간건설임대주택의 경우
  가. 단독주택: 300호
  나. 공동주택: 300세대
  다. 준주택: 300호
 2. 민간매입임대주택의 경우
  가. 단독주택: 100호
  나. 공동주택: 100세대
  다. 준주택: 100호

마. 임대사업자의 결격 사유

아래에 해당하는 자는 임대사업자로 등록할 수 없다. 법인의 경우 그 임원 중 다음 각 호의 어느 하나에 해당하는 사람이 있는 경우에도 또한 같다.

1. 미성년자
2. 「민간임대주택에 관한 특별법」 제6조(임대사업자의 등록의 말소) 제1항 제1호(거짓이나 그 밖의 부정한 방법으로 등록한 경우), 제4호(등록기준을 갖추지 못한 자), 제7호(「민간임대주택에 관한 특별법」 제44조의 임대조건을 위반한 경우), 제8호(「민간임대주택에 관한 특별법」 제45조를 위반하여 임대차계약을 해제ㆍ해지하거나 재계약을 거절한 경우), 제9호(준주택에 대한 용도제한을 위반한 경우), 제10호(「민간임대주택에 관한 특별법」 제48조 제1항 제2호에 따른 설명이나 정보를 거짓이나 그 밖의 부정한 방법으로 제공한 경우), 제12호(임대사업자가 보증금 반환을 지연하여 임차인의 피해가 명백히 발생하였다고 대통령령으로 정하는 경우) 및 제13호(임대차계약 신고 또는 변경신고를 하지 아니하여 시장ㆍ군수ㆍ구청장이 「민간임대주택에 관한 특별법」 제61조 제1항에 따라 보고를 하게 하였으나 거짓으로 보고하거나 3회 이상 불응한 경우)에 따라 등록이 전부 말소된 후 2년이 지나지 아니한 자

위 제2호의 규정은 2021. 9. 14. 개정된 규정인바, 이에 대하여는 2021. 9. 4. 이후 임대사업자의 등록이 말소된 경우부터 적용한다.(「민간임대주택에 관한 특별법」 법률 제18452호, 부칙 제2조)

바. 등 록

주택을 임대하려는 자는 특별자치시장, 특별자치도지사, 시장, 군수 또는 구천장(구청장은 자치구의 구청장을 말하며, 이하 "시장ㆍ군수ㆍ구청장"이라 한다.)에게 등록을 신청할 수 있다.

위와 같이 (a)「민간임대주택에 관한 특별법」 제5조에 따른 임대사업자 '등록'은 관할 '시, 군, 구'에 등록하는 것으로, (b) 관할 '세무서'에 등록을 하는「부가가치세법」 제8조에 정한 '사업자 등록'과는 엄격히 구분되는 것이다.

따라서 주택 임대사업과 관련하여, 관할 세무서에「부가가치세법」 제8조에 정한 '사업자 등록'을 하였다고 하여, 이를「민간임대주택에 관한 특별법」 상의 "임대사업자"라고는 할 수 없는 것이다.

1) 등록의 연혁

(주택) 임대사업자 '등록' 제도는 1993. 12. 27. 법률 제4629호로 전부 개정된「임대주택법」제6조에 처음으로 도입된 제도이다. 그 이전에는 (주택)임대사업자에게「조세감면규제법」에 따라 국민주택 규모 이하 주택을 5호 이상 임대하고 있는 임대사업자에 한하여 '양도소득세'를 감면해 주고 있었다. 하지만 이에 대한 효과가 미비하였기 때문에 주택 임대사업자를 제도권 임대시장으로 진입을 유도하여 민간임대주택 공급을 확대하고 임대업을 활성화하고자 주택임대사업자 등록제도가 도입되었다.[17]

2) 등록의 구분

위와 같이 등록을 하는 경우, **'민간건설 임대주택 및 민간매입 임대주택'**, **'공공지원 민간임대주택'**, **'장기일반 민간임대주택'**으로 구분하여야 한다.

3) 등록을 할 수 있는 자

위와 같이 등록을 할 수 있는 자는 아래와 같고, 2인 이상이 공동으로 건설하거나 소유하는 주택의 경우에는 공동명의로 등록해야 한다.(「민간임대주택에 관한 특별법 시행령」 제4조 제1항)

1. 민간임대주택으로 등록할 주택을 소유한 자

17) 김준환, "주택임대관리업의 이해" 이프레스 (2017.3.) p.253

2. 민간임대주택으로 등록할 주택을 취득하려는 계획이 확정되어 있는 자로서 다음 각 목의 어느 하나에 해당하는 자

가. 민간임대주택으로 등록할 주택을 건설하기 위하여 「주택법」 제15조에 따른 사업계획승인을 받은 자

나. 민간임대주택으로 등록할 주택을 건설하기 위하여 「건축법」 제11조에 따른 건축허가를 받은 자

다. 민간임대주택으로 등록할 주택을 매입하기 위하여 매매계약을 체결한 자

라. 민간임대주택으로 등록할 주택을 매입하기 위해 분양계약을 체결한 자로서 다음의 어느 하나에 해당하는 자

1) 등록 신청일을 기준으로 분양계약서에 따른 잔금 지급일이 3개월 이내인 자

2) 등록 신청일이 분양계약서에 따른 잔금 지급일 이후인 자

3. 민간임대주택으로 등록할 주택을 취득하려는 위 제2호 외의 자로서 다음 각 목의 어느 하나에 해당하는 자

가. 「주택법」 제4조에 따라 등록한 주택건설사업자

나. 「부동산투자회사법」 제2조 제1호에 따른 부동산투자회사

다. 「조세특례제한법」 제104조의31 제1항에 해당하는 투자회사

라. 「자본시장과 금융투자업에 관한 법률」 제9조 제18항에 따른 집합투자기구

마. 소속 근로자에게 임대하기 위하여 민간임대주택을 건설하려는 고용자(법인으로 한정한다.)

[법제처 법령해석 사례] 안건번호 19-0717 회신일자 2020-04-21

민원인 - 임대사업자 등록 자격 중 "민간임대주택으로 등록할 주택 매입을 위해 분양계약을 체결한 자"의 범위(「민간임대주택에 관한 특별법 시행령」 제4조 등

관련)

1. 질의요지

「도시 및 주거환경정비법」(이하 "도시정비법"이라 함) 제72조 제3항에 따라 분양 신청을 하고 동·호수가 특정된 주택 공급계약을 체결한 재건축조합(각주 : 도시정비법 제35조에 따라 설립한 재건축조합을 말하며, 이하 "조합"이라 함.)의 조합원으로서 임대사업자 등록 신청일을 기준으로 공급계약서에 따른 잔금지급일이 3개월 이내이거나 등록 신청일이 공급계약서에 따른 잔금지급일 이후인 자의 경우, 「민간임대주택에 관한 특별법」(이하 "민간임대주택법"이라 함) 제5조 제1항 및 같은 법 시행령 제4조 제1항 제2호 라목에 따라 임대사업자로 등록할 수 있는 "분양계약을 체결한 자"에 포함되는지?

※ 질의배경

민원인은 위 질의요지에 대한 국토교통부의 회신내용에 이견이 있어 법제처에 법령해석을 요청함.

2. 회답

이 사안의 경우 민간임대주택법 제5조 제1항 및 같은 법 시행령 제4조 제1항 제2호 라목에 따라 임대사업자로 등록할 수 있는 "분양계약을 체결한 자"에 포함됩니다.

3. 이유

민간임대주택법 제5조 제1항에서는 주택을 임대하려는 자는 시장·군수·구청장(각주 : 특별자치시장·특별자치도지사·시장·군수 또는 자치구의 구청장을 말함.)에게 임대사업자의 등록을 신청할 수 있다고 규정하고 있고, 같은 법 시행령 제4조 제1항 제2호 라목에서는 민간임대주택으로 등록할 주택을 취득하려는 계획이 확정되어 있는 자로서 민간임대주택으로 등록할 주택을 매입하기 위해 분양계약을 체결한 자를 임대사업자로 등록할 수 있는 자로 규정하면서, 분양계약을 체결한 자의 범위를 등록 신청일을 기준으로 분양계약서에 따른 잔금지급일이 3개월 이내이거나 등록 신청일이 분양계약서에 따른 잔금지급일 이후인 경우로 제한하고 있을 뿐, 분양계약의 종류나 범위에 대해서는 별도로 규정하고 있지 않습니다.

그런데 민간임대주택법 제2조 제3호에서는 임대사업자가 "매매 등으로 소유권을 취득"하여 임대하는 민간임대주택을 민간매입임대주택이라고 정의하고 있으므로 같은 법 시행령 제4조 제1항 제2호 라목의 "매입"도 "매매 등으로 소유권을 취득"한다는 의미로 폭넓게 보아야 하고, 도시정비법 제72조, 제74조 및 제79조에 따르면 토지등소유자의 분양신청을 기초로 관리처분계획을 수립하여 인가를 받고 그 계획대로 처분해야 한다는 점을 고려할 때, 같은 법 제72조 제3항에 따라 분양신청하여 체결한 주택 공급계약도 민간임대주택법 시행령 제4조 제1항 제2호 라목에 따른 분양계약에 포함된다고 보는 것이 타당합니다.

아울러 민간임대주택법 시행령의 연혁법령인 구 「임대주택법 시행령」(2015. 12. 28. 대통령령 제26763호로 전부 개정되어 2015. 12. 29. 시행되기 전의 것을 말함) 제7조 제2항 제4호에서도 임대를 목적으로 주택을 소유하고 있거나 이를 매입하기 위한 계약(분양계약을 포함함)을 체결한 자는 임대사업자로 등록할 수 있다고 규정하고 있었는바, 민간임대주택법 시행령 제4조 제1항 제2호 라목은 해당 내용을 이관하여 규정하면서 분양계약 체결 후 임대할 건물이 확보되기까지

시간이 오래 걸리는 문제를 방지하고자 현행과 같이 분양계약을 체결한 자를 등록 신청일을 기준으로 제한(각주 : 2019. 10. 22. 대통령령 제30149호로 개정되어 2019. 10. 24. 시행된 민간임대주택법 시행령 개정이유ㆍ주요내용 참조)한 것임을 고려할 때, 분양계약의 종류를 구분하여 도시정비법의 분양신청 절차에 따른 것은 배제하려는 것으로 보기 어렵고, 도시정비법상 토지등소유자에게 분양하는 경우와 일반에게 분양하는 경우를 다르게 취급할 합리적인 이유가 없다는 점도 이 사안을 해석할 때 고려하여야 합니다.

[법제처 법령해석 사례] 안건번호 18-0040 회신일자 2018-03-08

민원인 - 경매의 매수인이 매각대금을 완납하기 전에 임대사업자로 등록할 수 있는지 여부(「민간임대주택에 관한 특별법 시행령」 제4조 등 관련)

1. 질의요지

민사집행법」 제142조 제1항에 따라 주택에 대한 법원의 매각허가결정이 확정되어 법원이 매각대금의 지급기한을 정하고 매수인에게 이를 통지한 경우, 해당 매수인이 매각대금을 완납하기 전에 「민간임대주택에 관한 특별법 시행령」 제4조 제1항 제2호 다목에 따라 임대사업자로 등록할 수 있는지?

※ 질의배경

민원인은 국토교통부에 「민사집행법」 제142조 제1항에 따라 주택에 대한 법원의 매각허가결정이 확정되어 법원이 매각대금의 지급기한을 정하고 매수인에게 통지한 경우, 매수인은 매각대금을 완납하기 전에 「민간임대주택에 관한 특별법 시행령」 제4조 제1항 제2호 다목에 따라 임대사업자로 등록할 수 있는지에 관하여 질의하였고, 국토교통부에서 등록할 수 없다고 회신하자 법제처에 법령해석을 요청함.

2. 회답

「민사집행법」 제142조 제1항에 따라 주택에 대한 법원의 매각허가결정이 확정되어 법원이 매각대금의 지급기한을 정하고 매수인에게 이를 통지한 경우, 해당 매수인은 매각대금을 완납하기 전에 「민간임대주택에 관한 특별법 시행령」 제4조 제1항 제2호 다목에 따라 임대사업자로 등록할 수 없습니다.

3. 이유

「민간임대주택에 관한 특별법」(이하 "민간임대주택법"이라 함) 제5조 제1항에서는 주택을 임대하려는 자는 특별자치시장·특별자치도지사·시장·군수 또는 구청장(자치구의 구청장을 말함)에게 등록을 신청할 수 있다고 규정하고 있고, 「민간임대주택에 관한 특별법 시행령」(이하 "민간임대주택법 시행령"이라 함) 제4조 제1항 제2호 다목에서는 민간임대주택법 제5조 제1항에 따라 임대사업자로 등록할 수 있는 자로 민간임대주택으로 등록할 주택을 매입하기 위하여 매매계약을 체결한 자를 규정하고 있습니다.

한편, 「민사집행법」 제128조 제1항에서는 매각허가결정에는 매각한 부동산, 매수인과 매각가격을 적고 특별한 매각조건으로 매각한 때에는 그 조건을 적어야 한다고 규정하고 있고, 같은 법 제142조 제1항에서는 매각허가결정이 확정되면 법원은 대금의 지급기한을 정하고 이를 매수인과 차순위매수신고인에게 통지해

야 한다고 규정하고 있는바,

이 사안은「민사집행법」제142조 제1항에 따라 주택에 대한 매각허가결정이 확정되어 법원이 매각대금의 지급기한을 정하고 매수인에게 이를 통지한 경우, 해당 매수인이 매각대금을 완납하기 전에 민간임대주택법 시행령 제4조 제1항 제2호 다목에 따라 임대사업자로 등록할 수 있는지에 관한 것이라 하겠습니다.

먼저, 임대사업자로 등록할 수 있는 자의 요건으로 민간임대주택법 시행령 제4조 제1항 제1호에서는 민간임대주택으로 등록할 주택을 소유한 자를 규정하고 있고, 같은 항 제2호 다목에서는 민간임대주택으로 등록할 주택을 취득하려는 계획이 확정되어 있는 자로서 그 주택을 매입하기 위하여 매매계약을 체결한 자를 규정하고 있는바, 같은 목은 민간임대주택법으로 등록할 주택을 소유하지 않은 자도 임대사업자로 등록할 수 있도록 하여 임대사업을 하려는 자의 편의를 도모하되, 그 요건을 민간임대주택으로 등록할 주택을 취득하려는 계획이 확정되고 매매계약을 체결한 경우로 한정하고 있으므로, 같은 목에 따른 "매매계약"의 의미는 엄격하게 해석해야 할 것입니다.

그런데, 민간임대주택법 시행령 제4조 제1항 제2호 다목에 따른 매매계약은 매도인과 매수인의 의사의 합치에 따라 매도인이 주택을 이전하고 매수인이 대금을 지급하는 계약(「민법」 제563조)을 의미하는 반면,「민사집행법」에 따른 경매는 계약에 따라 주택을 이전하는 것이 아니라 매도인의 의사와 무관하게 법원이 주택을 처분하여 같은 법 제135조 및「민법」제187조 등 법률의 규정에 따라 매수인에게 주택을 이전하는 것을 의미하므로, 민간임대주택법 시행령에 따른 매매계약과「민사집행법」에 따른 경매는 주택을 취득하기까지의 원인과 절차가 다르다고 할 것인바, 「민사집행법」에 따른 경매로 장래에 주택을 취득할 수 있다는 사유로 경매를 민간임대주택법 시행령 제4조 제1항 제2호 다목에 따른 매매계약과 같은 것으로 보기는 어렵다고 할 것입니다.

더욱이, 민간임대주택법 시행령 제4조 제1항 제2호에서는 민간임대주택으로 등록할 주택을 취득하기 전에 임대사업자로 등록할 수 있는 사유로 매매계약(다목)과 분양계약(라목)을 나누어 규정하고 있는데, 이는 분양계약은 매매계약의 한 종류임에도 불구하고 분양사업자가 건축하는 건축물의 전부 또는 일부를 2인 이상에게 판매하는 계약이라는 특성을 고려하여 매매계약(다목)과 항목을 달리하여 규정한 것으로 보이고, 주택을 취득하는 방법은 상속, 공용징수, 판결, 경매 등 다양한 점 등에 비추어 볼 때, 주택을 취득하기 전에 임대사업자로 등록할 수 있는 사유로 매매계약과 분양계약을 체결한 경우를 각각 규정하고 있는 것은 계약상 · 법률상 원인에 따라 주택을 취득하는 모든 경우를 포함하려는 것이 아니라 주택을 취득하는 개별 방법에 따라 주택을 매입하는 경우를 특정하려는 것으로 보아야 할 것입니다.

따라서, 「민사집행법」 제142조 제1항에 따라 주택에 대한 매각허가결정이 확정되어 법원이 매각대금의 지급기한을 정하고 매수인에게 이를 통지한 경우, 해당 매수인은 매각대금을 완납하기 전에 민간임대주택법 시행령 제4조 제1항 제2호 다목에 따라 임대사업자로 등록할 수 없다고 할 것입니다.

4) 등록 의무 없음

임대사업자에게 「민간임대주택에 관한 특별법」에 따른 등록을 하여야만 하는 강제규정은 없으므로, 「민간임대주택에 관한 특별법」 상 임대사업자로 등록할 것인지 여부는 개인의 선택의 문제 불과하다.

5) 등록 신청

가) 임대사업자 등록신청서 제출

임대사업자로 등록하려는 자는 **'임대사업자 등록신청서'**(「민간임대주택에 관한 특별법 시행규칙」[별지 제1호 서식])에 다음 각 호의 서류를 첨부하여 (a) **임대사업자의 주소지**를 관할하는 특별자치시장, 특별자치도지사, 시장, 군수 또는 자치구청장(이하 "시장ㆍ군수ㆍ구청장"이라 한다) 또는 (b) **해당 민간임대주택의 소재지**를 관할하는 시장ㆍ군수ㆍ구청장에게 제출(정보통신망을 이용한 제출을 포함함)하여야 한다.(「민간임대주택에 관한 특별법」 제5조 제3항)

1. 「민간임대주택에 관한 특별법 시행령」 제4조 제1항 제2호 가목의 경우 : 주택사업계획승인서 사본
2. 같은 영 제4조 제1항 제2호 다목의 경우 : 매매계약서 사본
3. 같은 영 제4조 제1항 제2호 라목의 경우 : 분양계약서 사본. 다만, 「주택공급에 관한 규칙」 제32조제1항에 따라 주택을 우선공급 받으려는 경우에는 등록일부터 6개월 이내에 매입 또는 분양계약서를 제출할 수 있다.
4. 같은 영 제4조 제1항 제3호 가목의 경우 : 주택건설사업자 등록증 사본
5. 같은 영 제4조 제1항 제3호 나목의 경우 : 부동산투자회사 영업인가증 사본
6. 같은 영 제4조 제1항 제3호 다목의 경우 : 투자회사임을 확인할 수 있는 서류 사본
7. 같은 영 제4조제1항 제3호 라목의 경우 : 집합투자기구임을 확인할 수 있는 서류 사본
8. 같은 영 제4조 제1항 제3호 마목의 경우 : 고용자임을 확인할 수 있는 서류 사본
9. 등록하려는 임대주택에 임차인이 있는 경우 : 임대차계약서 사본
10. 신청인이 법인 아닌 사단ㆍ재단인 경우 : 정관, 그 밖의 규약 및 대표자 또는 관리인임을 증명하는 서류
11. 신청인이 재외국민인 경우 : 재외국민등록증 사본

이 경우 「재외국민등록법」 제2조에 따른 재외국민이나 「부동산 거래신고 등에 관한 법률」 제2조 제4호의 '외국인 등'인 경우에는 민간임대주택의 소재지를 관할하는 시장 · 군수 · 구청장에게 제출하여야 한다.

[법제처 법령해석 사례] 안건번호 18-0740 회신일자 2019-03-07

민원인 - 건축물대장상 주택이 아닌 건축물을 사실상 주택으로 사용하고 있는 경우 민간임대주택으로 등록할 수 있는지 여부(「민간임대주택에 관한 특별법」 제5조 등 관련)

1. 질의요지

「민간임대주택에 관한 특별법」 제5조 제1항에서는 주택을 임대하려는 자는 시장 · 군수 · 구청장에게 등록을 신청할 수 있다고 규정하고 있는데, 해당 규정에 따라 임대하려는 건축물이 사실상 주택으로 사용하고 있는 건축물(같은 법 제2조 제1호에 따른 "준주택"은 제외하며, 이하 같음)이나, 건축물대장상에는 주택이 아닌 것으로 기재되어 있는 경우 해당 건축물이 같은 법 제5조 제1항에 따라 등록이 가능한 주택에 해당하는지?

※ 질의배경

민원인은 건축물대장상 주택이 아닌 것으로 기재된 건축물은 민간임대주택으로 등록할 수 없다는 국토교통부의 회신에 이의가 있어 법제처에 법령해석을 요청함.

2. 회답

이 사안의 경우 「민간임대주택에 관한 특별법」 제5조 제1항에 따라 등록이 가능한 주택에 해당하지 않습니다.

3. 이유

「민간임대주택에 관한 특별법」(이하 "민간임대주택법"이라 함) 제5조 제1항에서는 주택을 임대하려는 자는 특별자치시장·특별자치도지사·시장·군수·구청장에게 등록을 신청할 수 있다고 규정하고 있으나, 민간임대주택법령에서는 "주택"에 관한 구체적인 정의 규정을 두고 있지 않으므로 그 의미는 관련 규정의 내용, 입법 취지와 목적 등을 종합적으로 고려해 해석해야 합니다.

그런데 민간임대주택법에서는 민간임대주택의 공급 확대 등을 위해 국가 및 지방자치단체의 자금 지원 및 조세감면을 규정하고 있고(제4조 제1항) 임대의무기간 중 임대사업자의 민간임대주택 계속 임대의무와 양도금지 등(제43조 제1항)을 규정하고 있는바, 이러한 지원과 제한 등에 비추어 볼 때 민간임대주택법령은 임차인이 보다 안정적으로 거주할 수 있는 주택을 국민에게 공급하도록 함으로써 국민의 주거생활을 안정시키는 것을 목적으로 한다고 보아야 합니다.

또한 민간임대주택법 시행규칙 별지 제1호 서식의 임대사업자 등록신청서의 "담당 공무원 확인사항"란 제6호에서는 "「건축법」 제38조에 따른 건축물대장"을 규정하고 있어 관할 행정청은 민간임대주택법령에 따른 민간임대사업자 등록신청 시 해당 건축물에 관한 건축물대장을 확인할 의무가 있습니다.

그렇다면 건축물대장상 건축물의 표시는 건축물 및 대지의 실제 현황과 합치되어야 한다는 점(각주: 「건축물대장의 기재 및 관리 등에 관한 규칙」제18조 제2항 참조)에서 건축물대장에 기재된 용도와 다르게 사용되는 건축물을 민간임대주택으로 공급하는 것은 임차인에게 안정적으로 거주할 수 있는 주택을 제공하려는 민간임대주택 제도의 취지에 부합하지 않습니다.

그리고 건축물대장상 주택이 아닌 것으로 기재되어 있는 건축물이 민간임대주택법상 임대주택으로 등록이 가능하다고 본다면 등록신청 시 관할 행정청에 건축물대장을 확인하도록 한 민간임대주택법 시행규칙 별지 제1호서식의 문언이 무의미해지는 결과를 초래하게 되므로 건축물대장상 주택이 아닌 용도로 기재되어 있다면 민간임대주택법 제5조 제1항에 따라 등록이 가능하지 않다고 해석하는 것이 타당합니다.

가) 「부가가치세법 시행규칙」 별지 제4호 서식(사업자등록 신청서)와 함께 제출

위와 같이 임대사업자로 등록하려는 자가 「소득세법」 제168조 제1항에 따른 **사업자등록**을 같이 하려는 경우에는 위 **'임대사업자 등록신청서'**(「민간임대주택에 관한 특별법 시행규칙」 [별지 제1호 서식])에 「부가가치세법 시행규칙」 별지 제4호 서식의 사업자등록 신청서를 함께 제출하여야 한다. 이 경우 시장 · 군수 · 구청장은 함께 제출받은 사업자등록 신성서를 지체 없이 관할 세무서장에게 송부('정보통신망'을 이용한 송부를 포함한다)하여야 한다.

나) 시장 · 군수 · 구청장의 조치

'임대사업자 등록신청서'(「민간임대주택에 관한 특별법 시행규칙」 [별지 제1호 서식])를 받은 시장 · 군수 · 구청장은 「전자정부법」 제36조 제1항에 따른 행정정보의 공동이용을 통하여 다음 각 호의 정보를 확인해야 한다. 다만, 신청인이 아래 제1호, 제3호, 제4호(외국인등록 사실증명만 해당한다) 및 제7호에 따른 정보의 확인에 동의하지 않는 경우에는

해당 서류 또는 그 사본을 첨부하도록 해야 한다.

1. 신청인이 개인인 경우 : 주민등록표 초본
2. 신청인이 법인인 경우 : 법인 등기사항증명서
3. 신청인이 재외국민인 경우 : 여권정보
4. 신청인이 외국인인 경우 : 「출입국관리법」 제88조 제2항에 따라 발급된 외국인등록 사실증명 또는 법인 등기사항증명서(법인만 해당한다)
5. 등록대상 주택이 「민간임대주택에 관한 특별법 시행령」 제2조의2의 주택인 경우 : 「건축물대장의 기재 및 관리 등에 관한 규칙」 제2조 제10호에 따른 건축물현황도
6. 같은 영 제4조 제1항 제1호의 경우 : 건물등기사항증명서
7. 같은 영 제4조 제1항 제2호 나목의 경우: 건축허가서
8. 「건축법」 제38조에 따른 건축물대장

시장ㆍ군수ㆍ구청장은 임대사업자 등록증을 발급한 때에는 그 사실을 지체 없이 해당 민간임대주택의 소재지를 관할하는 시장ㆍ군수ㆍ구청장에게 통보하여야 한다.

다) 등록대장 및 등록증의 서식

'임대사업자 등록대장' 및 '임대사업자 등록증'은 각각 「민간임대주택에 관한 특별법 시행규칙」 [별지 제2호 서식] 및 [별지 제3호 서식]과 같다.

'임대사업자 등록대장'은 전자적 처리가 불가능한 특별한 사유가 없으면 전자적 처리가 가능한 방법으로 작성ㆍ관리하여야 한다.

라) 임대사업자의 통지 의무

임대사업자 등록증을 발급받은 임대사업자는 임대사업자로 등록한 사실을 지체 없이 임차인에게 알려야 한다.

6) 등록의 관할과 이송

위와 같이 등록 신청을 하는 경우, ① '임대사업자의 주소지'를 관할하는 시장ㆍ군수ㆍ구청장 또는 ② 해당 '민간임대주택의 소재지'를 관할하는 시장ㆍ군수ㆍ구청장에게 제출하여야 한다.

'민간임대주택의 소재지'를 관할하는 시장ㆍ군수ㆍ구청장이 신청서를 받은 경우에는 즉시 '임대사업자의 주소지'를 관할하는 시장ㆍ군수ㆍ구청장에게 이송하여야 한다.

신청서를 받은 '임대사업자의 주소지'를 관할하는 시장ㆍ군수ㆍ구청장은 등록기준에 적합한지를 확인한 후, 적합한 경우에는 '등록대장'에 올리고 신청인에게 '등록증'을 발급하여야 한다.

7) 등록의 변경

위와 같이 등록한 자가 그 등록한 사항을 '변경'하고자 할 경우 시장ㆍ군수ㆍ구청장에게 신고하여야 한다. 다만, 임대주택 면적을 10% 이하의 범위에서 증축하는 등 국토교통부령으로 정하는 경미한 사항[18]은 신고하지 아니하여도 된다.

등록한 임대사업자는 등록한 사항이 변경된 경우에는 변경 사유가 발생한 날부터 30일 이내에 '임대사업자의 주소지'를 관할하는 시장ㆍ군수ㆍ구청장(변경 사항이 임대사업자의 주소인 경우에는 전입지의 시장ㆍ군수ㆍ구청장을 말한다.) 또는 해당 '민간임대주택의 소재지'를 관할하는 시장ㆍ군수ㆍ구청장에게 신고해야 한다.

---

18) 민간임대주택 면적을 다음 각 호의 구분에 따른 해당 민간임대주택의 규모 구간을 벗어나지 않는 범위에서 10% 이하로 증축하는 것을 말한다.
1. 40㎡ 이하
2. 40㎡ 초과 60㎡ 이하
3. 60㎡ 초과 85㎡ 이하
4. 85㎡를 초과

'임대사업자의 주소지'를 관할하는 시장 · 군수 · 구청장은 「도로명주소법 시행령」 제10조 제3항, 제11조 제5항, 제13조 제5항, 제14조 제7항, 제15조 제5항, 제16조 제7항, 제17조 제2항, 제24조, 제26조 제1항 · 제3항 및 제6항에 따라 부여되거나 변경 · 폐지된 경우, 민간임대주택의 주소를 '직권'으로 변경할 수 있다. 이 경우 시장 · 군수 · 구청장은 해당 민간임대주택을 등록한 임대사업자에게 그 사실을 알려야 한다.

시장 · 군수 · 구청장은 위와 같은 신고를 받은 날부터 7일 이내에 신고 수리 여부를 신고인에게 통지하여야 한다.

시장 · 군수 · 구청장이 위 7일 이내에 신고수리 여부 또는 민원 처리 관련 법령에 따른 처리 기간의 연장을 신고인에게 통지하지 아니하면 그 기간(민원 처리 관련 법령에 따라 처리 기간이 연장 또는 재연장된 경우에는 해당 처리기간을 말한다.)이 끝난 날의 다음 날에 신고를 수리한 것으로 본다.

사. 등록의 거부

시장 · 군수 · 구청장이 등록신청을 받은 경우, 다음 각 호의 어느 하나에 해당하는 때에는 해당 등록신청을 거부할 수 있다.

1. 해당 신청인의 신용도, 신청 임대주택의 부채비율(등록 시 존속 중인 임대차계약이 있는 경우 해당 임대보증금을 포함하여 산정하고, 임대차계약이 없는 경우에는 등록을 신청하려는 자로부터 등록 이후 책정하려는 임대차계약의 임대보증금의 상한을 제출받아 산정한다.) 등을 고려하여 「민간임대주택에 관한 특별법」 제49조에 따른 임대보증금 보증 가입이 현저히 곤란하다고 판단되는 경우
2. 해당 주택이 「도시 및 주거환경정비법」 제2조 제2호에 따른 정비사업 또는 「빈집 및 소규모주택 정비에 관한 특례법」 제2조 제1항 제3호에 따른 소규모주택정비사업으로 인하여 「민간임대주택에 관한 특별법」 제43조의 임대의무기간 내 멸실

우려가 있다고 판단되는 경우

아. 과태료

위에 따라 등록 신청 당시 임대차계약이 없는 경우, 산정한 임대보증금의 상한을 추후 임대차계약에서 준수하지 아니한 임대사업자에 대하여는 **5백만원 이하의 과태료**를 부과한다.(「민간임대주택에 관한 특별법」 제67조 제3항 제8호)

자. 등록 결격 사유

과거 5년 이내에 '민간임대주택' 또는 '공공임대주택'(「공공주택 특별법」 제2조 제1호 가목에 따른 공공임대주택) 사업에서 부도(부도 후 부도 당시의 채무를 변제하고 사업을 정상화시킨 경우는 제외한다.)가 발생한 사실이 있는 자(부도 당시 법인의 대표자나 임원이었던 자와 부도 당시 법인의 대표자나 임원 또는 부도 당시 개인인 임대사업자가 대표자나 임원으로 있는 법인을 포함한다)는 임대사업자로 등록할 수 없다.

차. 추가 등록의 제한

[본조신설 2020. 8. 18.]

「민간임대주택에 관한 특별법」 제6조(임대사업자의 등록의 말소) 제1항 제1호(거짓이나 그 밖의 부정한 방법으로 등록한 경우), 제4호(등록기준을 갖추지 못한 자), 제7호(「민간임대주택에 관한 특별법」 제44조의 임대조건을 위반한 경우), 제8호(「민간임대주택에 관한 특별법」 제45조를 위반하여 임대차계약을 해제 · 해지하거나 재계약을 거절한 경우), 제9호(준주택에 대한 용도제한을 위반한 경우), 제10호(「민간임대주택에 관한 특별법」 제48조 제1항 제2호에 따른 설명이나 정보를 거짓이나 그 밖의 부정한 방법으로 제공한 경우), 제12호(임대사업자가 보증금 반환을 지연하여 임차인의 피해가 명백히 발생하였다고 대통령령으로 정하는 경우) 및 제13호(임대차계약 신고 또는 변경신고를 하지 아니하여 시장 · 군수 · 구청장이 「민간임대주택에 관한 특별법」 제61조 제1항에 따라 보고를 하게 하였으나 거짓으로 보고하거나 3회 이상 불응한 경우)에 따라,

임대사업자 등록이 일부 말소된 후 2년이 지나지 아니한 자는 등록한 임대주택 외에「민간임대주택에 관한 특별법」제5조 제3항 본문에 따른 등록사항 변경신고를 통하여 임대주택을 변경·추가(일부 말소로 임대주택에서 제외된 주택을 변경·추가하는 경우를 포함한다) 등록할 수 없다.

위 규정은 2021. 9. 14.부터 시행된 규정인바, 이에 대하여는 2021. 9. 4. 이후 임대사업자의 등록이 말소된 경우부터 적용한다.(「민간임대주택에 관한 특별법」 법률 제18452호, 부칙 제2조)

카. 등록의 말소

1) 등록의 말소 사유

시장·군수·구청장은 임대사업자가 다음 각 호의 어느 하나에 해당하면 등록의 전부 또는 일부를 말소할 수 있다. 다만, 제1호에 해당하는 경우에는 등록의 전부 또는 일부를 말소하여야 한다(「민간임대주택에 관한 특별법」 제6조 제1항).

1. 거짓이나 그 밖의 부정한 방법으로 등록한 경우
2. 임대사업자가「민간임대주택에 관한 특별법」제5조에 따라 등록한 후, 아래 각 호에 정하는 일정 기간 안에 민간임대주택을 취득하지 아니하는 경우

① 민간임대주택으로 등록할 주택을 건설하기 위하여「주택법」제15조에 따른 사업계획승인을 받은 자 : 임대사업자로 등록한 날부터 6년

② 민간임대주택으로 등록할 주택을 건설하기 위하여「건축법」제11조에 따른 건축허가를 받은 자 : 임대사업자로 등록한 날부터 4년

③ 민간임대주택으로 등록할 주택을 매입하기 위하여 매매계약을 체결한 자 : 임대사업자로 등록한 날부터 3개월

④ 민간임대주택으로 등록할 주택을 매입하기 위해 분양계약을 체결한 자로서 1) 등록 신청일을 기준으로 분양계약서에 따른 잔금지급일이 3개월 이내인 자

또는 2) 등록 신청일이 분양계약서에 따른 잔금지급일 이후인 자 : 임대사업자로 등록한 날부터 1년

⑤ 민간임대주택으로 등록할 주택을 취득하려는 자로서 다음 각 목의 어느 하나에 해당하는 자

가. 「주택법」 제4조에 따라 등록한 주택건설사업자

나. 「부동산투자회사법」 제2조 제1호에 따른 부동산투자회사

다. 「조세특례제한법」 제104조의31 제1항에 해당하는 투자회사

라. 「자본시장과 금융투자업에 관한 법률」 제9조 제18항에 따른 집합투자기구

마. 소속 근로자에게 임대하기 위하여 민간임대주택을 건설하려는 고용자(법인으로 한정한다) : 임대사업자로 등록한 날부터 6년

3. (a)「민간임대주택에 관한 특별법」 제5조 제1항에 따라 등록한 날부터 3개월이 지나기 전(임대주택으로 등록한 이후 체결한 임대차계약이 있는 경우에는 그 임차인의 동의가 있는 경우로 한정한다.) 또는 (b)「민간임대주택에 관한 특별법」 제43조의 임대의무기간이 지난 후 등록 말소를 신청하는 경우[19]

임대사업자가 위 사유에 따라 등록말소를 신청한 경우, 7일 이내에 그 사실을 임차인에게 통지하여야 한다.

4. 「민간임대주택에 관한 특별법」 제5조 제6항의 등록기준을 갖추지 못한 경우

5. 「민간임대주택에 관한 특별법」 제43조 제2항 또는 제6항에 따라 민간임대주택을 양도한 경우

6. 「민간임대주택에 관한 특별법」 제43조 제4항에 따라 민간임대주택을 양도한 경우

7. 「민간임대주택법」 제44조에 따른 임대조건을 위반한 경우

8. 「민간임대주택에 관한 특별법」 제45조를 위반하여 임대차계약을 해제·해지하거

---

19) 2020. 6. 9. 법률 제17452호로 개정되기 전의 「민간임대주택에 관한 특별법」은 임대사업자가 임대사업자 등록을 한 날부터 1개월이 지나기 전에는 임차인의 동의 여부와 관계없이 등록을 말소할 수 있도록 규정하고 있으나, 임대주택으로 등록한 이후 체결한 임대차계약이 있는 경우에는 임차인의 동의를 받도록 하여 임차인에 대한 보호를 강화할 필요가 있어, 위와 같이 개정되었다.

나 재계약을 거절한 경우

9. 「민간임대주택에 관한 특별법」 제50조의 준주택에 대한 용도제한을 위반한 경우

10. 「민간임대주택에 관한 특별법」 제48조 제1항 제2호에 따른 설명이나 정보를 거짓이나 그 밖의 부정한 방법으로 제공한 경우

11. 「민간임대주택에 관한 특별법」 제43조에도 불구하고, ⓐ 종전의 「민간임대주택에 관한 특별법」(법률 제17482호 「민간임대주택에 관한 특별법」 일부 개정법률에 따라 개정되기 전의 것을 말한다.) 제2조 제5호의 '장기일반민간임대주택' 중 '아파트'(「주택법」 제2조 제20호의 도시형 생활주택이 아닌 것을 말한다.)를 임대하는 '민간매입임대주택' 또는 ⓑ 제2조 제6호의 '단기민간임대주택'에 대하여 임대사업자가 임대의무기간 내 등록 말소를 신청(신청 당시 체결된 임대차계약이 있는 경우 임차인의 동의가 있는 경우로 한정한다.)하는 경우

2021. 3. 16. 법률 제17944호로 개정되어 같은 날 시행된 「민간임대주택에 관한 특별법」 제6조 제1항 제11호는 위와 같이 ⓐ 기존에 '아파트'에서 ⓑ '아파트'(「주택법」 제2조 제20호의 도시형 생활주택이 아닌 것을 말한다.)로 개정되었으며, 이는 공포 후 2개월이 경과한 날부터 시행한다.

> **헌법재판소 2022. 1. 18. 2021헌마1566**
>
> 청구인은 장기일반민간임대주택 중 아파트에 대해서만 임대의무기간 내 임대사업자 등록을 말소할 수 있도록 규정한 임대주택법 제6조 제1항 제11호가 다가구주택 임대사업자인 청구인의 기본권을 침해한다고 주장하면서 2021. 12. 23. 이 사건 헌법소원심판을 청구하였다.

[판단]

임대주택법이 2020. 8. 18. 법률 제17482호로 개정되면서 제6조 제1항 제11호(이하 '구법 조항'이라 한다)가 신설되었고, 구법 조항은 공포일인 2020. 8. 18. 시행되었는데[민간임대주택에 관한 특별법 부칙(법률 제17482호, 2020. 8. 18.) 제1조 본문], 구법 조항은 장기일반민간임대주택 중 아파트를 임대하는 민간매입임대주택에 대하여 임대사업자가 임대의무기간 내 등록 말소를 신청하는 경우 임대의무기간에도 불구하고 임대사업자 등록을 말소할 수 있는 것으로 규정하고 있다. 청구인은 앞서 본 바와 같이 2019. 5. 27. 다가구주택에 관하여 장기일반민간임대주택 임대사업자 등록을 하였으므로 청구인이 주장하는 기본권제한 상황은 구법 조항의 시행과 동시에 발생한 것으로 볼 수 있다. 그런데, 심판대상조항은 임대의무기간 내에 아파트를 제외한 다가구주택 등 기타 다른 주택에 관한 장기일반민간임대주택 임대사업자 등록 말소가 불가능하다는 점에서 구법 조항과 실질적인 차이가 있다고 볼 수 없으므로 심판대상조항에 대한 헌법소원심판 청구기간의 기산점은 구법 조항을 기준으로 해야 한다.

이 사건 심판청구는 구법 조항의 시행일인 2020. 8. 18.로부터 1년이 경과한 2021. 12. 23.에 이르러서야 이루어졌으므로 청구기간을 도과하였다.

12. 임대사업자가 보증금 반환을 지연하여 임차인의 피해가 명백히 발생하였다고 볼 수 있는 아래 각 호에 해당하는 경우

① 임차인이 보증금 반환에 대하여 소송을 제기하여 승소판결이 확정되었으나, 임대사업자가 보증금을 반환하지 않는 경우

② 보증금 반환과 관련하여 「주택임대차보호법」 제14조에 따른 주택임대차분쟁조

정위원회가 작성한 조정안을 각 당사자가 수락하여 조정이 성립되었으나, 임대사업자가 보증금을 반환하지 않는 경우

13. 「민간임대주택에 관한 특별법」 제46조에 따른 임대차계약 신고 또는 변경신고를 하지 아니하여 시장ㆍ군수ㆍ구청장이 「민간임대주택에 관한 특별법」 제61조 제1항에 따라 보고를 하게 하였으나 거짓으로 보고하거나 3회 이상 불응한 경우

14. 「민간임대주택에 관한 특별법」 제49조 제1항에 따른 임대보증금에 대한 보증에 가입하지 아니한 경우로서 대통령령으로 정하는 경우

15. 그 밖에 민간임대주택으로 계속 임대하는 것이 어렵다고 인정하는 경우로서 대통령령으로 정하는 경우

> **[법제처 법령해석 사례] 안건번호 17-0112 회신일자 2017-04-20**
>
> 민원인 - 일반형임대사업자가 임대의무기간이 지나기 전에 「민간임대주택에 관한 특별법」 제6조제1항 각 호 외의 사유로 같은 법 제5조제3항 본문에 따라 임대사업자 등록 말소를 신고할 수 있는지 여부(「민간임대주택에 관한 특별법」 제6조 제1항 등 관련)
>
> **1. 질의요지**
>
> 「민간임대주택에 관한 특별법」(2020. 6. 9. 법률 제17452호로 개정되기 전의 것. 이하 "민간임대주택법"이라 함) 제5조 제1항에서는 주택을 임대하려는 자는 특별자치시장ㆍ특별자치도지사ㆍ시장ㆍ군수 또는 구청장(구청장은 자치구의 구청장을 말함. 이하 "시장ㆍ군수ㆍ구청장"이라 함)에게 등록을 신청할 수 있다고 규정하고 있고, 같은 조 제2항에서는 같은 조 제1항에 따라 등록하는 경우 기업형임대사업자 및 일반형임대사업자(제1호), 민간건설임대주택 및 민간매

입임대주택(제2호), 기업형임대주택, 준공공임대주택 및 단기임대주택(제3호)에 따라 구분하여야 한다고 규정하고 있으며, 같은 조 제3항 본문에서는 같은 조 제1항에 따라 등록한 자가 그 등록한 사항을 변경하거나 말소하려는 경우 시장·군수·구청장에게 신고하여야 한다고 규정하고 있습니다.

그리고, 민간임대주택법 제6조 제1항 제3호에서는 시장·군수·구청장은 임대사업자가 같은 법 제5조 제1항에 따라 등록한 날부터 1개월이 경과하기 전 또는 같은 법 제43조 제1항에 따른 임대의무기간(이하 "임대의무기간"이라 함)이 경과한 후 등록 말소를 신청하는 경우에는 등록의 전부 또는 일부를 말소할 수 있다고 규정하고 있는바,

일반형임대사업자가 임대의무기간이 지나기 전에 민간임대주택법 제6조 제1항 각 호 외의 사유로 같은 법 제5조 제3항 본문에 따라 등록한 사항의 말소 신고를 할 경우, 시장·군수·구청장은 그 등록을 말소할 수 있는지?

※ 질의배경

○ 단기임대주택을 보유한 일반형임대사업자인 민원인은 임대의무기간이 지나기 전에 임대주택에 직접 거주하기 위해 임대사업자 등록을 말소할 수 있는지에 대해 국토교통부에 질의하였고, 국토교통부로부터 임대의무기간이 지나지 아니한 경우 임대사업자 등록을 말소할 수 없다는 회신에 이의가 있어 법령해석을 요청함.

2. 회답

일반형임대사업자가 임대의무기간이 지나기 전에 민간임대주택법 제6조 제1항

각 호 외의 사유로 같은 법 제5조 제3항 본문에 따라 등록한 사항의 말소 신고를 할 경우, 시장·군수·구청장은 그 등록을 말소할 수 없습니다.

3. 이유

민간임대주택법 제2조 제1호에서는 "민간임대주택"이란 임대 목적으로 제공하는 주택으로서 임대사업자가 같은 법 제5조에 따라 등록한 주택을 말하고, 민간건설임대주택과 민간매입임대주택으로 구분한다고 규정하고 있으며, 같은 조 제6호에서는 "단기임대주택"이란 일반형임대사업자가 4년 이상 임대할 목적으로 취득하여 임대하는 민간임대주택을 말한다고 규정하고 있고, 같은 조 제7호에서는 "임대사업자"란 「공공주택 특별법」 제4조 제1항에 따른 공공주택사업자가 아닌 자로서 주택을 임대하는 사업을 할 목적으로 민간임대주택법 제5조에 따라 등록한 자를 말하며, 기업형임대사업자와 일반형임대사업자로 구분한다고 규정하고 있고, 민간임대주택법 제5조 제1항에서는 주택을 임대하려는 자는 시장·군수·구청장에게 등록을 신청할 수 있다고 규정하고 있으며, 같은 조 제2항에서는 같은 조 제1항에 따라 등록하는 경우 기업형임대사업자 및 일반형임대사업자(제1호), 민간건설임대주택 및 민간매입임대주택(제2호), 기업형임대주택, 준공공임대주택 및 단기임대주택(제3호)에 따라 구분하여야 한다고 규정하고 있고, 같은 조 제3항 본문에서는 같은 조 제1항에 따라 등록한 자가 그 등록한 사항을 변경하거나 말소하고자 할 경우 시장·군수·구청장에게 신고하여야 한다고 규정하고 있습니다.

그리고, 민간임대주택법 제6조 제1항 제3호에서는 시장·군수·구청장은 임대사업자가 같은 법 제5조 제1항에 따라 등록한 날부터 1개월이 경과하기 전 또는 임대의무기간이 경과한 후 등록 말소를 신청하는 경우에는 등록의 전부 또는 일부를 말소할 수 있다고 규정하고 있고, 같은 법 제43조 제1항에서는 임대사업자는 임대의무기간 동안 민간임대주택을 계속 임대하여야 하며, 그 기간이 지나지 아니하면 이를 양도할 수 없다고 규정하고 있는바,

이 사안은 일반형임대사업자가 임대의무기간이 지나기 전에 민간임대주택법 제6조 제1항 각 호 외의 사유로 같은 법 제5조 제3항 본문에 따라 등록한 사항의 말소 신고를 할 경우, 시장·군수·구청장은 그 등록을 말소할 수 있는지에 관한 것이라 하겠습니다.

먼저, 민간임대주택법 제5조 제1항에서는 주택을 임대하려는 자는 시장·군수·구청장에게 등록을 신청할 수 있다고 규정하고 있고, 같은 조 제3항 본문에서는 같은 조 제1항에 따라 등록한 자가 그 등록한 사항을 변경하거나 말소하려는 경우 시장·군수·구청장에게 신고하여야 한다고 규정하고 있으며, 같은 법 제6조 제1항 제3호에서는 시장·군수·구청장은 임대사업자가 같은 법 제5조 제1항에 따라 등록한 날부터 1개월이 경과하기 전 또는 임대의무기간이 경과한 후 등록 말소를 신청하는 경우에는 등록의 전부 또는 일부를 말소할 수 있다고 규정하고 있고, 「민간임대주택에 관한 특별법 시행령」 제4조 제6항에서는 임대사업자 등록 후 1개월이 지나기 전 또는 임대의무기간이 지난 후 민간임대주택이 없게 된 경우에는 30일 이내에 말소신고를 하여야 한다고 규정하고 있는 점에 비추어 볼 때, 민간임대주택법 제5조 제3항 본문에 따라 임대사업자가 임대사업자 등록 말소 신고를 하고, 이에 따라 시장·군수·구청장이 등록을 말소할 수 있는 경우는 임대사업자로 등록한 날부터 1개월이 경과하기 전이나 임대의무기간이 지난 후 민간임대주택이 없게 된 경우 등 민간임대주택법 제6조제1항 각 호의 사유로 한정되는 것이 문언상 명백하다고 할 것입니다.

그리고, 민간임대주택법 제43조 제1항에서는 임대사업자는 임대의무기간 동안 민간임대주택을 계속 임대하여야 하며, 그 기간이 지나지 아니하면 이를 양도할 수 없다고 규정하고 있고, 같은 조 제2항 전단에서는 같은 조 제1항에도 불구하고 임대사업자는 임대의무기간 동안에도 국토교통부령으로 정하는 바에 따라 시장·군수·구청장에게 신고한 후 민간임대주택을 다른 임대사업자에게 양도할 수 있다고 규정하고 있으며, 같은 조 제4항에서는 같은 조 제1항에도 불구하고 임대사업자는 부도, 파산, 그 밖의 대통령령으로 정하는 경제적 사정 등으로 임대를 계속할 수 없는 경우에는 임대의무기간 중에도 대통령령으로 정하는 바에 따라 시장·군수·구청장에게 허가를 받아 임대사업자가 아닌 자에게 민간임대주택을 양도할 수 있다고 규정하고 있는바, 임대사업자는 민간임대주택법 제43조 제2항 전단에 따라 시장·군수·구청장에게 신고한 후 민간임대주택을 다른 임대사업자에게 양도하거나 같은 조 제4항에 따라 부도, 파산, 그 밖의 대통령령으로 정하는 경제적 사정 등으로 임대를 계속할 수 없는 경우로서 시장·군수·구청장에게 허가를 받아 임대사업자가 아닌 자에게 민간임대주택을 양도할 수 있는 경우를 제외하고는 임대의무기간 동안 민간임대주택을 계속 임대하여야 할 것입니다.

또한, 민간임대주택법은 민간임대주택의 건설·공급 및 관리와 민간 주택임대사업자 육성 등에 관한 사항을 정함으로써 민간임대주택의 공급을 촉진하고 국민의 주거생활을 안정시키는 것을 목적(제1조)으로 하는 법률로서, 같은 법 제43조에서 임대의무기간을 규정하고 있는 입법 취지는 무주택 임차가구의 보호를 강화하기 위한 것으로 보아야 할 것인바, 일반형임대사업자가 임대의무기간이 지나기 전에 민간임대주택법 제6조 제1항 각 호 외의 사유로 같은 법 제5조 제3항 본문에 따라 등록한 사항의 말소 신고를 할 경우, 시장 · 군수 · 구청장이 그 등록을 말소할 수 있다고 해석하는 것은 민간임대주택법의 입법 목적이나 같은 법 제43조의 입법 취지에도 부합하지 않는다고 할 것입니다.

따라서, 일반형임대사업자가 임대의무기간이 지나기 전에 민간임대주택법 제6조 제1항 각 호 외의 사유로 같은 법 제5조 제3항 본문에 따라 등록한 사항의 말소 신고를 할 경우, 시장 · 군수 · 구청장은 그 등록을 말소할 수 없다고 할 것입니다.

2) 청문의 실시와 예외

시장 · 군수 · 구청장은 등록을 말소하는 경우 '청문'을 하여야 한다.

다만, 위 제3호[「민간임대주택에 관한 특별법」 제5조 제1항에 따라 등록한 날부터 3개월이 지나기 전(임대주택으로 등록한 이후 체결한 임대차계약이 있는 경우에는 그 임차인의 동의가 있는 경우로 한정한다.)], 제5호[「민간임대주택에 관한 특별법」 제43조 제2항 또는 제6항에 따라 민간임대주택을 양도한 경우] 및 제6호(「민간임대주택에 관한 특별법」 제43조 제4항에 따라 민간임대주택을 양도한 경우)의 경우는 제외한다. 임대사업자는 위와 같은 청문 통보를 받은 경우 7일 이내에 그 사실을 임차인에게 통지하여야 한다.

시장 · 군수 · 구청장은 등록을 말소하면, 해당 임대사업자의 명칭과 말소 사유 등 필요한 사항을 공고하여야 한다.

3) 자동 등록 말소의 경우

ⓐ 종전의 「민간임대주택에 관한 특별법」 제2조 제5호에 따른 '장기일반 민간임대주택'

중 '아파트'(「주택법」 제2조 제20호의 '도시형 생활주택'이 아닌 것을 말한다.)를 임대하는 '민간매입임대주택' 및 (b) 「민간임대주택에 관한 특별법」 제2조 제6호에 따른 '단기민간임대주택'은 임대의무기간이 종료한 날 등록이 자동 말소된다(「민간임대주택에 관한 특별법」 제6조 제5항).

한편 위 각 임대주택의 임대의무기간이 2020. 8. 18. 전에 경과된 경우에는 2020. 8. 18. 그 임대주택의 등록이 말소된 것으로 본다.(「민간임대주택에 관한 특별법」 법률 제17482호, 부칙 제7조)

4) 임대사업자로의 간주

「민간임대주택에 관한 특별법」 제43조 제2항에 따라 민간임대주택을 다른 임대사업자에게 양도하는 경우를 제외하고, 「민간임대주택에 관한 특별법」 제6조 제1항 각호 및 같은 조 제5항에 따라 등록이 말소된 경우에는, 그 임대사업자(해당 주택을 양도한 경우에는 그 양수한 자를 말한다.)를 이미 체결된 임대차계약의 기간이 끝날 때까지 임차인에 대한 관계에서 「민간임대주택에 관한 특별법」 에 따른 임대사업자로 본다.

2. 민간임대협동조합

가. 주택협동조합[20]

1) 의 의

우리나라의 주택점유형태는 크게 '자가'와 '임대'로 구분되며, 각각 '주택매매시장'과 '주택임대시장'을 하위시장으로 하고 있다.

(a) '주택임대시장'에서는 지속적인 임대료 상승으로 인해 세입자들의 경제적 부담이 가중되고 있으며, 가끔 전세대란이라고 표현될 정도로 수급불균형이 심화되기도 하는 한편 (b) '주택매매시장'의 경우 매매가격의 급등세를 보이는 등 시장이 비정상적이라는 등의

20) 강세진, '국외 주택협동조합의 운영구조의 유형화에 관한 연구', 2014. 4. 대한국토.도시계획학지 「국토계획」 제49권 제2호

분석이 공공연하게 나오고 있다. 한편 현재의 주택가격도 서민들이 감당하기에 턱없이 높다. 집을 사기에는 너무 비싸고, 전세는 끊임없이 오르는 버거운 상황을 해결할 수 있는 대안 중 하나는 '공공임대주택'을 늘려서 주거비 부담을 낮추는 것이지만, 공공재원이 부족하여 정부나 지자체에서 직접 임대주택을 공급하지 못하겠으니, 민간투자를 활성화시키겠다는 것이 정부의 입장이다.

이는 표면적으로는 시장을 통한 지속가능한 주택공급체계의 파탄, 근본적으로는 자본주의적 경제성장의 한계를 나타내는 것일 수 있다.

하지만 외국의 경우, 경제위기의 부정적인 영향을 최소화하면서 주택공급의 지속가능성을 유지하고 있는 사례들을 살펴볼 수가 있는데, 이런 사례들의 특징 중 하나는 '주택협동조합' 부문이라는 것이다(Farkas, 2013; O'Keeffe and Sellars, 2013).

'주택협동조합'은 「공동으로 주택을 소유한다」라는 정도로 알려져 있을 뿐, 우리에게 친숙한 개념은 아니다.

국제협동조합연맹(International Co-operative Alliance; ICA)은 1995년 100주년 기념 총회를 열고 「협동조합 정체성 선언」을 발표하였다. 이에 따르면 '협동조합'이란 "공동으로 소유하고 민주적으로 운영되는 사업체를 통하여 공통의 경제적 · 사회적 · 문화적 필요와 욕구를 충족시키고자 하는 사람들이 자발적으로 결성한 자율적인 조직"이라고 정의되어 있다.

따라서 주택협동조합의 경우, 협동조합이 주택을 공급하고 관련 서비스를 제공하는 것에 따른 편익은 조합의 주인인 조합원들이 주택의 가격과 서비스의 질을 결정할 수 있다는 것이다. 내 소득수준으로 감당하기 어려운 매매가격, 끝없이 치솟는 전세가격, 내용이 불분명한 관리비 책정 등의 문제점이 해소될 여지가 있는 것이다.

쉽게 이해하기 위해 일반적인 기업의 형태인 '주식회사'와 비교하면, '협동조합'은 ①투자자가 기업의 소유자이면서 이용자이며, ② 1주 1표가 아니라 출자 규모와 무관하게 1인 1표(민주적 운영)의 의결권을 가지고, ③ 공통의 필요와 욕구를 최대한 충족시키기 위해 '투자에 대한 배당'보다 '이용에 대한 배당'을 우선시한다(주식회사의 경우 '이용'에 대한 배당이 없다)는 차이점이 있다(기획재정부, 2013).

한편 국내 협동조합의 법적 근거인 「협동조합 기본법」에 따르면, '협동조합'이란 "재화 또는 용역의 구매·생산·판매·제공 등을 협동으로 영위함으로써 조합원의 권익을 향상하고 지역 사회에 공헌하고자 하는 사업조직"이며(「협동조합 기본법」 제2조 제1호), '법인'이라고(협동조합 기본법」 제4조) 국제협동조합연맹의 정의에 따라 규정되어 있다.

기업이론에 따르면 '회사 또는 기업'은 이윤 추구, 즉 '경제활동을 목적으로 결성되는 단체'라고 정의할 수 있으며, 법적으로는 '영리를 목적으로 하는 법인'(「상법」 제169조)이라고 규정되어 있다. 즉 자본의 결합체로서 새롭게 창조된 사업조직이 자연인과 동일하게 독립적인 경제행위를 할 수 있다는 것을 의미한다. 이때 사업조직(회사 또는 기업)의 운영구조는 추구하는 경제행위와 자본의 결합방식(조성 및 반환)에 의해 결정되게 된다.

우리나라의 협동조합도 「협동조합 기본법」에 따라 법인격이 부여되므로, 독립된 경제행위를 영위할 수 있는 사업조직이다. 즉, ① 경제행위(협동조합의 비용, 조합원에게 제공되는 편익), ② 자본의 조성(조합원의 협동조합에 대한 재정적 분담), ③ 자본의 반환(조합원의 탈퇴 또는 조합해산에 따라 발생) 등의 방법에 따라 협동조합의 운영구조가 달라진다. 이를 「협동조합 기본법」에 규정된 내용을 중심으로 정리하면 아래 표 및 그림과 같다.

협동조합의 일반적 운영사항[21)]

구 분	운영사항	관련 규정
경제행위 (사업)	– 협동조합은 '금융 및 보험업'을 제외한 모든 사업을 영위할 수 있음 – 조합원은 협동조합의 사업결과인 재화와 용역, 잉여금 배당이라는 편익을 얻을 수 있음 – 정관, 규약 또는 규정에 따라 재화·용역의 비용을 그 재화·용역을 이용하는 해당 조합원이 부담할 수 있음	「협동조합 기본법」 제16조, 제17조, 제51조
자본조성	– 협동조합은 조합원의 출자를 통해 자본금을 모음 – 협동조합은 사업에 따른 잉여금이 발생할 경우 적립하여야 함	「협동조합 기본법」 제18조, 제22조, 제50조
자본반환	– 조합원은 협동조합에서 탈퇴할 때 정관에서 정하는 바에 따라 지분 또는 출자금의 환급을 요구할 수 있음 – 협동조합이 해산할 때 잔여재산은 정관에 따라 처분(조합원에게 배분 가능), 귀속(사회적 협동조합의 경우 타 협동조합 및 국고로 귀속)됨	「협동조합 기본법」 제26조, 제59조, 제89조, 제104조

21) 자료 : 강세진, 진남영, 이상영(2014)

그림 1. 협동조합의 일반적 운영구조

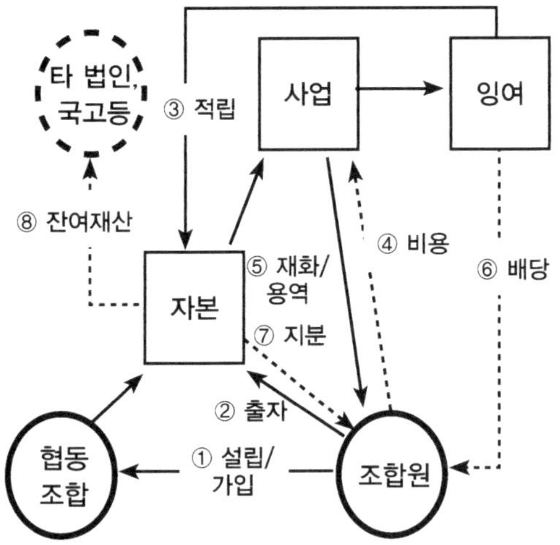

① 5인 이상
② 1인 1좌 이상, 정관에서 정하는 한도까지(법정한도 30%)
③ 정관, 규약 또는 규정으로 정함
④ 비용 보전이 필요한 경우 정관, 규약 또는 규정으로 정함
⑤ 사업에 따른 잉여는 법정적립, 임의적립함
⑥ 적립을 하고도 잉여가 남을 경우 배당 가능 (※사회적협동조합은 배당 불가)
⑦ 협동조합에서 탈퇴하거나 조합이 해산될 때 지분 또는 출자금의 반환을 정관에서 정하는 바에 따라 요구할 수 있음
⑧ 사회적협동조합이 해산될 때는 부채 및 반환금을 제한 잔여재산을 정관에서 정하는 타 협동조합 및 국고에 귀속

강세진 · 진남영 · 이상엽(2014)

협동조합형 민간임대아파트의 종류

구분	(일반) 협동조합	사회적협동조합
법인격	(영리)법인	비영리법인
설립	시도지사 신고	기획재정부(관계부처) 인가
사업	업종 및 분야 제한 없음	공익사업 40% 이상 수행
경영공시	의무사항 아님 (조합원수 200인 이상 또는 자기자본이 30억원 이상)	의무사항
배당	배당 가능	배당금지

2) 해외 주택협동조합의 운영 형태

우리나라에서는 현재 협동조합을 결성하여 임대주택을 신축하고 임대의무기간 후 조합원(임차인)에게 당해 임대주택을 분양전환을 하겠다는 실제 사례가 존재하기는 하나 분양전환까지 완성한 사례는 아직 없는 것으로 보인다. 이에 참고가 될만한 해외 주택협동조합에 대하여 간략히 살펴본다.

해외 주택협동조합의 가장 일반적인 사업은 협동조합이 주택을 마련하여 조합원들에게 '임대'를 하는 것이라고 한다.

거의 모든 국가에서 (a) 주택'임대'를 주목적으로 하는 협동조합이 운영되고 있다고 하며, (b) 주택'분양'을 목적으로, 그리고 (c) 주택'관리'를 목적으로 하는 협동조합도 운영되고 있다고 한다.

이는 우리나라의 (a) 임대사업, (b) 분양사업 및 (c) 주택관리사업과 구조적으로 동일하다. 다만 주택협동조합의 경우, 주택을 공급하고 관련 서비스를 제공하는 주체가 '협동조합'인 것이다.

3) 임대형 주택협동조합

여기에서는 해외의 주택협동조합의 위 3가지 운영 형태 중, (a) 주택'임대'에 국한한 '임대형 주택협동조합'에 관하여만 정리해 보는 것으로 한다.

'임대형 주택협동조합'은 주택을 공동으로 소유하고, 임대하는 가장 기본적인 유형이다. <u>조합원은 '임대보증금' 명목으로 출자를 하고, 협동조합은 조성된 자본을 '주택'으로 전환(건설, 매입, 임차)한 후, 조합원에게 임대료를 받고 임대한다.</u> 임대보증금은 주택에서 퇴거할 때 협동조합에서 탈퇴하면서 그대로 돌려받을 수 있다. 임대보증금을 주택건설비용의 상당 부분을 충당할 수 있을 정도로 높여 임대료를 주택의 관리비 수준으로 낮추면

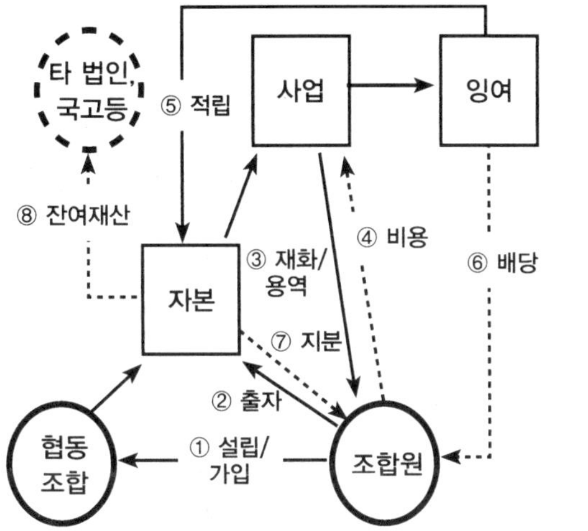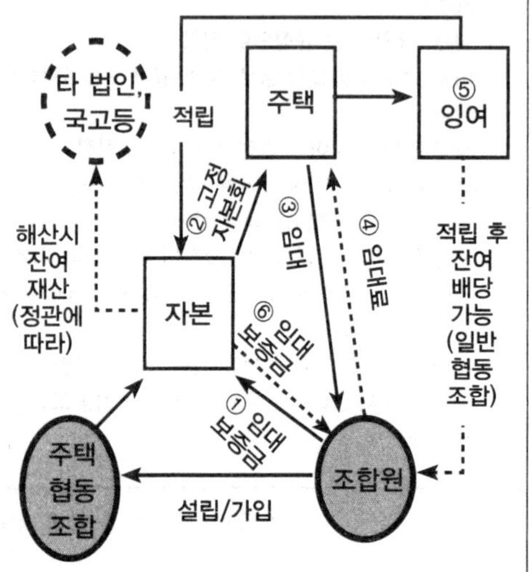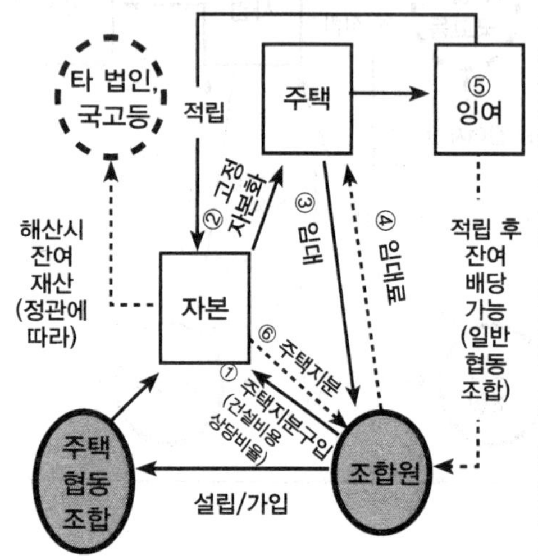우리나라의 '전세'와 같아진다.

'임대형 주택협동조합'이 현재의 조합원만 대상으로 할 경우, 사업이익(잉여)을 남길 이유가 없으나, 사업을 확장하기 위한 자본을 모으기 위해 임대료를 좀 더 받거나, 비조합원을 대상으로 임대사업을 할 경우, '잉여'가 발생할 수 있다. '임대형 주택협동조합'은 조합원 자격을 유지하는 동안 주거 안정성이 보장된다는 장점이 있으나, 주택가격의 상승으로 인한 시세차익을 얻을 수 없으므로 주택가격이 빠르게 상승하는 시장조건에서는 주택을 소유하는 것에 비해 매력이 없을 수 있다. 이러한 단점을 보완하여 주택협동조합의 경쟁력을 높이기 위한 방안으로 고안된 것이 조합원에게 출자에 따른 '주택지분'[22]을 인정하는 방식이다.

즉 주택협동조합의 주요 자산인 주택의 평가 총액의 일부를 조합원의 출자금에 따라 탈퇴시 돌려주겠다는 것이며, 산술적으로는 출자금에 시세차익의 일정량을 더하여 반환하는 것과 같다. 해외 사례를 보면 이러한 구조의 출자금은 앞서 살펴본 바와 같이 주택 건설비용의 상당부분을 충당하는 규모로 결정된다.

---

22) 협동조합의 '지분'이란 주식회사 등과 달리 의결권에 영향을 주지 않는, 협동조합에서 탈퇴하는 것을 조건으로 발생하는 재정적 권리이다. 이에 대한 근거가 「협동조합 기본법」 제26조 '일반 협동조합'의 '지분환급청구권', 같은 법 제89조 '사회적 협동조합'의 '출자금환급청구권' 등이다.
이때 '지분'이란 '조합원이 당해 협동조합의 재산에 대해서 가지는 몫을 표시하는 계산상의 경제적 가치'라고 정의할 수 있으며, 그 계산의 방법은 '정관'으로 정한다(「협동조합 기본법」 제26조 제1항).
지분의 계산방법은 일반적으로 ⓐ 개산식(균등식), ⓑ 가산식(차등식)으로 구분한다(이학균, '농협법해설', 2007, 서울 : 경진문화사).
[개산식] - 지분총량 = 출자 1좌당 지분×납입 출자좌수
- 출자1좌당 지분 = 순재산/출자좌수 -순재산 = 자산총액-부채총액
[가산식] - 납입 출자금을 기준으로 계산하되, 회전출자금, 임의적립금 등 자원별로 계산하여 가산하는 방식

주택협동조합 유형

임대형 주택협동조합(기본형)

사업내용		자본조성		자본반환	
제공 서비스	비용 보전	출자 성격	자본이득 귀속	조합 탈퇴	반환 지분
임대	임대료	임대 보증	협동 조합	퇴거 시	출자금

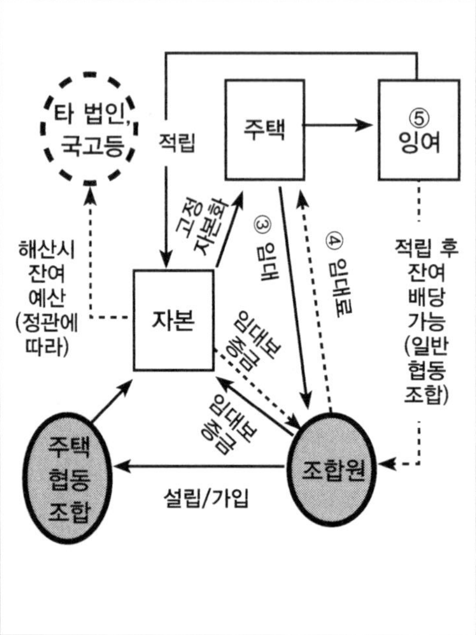

① 출자: 임대보증금 ② 자본을 주택으로 전환 ③ 조합원에게 주택임대 ④ 협동조합에 임대료지급	⑤ 비조합원에게 주택공급, 사업확장 위한 임대료 추가 징수시 잉여발생가능 ⑥ 탈퇴시 출자금(임대보증금)반환

임대형 주택협동조합(지분형)

사업내용		자본조성		자본반환	
제공 서비스	비용 보전	출자 성격	자본이득 귀속	조합 탈퇴	반환 지분
임대	임대료	주택 지분	협동조합 조합원	퇴거 시	출자금+ 시세차익

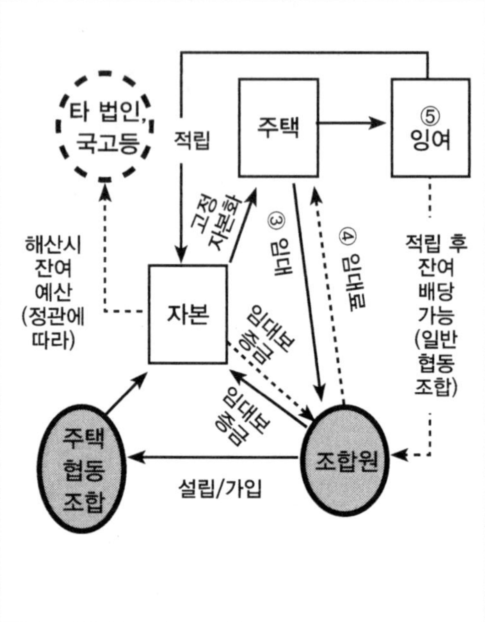

① 출자: 주택지분구입(건설비 용상담비율) ② 자본을 주택으로 전환 ③ 조합원에게 주택임대 ④ 협동조합에 임대료지급	⑤ 비조합원에게 주택공급, 사업확장 위한 임대료 추가 징수시 잉여발생가능 ⑥ 탈퇴시 임대보증금 반환 주택지분=출자금+시세차익

출처: 강세진 외, 2014, 경영 공동체 주거모델 방안 연구

나. 국가 등의 지원

국가 및 지방자치단체는 '사회적 기업, 사회적 협동조합 등 비영리단체의 민간임대주택 공급 참여 유도'의 목적을 위하여 주택도시기금 등의 자금을 우선적으로 지원하고, 「조세특례제한법」, 「지방세특례제한법」 및 조례로 정하는 바에 따라 조세를 감면할 수 있다. (「민간임대주택에 관한 특별법」 제4조 제1항 제3호)

2012. 1. 26. 「협동조합 기본법」 제정 당시에는 「협동조합 기본법」에 의한 '협동조합'은 「중소기업 기본법」 상의 '중소기업'으로 인정되지 않아 「법인세법」 상 '중소기업'이 받고 있는 세제 혜택에서도 제외되고 있었으나, 2014. 1. 14. 「중소기업 기본법」의 개정으로 '중소기업'에 편입되었다. 따라서 「협동조합 기본법」에 의한 '협동조합'도 요건 충족 시 '중소기업'으로 인정되게 되고, '중소기업'에 대해 부여되는 세제 혜택을 받게 된다.

한편 2022. 2. 15.[23]부터는 '사회적 협동조합'에 대하여는 '주택분 종합부동산세액'에 관하여 '단일 최고 세율(1주택, 일반 2주택 : 3% 혹은 조정대상지역 2주택, 3주택 이상 : 6%)'이 적용되지 않고, ⓐ '일반 누진세율(0.6 ~ 6%)', ⓑ 기본공제, ⓒ 세부담 상한의 적용을 받는 '법인'에 포함되게 되었다.(ⓐ「종합부동산세법」 제9조 제2항, 같은 법 시행령 제4조의4 제6호, ⓑ 같은 법 제8조 제1항, ⓒ 같은 법 제10조)

한편 「협동조합 기본법」에 의한 '사회적 협동조합'은 비영리법인에 해당하므로, 영리사업을 하지 않는 한 법인세와 부가가치세의 납부의무가 없으며, 잉여금에 대한 배당도 불가능하다. 비영리법인의 경우 수익사업에서 생기는 소득에 한해 법인세 납세의무가 있다(「법인세법」 제3조 제3항). 그리고 '사회적 협동조합'은 ⓐ 고유목적사업준비금을 손금에 산입할 수 있고, ⓑ '지정기부금단체'로 지정이 가능하다.

---

23) 2022. 2. 15. 대통령령 제32425호로 개정되어 같은 날 시행된 「종합부동산세법 시행령」 제4조의4 제6호 신설

다. 신설 경위 등

민간임대협동조합의 그간의 실태를 보면, ⓐ 조합원(임차인) 모집 후 결국 토지 확보를 하지 못하여 좌초되거나, ⓑ 아파트 건립을 위해 필수적인 제2종 일반주거지역이 아닌 4층 규모의 다세대 주택이나 연립주택건설을 허용하는 제1종 일반주거지역임에도, '아파트'를 건설하겠다고 하여 조합원(임차인)을 모집하는 경우 등등의 사례가 있었고, 「협동조합 기본법」에는 발기인 상태에서의 투자금(가입비) 반환에 대한 사항은 명시되어 있지 않아, 사실상 조합원(임차인)들이 투자금(가입비)을 반환받지 못하는 경우가 있었다.

춘천지방법원 원주지원 2021.4.13. 선고 2020가단56348 [가입비 반환 등] 민간 임대아파트 신축을 위한 협동조합으로부터 관련 업무의 대행을 위임받은 업무대행사의 대표자와 직원들이 잠적함에 따라, 사실상 민간임대아파트 건설사업이 중단된 사안에서, 조합원인 원고들이 피고인 협동조합을 상대로 가입비 등 반환청구 소송을 제기하여 원고 청구가 인용된 사례

즉 일각에서는 사업의 주요내용, 추진상황 등에 대한 자세한 정보 제공 없이 조합원(임차인)을 모집하거나, 수천만원 상당의 투자금(가입비)을 받고도 탈퇴 조합원에게 투자금(가입비)을 제대로 환급하지 않는 등 피해사례가 발생하기도 하였던 것이다.

이에 ⓐ 조합원의 재산권을 보호하고, ⓑ '협동조합형 임대주택사업' 추진의 투명성을 제고하기 위하여, 2019. 11. 29. 법률 제16630호로 개정되어 2020. 5. 27.부터 시행된 「민간임대주택에 관한 특별법」 제5조의2(조합원의 모집신고 및 공개모집) 규정이 신설되었다.

위 신설규정은 2020. 5. 27. 전에 「협동조합 기본법」에 따라 설립된 민간임대협동조합이 2020. 5. 27. 이후 조합원을 모집하는 경우에도 적용된다.(「민간임대주택에 관한 특별

법」 법률 제16630호, 부칙 제2조)

라. 조합원의 모집신고 및 공개모집

1) 방 법

조합원에게 공급하는 민간건설 임대주택을 포함하여 30호 **이상**으로서 대통령령으로 정하는 호수 이상[24]의 주택을 공급할 목적으로 설립된「협동조합 기본법」에 따른 (a) **협동조합**[25] 또는 (b) **사회적 협동조합**[26](이하 **"민간임대협동조합"**이라 한다.)이나, (c) **민간임대협동조합의 발기인**이 조합원을 모집하려는 경우, 해당 민간임대주택 건설 대지의 관할 시장 · 군수 · 구청장에게 '신고'하고, '공개모집'의 방법으로 조합원을 모집하여야 한다.(「민간임대주택에 관한 특별법」 제5조의3 제1항)

위와 같이 조합원 모집신고를 하려는 자는 **'신고서'**(「민간임대주택에 관한 특별법 시행규칙」 별지 제6호 서식)에 다음 각 호의 서류를 첨부하여 해당 민간임대주택 건설 대지의 관할 시장 · 군수 · 구청장에게 제출해야 한다.

1. 민간임대협동조합 발기인 명단 등「민간임대주택에 관한 특별법」 제5조의4 제1항 각 호 외의 부분에 따른 모집주체에 관한 자료
2. 민간임대주택 건설 대지의 지번 · 지목 · 등기명의자 및「국토의 계획 및 이용에 관한 법률」에 따른 도시 · 군관리계획 상의 용도
3. 조합원 모집공고안
4. 조합 가입 신청서 및「민간임대주택에 관한 특별법」 제5조의4 제1항 각 호의 사항이 포함된 계약서의 서식

---

24) 1.「건축법 시행령」 별표 1 제1호 가목부터 다목까지의 단독주택인 경우 : 30호
2. 준주택 또는「건축법 시행령」 별표 1 제2호 가목부터 다목까지의 공동주택인 경 우: 30세대

25) 재화 또는 용역의 구매 · 생산 · 판매 · 제공 등을 협동으로 영위함으로써 조합원의 권익을 향상하고 시역 사회에 공헌하고자 하는 사업조직을 말한다.

26) 협동조합 중 지역주민들의 권익 · 복리 증진과 관련된 사업을 수행하거나 취약계층에게 사회서비스 또는 일자리를 제공하는 등 영리를 목적으로 하지 아니하는 협동조합을 말한다.

2) 벌 칙

위 규정을 위반하여 신고하지 아니하고 조합원을 모집하거나 조합원을 공개로 모집하지 아니한 자에 대하여는 2년 이하의 징역이나 2천만원 이하의 벌금에 처한다.(「민간임대주택에 관한 특별법」 제65조 제2항)

마. 재모집의 경우

이에도 불구하고 공개모집 이후, 조합원의 사망・자격상실・탈퇴 등으로 인한 결원을 충원하거나 미달된 조합원을 '재모집'하는 경우에는 '신고'하지 아니하고 '선착순'의 방법으로 조합원을 모집할 수 있다.

바. 신고 수리와 통보

위 신고를 받은 시장・군수・구청장은 신고내용이 「민간임대주택에 관한 특별법」에 적합한 경우에는 신고를 수리하고, 그 사실을 신고인에게 통보하여야 한다.

따라서 위와 같은 신고는 '자체 완성적 공법행위로서의 신고'가 아니라, 소위 '행정 요건적 신고'(수리를 요하는 신고)의 성질을 가지는 것으로 보아야 할 것이다.

시장・군수・구청장은 신고서가 접수된 날부터 15일 이내에 신고의 수리 여부를 결정・통지해야 한다.

신고를 수리하는 경우에는 '신고대장'(「민간임대주택에 관한 특별법 시행규칙」 별지 제6호의2 서식)에 관련 내용을 적고, 신고인에게 '신고 확인증'(「민간임대주택에 관한 특별법 시행규칙」 별지 제6호의3 서식)을 발급해야 한다.

사. 신고 수리의 거부 사유

시장・군수・구청장은 다음 각 호의 어느 하나에 해당하는 경우, 조합원 모집 신고를 수리해서는 아니 된다.

1. 해당 민간임대주택 건설대지의 80% 이상에 해당하는 토지의 사용권원을 확보하지 못한 경우
2. 이미 신고된 사업 대지와 전부 또는 일부가 중복되는 경우
3. 이미 수립되었거나 수립 예정인 도시 · 군 계획, 이미 수립된 토지이용계획 또는 이 법이나 관계 법령에 따른 건축기준 및 건축 제한 등에 따라 해당 민간임대주택 건설 대지에 민간임대협동조합이 건설하는 주택을 건설할 수 없는 경우
4. 해당 민간임대주택을 공급받을 수 없는 조합원을 모집하려는 경우
5. 신고한 내용이 사실과 다른 경우

아. 조합원의 공개모집

조합원 모집신고를 하고 조합원을 모집하는 '민간임대협동조합' 및 민간임대협동조합의 '발기인'(이하 "모집주체"라 한다.)은 조합원 모집신고가 수리된 이후, 해당 민간임대주택 건설대지의 주민이 널리 볼 수 있는 장소 또는 일간신문이나 관할 특별자치시 · 특별자치도 · 시 · 군 또는 자치구의 인터넷 홈페이지에 **'조합원 모집공고'**를 게시하여 공고해야 한다.

'조합원 모집공고'에는 다음 각 호의 사항이 포함되어야 한다.

1. 모집주체의 성명 및 주소(법인의 경우에는 법인명, 대표자의 성명, 법인의 주소 및 법인등록번호를 말한다)
2. 주택 건설대지의 지번 · 지목 및 면적
3. 주택 건설대지에 대한 사용권 또는 소유권 확보 면적 · 비율 및 확보 계획과 토지사용승낙서 등 이를 증명할 수 있는 서류
4. 주택건설 예정 세대수 및 주택건설 예정 기간
5. 조합원 모집세대수 및 모집 기간
6. 조합원을 분할하여 모집하는 경우에는 분할 모집 시기별 모집세대수 등 조합원

모집에 관한 정보

7. 호당 또는 세대 당 주택공급면적 및 대지면적
8. 조합가입 신청자격, 신청 시의 구비서류, 신청일시 및 장소
9. 계약금·분담금의 납부시기 및 납부방법 등 조합원의 비용부담에 관한 사항
10. 조합 자금관리의 주체 및 계획
11. 조합원 당첨자 발표의 일시·장소 및 방법
12. 부적격자의 처리 및 계약 취소에 관한 사항
13. 조합가입 계약일·계약장소 등의 계약사항
14. 동·호수의 배정 방법 등에 관한 사항
15. 동·호수의 구체적인 배정 시기의 결정 및 통지 방법
16. 조합설립인가 신청일(또는 신청예정일), 사업계획승인 신청예정일, 착공예정일 및 입주예정일
17. 조합원의 권리·의무에 관한 사항
18. 그 밖에 추가 분담금 등 조합가입 시 유의할 사항으로서 시장·군수·구청장이 필요하다고 인정하는 사항

모집주체는 위 사항 외에 조합가입신청자가 알아야 할 사항 및 그 밖의 필요한 사항을 조합가입 신청 장소에 게시한 후 별도의 안내서를 작성하여 조합가입신청자에게 교부해야 한다.

자. 조합원 모집 시 설명의무

모집주체는 민간임대협동조합 가입 계약(민간임대협동조합의 설립을 위한 계약을 포함한다. 이하 같다) 체결 시, 다음 각 호의 사항을 조합가입신청자에게 설명하고 이를 확인받아야 한다.

1. 조합원의 권리와 의무에 관한 사항
2. 해당 민간임대주택 건설대지의 위치와 면적 및 해당 민간임대주택 건설대지에

대한 사용권, 소유권 확보 현황

3. 해당 민간임대주택사업의 자금계획에 관한 사항
4. 해당 민간임대주택을 공급받을 수 있는 조합원의 자격에 관한 사항
5. 민간임대협동조합의 탈퇴, 제명 및 출자금 등 납부한 금전의 반환 절차 등에 관한 사항
6. 「민간임대주택에 관한 특별법」 제5조의5에 따른 청약 철회, 금전의 예치 및 가입비 등의 반환 등에 관한 사항
7. 그 밖에 민간임대협동조합의 사업추진 및 운영을 위하여 필요한 사항으로서 대통령령으로 정하는 사항[27]

모집주체는 위와 같이 설명한 내용을 조합가입신청자가 이해했음을 서명 또는 기명날인의 방법으로 확인받아 조합가입신청자에게 교부해야 한다.

차. 과태료

위를 위반하여 설명하지 않거나 설명한 사항을 확인받지 아니한 자에 대하여는 **5백만원 이하의 과태료**를 부과한다.(「민간임대주택에 관한 특별법」 제67조 제3항 제2호)

카. 가입비 등의 예치

1) 방 법

조합가입신청자가 민간임대협동조합 가입 계약을 체결하면, 모집주체는 조합가입신청자로 하여금 계약 체결 시 납부하여야 하는 일체의 금전(이하 "가입비 등"이라 한다)을 대통령령으로 정하는 기관[28](이하 "예치기관"이라 한다)에 예치하게 하여야 한다.

---

27) 1. 민간임대협동조합의 사업 개요
2. 해당 민간임대주택 건설 대지에 대한 사용권 또는 소유권 확보 계획
3. 주택건설 예정 세대수 및 주택건설 예정기간
4. 계약금ㆍ분담금의 납부 시기 및 납부 방법 등 조합원의 비용부담에 관한 사항
5. 조합 자금관리의 주체 및 계획

모집주체는 위 예치기관과 '가입비 등'의 예치에 관한 계약을 체결해야 한다.

조합가입신청자는 민간임대협동조합 가입 계약을 체결하면, 위 예치기관"에 **'가입비 등 예치신청서'**(「민간임대주택에 관한 특별법 시행규칙」 별지 제6호의4 서식)를 제출해야 한다.

예치기관은 가입비 등 예치신청을 받은 경우, 가입비 등을 **예치기관의 명의로 예치**해야 하고, 이를 다른 금융자산과 분리하여 관리해야 한다.

예치기관의 장은 가입비 등을 예치한 경우에는 모집주체와 조합가입신청자에게 각각 **'가입비 등 예치증서'**(「민간임대주택에 관한 특별법 시행규칙」 별지 제6호의5 서식)를 내주어야 한다.

2) 벌 칙

위 규정을 위반하여 가입비 등을 예치하게 하지 아니한 자에 대하여는 **2년 이하의 징역이나 2천만원 이하의 벌금**에 처한다.(「민간임대주택에 관한 특별법」 제65조 제2항)

타. 청약 철회 및 가입비 등의 반환 등

1) 방 법

조합가입신청자는 민간임대협동조합 가입 계약체결일부터 30일 이내에 민간임대협동조합 가입에 관한 청약을 철회할 수 있다.

---

28) 1. 「은행법」 제2조 제1항제2호에 따른 은행
2. 「우체국예금ㆍ보험에 관한 법률」에 따른 체신관서
3. 「보험업법」 제2조 제6호에 따른 보험회사
4. 「자본시장과 금융투자업에 관한 법률」 제8조 제7항에 따른 신탁업자

청약 철회를 서면으로 하는 경우에는 청약 철회의 의사를 표시한 서면을 발송한 날에 그 효력이 발생한다.

모집주체는 조합가입신청자가 청약 철회를 한 경우, 청약 철회 의사가 도달한 날부터 7일 이내에 예치기관의 장에게 가입비 등의 반환을 요청하여야 한다. 해당 **'가입비 등 반환 요청서'**(「민간임대주택에 관한 특별법 시행규칙」 별지 제6호의6 서식)를 제출할 때에는 요청사유를 증명하는 서류를 첨부해야 한다.

예치기관의 장은 가입비 등의 반환 요청을 받은 경우, 요청일부터 10일 이내에 가입비 등을 조합가입신청자에게 반환하여야 한다.

조합가입신청자가 민간임대협동조합 가입 계약체결일부터 30일 이내에 청약 철회를 하는 경우, 모집주체는 조합가입신청자에게 청약 철회를 이유로 위약금 또는 손해배상을 청구할 수 없다.

2) 벌 칙

위 규정을 위반하여 가입비 등의 반환을 요청하지 아니한 자에 대하여는 **2년 이하의 징역이나 2천만원 이하의 벌금**에 처한다.(「민간임대주택에 관한 특별법」 제65조 제2항)

파. '가입비 등'의 지급

모집주체는 민간임대협동조합 가입 계약 체결일부터 30일이 지난 경우, 예치기관의 장에게 가입비 등의 지급을 요청할 수 있다. 이 경우 모집주체는 **'요청서'**(「민간임대주택에 관한 특별법 시행규칙」 별지 제6호의6 서식)를 예치기관의 장에게 제출해야 한다. 해당 요청서를 제출할 때에는 **요청사유를 증명하는 서류를 첨부**해야 한다

예치기관의 장은 위 요청서를 받은 경우, 요청일부터 10일 이내에 '가입비 등'을 모집주체

에게 지급해야 한다.

민간임대주택 협동조합 절차도

(민간임대주택에 관한 특별법 제5조의3 및 같은 법 제3조)

실행단계	법 규	비 고
협동조합 설립	협동조합 기본법 제15조 (설립신고)	5인 이상의 조합원 자격을 자진 자(발기인)
조합원 모집신고	민간임대주택에 관한 특별법 제5조의 3 (토지사용권 80% 이상 확보)	토지확보현황 건축가능여부 사전협의 등
관련 심의 절차 이행 (도시계획, 환경, 재해영향평가 등)	도시계획조례 제26조 환경영향평가법 제43조 자연재해대책법 제4조	
주택건설사업계획승인	주택법 제15조	
감리자 지정 및 착공신고	(감리지정) 주택법 제43조 (착공신고) 주택법 제16조	

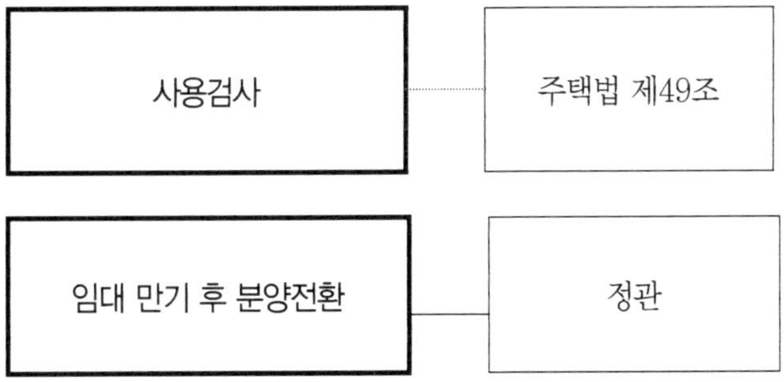

3. 임대리츠

가. 리츠(Real Estate Investment Trusts)란?

'리츠(Real Estate Investment Trusts)'란 「부동산투자회사법」 제2조 제1호에 따라 다수의 투자자로부터 자금을 모아 부동산, 부동산 관련 증권 등에 투자 · 운영하고 그 수익을 투자자에게 돌려주는 부동산 간접투자기구인 주식회사[29]를 말한다.

[구조도(예시)]

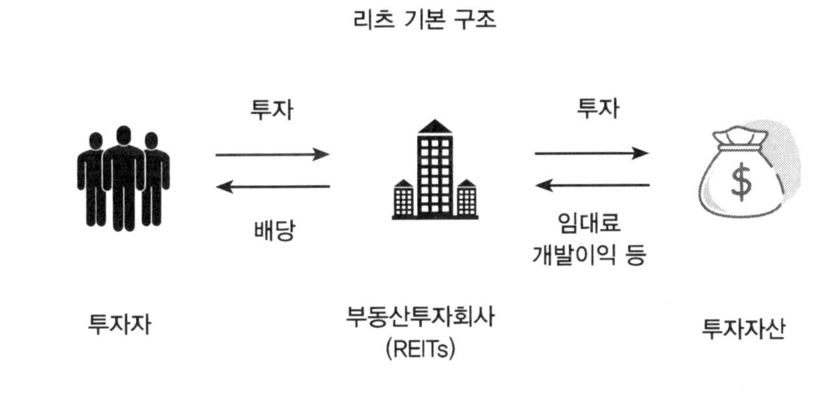

*출처 : 한국리츠협회

29) 부동산투자회사는 주식회사로 한다.(「부동산투자회사법」 제3조 제1항)

이러한 리츠는 투자자(개인투자자, 기관투자자)가 부동산투자회사(주식회사)에 지분을 투자하고, 부동산투자회사는 투자자산(부동산, 부동산 관련 유가증권)에 투자하여 임대료 및 개발 이득 등의 수익을 취득해서 투자자에게 90% 이상을 배당하는 기본 구조를 갖는다.

특히 '임대리츠'란 임대사업자가 임대주택을 (a) 직접 건설하거나 (b) 매입하여 공급하는 것을 목적으로 하는 리츠를 말한다.

나. 임대리츠 기금출자업무

임대사업자가 리츠(REITs)를 통해 임대주택을 공급하고자 주택도시기금의 출자를 신청하고, 기금 수탁기관인 주택도시보증공사(HUG)가 리츠에 대한 주택도시기금의 출자심사 및 사후관리를 수행하는 업무이다.

다. 임대리츠의 종류

구 분	내 용
공공임대리츠	공공임대주택을 공급하는 리츠(☞주택도시기금과 LH(또는 지방공사 등)가 출자)
공공지원형 민간임대리츠	공공지원형 장기임대주택을 공급하는 리츠
정비사업 임대리츠	정비사업의 일반분양분을 매입하여 공공지원형 장기임대주택을 공급하는 리츠
토지임대부 임대리츠	토지를 임차하여 공공지원형 장기임대주택을 공급하는 리츠
특화형 임대리츠	역세권 등에서 소형 평형 위주(전용 60㎡이하)로 공공지원형 장기임대주택을 공급하는 리츠(☞도심형 소형임대주택 공급 등)
사회임대주택 임대리츠	사회적 경제주체가 공공지원형 장기임대주택을 공급하는 리츠

라. 임대리츠의 사업구조도

1) 건설형

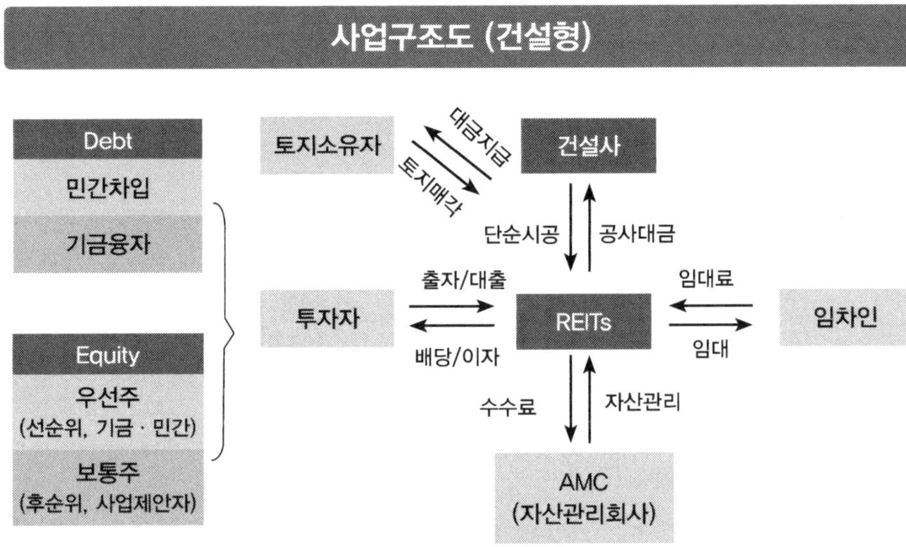

* 출처 : 주택도시보증공사 인터넷 홈페이지 참조

(https://www.khug.or.kr/hug/web/lr/fi/lrfi000002.jsp)

2) 매입형

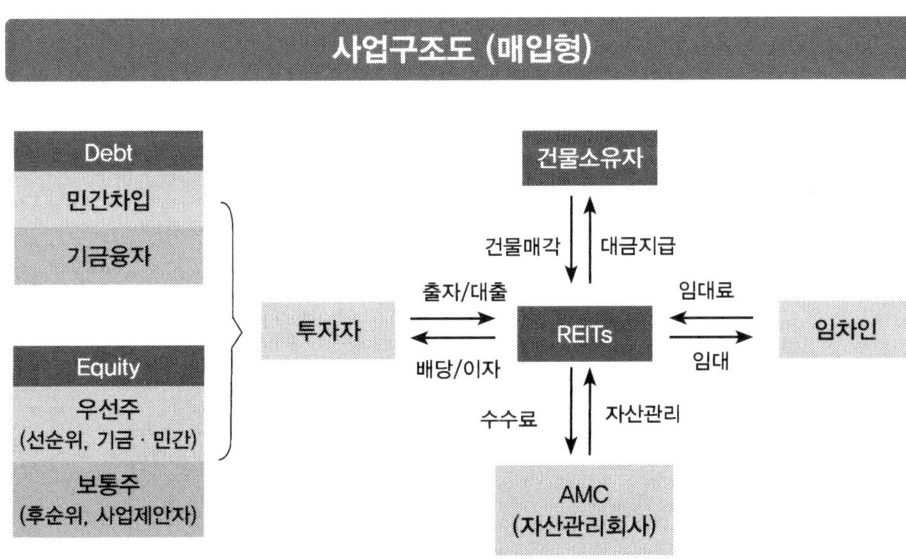

* 출처 : 주택도시보증공사 인터넷 홈페이지 참조

(https://www.khug.or.kr/hug/web/lr/fi/lrfi000002.jsp)

4. 등록 민간임대주택의 부기등기

가. 부기등기의 내용

임대사업자는 등록한 민간임대주택이 「민간임대주택에 관한 특별법」 제43조에 따른 임대의무기간과 같은 법 제44조에 따른 임대료 증액기준을 준수하여야 하는 재산임을 소유권등기에 부기등기(附記登記)하여야 한다.

위 부기등기에는 "이 주택은 「민간임대주택에 관한 특별법」 제43조 제1항에 따라 임대사업자가 임대의무기간 동안 계속 임대해야 하고, 같은 법 제44조의 임대료 증액기준을 준수해야 하는 민간임대주택임"이라고 표기해야 한다.

나. 부기등기의 시기

위 부기등기는 임대사업자의 등록 후, 지체 없이 하여야 한다. 다만, 임대사업자로 등록한 이후에 소유권보존등기를 하는 경우에는 소유권보존등기와 동시에 하여야 한다.

한편 등록 민간임대주택의 부기등기는 2020. 6. 9. 법률 제17452호로 개정되어 2020. 12. 10. 시행되는 「민간임대주택에 관한 특별법」 제5조의2로 신설되었는바, 위 2020. 12. 10. 시행일 전에 소유권보존등기를 한 민간임대주택의 경우에는 위 시행 후 2년 이내에 위 부기등기를 하여야 한다.(「민간임대주택에 관한 특별법」 부칙 제4조)

다. 부기등기의 말소

임대사업자는 「민간임대주택에 관한 특별법」 제6조(임대사업자의 등록 말소) 제1항、제5항 또는 같은 법 제43조(임대의무기간 및 양도 등) 제4항(① 일정한 사유에 의하여 임대의무기간 내에 계속 임대하지 아니하고 말소한 경우 또는 ② 소정의 요건 하에 관할 시장、군수、구청장의 허가를 받아 다른 임대사업자에게 민간임대주택을 양도하는 경우)에 따라 등록이 말소된 경우에는 위 부기등기의 말소를 신청해야 한다.

라. 과태료

위와 같은 부기등기를 하지 아니한 자에게는 500만원 이하의 과태료를 부과한다.(「민간 임대주택에 관한 특별법」 제67조 제3항 제1호)

[종합과세와 분리과세의 결정세액 계산구조]

<table>
<tr><th rowspan="2">구 분</th><th rowspan="2">종합과세 선택</th><th colspan="2">분리과세 선택</th></tr>
<tr><th>종합과세대상 소득</th><th>분리과세 주택임대소득</th></tr>
<tr><td>주택임대 수입금액</td><td>월세 + 간주임대료</td><td rowspan="3">해당사항 없음</td><td>월세 + 간주임대료</td></tr>
<tr><td>주택임대 필요경비</td><td><table><tr><th>구분</th><th>필요경비</th></tr><tr><td>장부 신고</td><td>실제 지출한 경비</td></tr><tr><td>추계 신고</td><td>기존 단순경비율에 의한 경비</td></tr></table></td><td><table><tr><th>구분</th><th>필요경비</th></tr><tr><td>등록</td><td>수입금액의 60%</td></tr><tr><td>미등록</td><td>수입금액의 50%</td></tr></table></td></tr>
<tr><td>주택임대 소득금액</td><td>수입금액 − 필요경비</td><td rowspan="4">수입금액(−)필요경비
(−)공제금액*

* 분리과세 주택임대소득을 제외한 종합소득금액이 2천만원 이하인 경우 공제<table><tr><th>등록</th><th>미등록</th></tr><tr><td>4백만원</td><td>2백만원</td></tr></table></td></tr>
<tr><td>종합소득 금액</td><td>주택임대 소득금액 + 종합과세 대상 다른 소득금액</td><td>분리과세 주택임대소득 외의 종합과세 대상 소득금액</td></tr>
<tr><td>소득공제</td><td>인적공제 등 각종 소득공제</td><td>인적공제 등 각종 소득공제</td></tr>
<tr><td>과세표준</td><td>종합소득금액 − 소득공제</td><td>종합소득금액 − 소득공제</td></tr>
<tr><td>세 율</td><td>6 ~ 45%</td><td>6 ~ 45%</td><td>14%(단일 세율)</td></tr>
<tr><td>산출세액</td><td>과세표준 X 세율</td><td>과세표준 X 세율</td><td>과세표준 X 세율</td></tr>
<tr><td>공제감면 세액</td><td>소득세법 및 조특법 상의 각종 공제, 감면
*소형주택 임대사업자 감면 포함</td><td>소득세법 및 조특법 상의 각종 공제, 감면
*소형주택 임대사업자 감면 제외</td><td>소형주택 임대사업자 감면<table><tr><th>구분</th><th>감면율</th></tr><tr><td>단기 임대</td><td>30%
(2호 이상 20%)</td></tr><tr><td>장기 임대</td><td>75%
(2호 이상 50%)</td></tr></table></td></tr>
<tr><td rowspan="2">결정세액</td><td rowspan="2">산출세액 − 공제감면세액</td><td>산출세액 − 공제감면세액</td><td>산출세액 − 감면세액</td></tr>
<tr><td colspan="2">종합과세대상 결정세액과 분리과세대상 결정세액 합산하여 신고납부</td></tr>
</table>

제4장

주택임대관리업자

1. 주택임대관리업

가. 정 의

"주택임대관리업"이란 주택의 소유자로부터 임대관리를 위탁받아 관리하는 업(業)을 말한다.

나. 종 류

① 자기관리형 주택임대관리업 : 주택의 소유자로부터 주택을 임차하여 자기 책임으로 전대(轉貸)하는 형태의 업

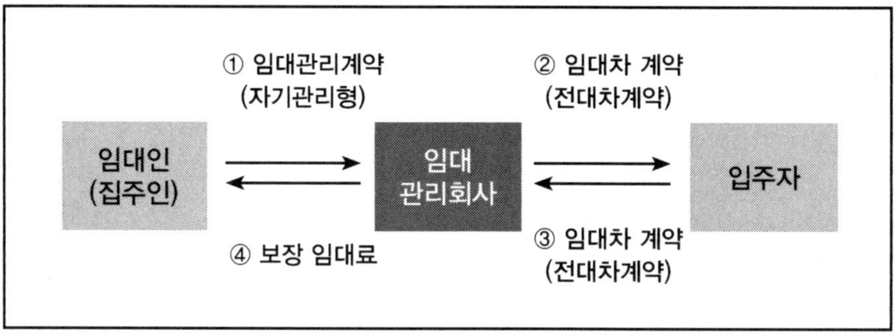

② 위탁관리형 주택임대관리업 : 주택의 소유자로부터 수수료를 받고 임대료 부과ㆍ징수 및 시설물 유지ㆍ관리 등을 대행하는 형태의 업

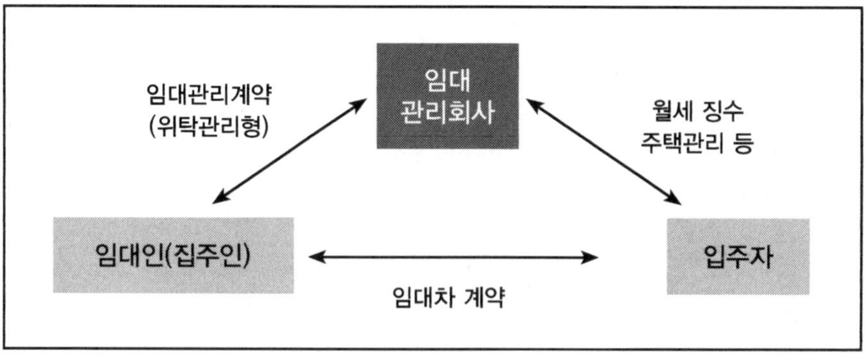

[참고〉 유형별 비교]

구분	자기관리형	위탁관리형
임차인과의 계약	주택임대관리업자	임대인
공실부담	주택임대관리업자	임대인
수수료	임대료 차액 (실제 수취 임대료 보장 임대료)	별도 약정 (통상적으로 임대료의 5~7%)
업무 범위	자기책임으로 임대	임차인 관리 업무, 공용부 및 전용부 시설관리 대행
비고	공실발생 및 임차료 미납에 따른 손실 가능성 존재	일정한 수익유지가 가능하나 수익률 낮음

다. 도입 경위 및 개정 경과

"주택임대관리업"은 ① 임대인에게는 임대주택의 관리에 따르는 각종 부담을 경감하고 안정적 수익을 확보할 수 있게 하고, ② 임차인은 공신력 있는 주택임대관리업자로부터 종합적인 임대주택 관리 서비스를 제공받을 수 있게 하는 등, ③ 임대인과 임차인 모두에게 도움이 될 수 있도록 임대인의 관리에 대한 부담을 덜어주고, 임차인에게는 양질의 주거 서비스를 제공하여 주택임대시장 선진화를 기할 목적으로 2013. 8. 6. 법률 제12022호로 개정되어 2014. 2. 7.부터 시행된 「주택법」 제2조 제18호로 최초 도입되었다.

ⓐ 2015. 8. 11. 법률 제13474호로 개정되어 2016. 8. 12.부터 시행되는 「주택법」 제2조 제18호의 '주택임대관리업'은 삭제되고, ⓑ 2015. 8. 28. 법률 제13499호로 전부 개정되어 2015. 12. 29.부터 시행되는 「민간임대주택에 관한 특별법」에 '주택임대관리업'에 관한 규정을 두게 되었다.

2. 주택임대관리업자

"주택임대관리업자"란 주택임대관리업을 하기 위하여 「민간임대주택에 관한 특별법」 제7조 제1항에 따라 '등록'한 자를 말한다.

3. 등 록

가. 임의 등록

주택임대관리업을 하려는 자는 관할 시장 · 군수 · 구청장에게 등록할 수 있다.

나. 의무 등록

다만, 100호 이상의 범위에서 대통령령으로 정하는 규모 이상[30]으로 주택임대관리업을 하려는 자 등록하여야 한다.

다만 국가, 지방자치단체, 「공공기관의 운영에 관한 법률」 제4조 제1항에 따른 공공기관(, 「지방공기업법」 제49조 제1항에 따라 설립된 지방공사는 호수에 관계없이 등록 대상이 아니다.

다. 등록의 구분

위와 같이 등록하는 경우에는 ① 자기관리형 주택임대관리업과 ② 위탁관리형 주택임대관리업을 구분하여 등록하여야 한다. 이 경우 '자기관리형 주택임대관리업'을 등록한 경우에는 '위탁관리형 주택임대관리업'도 등록한 것으로 본다.

라 등록이 신청

주택임대관리업을 등록하려는 자는 신청서에 다음과 같은 서류를 첨부하여 시장 · 군수 · 구청장에게 제출하여야 한다.

1. 「민간임대주택에 관한 특별법 시행령」 별표 1 제1호에 따른 자본금 요건을 증명하는

---

30) 1. 자기관리형 주택임대관리업의 경우
가. 단독주택: 100호
나. 공동주택: 100세대
2. 위탁관리형 주택임대관리업의 경우
가. 단독주택: 300호
나. 공동주택: 300세대

다음의 구분에 따른 서류

가. 신청인이 법인인 경우 : 납입자본금에 관한 증명서

나. 신청인이 개인인 경우 : 자산평가서와 그 증명서

2. 「민간임대주택에 관한 특별법 시행령」 별표 1 제2호에 따른 전문인력 요건을 증명하는 서류

3. 「민간임대주택에 관한 특별법 시행령」 별표 1 제3호에 따른 사무실 확보를 증명하는 서류(건물 임대차 계약서 사본 등 사용에 관한 권리를 증명하는 서류를 포함한다.)

4. 재외국민등록증 사본(신청인이 재외국민인 경우만 해당한다.)

'주택임대관리업 등록신청서'를 제출받은 시장·군수·구청장은 「전자정부법」 제36조 제1항에 따른 행정정보의 공동이용을 통하여 다음 각 호의 정보를 확인하여야 한다. 다만, 신청인이 제1호, 제3호 및 제4호의 규정에 따른 정보의 확인에 동의하지 아니하는 경우에는 해당 서류 또는 그 사본을 첨부하도록 하여야 한다.

1. 신청인이 개인인 경우 : 주민등록표 초본
2. 신청인이 법인인 경우 : 법인 등기사항증명서
3. 신청인이 재외국민인 경우 : 여권정보
4. 신청인이 외국인인 경우 : 외국인등록 사실증명서
5. 건물 등기사항증명서

'주택임대관리업 등록대장'은 전자적 처리가 불가능한 특별한 사유가 없으면, 전자적 처리가 가능한 방법으로 작성·관리하여야 한다.

마. 등록의 기준

주택임대관리업의 등록을 하려는 자는 다음 각 호의 요건을 갖추어야 한다.

1. 자본금(법인이 아닌 경우 자산평가액을 말한다.)이 1억원 이상으로서 대통령령으로 정하는 금액 이상일 것

2. 주택관리사 등 대통령령으로 정하는 전문인력을 보유할 것

3. 사무실 등 대통령령으로 정하는 시설을 보유할 것

주택임대관리업의 등록기준

(「민간임대주택에 관한 특별법 시행령」 별표 1)

<table>
<tr><th colspan="2">구분</th><th>자기관리형
주택임대관리업</th><th>위탁관리형
주택임대관리업</th></tr>
<tr><td colspan="2">1. 자본금</td><td>1억5천만원</td><td>1억원 이상</td></tr>
<tr><td rowspan="3">2. 전문인력</td><td>가. 변호사, 법무사, 공인회계사, 세무사, 감정평가사, 건축사, 공인중개사, 주택관리사 자격을 취득한 후 각각 해당 분야에 2년 이상 종사한 사람</td><td rowspan="3">2명 이상</td><td rowspan="3">1명 이상</td></tr>
<tr><td>나. 부동산 관련 분야의 석사 이상의 학위를 취득한 후 부동산 관련 업무에 3년 이상 종사한 사람</td></tr>
<tr><td>다. 부동산 관련 회사에서 5년 이상 근무한 사람으로서 부동산 관련 업무에 3년 이상 종사한 사람</td></tr>
<tr><td colspan="2">3. 시설</td><td colspan="2">사무실</td></tr>
</table>

비고

1. "자본금"이란 법인인 경우에는 주택임대관리업을 영위하기 위한 출자금을 말한다.
2. "전문인력"이란 위 표 제2호 가목부터 다목까지의 어느 하나에 해당하는 사람으로서 상시 근무하는 사람을 말한다.
3. "부동산 관련 분야"란 경영학, 경제학, 법학, 부동산학, 건축학, 건축공학 및 그 밖에 이에 상당하는 분야를 말한다.
4. "부동산 관련 회사"란 공인중개업, 주택관리업, 부동산개발업을 하는 법인 또는 개인사무소나 부동산투자회사, 자산관리회사 및 그 밖에 이에 준하는 법인ㆍ사무소 등을 말한다.
5. "부동산 관련 업무"란 부동산 관련 회사에서 수행하는 부동산의 취득ㆍ처분ㆍ관리 또는 자문 관련 업무를 말한다.
6. 사무실은「건축법」및 그 밖의 건축 관련 법령상의 기준을 충족시키는 건물이어야 한다.

바. 등록의 결격 사유

다음 각 호의 어느 하나에 해당하는 자는 주택임대관리업의 등록을 할 수 없다. 법인의 경우 그 임원 중 다음 각 호의 어느 하나에 해당하는 사람이 있을 때에도 또한 같다.

1. 파산선고를 받고 복권되지 아니한 자
2. 피성년후견인 또는 피한정후견인
3. 「민간임대주택에 관한 특별법」 제10조에 따라 주택임대관리업의 등록이 말소된 후 2년이 지나지 아니한 자. 이 경우 등록이 말소된 자가 법인인 경우에는 말소 당시의 원인이 된 행위를 한 사람과 대표자를 포함한다.
4. 「민간임대주택에 관한 특별법」, 「주택법」, 「공공주택 특별법」 또는 「공동주택관리법」을 위반하여 금고 이상의 실형을 선고받고 집행이 종료(집행이 종료된 것으로 보는 경우를 포함한다)되거나 그 집행이 면제된 날부터 3년이 지나지 아니한 사람
5. 「민간임대주택에 관한 특별법」, 「주택법」, 「공공주택 특별법」 또는 「공동주택관리법」을 위반하여 형의 집행유예를 선고받고 그 유예기간 중에 있는 사람

사. 등록의 임의 변경과 임의 말소

위와 같이 등록한 자가 등록한 사항을 '변경'하거나 '말소'하고자 할 경우, 시장ㆍ군수ㆍ구청장에게 신고하여야 한다.

즉 주택임대관리업자는 '변경신고'를 하려는 경우에는 '주택임대관리업 등록사항 변경신고서'에 변경내용을 증명하는 서류 및 '주택임대관리업 등록증'을 첨부하여 시장ㆍ군수ㆍ구청장에게 제출하여야 한다.

또한 주택임대관리업자는 주택관리업을 '폐업'하려는 경우에는 '주택임대관리업 말소신고서'에 말소사항을 증명할 수 있는 서류를 첨부하여 시장ㆍ군수ㆍ구청장에게 제출하여야 한다.

위 신고를 받은 시장ㆍ군수ㆍ구청장은 변경내용을 확인한 후, '주택임대관리업 등록대장'에 그 내용을 기록하여야 한다.

다만, 자본금의 증가 등 국토교통부령으로 정하는 경미한 사항(즉 자본금 또는 전문인력의 수가 증가한 경우)은 신고하지 아니하여도 된다.

시장ㆍ군수ㆍ구청장은 위 신고를 받은 날부터 5일 이내에 신고 수리 여부를 신고인에게 통지하여야 한다.

시장ㆍ군수ㆍ구청장이 제4항에서 정한 기간 내에 신고수리 여부 또는 민원 처리 관련 법령에 따른 처리기간의 연장을 신고인에게 통지하지 아니하면 그 기간(민원 처리 관련 법령에 따라 처리기간이 연장 또는 재연장된 경우에는 해당 처리기간을 말한다)이 끝난 날의 다음 날에 신고를 수리한 것으로 본다.

아. 등록의 강제 말소 및 영업정지 처분

시장ㆍ군수ㆍ구청장은 주택임대관리업자가 다음 각 호의 어느 하나에 해당하면 그 등록을 말소하거나 1년 이내의 기간을 정하여 영업의 전부 또는 일부의 정지를 명할 수 있다. 다만, 제1호, 제2호 또는 제6호에 해당하는 경우에는 그 등록을 말소하여야 한다(「민간임대주택에 관한 특별법」 제10조 제1항).

1. 거짓이나 그 밖의 부정한 방법으로 등록을 한 경우
2. 영업정지기간 중에 주택임대관리업을 영위한 경우 또는 최근 3년간 2회 이상의 영업정지처분을 받은 자로서 그 정지처분을 받은 기간이 합산하여 12개월을 초과한 경우
3. 고의 또는 중대한 과실로 임대를 목적으로 하는 주택을 잘못 관리하여 임대인 및 임차인에게 재산상의 손해를 입힌 경우
4. 정당한 사유 없이 최종 위탁계약 종료일의 다음 날부터 1년 이상 위탁계약 실적이

없는 경우

5.「민간임대주택에 관한 특별법」 제8조에 따른 등록기준을 갖추지 못한 경우. 다만, 일시적으로 등록기준에 미달하는 등 아래의 경우는 그러하지 아니하다.

(a)「민간임대주택에 관한 특별법」 제8조 제1호에 따른 자본금 기준에 미달하였으나 다음 각 목의 어느 하나에 해당하는 경우

가.「채무자 회생 및 파산에 관한 법률」 제49조에 따라 법원이 해당 주택임대관리업자에 대하여 회생절차개시의 결정을 하고 그 절차가 진행 중인 경우

나. 회생계획의 수행에 지장이 없다고 인정되는 경우로서 해당 주택임대관리업자가「채무자 회생 및 파산에 관한 법률」 제283조에 따라 법원으로부터 회생절차종결의 결정을 받고 회생계획을 수행 중인 경우

다.「기업구조조정 촉진법」 제8조에 따라 금융채권자가 금융채권자협의회의 의결을 거쳐 해당 주택임대관리업자에 대한 금융채권자협의회에 의한 공동관리절차를 개시하고 그 절차가 진행 중인 경우

(b)「상법」 제542조의8 제1항 단서의 적용대상인 법인이 직전 사업연도말 현재 자산총액의 감소로 법 제8조 제1호에 따른 자본금 기준에 미달하게 되었으나 50일 이내에 그 기준을 갖춘 경우

(c) 전문인력의 사망ㆍ실종 또는 퇴직으로「민간임대주택에 관한 특별법」 제8조 제2호에 따른 전문인력 기준에 미달하게 되었으나 50일 이내에 그 기준을 갖춘 경우

6.「민간임대주택에 관한 특별법」 제16조 제1항을 위반하여 다른 자에게 자기의 명의 또는 상호를 사용하여 이 법에서 정한 사업이나 업무를 수행하게 하거나 그 등록증을 대여한 경우

7.「민간임대주택에 관한 특별법」 제61조에 따른 보고, 자료의 제출 또는 검사를 거부ㆍ방해 또는 기피하거나 거짓으로 보고한 경우

그리고 시장ㆍ군수ㆍ구청장은 위와 같은 주택임대관리업 등록의 말소 또는 영업정지

처분을 하려면 처분 예정일 1개월 전까지 해당 주택임대관리업자가 관리하는 주택의 임대인 및 임차인에게 그 사실을 통보하여야 한다.

자. 과태료

위 등록사항 변경신고 또는 말소신고를 하지 아니한 주택임대관리업자에 대하여는 5백만원 이하의 과태료를 부과한다.(「민간임대주택에 관한 특별법」 제67조 제3항 제3호)

차. 과징금 부과와 징수

시장ㆍ군수ㆍ구청장은 주택임대관리업자가 「민간임대주택에 관한 특별법」 제10조 제1항 제3호부터 제5호까지 및 제7호 중 어느 하나에 해당하는 경우에는 영업정지를 갈음하여 1천만원 이하의 과징금을 부과할 수 있다.

과징금은 영업정지기간 1일당 3만원을 부과하되, 영업정지 1개월은 30일을 기준으로 한다. 이 경우 과징금은 1천만원을 초과할 수 없다.

시장ㆍ군수ㆍ구청장은 주택임대관리업자가 위와 같이 부과받은 과징금을 기한까지 내지 아니하면 「지방행정제재ㆍ부과금의 징수 등에 관한 법률」에 따라 징수한다.

카. 구체적인 행정처분의 기준

주택임대관리업자에 대한 행정처분 기준
(「민간임대주택에 관한 특별법 시행령」 별표 2)

1. 일반기준
   가. 위반행위의 횟수에 따른 행정처분의 가중된 부과기준은 최근 1년간 같은 위반행위로 처분을 받은 경우에 적용한다. 이 경우 기간의 계산은 위반행위에 대하여 처분을 받은

날과 그 처분 후 다시 같은 위반행위를 하여 적발된 날을 기준으로 한다.

나. 가목에 따라 가중된 부과처분을 하는 경우 가중처분의 적용 차수는 그 위반행위 전 부과처분 차수(가목에 따른 기간 내에 처분이 둘 이상 있었던 경우에는 높은 차수를 말한다)의 다음 차수로 한다.

다. 같은 등록사업자가 둘 이상의 위반행위를 한 경우로서 그에 해당하는 각각의 처분기준이 다른 경우에는 다음의 기준에 따라 처분한다.

1) 가장 무거운 위반행위에 대한 처분기준이 등록말소인 경우에는 등록말소처분을 한다.

2) 각 위반행위에 대한 처분기준이 영업정지인 경우에는 가장 무거운 처분의 2분의 1까지 가중할 수 있되, 가중하는 경우에도 각 처분기준을 합산한 기간을 초과할 수 없다. 이 경우 그 합산한 영업정지기간이 1년을 초과할 때에는 1년으로 한다.

라. 시장·군수·구청장은 등록기준 미달로 등록말소 또는 영업정지 처분사유에 해당하게 된 등록사업자가 「행정절차법」 제22조 제3항에 따른 의견제출 시까지 등록기준을 보완하고 이를 증명하는 서류를 제출할 때에는 당초 처분기준의 2분의 1까지 감경한다. 다만, 당초 처분기준이 등록말소인 경우에는 영업정지 3개월로 한다.

마. 시장·군수·구청장은 위반행위의 동기·내용·횟수 및 위반의 정도 등 다음에 해당하는 사유를 고려하여 제2호의 개별기준에 따른 행정처분을 가중하거나 감경할 수 있다. 이 경우 그 처분이 영업정지인 경우에는 그 처분기준의 2분의 1의 범위에서 가중(가중한 영업정지기간은 1년을 초과할 수 없다)하거나 감경할 수 있고, 등록말소인 경우(법 제10조 제1항 제1호, 제2호 또는 제6호에 해당하는 경우는 제외한다.)에는 6개월 이상의 영업정지처분으로 감경할 수 있다.

1) 가중사유

가) 위반행위가 고의나 중대한 과실에 따른 것으로 인정되는 경우

나) 위반의 내용과 정도가 중대하여 임대인 및 임차인에게 주는 피해가 크다고 인정되는 경우

2) 감경사유

가) 위반행위가 사소한 부주의나 오류에 따른 것으로 인정되는 경우

나) 위반의 내용과 정도가 경미하여 임대인 및 임차인에게 미치는 피해가 적다고 인정되는 경우

다) 위반행위자가 처음 위반행위를 한 경우로서 3년 이상 해당 사업을 모범적으로 해 온 사실이 인정되는 경우

라) 위반행위자가 해당 위반행위로 검사로부터 기소유예 처분을 받거나 법원으로부터 선고유예의 판결을 받은 경우

마) 위반행위자가 해당 사업과 관련 지역사회의 발전 등에 기여한 사실이 인정되는 경우

2. 개별기준

위반행위	근거 법조문	행정처분기준		
		1차 위반	2차 위반	3차 이상 위반
가. 거짓이나 그 밖의 부정한 방법으로 등록을 한 경우	법 제10조 제1항 제1호	등록말소		
나. 영업정지기간 중에 주택임대관리업을 영위한 경우 또는 최근 3년간 2회 이상의 영업정지처분을 받은 자로서 그 정지처분을 받은 기간이 합산하여 12개월을 초과한 경우	법 제10조 제1항 제2호	등록말소		
1) 영업정지기간 중에 주택임대관리업을 영위한 경우		이미 처분한 영업정지기간의 1.5배	이미 처분한 영업정지기간의 2배	등록말소
2) 최근 3년간 2회 이상의 영업정지처분을 받은 자로서 그 정지처분을 받은 기간이 합산하여 12개월을 초과한 경우		등록말소		·
다. 고의 또는 중대한 과실로 임대를 목적으로 하는 주택을 잘못 관리하여 임대인 및 임차인에게 재산상의 손해를 입힌 경우	법 제10조 제1항 제3호			
1) 고의로 인한 경우		영업정지 6개월	영업정지 1년	등록말소

2) 중대한 과실로 인한 경우		영업정지 2개월	영업정지 3개월	영업정지 6개월
라. 정당한 사유 없이 최종 위탁계약 종료일의 다음 날부터 1년 이상 위탁계약 실적이 없는 경우	법 제10조 제1항 제4호	등록말소		
마. 법 제8조에 따른 등록기준을 갖추지 못한 경우	법 제10조 제1항 제5호			
1) 등록기준을 갖추지 못하게 된 날부터 1개월이 지날 때까지 이를 보완하지 않은 경우		영업정지 3개월	영업정지 6개월	영업정지 6개월
2) 1)에 해당되어 영업정지처분을 받은 후 영업정지기간이 끝나는 날까지 이를 보완하지 않은 경우		등록말소		
바. 법 제16조 제1항을 위반하여 다른 자에게 자기의 명의 또는 상호를 사용하여 이 법에서 정한 사업이나 업무를 수행하게 하거나 그 등록증을 대여한 경우	법 제10조 제1항 제6호	등록말소		
사. 법 제61조에 따른 보고, 자료의 제출 또는 검사를 거부·방해 또는 기피하거나 거짓으로 보고한 경우	법 제10조 제1항 제7호			
1) 보고 또는 자료제출을 거부·방해 또는 기피한 경우		경고	영업정지 1개월	영업정지 2개월
2) 검사를 거부·방해 또는 기피한 경우		경고	영업정지 1개월	영업정지 2개월

3) 거짓으로 보고한 경우		경고	영업정지 2개월	영업정지 3개월

4. 주택임대관리업자의 업무 범위(「민간임대주택에 관한 특별법」 제11조)

가. 주요 업무 범위

주택임대관리업자는 임대를 목적으로 하는 주택에 대하여 다음 각 호의 업무를 수행한다.

1. 임대차계약의 체결·해제·해지·갱신 및 갱신거절 등
2. 임대료의 부과·징수 등
3. 임차인의 입주 및 명도·퇴거 등(「공인중개사법」 제2조 제3호에 따른 중개업은 제외한다.)

나. 부수적 업무 범위

주택임대관리업자는 임대를 목적으로 하는 주택에 대하여 부수적으로 다음 각 호의 업무를 수행할 수 있다.

1. 시설물 유지·보수·개량 및 그 밖의 주택관리 업무
2. 그 밖에 임차인의 주거 편익을 위하여 필요하다고 대통령령으로 정하는 업무[31]

5. 주택임대관리업자의 현황 신고

가. 신고 의무

주택임대관리업자는 분기마다 그 분기가 끝나는 달의 다음 달 말일까지 자본금, 전문인력, 관리 호수 등 대통령령으로 정하는 정보[32]를 시장·군수·구청장에게 신고하여야

31) 1. 임차인이 거주하는 주거공간의 관리
2. 임차인의 안전 확보에 필요한 업무
3. 임차인의 입주에 필요한 지원 업무

한다. 이 경우 신고받은 시장·군수·구청장은 신고받은 날부터 30일 이내에 국토교통부장관에게 이를 보고하여야 한다(「민간임대주택에 관한 특별법」 제12조 제1항).

국토교통부장관은 다음 각 호의 정보를「민간임대주택에 관한 특별법」 제60조 제1항에 따른 임대주택정보체계 등 대통령령으로 정하는 방식[33]에 따라 공개할 수 있다.

1. 「민간임대주택에 관한 특별법」 제12조 제1항 후단에 따라 보고받은 정보
2. 「민간임대주택에 관한 특별법」 제61조에 따라 보고받은 정보

나. 과태료

위에 위반하여 현황 신고를 하지 아니한 주택임대관리업자에 대하여는 5백만원 이하의 과태료를 부과한다.(「민간임대주택에 관한 특별법」 제67조 제3항 제4호)

6. 위·수탁계약서 등

가. 위·수탁계약서 작성, 교부 및 보관의무

주택임대관리업자는「민간임대주택에 관한 특별법」 제11조의 업무를 위탁받은 경우 위·수탁계약서를 작성하여 주택의 소유자에게 교부하고 그 사본을 보관하여야 한다.

위·수탁계약서에는 계약기간, 주택임대관리업자의 의무 등 대통령령으로 정하는 사항[34]이 포함되어야 한다.

---

32) 1. 자본금
2. 전문인력
3. 사무실 소재지
4. 위탁받아 관리하는 주택의 호수·세대수 및 소재지
5. 보증보험 가입사항[자기관리형 주택임대관리업을 등록한 자만 해당한다.]
6. 계약기간, 관리수수료 등 위·수탁 계약조건에 관한 정보

33) 다음 각 호의 어느 하나에 해당하는 방식으로 공개할 수 있다.
1. 「민간임대주택에 관한 특별법」 제60조 제1항에 따른 임대주택정보체계에의 게시
2. 「건축법」 제32조 제1항에 따른 전자정보처리 시스템에의 게시

① 국토교통부장관은 위‧수탁계약의 체결에 필요한 ‘표준 위‧수탁계약서’를 작성하여 보급하고 활용하게 할 수 있는데(「민간임대주택에 관한 특별법」 제13조 제3항), ② 현재에는 「민간임대주택에 관한 특별법 시행규칙」 에는 관련 ‘표준 위‧수탁계약서’에 관한 규정은 없고, ③ 국토교통부는 2015. 1. 관련 ‘표준 위‧수탁계약서’를 마련하여 보급한 바 있고, ④ 그 후 2015. 7. 30. ‘법제처’의 ‘알기 쉬운 법령 만들기 사업’의 일환으로 ‘국토교통부’와 협의를 거쳐 조문을 정비한 것은 아래와 같다.

나. 표준 위탁 · 수탁 계약서(자기관리형)

표준 위탁 · 수탁 계약서(자기관리형)

임대인과 주택임대관리업자(이하 “임대관리업자”이라 한다.)는 아래 표의 임대주택에 대하여 다음과 같이 주택임대관리(자기관리) 계약을 체결하고 그 사실을 증명하기 위해 계약서 2통을 작성하여 각각 기명날인한 후 각 1통씩 보관한다.

– 다 음 –

1. 계약자

가. 임대인

1) 성명(또는 회사명): (서명 또는 날인)

2) 주소(주사무소 소재지): (전화번호)

3) 주민등록번호(사업자등록번호):

---

34) 1. 관리수수료(‘위탁관리형 주택임대관리업’을 등록한 자만 해당한다.)
2. 임대료(‘자기관리형 주택임대관리업자’만 해당한다.)
3. 전대료(轉貸料) 및 전대보증금(‘자기관리형 주택임대관리업자’만 해당한다.)
4. 계약기간
5. 주택임대관리업자 및 임대인의 권리‧의무에 관한 사항
6. 그 밖에 「민간임대주택에 관한 특별법」 제11조 제1항에 따른 주택임대관리업자의 업무 외에 임대인‧임차인의 편의를 위하여 추가적으로 제공하는 업무의 내용

4) 임대사업자 등록번호: (등록된 경우에만 적는다.)

나. 임대관리업자

1) 성명(또는 회사명): (서명 또는 날인)

2) 주소(주사무소 소재지): (전화번호)

3) 주민등록번호(사업자등록번호):

4) 주택임대관리업자 등록번호:

2. 계약일: 년 월 일

3. 임대주택의 표시

<table>
<tr><td>주택 소재지</td><td colspan="6"></td></tr>
<tr><td>주택 유형</td><td colspan="6">아파트[ ] 연립주택[ ] 다세대주택[ ] 다가구주택[ ] 그 밖의 주택[ ]</td></tr>
<tr><td rowspan="5">임대주택</td><td colspan="2" rowspan="2">전용면적별 세대수</td><td colspan="4">전체 주택 면적(㎡)</td></tr>
<tr><td rowspan="3">전용면적</td><td colspan="2">공용면적</td><td rowspan="3">합계</td></tr>
<tr><td></td><td></td><td rowspan="2">주거 공용면적</td><td rowspan="2">그 밖의 공용면적(지하주차장 면적을 포함한다)</td></tr>
<tr><td></td><td></td></tr>
<tr><td></td><td></td><td></td><td></td><td></td><td></td></tr>
<tr><td>부대시설 · 복리시설의 종류</td><td colspan="6"></td></tr>
</table>

※ 전용면적, 주거 공용면적 및 그 밖의 공용면적의 구분은 「주택공급에 관한 규칙」 제8조 제7항에 따른다.

4. 계약조건

제1조(계약기간)

① 이 계약의 계약기간은 년 월 일부터 년 월 일까지로 한다.

② 이 계약은 임대인 또는 임대관리업자가 상대방에게 계약 만료 1개월 전까지 계약 만료를 서면으로 통보하여야 만료될 수 있으며, 그 기간 내에 통보가 없으면 2년간 자동 연장된다. 또한, 자동 연장된

계약 기간 중의 계약조건은 이 계약에서 정한 조건과 동일한 조건으로 한다.

③ 제1항의 계약기간 만료 후 변경된 내용으로 재계약을 할 경우 새로운 계약서를 작성한다.

제2조(임대주택의 임대차)

① 임대인은 임대관리업자가 「주택법」제53조의2[35]에 따른 자기관리형 주택임대관리업무를 수행할 수 있도록 임대관리업자에게 임대주택을 이 계약에서 정한 조건과 내용에 따라 임대하고, 임차인은 임대관리업자로부터 이를 임차한다.

② 임대관리업자는 자신의 비용과 책임으로 임대인의 승낙 없이 임대주택을 제3자에게 전대(轉貸)할 수 있다.

③ 임대관리업자가 제2항에 따라 제3자와 전대차(轉貸借) 계약을 체결한 경우, 이로 인하여 임대인에게 책임이 발생하면 임대관리업자는 임대인을 그 책임으로부터 면책시켜야 하고, 임대인에게 손해가 발생하면 임대관리업자는 임대인에게 그 손해를 배상하여야 한다. 다만 임대인의 귀책사유로 인하여 임대인에게 책임 또는 손해가 발생하는 경우에는 그러하지 아니하다.

④ 임대관리업자는 임대인에게 임대주택 전대수익의 증감, 전대차 계약의 존재와 관계없이 월 원(부가가치세 별도)의 임대료를 임대인에게 지급하기로 한다. 이 경우 월 임대료에 대한 부가가치세는 ________이 부담하기로 한다.

⑤ 임대관리업자은 제4항에 따른 월 임대료를 임대인의 계좌(　　은행　　　)로 매월　일 송금하고, 송금 수수료는 임대관리업자가 부담한다.

⑥ 임대관리업자는 제4항에 따른 임대료와 관련하여 「주택법 시행령」제69조의6 제1항 제1호에 따른 '임대인의 권리보호를 위한 보증' 보험에 임대관리업자의 비용으로 가입하고, 보험가입증서를 본 계약 체결 후 10일 이내에 임대인에게 제출하여야 한다.

제3조(비용)

① 임대관리업자는 임대인에 대하여 별도의 관리비를 부담하지 않는다. 다만, 임대주택의 사용, 수익, 유지 및 관리와 관련하여 발생하는 일체의 비용과 세금 · 공과금은 임대관리업자가 자신의 책임과 비용으로 부담하여야 한다.

② 이 계약에서 정한 것 외에 임대주택의 소유 및 월 임대료의 수령과 관련하여 발생하는 일체의 비용과 세금 · 공과금은 임대인이 자신의 책임과 비용으로 부담하여야 한다.

제4조(임대관리업자의 금지행위)

임대관리업자는 임대인의 사전 서면 승낙 없이 다음 각호의 행위를 해서는 안 된다.

1. 임대주택을 개축, 증축, 또는 변경하거나 본래 용도 외의 용도로 사용하는 행위
2. 임대주택과 그에 딸린 비품을 파손하거나 멸실하는 행위

제5조(계약의 당연 종료)

다음 각 호의 어느 하나의 사유에 해당될 경우에 이 계약은 당연히 종료된다.

1. 화재, 천재지변 등의 이유로 임대주택을 정상적으로 사용할 수 없게 되어 이 계약의 목적을 달성할 수 없는 경우
2. 법령의 제정, 개정, 폐지, 행정지도, 도시 계획 등에 의한 구획 정리 등으로 인해 임대주택이 수용되거나 사용이 제한되어 이 계약의 목적을 달성할 수 없는 경우

제6조(임대인의 자기관리 계약 해지)

① 다음 각 호의 어느 하나의 사유가 발생할 경우, 임대인은 임대관리업자에게 서면으로 통지하여 이 계약을 해지할 수 있다. 임대관리업자는 계약해지를 통보받은 날에 이 계약이 해지된 것으로 하여 관리업무를 중지하여야 한다. 다만 임대인은 임대차계약 관계의 승계 등 필요한 사항에 대하여 통보한 날부터 1개월 이내에 필요한 조치를 하여야 한다.

1. 제2조 제4항에서 정한 월 임대료를 임대관리업자가 2회 이상 연체한 경우
2. 제3조 제1항에 따라 부담하여야 하는 각종 세금 · 공과금과 비용을 임대관리업자가 2개월 이상 연체한 경우
3. 임대관리업자가 이 계약에 따른 자신의 의무를 위반하고 임대인이 00일 이상의 기간을 정하여 그 기간에 위반 사항을 독촉하였는데도 임대관리업자가 시정하지 않는 경우

② 임대인은 제1항의 각 호의 사유가 없는 경우에도 이 계약의 남은 기간 월 임대료 총합의 10%에 해당하는 금액을 임대관리업자에게 지급하고 이 계약을 해지할 수 있다.

제7조(임대관리업자의 자기관리 계약 해지)

① 아래 각 호의 어느 하나의 사유가 발생할 경우, 임대관리업자는 임대인에게 서면으로 통지하여 이 계약을 해지할 수 있다.

1. 임대인이 임대주택을 이 계약의 계약기간 개시일에 임대관리업자에게 내주지 않는 경우

2. 임대인이 이 계약에 따른 자신의 의무를 위반하고 임대관리업자가 00일 이상의 기간을 정하여 그 기간에 위반 사항을 시정할 것을 독촉하였는데도 임대인이 시정하지 않는 경우

② 임대관리업자는 제1항의 각 호의 사유가 없는 경우에도 이 계약의 남은 기간 월 임대료 총합의 10%에 해당하는 금액을 임대인에게 지급하고 이 계약을 해지할 수 있다.

제9조(원상복구 및 변상)

① 이 계약이 기간 만료, 해제, 해지 그 밖의 사유로 종료되는 경우, 임대관리업자는 이 계약 체결 당시의 상태로 임대차한 주택을 원상회복하여 임대인에게 반환하여야 한다. 다만, 주거환경 개선을 위한 옵션 교체, 자연적인 마모 또는 시설물의 노후화에 대해서는 원상복구할 의무가 없다.

② 임대관리업자가 관리기간 동안 멸실, 훼손 및 파손된 시설물을 원상복구하지 못할 경우 임대관리업자는 임대인에게 그에 따른 손해를 배상하여야 한다. 다만, 천재지변이나 불가항력으로 멸실, 훼손 및 파손된 시설물에 대해서는 예외로 한다.

제10조(면책사항)

① 임대관리업자는 화재, 천재지변, 건물의 침하 등 임대관리업자의 귀책사유가 아닌 이유로 임대인이 입은 손해에 대해서는 책임을 지지 않는다.

② 이 부동산에 대하여 화재, 천재지변, 건물의 침하 등 임대관리업자의 귀책사유가 아닌 이유로 일시적으로 임대관리업자가 월 임대료를 임대인에게 지급하지 못하거나 그 밖에 이 계약에 따른 자신의 의무를 이행할 수 없게 된 경우, 임대관리업자는 이에 대한 책임을 지지 않고 임대인은 임대관리업자의 월 임대료 연체 또는 의무 불이행을 이유로 이 계약을 해지할 수 없다. 임대관리업자는 위와 같은 이유의 존재 사실 및 그 이유로 자신의 의무 이행이 불가능하게 되었다는 사실을 임대인에게 통지하여야 하고, 그러한 이유가 해소되어 의무 이행이 가능하게 된 경우 지체 없이 그러한 사실을 임대인에게 통지하여야 한다.

제11조(면책사항)

① 임대관리업자는 화재, 천재지변, 건물의 침하 등 임대관리업자의 귀책사유가 아닌 이유로 임대인이 입은 손해에 대해서는 책임을 지지 않는다.

② 화재, 천재지변, 건물의 침하 등 임대관리업자의 귀책사유가 아닌 이유로 임대관리업자가 위탁업무를 수행할 수 없게 된 경우 임대관리업자는 위탁업무의 불이행으로 인한 임대인의 손해에 대하여

일절 책임을 지지 않는다. 임대관리업자는 위와 같은 이유의 존재 사실 및 그 이유로 자신의 위탁업무 이행이 불가능하게 되었음을 임대인에게 통지하여야 하고, 그러한 이유가 해소되어 위탁업무 이행이 가능하게 된 경우에도 통지하여야 한다.

제12조(기타)

① 이 계약과 관련하여 임대인과 임대관리업자 사이에 분쟁이 발생하는 경우, 우선적으로 임대인과 임대관리업자 간의 협의로 원만하게 분쟁을 해결하기로 한다.

② 임대인과 임대관리업자 간의 분쟁이 제2항에 따라 협의로 해결되지 않는 경우, 임대인과 임대관리업자는 임대주택 소재지를 관할하는 지방법원을 전속적 제1심 관할법원으로 하는 소송절차를 통해 분쟁을 해결하기로 합의한다.

③ 이 계약은 임대인과 임대관리업자의 기명날인 또는 서명이 있는 서면 합의를 통해서만 수정 또는 변경될 수 있다.

제13조(계약의 증명 등)

① 이 계약이 유효하게 성립하였음을 증명하기 위해 각 당사자는 계약서 2통을 작성하여 각각 서명(또는 기명) 날인한 후 임대인과 임대관리업자가 1통씩 보관한다.

② 이 계약의 체결일에 임대인은 아래의 서류를 임대관리업자에게 제출한다.

1. 임대주택의 부동산등기사항 전부 증명서
2. 임대인과 임차인의 임대차계약서 사본(임대차계약이 이미 체결되어 있는 경우에만 제출한다.)
3. 임대인의 신분증 및 인감증명서
(임대인이 법인인 경우 법인등기사항 전부 증명서, 인감증명서, 위임장 및 사업자등록증 사본)

③ 이 계약의 체결일에 임대관리업자는 아래의 서류를 임대인에게 제출한다.

1. 임대관리업자의 법인등기사항 전부 증명서
2. 주택임대관리업자 등록증 사본
3. 인감증명서
4. 사업자등록증 사본

④ 임대인과 임대관리업자는 아래의 서류를 이 계약서에 첨부하여 보관하기로 한다.

1. 위탁관리 세부사항(임대인과 임대관리업자가 합의하여 작성한다.)
2. 임대주택의 시설물 등의 현황(임대인이 작성하여 제공하는 것을 원칙으로 하되, 임대주택을

이미 임차인이 점유하고 있어 임대인이 작성하기 어려운 경우 관리업자가 작성한다.)

3. 임대주택의 주요 부위별 상태 설명 사진(임대관리업자가 촬영하여 보관하며 임대주택의 상태 보존 및 훼손 상황을 비교하는 등 관리 자료로 활용할 수 있다.)

제14조(특약) 임대인과 임대관리업자는 제1조부터 제13조까지에서 규정한 사항 외에 필요한 사항에 대해서는 따로 특약을 정할 수 있다.

다. 표준 위탁 · 수탁 계약서(위탁관리형)

표준 위탁 · 수탁 계약서(위탁관리형)

임대인과 주택임대관리업자(이하 "임대관리업자"라 한다.)는 아래 표의 임대주택에 대하여 다음과 같이 주택임대관리(위탁관리) 계약을 체결하고 그 사실을 증명하기 위해 계약서 2통을 작성하여 각각 기명날인한 후 1통씩 보관한다.

– 다 음 –

1. 계약자

가. 임대인
1) 성명(또는 회사명): (서명 또는 날인)
2) 주소(주사무소 소재지): (전화번호)
3) 주민등록번호(사업자등록번호):
4) 임대사업자 등록번호: (등록된 경우에만 적는다.)

나. 임대관리업자
1) 성명(또는 회사명): (서명 또는 날인)
2) 주소(주사무소 소재지): (전화번호)
3) 주민등록번호(사업자등록번호):
4) 주택임대관리업자 등록번호:

2. 계약일: 년 월 일

35) 「민간임대주택에 관한 특별법」 제7조

3. 임대주택의 표시

<table>
<tr><td>주택 소재지</td><td colspan="6"></td></tr>
<tr><td>주택 유형</td><td colspan="6">아파트[ ] 연립주택[ ] 다세대주택[ ] 다가구주택[ ] 그 밖의 주택[ ]</td></tr>
<tr><td rowspan="4">임대주택</td><td colspan="2">전용면적별
세대수</td><td colspan="4">전체 주택 면적(㎡)</td></tr>
<tr><td></td><td></td><td rowspan="2">전용
면적</td><td colspan="2">공용면적</td><td rowspan="2">합계</td></tr>
<tr><td></td><td></td><td>주거공
용 면
적</td><td>그 밖의 공용면적
(지하주차장 면적을 포함한다)</td></tr>
<tr><td></td><td></td><td></td><td></td><td></td><td></td></tr>
<tr><td>부대시설 · 복리시
설의 종류</td><td colspan="6"></td></tr>
</table>

※ 전용면적, 주거 공용면적 및 그 밖의 공용면적의 구분은 「주택공급에 관한 규칙」 제8조 제7항에 따른다.

4. 계약조건

제1조(계약기간)

① 이 계약의 계약기간은 년 월 일부터 년 월 일까지로 한다.

② 이 계약은 임대인 또는 임대관리업자가 상대방에게 계약 만료 1개월 전까지 계약 만료를 서면으로 통보하여야 만료될 수 있으며, 그 기간 내에 서면 통보가 없으면 1년간 자동 연장된다. 또한, 자동 연장된 계약 기간 중의 계약 조건은 이 계약에서 정한 것과 동일한 것으로 한다.

③ 제1항의 계약기간 만료 후 변경된 내용으로 재계약을 할 경우 새로운 계약서를 작성한다.

제2조(주택임대관리업무)

① 임대관리업자는 계약기간 중 임대인의 위탁을 받아 제4조에 따른 업무(이하 "위탁업무"라 한다.)를 수행하고, 임대인은 임대관리업자에게 위탁업무 수행의 대가로 제3조에 따른 관리수수료를 지급한다.

② 임대인은 임차인과 임대차 계약을 체결하는 경우 임대관리업자의 업무를 위해 임차인과의 임대차계약서(특약이나 그 밖에 임대인과 임차인 간의 합의 내용에 관한 일체의 문서를 포함하며, 이하 "임대차계약서 등"이라 한다.)의 사본을 임대관리업자에게 제공하여야 한다.

③ 이 계약 체결 후에 임대인과 임차인 간에 임대차 계약과 관련된 추가 또는 변경 합의가 있는 경우 임대인은 임대관리업자에게 지체 없이 그 내용을 통지하여야 한다.(서면으로 합의된 경우 그 서면의 사본의 제공을 포함한다)

제3조(관리수수료)

① 이 계약에 따른 임대관리업자의 위탁업무에 대한 월 관리수수료는 아래의 계산방법에 따라 산출하는 것을 원칙으로 하되, 임대인과 임대관리업자의 서면 합의에 따라 월 관리수수료의 산정방법을 달리 정할 수 있다.

월 관리수수료 = [임대차보증금 + (월 임차료 x 100)] x %

※ 월 관리수수료, 임대차보증금 및 월 임차료의 각 금액 모두 부가가치세를 포함하지 않은 금액을 기준으로 하고, 이른바 채권적 전세의 경우 전세금은 위 계산식에서 임대차보증금으로 간주한다.

② 월 관리수수료에 대해 부가가치세가 발생한 경우 임대인은 부가가치세를 가산한 금액을 임대관리업자에게 지급하여야 한다.

③ 월 임차료가 있는 임대차 계약의 경우, 임대관리업자은 임대인에게 송금하는 월 임차료에서 월 관리수수료를 상계하는 방법으로 월 관리수수료를 받을 수 있다.

제4조(관리업무의 범위)

① 이 계약에 따라 임대관리업자가 수행하는 위탁업무의 범위는 아래와 같다.

1. 임대인과 임차인의 임대차 계약 체결 절차 대행(임대인의 위임을 받아 임대인을 위하여 임대차 계약에 관한 협상을 하고 계약을 체결하는 것에 한정한다.)
2. 임차인의 임차료 등(아래 제6조에서 정의됨)에 대한 청구와 추심 대행 및 연체자에 대한 독촉
3. 임차인으로부터의 요구사항 접수 및 대응
4. 임대차 계약 종료 시 시설물 등의 이상 유무 점검 및 원상복구비용 등 정산
5. 기타 임대주택의 시설물 유지 · 보수 · 개량하는 업무
6. 그 밖에 임대인과 임대관리업자가 위탁관리 세부사항으로 서면 합의한 업무

② 이 계약의 체결로 임대인은 임대관리업자가 제1항에 따른 위탁업무를 수행하기 위하여 필요한 범위에서 임대인을 대리할 일체의 권한을 임대관리업자에게 위임한다. 임대관리업자는 필요에 따라 자신이 이 계약에 따라 처리해야 할 청소, 경비 등의 업무를 제3자에게 재위탁하거나 재위임할 수 있고, 이에 대하여 자신이 직접 수행한 업무와 동등한 책임을 갖는다.

③ 제1항과 제2항에도 불구하고 특정 임차인에 대한 임대관리업자의 업무는 아래 각 호의 요건이 모두 충족되는 경우에만 개시되고, 해당 임차인과 임대인의 임대차 계약이 임대차기간 만료, 해제, 해지 그 밖의 사유로 종료될 때 종료된다.

1. 임대인과 해당 임차인 간에 임대주택의 관리업무를 임대인이 임대관리업자에게 위탁한다는 내용이 포함된 임대차 계약을 체결하거나, 임대인이 임대관리업자에게 임대주택의 관리업무를 위탁하는 것에 대하여 해당 임차인이 서면으로 동의하였을 것
2. 해당 임차인이 임대관리업자의 위탁업무 수행에 필요한 자신의 개인정보를 임대관리업자에게 제공하는 것에 대하여 서면으로 동의하였을 것

제5조(위탁업무 외의 업무)

① 임대인과 임대관리업자는 협의하여 이 계약서 또는 위탁관리 세부사항에 명시되어 있지 않은 업무를 수행하거나 외주처리하도록 할 수 있다. 이 경우 임대관리업자의 해당 업무 또는 외주처리 비용은 임대인이 정산하여야 한다.

② 임대관리업자는 제1항에 따른 비용을 지출하기 전에 사전에 임대인에게 승인을 받아야 한다. 다만, 위급한 경우 또는 부득이한 경우에는 사후 보고로 사전 보고를 갈음할 수 있다.

제6조(유지 · 관리 등)

① 이 계약 체결 시점에 관리대상 임대차 계약이 체결되지 않은 임대주택의 경우, 임대인은 관리대상 임대차 계약이 체결된 후 그 계약에 따른 임차인의 입주 개시일까지 입주가 가능한 상태로 임대주택을 보수하여야 한다.

② 임대주택의 설비 비용 및 임대주택에 관한 일체의 유지 · 보수 비용은 임대인이 부담한다. 노후로 인한 멸실, 마모, 파손, 햇볕으로 인한 변색 등 흠으로 인한 것뿐만 아니라 지진, 화재, 폭발, 태풍, 수해, 그 밖에 불가항력적인 사고 또는 제3자에 의한 훼손 행위로 인한 멸실, 파손에 대해서도 임대인이 부담한다. 또한 임차인의 부주의로 인하여 임대주택에 오손, 파손 등이 발생하고 그로 인한 유지보수 비용이 임차인의 지급 능력을 초과하거나 회수 불가능한 경우에도 그 유지 · 보수 비용은 임대인이 부담한다.

③ 제2항에 따른 경우를 제외하고 이 계약에 따른 임대관리업자의 위탁업무에 속하는 보수 또는 설치 공사는 임대관리업자가 임대인의 승낙을 받고 수행한다.

④ 전기설비 등의 고장, 파손, 누수 등 임차인의 안전을 위하여 긴급히 해야 하는 보수 또는 설비의 설치와 관련하여 임대인의 승낙을 받을 시간적 여유가 없는 경우에, 임대관리업자는 임대인의 승낙을 받지 않고 보수를 하거나 설비를 설치할 수 있다. 이 경우 임대관리업자는 신속하게 그 업무내용 및 발생한 비용을 임대인에게 보고하여야 한다.

⑤ 임대주택에 대하여 법적으로 가입할 의무가 있는 보험은 임대인이 자신의 책임과 비용으로 가입하고 유지하여야 한다.

제7조(계약의 당연 종료) 다음 각 호의 어느 하나의 사유에 해당될 경우에 이 계약은 당연히 종료된다.

1. 화재, 천재지변 등의 이유로 임대주택을 정상적으로 사용할 수 없게 되어 이 계약의 목적을 달성할 수 없는 경우
2. 법령의 제정, 개정, 폐지, 행정지도, 도시 계획 등에 의한 구획 정리 등으로 인해 임대주택이 수용되거나 사용이 제한되어 이 계약의 목적을 달성할 수 없는 경우

제8조(임대인의 위탁관리 계약 해지)

① 다음 각 호의 사유가 발생할 경우, 임대인은 관리업자에게 서면으로 통지하여 이 계약을 해지할 수 있다. 임대관리업자는 통보받은 날에 이 계약이 해지된 것으로 하고 위탁업무의 인계인수 등 필요한 사항에 대하여 해지일부터 1개월 이내에 필요한 조치를 하여야 한다.

1. 임대관리업자가 이 계약에 따른 자신의 의무를 위반하고 임대인이 00일 이상의 기간을 정하여 그 기간에 위반 사항을 시정할 것을 독촉하였는데도 임대관리업자가 이를 시정하지 않는 경우
2. 임대인이 매매, 증여, 양도 등의 사유로 임대주택의 소유권을 상실하는 등 임대권한을 상실한 경우
3. 그 밖에 이 계약이 유지될 수 없을 정도로 명백하게 신뢰에 반하는 임대관리업자의 행위가 인정되는 경우

② 임대인은 제1항 각 호의 사유가 없는 경우에도 이 계약의 남은 기간 월 관리수수료 총합에 해당하는 금액을 임대관리업자에게 지급하고 이 계약을 해지할 수 있다.

제9조(임대관리업자의 위탁관리 계약 해지)

① 다음 각 호의 사유가 발생할 경우, 임대관리업자는 임대인에게 서면으로 통지하여 이 계약을 해지할

수 있다.

1. 임대인이 월 위탁수수료의 지급을 00일 이상 지체하는 경우
2. 임대인이 이 계약에 따른 자신의 의무를 위반하고 임대관리업자가 00일 이상의 기간을 정하여 그 기간에 위반 사항을 시정할 것을 독촉하였는데도 임대인이 시정하지 않는 경우
3. 임대인의 귀책사유로 임대관리업자가 이 계약에 따른 위탁업무를 정상적으로 수행할 수 없게 된 경우

② 임대관리업자는 제1항 각 호의 사유가 없는 경우에도 이 계약의 남은 기간 월 관리수수료 총합에 해당하는 금액을 임대인에게 지급하고 이 계약을 해지할 수 있다.

제10조(임대차 계약의 종료 시 업무)

① 관리대상 임대차 계약이 종료되는 경우, 임대관리업자는 이상 유무를 점검한 후, 원상복구비용, 연체 임차료 및 관리비, 그 밖에 임차인이 관리대상 임대차 계약에 따라 임대인에게 부담하는 금전채무를 공제한 임대차보증금 반환액을 임차인과 정산하여야 한다. 임대관리업자는 임대차보증금 반환액의 정산이 완료되면 지체 없이 해당 금액 및 정산 내용을 임대인에게 통지하여야 한다.

② 정산 내용에 이의가 없는 경우 임대인은 서면으로 정산 내용을 승인하고 임대주택의 명도(明渡)가 원활하게 이루어지도록 즉시 임대차보증금 반환액을 임차인에게 반환하여야 한다.

③ 임대인이 서면으로 정산 내용을 승인하는 경우, 그 후 임대차보증금의 정산과 관련하여 해당 임차인과 임대인 사이에 분쟁이 발생하는 경우 이에 대해 임대관리업자는 임대인에 대한 책임을 부담하지 않는다. 다만 임대관리업자가 고의 또는 과실로 정산 내용을 사실과 다르게 보고한 경우에는 그러하지 아니하다.

제11조(면책사항)

① 임대관리업자는 화재, 천재지변, 건물의 침하 등 임대관리업자의 귀책사유가 아닌 이유로 임대인이 입은 손해에 대해서는 책임을 지지 않는다.

② 화재, 천재지변, 건물의 침하 등 임대관리업자의 귀책사유가 아닌 이유로 임대관리업자가 위탁업무를 수행할 수 없게 된 경우 임대관리업자는 위탁업무의 불이행으로 인한 임대인의 손해에 대하여 일절 책임을 지지 않는다. 임대관리업자는 위와 같은 이유의 존재 사실 및 그 이유로 자신의 위탁업무 이행이 불가능하게 되었음을 임대인에게 통지하여야 하고, 그러한 이유가 해소되어 위탁업무 이행이 가능하게 된 경우에도 통지하여야 한다.

제12조(기타)

① 이 계약과 관련하여 임대인과 임대관리업자 사이에 분쟁이 발생하는 경우, 우선적으로 임대인과 임대관리업자 간의 협의로 원만하게 분쟁을 해결하기로 한다.

② 임대인과 임대관리업자 간의 분쟁이 제2항에 따라 협의로 해결되지 않는 경우, 임대인과 임대관리업자는 임대주택 소재지를 관할하는 지방법원을 전속적 제1심 관할법원으로 하는 소송절차를 통해 분쟁을 해결하기로 합의한다.

③ 이 계약은 임대인과 임대관리업자의 기명날인 또는 서명이 있는 서면 합의를 통해서만 수정 또는 변경될 수 있다.

제13조(계약의 증명 등)

① 이 계약이 유효하게 성립하였음을 증명하기 위해 각 당사자는 계약서 2통을 작성하여 각각 서명(또는 기명) 날인한 후 임대인과 임대관리업자가 1통씩 보관한다.

② 이 계약의 체결일에 임대인은 아래의 서류를 임대관리업자에게 제출한다.

1. 임대주택의 부동산등기사항 전부 증명서
2. 임대인과 임차인의 임대차 계약서 사본(임대차 계약이 이미 체결되어 있는 경우에만 제출한다.)
3. 임대인의 신분증 및 인감증명서
   (임대인이 법인인 경우 법인등기사항 전부 증명서, 인감증명서, 위임장 및 사업자등록증 사본)

③ 본 계약의 체결일에 임대관리업자는 아래의 서류를 임대인에게 제출한다.

1. 임대관리업자의 법인등기사항 전부 증명서
2. 주택임대관리업자 등록증 사본
3. 인감증명서
4. 사업자등록증 사본

④ 임대인과 임대관리업자는 아래의 서류를 본 계약서에 첨부하여 보관하기로 한다.

1. 위탁관리 세부사항(임대인과 임대관리업자가 합의하여 작성한다.)
2. 임대주택의 시설물 등의 현황(임대인이 작성하여 제공하는 것을 원칙으로 하되, 임대주택을 이미 임차인이 점유하고 있어 임대인이 작성하기 어려운 경우 임대관리업자가 작성한다.)
3. 임대주택의 주요 부위별 상태 설명 사진(임대관리업자가 촬영하여 보관하며 임대주택의 상태 보존 및 훼손 상황을 비교하는 등 관리 자료로 활용할 수 있다.)

제14조(특약) 임대인과 임대관리업자는 제1조부터 제13조까지에서 규정한 사항 외에 필요한 사항에 대해서는 따로 특약을 정할 수 있다.

라. 과태료

위 위·수탁계약서 작성, 교구 및 보관의무를 게을리한 주택임대관리업자에 대하여는 1백만원 이하의 과태료를 부과한다.(「민간임대주택에 관한 특별법」 제67조 제4항 제2호)

7. '자기관리형 주택임대관리업자'의 의무

가. 보증상품의 의무 가입

'자기관리형 주택임대관리업'을 하는 주택임대관리업자는 임대인 및 임차인의 권리보호를 위하여 아래의 '보증상품'에 가입하여야 한다.

1. 임대인의 권리보호를 위한 보증(임대관리 임대료 보증) : "자기관리형 주택임대관리업자'가 약정한 임대료를 지급하지 아니하는 경우 약정한 임대료의 3개월 분 이상의 지급을 책임지는 보증
2. 임차인의 권리보호를 위한 보증(임대관리 임대보증금 보증) : '자기관리형 주택임대관리업자'가 임대보증금의 반환의무를 이행하지 아니하는 경우 임대보증금의 반환을 책임지는 보증

'자기관리형 주택임대관리업자'는 임대인과 주택임대관리계약을 체결하거나 임차인과 주택임대차계약을 체결하는 경우에는 위 각 호의 보증상품 가입을 증명하는 '보증서'를 임대인 또는 임차인에게 내주어야 한다.

위 '보증서'는 다음 각 호의 어느 하나에 해당하는 기관이 발행한 것이어야 한다.

1. 「주택도시기금법」 제16조에 따른 주택도시보증공사
2. 다음 각 목의 금융기관 중 국토교통부장관이 지정하여 고시하는 금융기관
   가. 「은행법」에 따른 은행
   나. 「중소기업은행법」에 따른 중소기업은행
   다. 「상호저축은행법」에 따른 상호저축은행
   라. 「보험업법」에 따른 보험회사
   마. 그 밖의 법률에 따라 금융업무를 행하는 기관으로서 국토교통부령으로 정하는 것36)

---

36) 「주택법 시행규칙」 제24조는 「주택법 시행령」 제71조 제1호 마목에 정한 "그 밖의 법률에 따라 금융업무를 수행하는 기관으로서 국토교통부령으로 정하는 기관"은 아래의 것을 말한다고 규정하고 있다.
1. 「농업협동조합법」에 따른 조합, 농업협동조합중앙회 및 농협은행
2. 「수산업협동조합법」에 따른 수산업협동조합 및 수산업협동조합중앙회
3. 「신용협동조합법」에 따른 신용협동조합 및 신용협동조합중앙회
4. 「새마을금고법」에 따른 새마을금고 및 새마을금고중앙회
5. 「산림조합법」에 따른 산림조합 및 산림조합중앙회

'자기관리형 주택임대관리업자'는 위 보증상품의 내용을 '변경'하거나 '해지'하는 경우에는 그 사실을 임대인 및 임차인에게 알리고, '자기관리형 주택임대관리업자'의 사무실 등 임대인 및 임차인이 잘 볼 수 있는 장소에 게시하여야 한다.

나. 임대사업자의 의무 이행

임대사업자인 임대인이 '자기관리형 주택임대관리업자'에게 임대관리를 위탁한 경우, 주택임대관리업자는 위탁받은 범위에서 「민간임대주택에 관한 특별법」에 따른 임대사업자의 의무를 이행하여야 한다. 이 경우 「민간임대주택에 관한 특별법」 제7장(벌칙)을 적용할 때에는 '주택임대관리업자'를 '임대사업자'로 본다.

8. 등록증 대여 등 금지

주택임대관리업자는 다른 자에게 자기의 명의 또는 상호를 사용하여 「민간임대주택에 관한 특별법」에서 정한 업무를 수행하게 하거나 그 등록증을 대여하여서는 아니 된다.

주택임대관리업자가 아닌 자는 주택임대관리업 또는 이와 유사한 명칭을 사용하지 못한다.

9. 국가 등의 지원

국가 및 지방자치단체는 **'주택임대관리업의 육성'**의 목적을 위하여 주택도시기금 등의 자금을 우선적으로 지원하고, 「조세특례제한법」, 「지방세특례제한법」 및 조례로 정하는 바에 따라 조세를 감면할 수 있다.(「민간임대주택에 관한 특별법」 제4조 제1항 제4호)

---

6. 「한국주택금융공사법」에 따른 한국주택금융공사
7. 「우체국예금 · 보험에 관한 법률」에 따른 체신관서

벌 칙

다음 각 호의 어느 하나에 해당하는 자는 2년 이하의 징역이나 2천만원 이하의 벌금에 처한다.(「민간임대주택에 관한 특별법」 제65조 제2항)

4. 「민간임대주택에 관한 특별법」 제7조에 따른 등록을 하지 아니하고 주택임대관리업을 한 자 또는 거짓이나 그 밖의 부정한 방법으로 등록한 자
5. 「민간임대주택에 관한 특별법」 제10조에 따른 영업정지기간 중에 주택임대관리업을 영위한 주택임대관리업자
6. 「민간임대주택에 관한 특별법」 제14조에 따른 보증상품에 가입하지 아니한 주택임대관리업자
7. 「민간임대주택에 관한 특별법」 제16조 제1항을 위반하여 다른 자에게 자기의 명의 또는 상호를 사용하여 이 법에서 정한 사업이나 업무를 수행하게 하거나 그 등록증을 대여한 주택임대관리업자
8. 「민간임대주택에 관한 특별법」 제16조 제2항을 위반하여 주택임대관리업자가 아니면서 주택임대관리업 또는 이와 유사한 명칭을 사용한 자

10. 양벌 규정

가. 법인의 경우

법인의 대표자, 대리인, 사용인, 그 밖의 종업원이 그 법인의 업무에 관하여 「민간임대주택에 관한 특별법」 제65조에 따른 위반행위를 하면 그 행위자를 벌할 뿐만 아니라 그 법인에도 해당 조문의 벌금형을 과(科)한다. 다만, 법인이 그 위반행위를 방지하기 위하여 해당 업무에 관하여 상당한 주의와 감독을 게을리하지 아니한 때에는 그러하지 아니하다.(「민간임대주택에 관한 특별법」 제66조 제1항)

나. 자연인(개인)의 경우

자연인(개인)의 대리인, 사용인, 그 밖의 종업원이 그 자연인(개인)의 업무에 관하여 「민

간임대주택에 관한 특별법」 제65조에 따른 위반행위를 하면 그 행위자를 벌할 뿐만 아니라 그 자연인(개인)에게도 해당 조문의 벌금형을 과한다. 다만, 자연인(개인)이 그 위반행위를 방지하기 위하여 해당 업무에 관하여 상당한 주의와 감독을 게을리하지 아니한 때에는 그러하지 아니하다.「민간임대주택에 관한 특별법」 제66조 제2항)

제5장

민간임대주택의 건설

1. 민간임대주택의 건설

가. 민간임대주택 건설의 근거 법규

민간임대주택의 건설은「주택법」또는「건축법」에 따른다. 이 경우 관계 법률에서「주택법」제15조에 따른 사업계획의 승인 또는「건축법」제11조에 따른 건축허가 등을 준용하는 경우 그 법률을 포함한다.

국가, 지방자치단체, 한국토지주택공사 등 이외의 민간임대사업자가 연간 ① 단독주택의 경우에는 20호, ② 공동주택의 경우에는 20세대(다만 도시형 생활주택[37]의 경우에는 30세대) 이상의 임대주택건설사업을 시행하려면, 국토교통부장관에게 등록을 하여야 하고,「주택법」의 규율을 받게 된다.

나. '토지 등'의 우선 공급

국가、지방자치단체、공공기관 또는 지방공사가 그가 소유하거나 조성한 토지를 공급(매각 또는 임대를 말한다.)하는 경우에는「주택법」제30조 제1항[38]에도 불구하고, '민간임대주택'을 건설하려는 임대사업자에게 우선적으로 공급할 수 있다.

① 국가、지방자치단체、공공기관 또는 지방공사가 '공공지원 민간임대주택' 건설용으로 토지를 '공급'하거나 ② '종전 부동산'을 보유하고 있는 공공기관[「혁신도시 조성 및 발전에 관한 특별법」제43조 제3항의 '매입공공기관'을 포함한다]이 '공공지원 민간임대

37) 소형 주택과 주거전용면적이 85제곱미터를 초과하는 주택 1세대를 함께 건축하는 경우 포함

38) 국가 또는 지방자치단체는 그가 소유하는 토지를 매각하거나 임대하는 경우에는 다음 각 호의 어느 하나의 목적으로 그 토지의 매수 또는 임차를 원하는 자가 있으면, 그에게 우선적으로 그 토지를 매각하거나 임대할 수 있다.

1. 국민주택규모의 주택을 대통령령으로 정하는 비율(50%) 이상으로 건설하는 주택의 건설

주택' 건설용으로 '종전 부동산'을 '매각'하는 경우에는, ③「택지개발촉진법」, 「혁신도시 조성 및 발전에 관한 특별법」 등 관계 법령에도 불구하고, ④ 추첨, 자격 제한, 수의계약 등 대통령령으로 정하는 방법 및 조건에 따라 공급할 수 있다.

1) 원 칙

즉 위와 같은 '토지 및 종전 부동산'(이하 '토지 등'이라 한다)의 공급('매각' 또는 '임대'를 말한다.)은 미리 가격을 정한 후 공급받을 자를 선정하여 공급하는 방법으로 한다.

위와 같이 공급받을 자를 선정할 때에는 주택사업실적, 시공능력 등이 일정 기준 이상인 자로 자격을 제한하여 경쟁에 부친다. 다만, 신속한 토지 공급 등을 위하여 필요한 경우에는 국토교통부장관이 정하는 바에 따라 '추첨'의 방법으로 공급할 수 있다.

2) 예 외

다음 각 호의 어느 하나에 해당하는 경우에는 '수의계약'의 방법으로 공급할 수 있다.

1. 다음 각 목의 어느 하나에 해당하는 자가 단독 또는 공동으로 총지분의 50퍼센트를 초과하여 출자한 부동산투자회사에 공급하는 경우
   가. 국가
   나. 지방자치단체
   다. 「한국토지주택공사법」에 따른 한국토지주택공사
   라. 「지방공기업법」 제49조에 따라 주택사업을 목적으로 설립된 지방공사
   마. 가목부터 라목까지에 해당하는 자가 출자하여 설립한 부동산투자회사 또는 집합투자기구
2. 관할 지역에 민간임대주택 공급을 촉진하기 위하여 지방자치단체의 장이 해당 지방자치단체 또는 지방공사가 소유한 토지를 공모의 방법으로 선정한 자에게 공급하는 경우
3. 위 원칙적인 방법에 의한 공급이 2회 이상 성립되지 아니한 경우

4. 그 밖에 「공무원연금법」, 「한국보훈복지의료공단법」 등 관계 법령에 따라 수의계약으로 공급할 수 있는 경우

3) 기 타

기타 "토지 등"의 공급에 필요한 세부적인 사항은 「공공지원 민간임대주택 등에 관한 업무처리지침」(국토교통부 고시 제2020-385호)에 자세히 규정하고 있다.

4) 우선 공급의 대상

국가 · 지방자치단체 · 한국토지주택공사 또는 지방공사는 그가 조성한 토지 중 1 퍼센트 이상의 범위에서 대통령령으로 정하는 비율(3 퍼센트) 이상을 임대사업자[소속 근로자에게 임대하기 위하여 민간임대주택을 건설하려는 고용자('법인'에 한정한다.)로서 임대사업자로 등록한 자를 포함한다.]에게 우선 공급하여야 한다. 다만, 해당 토지는 2개 단지 이상의 공동주택용지 공급계획이 포함된 경우로서 대통령령으로 정하는 규모(15만 제곱미터) 이상이어야 한다.

조성한 토지가 50만 제곱미터 이상인 경우로서 토지를 조성한 목적 및 해당 지역의 주택 수요 등을 고려하여 국토교통부장관이 1 퍼센트 이상 3 퍼센트 미만으로 그 비율을 달리 정하여 고시하는 경우에는 그 비율에 해당하는 토지를 우선 공급해야 한다.

5) 민간임대주택의 착공 시기

위와 같이 '토지 등'을 공급받은 자는 '토지 등'을 공급받은 날부터 4년 이하의 범위에서 대통령령으로 정하는 기간(2년) 이내에 민간임대주택을 착공하여야 한다.

6) '토지 등'의 환매 등

위와 같이 '토지 등'을 공급한 자는 그 토지 등을 공급한 날부터 2년 이내에 민간임대주택 건설을 착공하지 아니하면, 그 '토지 등'을 '환매'하거나 '임대차계약을 해제 · 해지'할 수

있다는 특약 조건을 붙여 공급하여야 한다. 이 경우 '환매 특약'은 등기하여야 한다.

위와 같이 '토지 등'을 공급받은 자는 그 토지에 민간임대주택 건설을 착공하면, 그 사실을 증명하는 서류를 첨부하여 '토지 등'을 공급한 자에게 통지하여야 한다.

그리고 '토지 등'을 공급한 자는 '토지 등'을 공급한 날부터 1년 6개월 이내에 그 '토지 등'을 공급받은 자로부터 위와 같은 착공 사실에 관한 통지가 없는 경우에는 그 '토지 등'을 공급받은 자에게 지체 없이 착공할 것을 촉구하여야 한다.

7) 「주택법」 제54조(주택의 공급)의 예외

「주택법」 제54조에 따른 사업주체가 주택을 공급하는 경우에는 같은 조 제1항에도 불구하고 그 주택을 '공공지원민간임대주택' 또는 '장기일반민간임대주택'으로 운영하려는 임대사업자에게 주택(「주택법」 제57조에 따른 분양가상한제 적용주택은 제외한다.) '전부'를 우선적으로 공급할 수 있다.

다. 간설시설의 우선 설치

「주택법」 제28조에 따라 간선시설(幹線施設)을 설치하는 자는 '민간임대주택 건설사업'이나 '민간임대주택 건설을 위한 대지조성사업'에 필요한 간선시설을 다른 주택건설사업이나 대지조성사업보다 우선하여 설치하여야 한다.

라. 「공익사업을 위한 토지 등의 취득 및 보상에 관한 법률」에 관한 특례

임대사업자가 주거전용면적 85 제곱미터 이하의 민간임대주택을 100호 이상의 범위에서 대통령령으로 정하는 호수(단독주택의 경우에는 100호, 공동주택의 경우에는 100세대) 이상 건설하기 위하여, 사업 대상 토지 면적의 80 퍼센트 이상을 '매입'한 경우(토지 소유자로부터 매입에 관한 '동의'를 받은 경우를 포함한다.)로서, 나미지 토지를 취득하지 아니하면 그 사업을 시행하기가 현저히 곤란해질 사유가 있는 경우에는 시・도지사에게

「공익사업을 위한 토지 등의 취득 및 보상에 관한 법률」 제4조(공익사업) 제5호[39]에 따른 지정을 요청할 수 있다.

이러한 경우 임대사업자는 '사업계획서'에 다음 각 호의 서류를 첨부하여 특별시장 · 광역시장 · 특별자치시장 · 도지사 또는 특별자치도지사(이하 "시 · 도지사"라 한다)에게 제출하여야 한다.

1. 사업 대상 토지를 표시한 도면
2. 사업 대상 토지 면적의 100분의 80 이상을 매입(토지 소유자로부터 매입에 관한 동의를 받은 경우를 포함한다. 이하 제3호에서 같다)한 사실을 증명하는 서류
3. 사업 대상 토지 중 매입하지 못한 토지를 표시한 도면
4. 사업 대상 토지 중 매입하지 못한 토지의 세목을 적은 서류

이에 따라 지정을 받은 임대사업자가 「주택법」 제15조에 따른 '사업계획승인'을 받으면 「공익사업을 위한 토지 등의 취득 및 보상에 관한 법률」 제20조 제1항에 따른 '사업인정'을 받은 것으로 본다. 다만, 재결신청(裁決申請)은 「공익사업을 위한 토지 등의 취득 및 보상에 관한 법률」 제23조 제1항[40] 및 같은 법 제28조 제1항[41]에도 불구하고, 사업계획승인을 받은 주택건설사업 기간에 할 수 있다.

---

39) 국가, 지방자치단체, 「공공기관의 운영에 관한 법률」 제4조에 따른 공공기관, 「지방공기업법」에 따른 지방공기업 또는 국가나 지방자치단체가 지정한 자가 임대나 양도의 목적으로 시행하는 주택 건설 또는 택지 및 산업단지 조성에 관한 사업

40) 사업시행자가 「공익사업을 위한 토지 등의 취득 및 보상에 관한 법률」 제22조 제1항에 따른 사업인정의 고시(이하 "사업인정고시"라 한다)가 된 날부터 1년 이내에 같은 법 제28조 제1항에 따른 재결신청을 하지 아니한 경우에는 사업인정고시가 된 날부터 1년이 되는 날의 다음 날에 사업인정은 그 효력을 상실한다.

41) 「공익사업을 위한 토지 등의 취득 및 보상에 관한 법률」 제26조에 따른 협의가 성립되지 아니하거나 협의를 할 수 없을 때(같은 법 제26조 제2항 단서에 따른 협의 요구가 없을 때를 포함한다.)에는 사업시행자는 사업인정고시가 된 날부터 1년 이내에 대통령령으로 정하는 바에 따라 관할 토지수용위원회에 재결을 신청할 수 있다.

마. 「국토의 계획 및 이용에 관한 법률」 등에 관한 특례

「주택법」 제15조에 따른 사업계획승인권자 또는 「건축법」 제11조에 따른 허가권자(이하 "승인권자 등"이라 한다)는 임대사업자가 공공지원 민간임대주택을 건설하기 위하여 「주택법」 제15조에 따른 사업계획승인을 신청하거나, 「건축법」 제11조에 따른 건축허가를 신청하는 경우에 관계 법령에도 불구하고 다음 각 호에 따라 완화된 기준을 적용할 수 있다.

다만, 공공지원 민간임대주택과 공공지원 민간임대주택이 아닌 시설을 같은 건축물로 건축하는 경우 전체 연면적 대비 공공지원 민간임대주택 연면적의 비율이 50퍼센트 이상인 경우에 한정한다.

1. 「국토의 계획 및 이용에 관한 법률」 제77조에 따라 조례로 정한 건폐율에도 불구하고 같은 조 및 관계 법령에 따른 건폐율의 상한까지 완화
2. 「국토의 계획 및 이용에 관한 법률」 제52조에 따라 지구단위계획에서 정한 용적률 또는 같은 법 제78조에 따라 조례로 정한 용적률에도 불구하고 같은 조 및 관계 법령에 따른 용적률의 상한까지 완화
3. 「건축법」 제2조 제2항에 따른 건축물의 층수 제한을 대통령령으로 정하는 바[42]에 따라 완화

바. 용적률의 완화로 건설되는 주택의 공급 등

'승인권자 등'이 임대사업자의 사업계획승인 또는 건축허가 신청 당시 30호 또는 30세대 이상의 '공공지원 민간임대주택'을 건설하는 사업에 대하여 「국토의 계획 및 이용에 관한 법률」에 따라 해당 지방자치단체의 조례로 정한 용적률 또는 지구단위계획으로 정한 용적률(이하 "기준용적률"이라 한다)보다 완화된 「민간임대주택에 관한 특별법」 제21조 제2

42) 「건축법 시행령」 별표 1 제2호 나목의 '연립주택'과 같은 호 다목의 '다세대주택'에 대하여 「건축법」 제4조에 따른 건축위원회의 심의를 받은 경우에는 주택으로 쓰는 층수를 5층까지 건축할 수 있다.

호에 따른 용적률(이하 **"완화 용적률"**이라 한다.)을 적용하는 경우, 승인권자 등은 시·도지사 및 임대사업자와 협의하여 임대사업자에게 다음 각 호의 어느 하나에 해당하는 조치를 명할 수 있다. 다만, 다른 법령에서 임대사업자에게 부여한 이행 부담이 있는 경우에는 본문에 따른 조치를 감면하여야 한다.

1. 임대사업자는 '완화 용적률'에서 '기준 용적률'을 뺀 용적률의 50퍼센트 이하의 범위에서 해당 지방자치단체의 조례로 정하는 비율을 곱하여 증가하는 면적에 해당하는 임대주택을 건설하여 시·도지사에게 공급하여야 한다. 이 경우 주택의 공급가격은 「공공주택 특별법」 제50조의3 제1항에 따른 공공건설 임대주택의 분양전환가격 산정기준에서 정하는 건축비로 하고, 그 부속토지는 시·도지사에게 기부채납한 것으로 본다.

임대사업자는 위 규정에 따라 임대주택을 건설하여 시·도지사에게 공급하는 경우, 공개추첨의 방법으로 시·도지사에게 공급하는 임대주택을 선정하여야 한다. 다만, 시·도지사가 임대주택의 효율적인 운영을 위하여 동별 또는 구획별로 구분된 임대주택의 공급을 요청하는 경우에는 특별한 사유가 없는 한 이에 따라야 한다.

또한 임대사업자는 위 규정에 따라 시·도지사에게 공급하는 주택의 사용검사(「주택법」 제49조에 따른 사용검사를 말한다.) 또는 사용승인(「건축법」 제22조의 사용승인을 말한다.)을 받은 경우, 지체 없이 해당 주택의 등기를 촉탁(囑託) 또는 신청하여야 한다. 다만, 임대사업자가 거부 또는 지체하는 경우에는 시·도지사가 등기를 촉탁 또는 신청할 수 있다.

2. 임대사업자는 '완화 용적률'에서 '기준 용적률'을 뺀 용적률의 50퍼센트 이하의 범위에서 해당 지방자치단체의 조례로 정하는 비율을 곱하여 증가하는 면적에 해당하는 주택의 부속토지에 해당하는 가격을 시·도지사에게 현금으로 납부하여야 한다.

이 경우 토지의 가격은 사업계획승인 또는 건축허가 신청 당시 표준지공시지가를 기준으로 「감정평가 및 감정평가사에 관한 법률」 제2조 제4호에 따른 '감정평가법인 등'이 평가한 금액으로 한다.

위와 같이 토지의 가격을 평가하는 데 드는 비용은 임대사업자와 시·도지사가 각각 50퍼센트씩 부담한다.

시·도지사는 위와 같이 감정평가법인 등이 평가한 금액이 통보된 날부터 60일 이내에 현금으로 납부해야 하는 토지의 가격과 토지의 가격 평가에 부담해야 하는 비용을 임대사업자에게 부과해야 한다.

임대사업자는 위와 같이 부과된 금액을 해당 주택의 사용검사 또는 사용승인 신청 시까지 납부하여야 한다.

위와 같이 임대사업자가 납부한 현금은 「주택법」 제84조에 따라 설치되는 국민주택사업특별회계의 재원으로 귀속된다.

3. 임대사업자는 완화용적률에서 기준용적률을 뺀 용적률의 100퍼센트 이하의 범위에서 해당 지방자치단체의 조례로 정하는 비율을 곱하여 증가하는 면적의 범위에서 주거지원대상자에게 공급하는 임대주택을 건설하거나 복합지원시설을 설치하여야 한다.

위와 같은 복합지원시설의 면적을 산정할 때 「주택법」 및 다른 법령에 따라 의무적으로 설치하여야 하는 시설의 면적은 해당 복합지원시설의 면적에 포함하지 아니한다.

위와 같이 복합지원시설을 설치하여야 하는 임대사업자는 해당 주택의 사업계획승인 또는 건축허가를 받기 전까지「주택법」제15조에 따른 사업계획승인권자 또는「건축법」제11조에 따른 허가권자(이하 "승인권자 등"이라 한다)에게 다음 각 호의 사항을 포함한 복합지원시설의 설치 및 운영 계획을 제출하여야 한다.

1. 복합지원시설의 설치 위치ㆍ규모 등 건축계획
2. 복합지원시설의 입주자격, 임대료, 공급 기준ㆍ절차 등 임대 및 운영 계획
3. 그 밖에 복합지원시설의 임대 및 운영에 필요한 사항

'승인권자 등'은 임대사업자가 제출한 계획에 따라 복합지원시설을 설치 및 운영하는지 여부를 감독하여야 한다.

'승인권자 등'은 복합지원시설의 효율적 설치 및 운영을 위하여 필요한 사항을 조례로 정할 수 있다.

4. 임대사업자는 완화용적률에서 기준용적률을 뺀 용적률의 50퍼센트 이하의 범위에서 해당 지방자치단체의 조례로 정하는 비율을 곱하여 증가하는 면적에 해당하는 임대주택을 건설하여 주거지원대상자에게 20년 이상 민간임대주택으로 공급하여야 한다.

사. 용도지역의 변경 결정을 통하여 건설되는 주택의 공급 등

공공지원 민간임대주택의 공급확대를 위하여「국토의 계획 및 이용에 관한 법률」제30조에 따라 해당 용도지역을 용적률이 완화되는 용도지역으로 변경 결정하고, 사업계획승인 또는 건축허가를 하는 경우 임대주택의 건설, 공급, 부속토지의 현금 납부, 복합지원시설의 설치 등에 관하여는「민간임대주택에 관한 특별법」제21조의2를 준용한다.

이 경우 "기준용적률"은 "용도지역 변경 전에 조례 또는 지구단위계획에서 정한 용적률"로, "완화용적률"은 "용도지역 변경 후 승인권자 등이 사업계획승인 또는 건축허가 시 적용한 용적률"로 본다.

제6장

공공지원 민간임대주택 공급촉진지구

1. 정 의

"공공지원민간임대주택 공급촉진지구"란 공공지원 민간임대주택의 공급을 촉진하기 위하여 「민간임대주택에 관한 특별법」 제22조에 따라 지정하는 지구를 말한다.(「민간임대주택에 관한 특별법」 제2조 제12호)

종전의 규정에 따라 '기업형 임대주택공급촉진지구'로 지정된 지구는 2018. 1. 16. 법률 제15356호로 일부 개정되어 2018. 7. 17.부터 시행되는 「민간임대주택에 관한 특별법」 제22조의 개정규정에 따른 촉진지구로 본다. 다만 종전의 규정에 따라 기업형임대주택건설 사업계획승인이 신청된 촉진지구는 종전의 규정에 따른다.

2. 촉진지구 지정의 구분

가. 시 · 도지사의 지정

시、도지사는 공공지원 민간임대주택이 원활하게 공급될 수 있도록 공공지원 민간임대주택 공급촉진지구(이하 "촉진지구"라 한다)를 지정할 수 있다. 이 경우 촉진지구는 다음 각 호의 요건을 모두 갖추어야 한다.

1. 촉진지구에서 건설、공급되는 전체 주택 호수의 50% 이상이 공공지원민간임대주택으로 건설、공급될 것
2. 촉진지구의 면적은 5천 ㎡ 이상의 범위에서 대통령령으로 정하는 면적[43] 이상일

43) 1. 「국토의 계획 및 이용에 관한 법률」 제6조 제1호에 따른 도시지역의 경우 : 5천 ㎡
2. 도시지역과 인접한 다음 각 목의 지역의 경우: 2만 ㎡
가. 도시지역과 경계면이 접한 지역
나. 도시지역과 경계면이 도로, 하천 등으로 분리되어 있으나 도시지역의 도로, 상하수도, 학교 등 주변 기반시설의 연결 또는 활용이 적합한 지역
3. 부지에 도시지역과 제2호 각 목의 어느 하나에 해당하는 지역이 함께 포함된 경우 : 2만 ㎡

것. 다만, '역세권 등'에서 촉진지구를 지정하는 경우 1천㎡ 이상의 범위에서 해당 지방자치단체가 조례로 정하는 면적 이상이어야 한다.

종전에는 2천㎡ 이상으로 규정하고 있었으나, 2019. 4. 23. 법률 제16386호로 개정되어 2019. 10. 24.부터 시행되는「민간임대주택에 관한 특별법」에 따라 1천㎡ 이상으로 개정되었다.

'역세권 등'이란 다음 각 목의 어느 하나에 해당하는 시설부터 1km 거리 이내에 위치한 지역을 말한다. 이 경우 특별시장ㆍ광역시장ㆍ특별자치시장ㆍ도지사ㆍ특별자치도지사는 해당 지방자치단체의 조례로 그 거리를 50%의 범위에서 증감하여 달리 정할 수 있다.(「민간임대주택에 관한 특별법」 제2조 제13호)

가.「철도의 건설 및 철도시설 유지관리에 관한 법률」,「철도산업발전기본법」 및 「도시철도법」에 따라 건설 및 운영되는 철도역

나.「간선급행버스체계의 건설 및 운영에 관한 특별법」 제2조 제3호다목에 따른 환승시설

다.「산업입지 및 개발에 관한 법률」 제2조 제8호에 따른 산업단지

라.「수도권정비계획법」 제2조제3호에 따른 인구집중유발시설로서 대통령령으로 정하는 시설44)

마. 그 밖에 해당 지방자치단체의 조례로 정하는 시설45)

3. 유상공급 토지면적(도로, 공원 등 관리청에 귀속되는 공공시설 면적을 제외한 면적

---

4. 그 밖의 지역의 경우 : 10만 ㎡

44) 1.「고등교육법」 제2조 제1호에 따른 대학, 같은 조 제2호에 따른 산업대학, 같은 조 제3호에 따른 교육대학 및 같은 조 제4호에 따른 전문대학

2.「건축법 시행령」 별표 1 제10호 마목에 따른 연구소

45)「서울특별시 역세권 청년주택 공급 지원에 관한 조례」 제2조 제1호

1. "역세권"이란 지구단위계획구역으로서 지하철, 국철 및 경전철 등의 역(승강장 기준으로 개통이 예정된 역을 포함한다)의 각 승강장 경계로부터 350미터 이내의 지역을 말한다. 다만, 역의 승강장 위치가 도로의 선형과 일치하지 않은 경우에는 역의 각 승강장 경계 및 출입구로부터 350미터 이내에서 서울특별시장이 해당 역과 범위를 별도로 정할 수 있다.

을 말한다. 이하 이 호에서 같다) 중 주택건설 용도가 아닌 토지로 공급하는 면적이 유상공급 토지면적의 50%를 초과하지 아니할 것

시·도지사는 '촉진지구'를 지정한 경우에는 국토교통부장관에게 보고하여야 한다.

나. 국토교통부 장관의 지정

국토교통부 장관은 위 규정에도 불구하고 국민의 주거안정을 위하여 공공지원 민간임대주택을 건설·공급할 필요가 있는 경우로서, 아래의 각 호의 경우에는 '촉진지구'를 지정할 수 있다.

1. 둘 이상의 특별시·광역시·특별자치시·도에 걸쳐 '촉진지구'를 지정하는 경우(관계 시·도지사 간 협의가 이루어지지 아니하여 관계 시·도지사가 국토교통부장관에게 촉진지구의 지정을 요청하는 경우를 포함한다)
2. 그 밖에 국민의 주거안정을 위하여 공공지원 민간임대주택을 건설·공급할 필요가 있는 경우

3. 시행자

가. 요 건

위와 같이 촉진지구를 지정할 수 있는 자(이하 "지정권자"라 한다)는 다음 각 호의 자 중에서 공공지원 민간임대주택 개발사업의 시행자(이하 "시행자"라 한다)를 지정한다.

1. 촉진지구에서 국유지·공유지를 제외한 토지면적의 50% 이상에 해당하는 토지를 소유한 임대사업자
2. 「공공주택 특별법」 제4조 제1항 각 호에 해당하는 자(공공주택사업자)[46]

---

46) 1. 국가 또는 지방자치단체
2. 「한국토지주택공사법」에 따른 한국토지주택공사
3. 「지방공기업법」 제49조에 따라 주택사업을 목적으로 설립된 지방공사
4. 「공공기관의 운영에 관한 법률」 제5조에 따른 공공기관 중 대통령령으로 정하는 기관
5. 제1호부터 제4호까지의 규정 중 어느 하나에 해당하는 자가 총지분의 100분의 50을

서울고등법원 2019. 10. 17. 선고 2019누34793 판결
[임대주택공급촉진지구지정불가처분취소]

민간임대주택법 제23조 제1항에 의하면, 기업형임대주택 촉진지구 지정권자는 국유 지 · 공유지를 제외한 토지 면적의 50% 이상에 해당하는 토지를 소유한 기업형임대사업 자를 기업형임대주택사업의 시행자로 지정할 수 있다. 이 사건 토지 중 농지는 81,795m2로서 사업부지 면적의 약 81.7%에 해당하므로, 피고는 원고가 농지법 제6조에 따라 농지전용허가를 받는 등 그 토지 소유의 요건을 갖추지 않은 경우 이 사건 처분을 할 수 없다. 원고의 주장처럼 D 일가가 원고 회사의 최대 출자자이고 D 소유 토지를 포함하면 이 사건 토지 면적의 50% 이상에 해당한다고 하더라도, 여전히 원고가 이 사건 토지 면적의 50% 이상의 토지의 소유자에 해당한다고 볼 수는 없다.

지정권자는 촉진지구 조성사업의 시행자를 지정하는 경우 위 각 호에 해당하는 자를 '공동시행자'로 지정할 수 있다.

나. 벌 칙

거짓 또는 부정한 방법으로 위에 따른 시행자 지정 또는 변경을 받은 자에 대하여는 1년 이하의 징역이나 1천만원 이하의 벌금에 처한다.(「민간임대주택에 관한 특별법」 제65조 제3항 제1호)

초과하여 출자ㆍ설립한 법인

6. 주택도시기금 또는 제1호부터 제4호까지의 규정 중 어느 하나에 해당하는 자가 총지분의 전부(도심 공공주택 복합사업의 경우에는 100분의 50을 초과한 경우를 포함한다.)를 출자(공동으로 출자한 경우를 포함한다.)하여 「부동산투자회사법」에 따라 설립한 부동산투자회사

4. 개발사업의 범위

시행자가 할 수 있는 '공공지원 민간임대주택 개발사업'의 범위는 다음 각 호와 같다. 다만, 「공공주택 특별법」 제4조 제1항 각 호에 해당하는 자(공공주택사업자)는 아래 제2호에 따른 주택건설사업 중 공공지원 민간임대주택 건설사업을 시행할 수 없다.

1. 촉진지구 조성사업
2. 공공지원 민간임대주택 건설사업 등 주택건설사업

> [법제처 법령해석 사례] 안건번호 20-0458 회신일자 2020-12-16
>
> 민원인 - 공공지원민간임대주택 건설 사업이 광역교통 개선대책 대상에 해당하는지 여부(「대도시권 광역교통 관리에 관한 특별법 시행령」 제9조 제1항 등 관련)
>
> 1. 질의요지
>
> 「민간임대주택에 관한 특별법」 제22조에 따라 지정된 공공지원민간임대주택 공급촉진지구(이하 "촉진지구"라 함)에서 「주택법」 제15조에 따른 사업계획 승인을 받아 공공지원민간임대주택을 건설하는 사업은 「대도시권 광역교통 관리에 관한 특별법」(이하 "광역교통법"이라 함) 제7조의2 및 같은 법 시행령 제9조 제1항 제2호에 따른 광역교통 개선대책 수립 대상에 해당하는지?
>
> ※ 질의배경
>
> 민원인은 위 질의요지에 대한 국토교통부의 회신 내용에 이견이 있어 법제처에 법령해석을 요청함.

2. 회답

이 사안의 공공지원민간임대주택 건설 사업은 광역교통법 제7조의2 제1항 및 같은 법 시행령 제9조 제1항 제2호에 따른 광역교통 개선대책 수립 대상에 해당합니다.

3. 이유

광역교통법 제7조의2 제1항에서는 대도시권의 광역교통에 영향을 미치는 대규모 개발사업 등 대통령령으로 정하는 사업이 시행되는 지역의 시ㆍ도지사(각주 : 특별시장ㆍ광역시장ㆍ특별자치시장 또는 도지사를 말하며, 이하 같음.)는 개발사업에 따른 광역교통 개선대책을 수립해야 한다고 규정하고 있고, 그 위임에 따른 같은 법 시행령 제9조 제1항에서는 「주택법」에 의한 주택건설사업 및 대지조성사업(제2호) 등 각 호의 어느 하나에 해당하는 사업으로서 그 면적이 50만㎡ 이상이거나 수용인구 또는 수용인원이 1만명 이상인 것을 광역교통 개선대책 수립 대상인 대규모개발사업으로 규정하고 있습니다.

그리고 민간임대주택의 건설 및 공급 등에 관한 사항을 정함으로써 민간임대주택의 공급을 촉진하고 국민의 주거생활을 안정시키는 것을 목적으로 하는 「민간임대주택에 관한 특별법」(이하 "민간임대주택법"이라 함) 제3조에서는 민간임대주택의 건설ㆍ공급 및 관리 등에 관하여 같은 법에서 정하지 않은 사항에 대하여는 「주택법」 등을 적용하도록 다른 법률과의 관계를 규정하면서, 같은 법 제17조에서는 민간임대주택의 건설은 「주택법」 또는 「건축법」을 따르도록 규정하고 있는바, 「주택법」 제15조에 따른 사업계획 승인 대상 규모에 해당하는 민간임대주택을 건설하려는 경우 「주택법」에 따른 사업계획 승인을 받아야 하는 것이 문언상 명백하므로, 이 사안과 같이 「주택법」 제15조에 따른 사업계획 승인을 받아 공공지원민간임대주택을 건설하는 사업은 민간임대주택법에 따른 민간임대주택 건설 사업인 동시에 「주택법」에 의한 주택건설사업에도 해당된다고 보아야 합니다.

또한 민간임대주택법 제28조 및 제32조 제1항 제2호에 따르면 공공지원민간임대주택 개발사업의 시행자는 공공지원민간임대주택 공급촉진지구계획(이하 "지구계획"이라 함)을 작성하여 지정권자(각주 : 민간임대주택법 제22조에 따라 촉진지구를 지정할 수 있는 특별시장ㆍ광역시장ㆍ특별자치시장ㆍ도지사ㆍ특별자치도지사 및 국토교통부장관을 말하며, 이하 같음.)의 승인을 받아야 하는데 지정권자가 지구계획 승인과 관련하여 검토 및 심의해야 하는 사항 중 하나로 광역교통법에 따른 광역교통 개선대책이 포함되어 있는바, 이는 민간임대주택법에 따른 공공지원민간임대주택사업이 면적이나 수용인구 등 규모에 따라 광역교통 개선대책 수립의 대상이 될 수 있음을 전제로 한 규정입니다.

아울러 광역교통법은 대도시권의 교통문제를 광역적(廣域的)인 차원에서 효율적으로 해결하는 것을 목적으로 하는 법률로서, 대규모개발사업으로 인한 광역교통 문제 발생을 방지하기 위해 일정 규모 이상의 대규모개발사업을 대상으로 광역교통 개선대책을 수립하도록 한 것인데, 「주택법」 제15조에 따른 사업계획 승인을 받은 주택건설사업임에도 불구하고 해당 사업이 민간임대주택법에 따른 공공지원민간임대주택 건설사업에 해당한다는 이유로 「주택법」만 적용되는 주택건설사업과 달리 취급하여 광역교통 개선대책 수립 대상에서 제외된다고 보는 것은 입법목적 및 제도의 취지에 반하는 해석입니다.

따라서 이 사안과 같이 민간임대주택법에 따른 촉진지구에서 「주택법」 제15조에 따른 사업계획 승인을 받아 공공지원민간임대주택을 건설하는 사업은 광역교통법 제7조의2 제1항 및 같은 법 시행령 제9조 제1항 제2호에 따른 광역교통 개선대책 수립 대상에 해당한다고 보아야 합니다.

5. 촉진지구의 지정 제안

가. 촉진지구 지정 제안자

① 위 시행자 각 호에 해당하는 자 또는 ② 촉진지구 안에서 국유지ㆍ공유지를 제외한 토지면적의 50% 이상에 해당하는 토지소유자의 '동의'를 받은 자(이하 "촉진지구 지정 제안자"라 한다)는 지정권자에게 촉진지구의 지정을 제안할 수 있다.

이 경우 지정권자는 그 지정을 제안한 자가 '촉진지구에서 국유지ㆍ공유지를 제외한 토지면적의 50% 이상에 해당하는 토지를 소유한 임대사업자' 경우에 우선적으로 시행자로 지정할 수 있다.

수원지방법원 2018. 5. 29. 선고 2017구합2142판결

[기업형임대주택공급촉진지구지정제안서불수용처분취소]

한편 원고는 촉진지구 지정제안에 대한 수용 절차와 촉진지구의 지정 절차가 구별되는 것이고, 촉진지구 지정제안에 대한 수용 절차 단계에서는 촉진지구를 지정하는 단계에서 고려해야 할 사항을 고려하여서는 안된다는 취지로 민간임대주택법 시행규칙 제9조, 제10조(특히 제3항)에 따라서만 이 사건 처분을 하여야

한다고 주장하나, 앞서 본 바와 같이 지정권자인 피고에게 촉진지구 지정에 관한 광범위한 형성의 자유가 주어지고 여기에는 촉진지구 지정제안 수용 여부에 대한 결정도 포함되는 것으로 봄이 타당하며, 촉진지구 지정제안에 대한 수용 절차를 촉진지구 지정절차와 무관한 별개의 절차로 보기도 어려우므로, 원고의 이 부분 주장은 받아들이지 않는다.

[법제처 법령해석 사례] 안건번호 16-0195 회신일자 2016-08-24

민원인 - 기업형임대주택사업의 시행자로 지정할 수 있는 자의 범위(「민간임대주택에 관한 특별법」 제23조 제3항 등 관련)

1. 질의요지

「민간임대주택에 관한 특별법」(2018. 1. 16. 법률 제15356호로 개정되기 전의 것) 제23조 제3항 전단에 따라 기업형임대주택 공급촉진지구 안에서 국유지ㆍ공유지를 제외한 토지 면적의 50퍼센트 이상에 해당하는 토지소유자의 동의를 받아 지정권자에게 기업형임대주택 공급촉진지구의 지정을 제안한 자를 같은 항 후단에 따라 우선적으로 기업형임대주택사업의 시행자로 지정하려는 경우에도 그 제안자가 같은 조 제1항 각 호에서 규정하고 있는 기업형임대주택사업의 시행자 범위에 해당해야만 기업형임대주택사업의 시행자로 지정할 수 있는지?

※ 질의배경

○ 민원인은 기업형임대주택 공급촉진지구의 지정을 제안한 자를 「민간임대주택

에 관한 특별법」 제23조 제3항 후단에 따라 우선적으로 기업형임대주택사업의 시행자로 지정하려는 경우에도 그 제안자가 같은 조 제1항 각 호의 기업형임대주택사업의 시행자 범위에 해당해야만 시행자로 지정할 수 있는지에 관하여 의문이 있어 국토교통부 질의를 거쳐 법령해석을 요청함.

2. 회답

「민간임대주택에 관한 특별법」 제23조 제3항 전단에 따라 기업형임대주택 공급촉진지구 안에서 국유지·공유지를 제외한 토지면적의 50퍼센트 이상에 해당하는 토지소유자의 동의를 받아 지정권자에게 기업형임대주택 공급촉진지구의 지정을 제안한 자를 같은 항 후단에 따라 우선적으로 기업형임대주택사업의 시행자로 지정하려는 경우에도 그 제안자가 같은 조 제1항 각 호에서 규정하고 있는 기업형임대주택사업의 시행자 범위에 해당해야만 기업형임대주택사업의 시행자로 지정할 수 있습니다.

3. 이유

「민간임대주택에 관한 특별법」(이하 "민간임대주택법"이라 함) 제23조 제1항에서는 기업형임대주택 공급촉진지구(이하 "촉진지구"라 함)를 지정할 수 있는 자(이하 "지정권자"라 함)는 같은 항 각 호의 자 중에서 기업형임대주택사업(촉진지구 조성사업 및 임대주택 건설사업을 말함)의 시행자(이하 "시행자"라 함)를 지정한다고 규정하고 있고, 같은 항 각 호에서는 촉진지구 안에서 국유지·공유지를 제외한 토지면적의 50퍼센트 이상에 해당하는 토지를 소유한 기업형임대사업자(제1호)와 「공공주택 특별법」 제4조 제1항 각 호에 해당하는 자(제2호)를 규정하고 있으며, 「공공주택 특별법」 제4조 제1항 각 호에서는 국가 또는 지방자치단체(제1호), 「한국토지주택공사법」에 따른 한국토지주택공사(제2호), 「지방공기업법」 제49조에 따라 주택사업을 목적으로 설립된 지방공사(제3호), 「공공기관의 운영에 관한 법률」 제5조에 따른 공공기관 중 대통령령으로 정하는 기관(제4호) 등을 규정하고 있습니다.

그리고, 민간임대주택법 제23조 제3항 전단에서는 같은 조 제1항 각 호에 해당하는 자 또는 촉진지구 안에서 국유지·공유지를 제외한 토지 면적의 50퍼센트 이상에 해당하는 토지소유자의 동의를 받은 자는 지정권자에게 촉진지구의 지정을 제안할 수 있다고 규정하고 있고, 같은 항 후단에서는 이 경우 지정권자는 그 지정을 제안한 자를 우선적으로 시행자로 지정할 수 있다고 규정하고 있는바,

이 사안은 민간임대주택법 제23조 제3항 전단에 따라 촉진지구 안에서 국유지·공유지를 제외한 토지 면적의 50퍼센트 이상에 해당하는 토지소유자의 동의를 받아 지정권자에게 촉진지구의 지정을 제안한 자를 같은 항 후단에 따라 우선적으로 시행자로 지정하려는 경우에도 그 제안자가 같은 조 제1항 각 호의 자에 해당하는 경우에만 시행자로 지정할 수 있는지에 관한 것이라 하겠습니다.

먼저, 법의 해석에 있어서는 법령에 사용된 문언의 의미에 충실하게 해석하는 것을 원칙으로 하고, 법령의 문언 자체가 비교적 명확한 개념으로 구성되어 있다면 다른 해석방법은 제한될 수밖에 없다고 할 것인바(대법원 2009. 4. 23. 선고 2006다81035 판결례 참조), 민간임대주택법 제23조제1항에서는 지정권자는 "같은 항 각 호의 자 중에서 시행자를 지정한다"고 규정함으로써 시행자로 지정할 수 있는 자의 범위를 같은 항 각 호의 어느 하나에 해당하는 자 즉, 촉진지구 안에서 국유지·공유지를 제외한 토지면적의 50퍼센트 이상에 해당하는 토지를 소유한 기업형임대사업자(제1호) 및 「공공주택 특별법」 제4조 제1항 각 호에 해당하는

자(제2호)로 한정하고 있으므로, 그 문언상 민간임대주택법 제23조 제1항 각 호의 자에 해당해야만 시행자로 지정할 수 있다고 할 것입니다.

그리고, 민간임대주택법 제23조 제1항에서 위와 같이 시행자로 지정할 수 있는 자의 범위를 한정하고 있는 이유는, 시행자로 지정을 받으면 기업형임대주택 공급촉진지구계획의 승인을 받아 그 계획에 따라 기업형임대주택사업을 시행할 수 있게 되고(제28조 등), 해당 사업에 필요한 토지 등을 수용할 수 있게 되는 등(제34조) 권한과 지위가 부여된다는 점을 고려하여 공공사업인 기업형임대주택사업이 제대로 시행될 수 있도록 그 시행자를 일정한 자격과 능력을 가진 자로 제한하려는 것이라고 할 것이므로, 시행자의 범위를 문언의 의미를 넘어서 확대하여 해석하기는 어렵다고 할 것입니다.

또한, 민간임대주택법 제23조 제3항 전단에서 "제1항 각 호에 해당하는 자" 외에 "촉진지구 안에서 국유지ㆍ공유지를 제외한 토지 면적의 50퍼센트 이상에 해당하는 토지소유자의 동의를 받은 자"도 지정권자에게 촉진지구의 지정을 제안할 수 있도록 하여 촉진지구 지정 제안자의 범위를 시행자로 지정받을 수 있는 자의 범위보다 확대한 것은 촉진지구의 지정이 아직 확정되지 않은 상태에서 그 지정을 제안하려는 자로 하여금 대상 토지소유권을 먼저 확보하도록 한다면 사업자에게 과중한 부담이 될 수 있다는 점을 고려하여 토지소유권을 확보하지 않더라도 그 토지소유자로부터 동의를 받으면 촉진지구의 지정을 제안할 수 있도록 촉진지구 지정 제안자의 범위를 확대한 것에 불과하고, 같은 조 제1항에서 정한 "시행자의 범위를 확대"하려는 의도는 아니라고 할 것인바(의안번호 제1913854호 임대주택법 전부개정법률안에 대한 국회 심사보고서 참조), 같은 조 제3항 후단에 따라 촉진지구의 지정을 제안한 자를 "우선적으로" 시행자로 지정할 수 있다는 규정을 적용할 때에도 같은 조 제1항 각 호에 따른 시행자의 범위에 관한 규정은 여전히 적용된다고 할 것입니다.

따라서, 민간임대주택법 제23조 제3항 전단에 따라 촉진지구 안에서 국유지ㆍ공유지를 제외한 토지면적의 50퍼센트 이상에 해당하는 토지소유자의 동의를 받아 지정권자에게 촉진지구의 지정을 제안한 자를 같은 항 후단에 따라 우선적으로 시행자로 지정하려는 경우에도 그 제안자가 같은 조 제1항 각 호의 자에 해당하는 경우에만 시행자로 지정할 수 있다고 할 것입니다.

나. 동의 면적의 산정방법

위 '동의 면적'의 산정방법은 다음 각 호와 같다.

1. 토지 소유권을 공유하는 경우 : 다른 공유자의 동의를 받은 대표 공유자 1명을 해당 토지소유자로 보며, 대표 공유자의 동의는 해당 토지면적 전체에 대한 동의로 산정한다. 다만, 「집합건물의 소유 및 관리에 관한 법률」 제2조 제6호에 따른 대지사용권(소유권인 경우로 한정한다)을 가지고 있는 자(같은 조 제2호에 따른 구분소유자를 말한다.)의 동의는 해당 공유지분 면적에 대한 동의로 산정한다.

[법제처 법령해석 사례] 안건번호 16-0353 회신일자 2016-10-04

민원인 - 촉진지구 지정 제안을 위한 토지소유자의 동의 면적 산정 시, 대표 공유자를 선임하지 않고 각 공유자별로 개별적으로 동의를 얻는 방식도 가능한지(「민간임대주택에 관한 특별법 시행규칙」 제11조 제1항 제1호 등 관련)

1. 질의요지

「민간임대주택에 관한 특별법」 제23조 제3항 전단에서는 기업형임대주택 공급촉진지구 안에서 국유지ㆍ공유지를 제외한 토지면적의 50퍼센트 이상에 해당하는 토지소유자의 동의를 받은 자는 지정권자에게 기업형임대주택 공급촉진지구의 지정을 제안할 수 있다고 규정하고 있고, 같은 법 시행규칙 제11조 제1항 제1호 본문에서는 토지 소유권을 공유하는 경우 다른 공유자의 동의를 받은 대표공유자 1명을 해당 토지소유자로 보며, 대표 공유자의 동의는 해당 토지면적 전체에 대한 동의로 산정한다고 규정하고 있는바, 토지 소유권(「집합건물의 소유 및 관리에 관한 법률」 제2조 제6호에 따른 대지소유권은 제외함)을 공유하는 경우, 기업형임대주택 공급촉진지구의 지정 제안을 위한 토지소유자의 동의 면적을 산정함에 있어, 대표 공유자를 선임하지 않고 각 공유자의 개별적인 동의를 얻어 그 지분에 따라 동의면적을 산정하는 것이 가능한지?

※ 질의배경

- 민원인은 촉진지구 지정을 위한 토지소유자의 동의를 받음에 있어 토지 공유자가 경매나 매매 등으로 지분을 취득한 경우 공유자들 간에 신뢰관계가 구축되어 있지 않아 대표자를 선임하는 것이 현실적으로 어려우므로 「민간임대주택에 관한 특별법 시행규칙」 제11조 제1항 제1호에도 불구하고 대표공유자를 선임하지 않고 각 공유자의 보유 지분별로 동의를 받는 것이 가능한지 국토교통부에 질의하였는데, 국토교통부로부터 불가능하다는 답변을 받자 이에 이의가 있어 직접 법제처에 법령해석을 요청함.

2. 회답

토지 소유권(「집합건물의 소유 및 관리에 관한 법률」 제2조 제6호에 따른 대지소유권은 제외함)을 공유하는 경우, 기업형임대주택 공급촉진지구의 지정 제안을 위한 토지소유자의 동의 면적을 산정함에 있어, 대표 공유자를 선임하지 않고 각 공유자의 개별적인 동의를 얻어 그 지분에 따라 동의면적을 산정하는 것은 허용되지 않습니다.

3. 이유

「민간임대주택에 관한 특별법」(이하 "민간임대주택법"이라 함) 제23조 제3항 전단에서는 기업형임대주택 공급촉진지구(이하 "촉진지구"라 함) 안에서 국유지ㆍ공유지를 제외한 토지면적의 50퍼센트 이상에 해당하는 토지소유자의 동의를 받은 자는 지정권자에게 촉진지구의 지정을 제안할 수 있다고 규정하고 있고, 같은 법 시행규칙 제11조 제1항 제1호 본문에서는 토지 소유권을 공유하는 경우 다른 공유자의 동의를 받은 대표 공유자 1명을 해당 토지소유자로 보며, 대표 공유자의 동의는 해당 토지면적 전체에 대한 동의로 산정한다고 규정하고 있습니다.

그리고, 민간임대주택법 제23조 제1항 제1호에서는 촉진지구 안에서 국유지ㆍ공유지를 제외한 토지 면적의 50퍼센트 이상에 해당하는 토지를 소유한 기업형임대사업자를 촉진지구 조성사업 및 임대주택 건설사업(이하 "기업형임대주택사업"이라 함)의 시행자로 지정할 수 있다고 규정하고 있고, 같은 법 제34조 제1항 본문에서는 시행자는 촉진지구 토지 면적의 3분의 2 이상에 해당하는 토지를 소유하고 토지 소유자 총수의 2분의 1 이상에 해당하는 자의 동의를 받은 경우 나머지 토지 및 「공공기관 지방이전에 따른 혁신도시 건설 및 지원에 관한 특별법」 제2조 제6호의 종전부동산을 수용 또는 사용할 수 있다고 규정하고 있습니다.

또한, 「민법」 제263조에서는 공유자는 그 지분을 처분할 수 있고 공유물 전부를 지분의 비율로 사용, 수익할 수 있다고 규정하고 있으며, 같은 법 제264조에서는 공유자는 다른 공유자의 동의 없이 공유물을 처분하거나 변경하지 못한다고 규정하고 있고, 같은 법 제265조에서는 공유물의 관리에 관한 사항은 공유자의 지분의 과반수로써 결정하되, 보존행위는 각자가 할 수 있다고 규정하고 있는바,

이 사안은 토지 소유권(「집합건물의 소유 및 관리에 관한 법률」 제2조 제6호에 따른 대지소유권은 제외함)을 공유하는 경우, 촉진지구의 지정 제안을 위한 토지 소유자의 동의 면적을 산정함에 있어, 대표 공유자를 선임하지 않고 각 공유자의 개별적인 동의를 얻어 그 지분에 따라 동의면적을 산정하는 것도 가능한지에 관한 것이라 하겠습니다.

먼저, 민간임대주택법 제23조 제1항에 따르면 "촉진지구 안에서 국유지 · 공유지를 제외한 토지 면적의 50퍼센트 이상에 해당하는 토지를 소유한 기업형임대사업자"(제1호) 등은 기업형임대주택사업의 시행자로 지정될 수 있고, 같은 조 제3항에 따르면 "촉진지구 안에서 국유지 · 공유지를 제외한 토지면적의 50퍼센트 이상에 해당하는 토지소유자의 동의를 받은 자"는 지정권자에게 촉진지구의 지정을 제안할 수 있으며(전단), 이 경우 지정권자는 그 지정을 제안한 자를 우선적으로 시행자로 지정할 수 있는바(후단), 같은 조 제3항 전단에서 촉진지구 지정제안의 요건을 이와 같이 규정한 취지는 같은 조 제3항 후단에 따라 촉진지구 지정제안자는 우선적으로 기업형임대주택사업의 시행자(이하 "시행자"라 함)로 지정될 수 있음을 고려하여 촉진지구 지정제안 당시에는 토지 소유권을 확보

하지 못한 상태라고 하더라도 촉진지구가 지정될 때에는 시행자로 지정되기에 충분한 정도의 토지 소유권을 확보하는 것이 어느 정도 가능한 경우에만 촉진지구 지정 제안을 허용함으로써 사업시행가능성을 담보하기 위한 것이라고 할 것입니다.

그런데, 「민법」 제264조에 따르면 토지 소유권을 여러 사람이 공유하는 경우 다른 공유자 전원의 동의 없이는 그 토지를 처분할 수 없다고 할 것이고, 민간임대주택법 제23조 제3항에 따른 촉진지구 지정에 대한 토지소유자의 동의는 장차 기업형임대주택사업의 시행을 위해 토지 소유권을 시행자에게 이전하겠다는 의미를 내포하는 동의라고 할 것이어서(같은 법 제34조제1항 본문 및 같은 법 시행규칙 별지 제17호서식 "대표자 지정 동의서" 참조), 원칙적으로 토지 공유자 전원의 동의를 필요로 한다고 할 것인데, 민간임대주택법 시행규칙 제11조제1항제1호 본문에서는 원활한 사업수행을 위하여, 토지 소유권을 공유하는 경우 다른 공유자의 동의를 받은 대표 공유자 1명을 해당 토지소유자로 보며, 대표 공유자의 동의는 해당 토지면적 전체에 대한 동의로 산정하도록 규정한 것이라고 할 것입니다. 이와 같이 대표 공유자 1명을 선정하여 해당 토지면적 전체에 대한 동의 의사를 표시하도록 하는 것은, 공유자 중 일부가 촉진지구 지정에 관한 동의 의사를 도중에 변경하거나 자신의 지분을 처분하는 등으로 인하여 이해관계자가 도중에 달라지더라도 해당 토지면적 전체에 관하여 명확하고 통일된 동의 의사를 확정하고, 이를 바탕으로 촉진지구 지정 및 임대주택건설사업의 시행 여부를 명료하게 결정하여 기업형임대주택사업이 효율적으로 진행될 수 있도록 하려는 취지라고 할 것입니다. 따라서 촉진지구의 지정 제안을 위한 토지소유자의 동의 면적을 산정함에 있어 토지소유권을 공유하는 경우에는, 대표 공유자 1명을 토지소유자로 보아 그 대표 공유자의 동의를 해당 토지면적 전체에 대한 동의로 산정해야 할 것이고, 대표 공유자를 선정하지 않고 토지소유자 개개인의 공유지분별로 동의 면적을 산정하는 방식은 허용되지 않는다고 할 것입니다.

한편, 공유자 간에 인적 신뢰관계가 형성되지 않은 경우 , 대표자를 선임하는 것이 현실적으로 어렵고 「민법」 제263조에 따르면 공유자는 지분을 자유롭게 처분할 수 있으므로, 공유자들이 대표자를 선임하지 않고 각자의 지분에 대하여 동의 여부를 개별적으로 결정하도록 하고 그 지분에 따라 동의 면적을 산정할 수 있도록 해야 한다는 의견이 있을 수 있습니다.

그러나, 민간임대주택법은 민간임대주택의 공급을 촉진하고 국민의 주거생활을 안정시키는 것을 목적으로 하는 법률로서, 임대주택건설사업의 시행을 위한 촉진지구 지정 제안과 관련하여 공유토지에 대한 동의 면적의 산정방식을 규정함에 있어서는 반드시 「민법」상 공유에 관한 법리를 그대로 적용해야만 하는 것은 아니고, 민간임대주택의 공급 촉진이라는 공익적 목적을 달성하는 데 가장 적합한 방향으로 규정할 수 있다고 할 것입니다(조합설립에 대한 토지등소유자의 동의자 수 산정 시, 1필의 토지 또는 하나의 건축물이 수인의 공유에 속하는 때에는 그 수인을 대표하는 1인을 토지등소유자로 산정하도록 한 「도시 및 주거환경정비법 시행령」 제28조 제1항 제1호가 목 및 이 규정의 해석에 관한 법제처 2011. 12. 8. 회신 11-0666 해석례 참조). 또한, 공유자들이 각자 자신의 지분에 관하여 동의 의사를 표시할 수 있도록 한다면, 공유자 중 일부가 동의 의사를 도중에 변경하거나 자신의 지분을 처분하는 등으로 인하여 이해관계자가 달라질 수 있어서 해당 토지면적 전체에 관하여 명확하고 통일된 동의의사를 확정하기 어려워지고 결국은 기업형임대주택사업이 원활하게 진행되지 못하게 될 것인

바. 이와 같은 문제를 해소하기 위하여 민간임대주택법 시행규칙 제11조 제1항 제1호 본문에서는 토지 소유권을 공유하는 경우 대표 공유자 1명을 기준으로 동의 여부를 산정하도록 규정하였다고 할 것이므로, 그러한 의견은 타당하지 않다고 할 것입니다.

이상과 같은 점을 종합해 볼 때, 토지 소유권(「집합건물의 소유 및 관리에 관한 법률」 제2조 제6호에 따른 대지소유권은 제외함)을 공유하는 경우, 촉진지구의 지정 제안을 위한 토지소유자의 동의 면적을 산정함에 있어, 대표 공유자를 선임하지 않고 각 공유자의 개별적인 동의를 얻어 그 지분에 따라 동의면적을 산정하는 것은 허용되지 않는다고 할 것입니다.

2. **지상권**이 설정된 토지의 경우 : 지상권을 가진 자와 그 토지의 소유권을 가진 자의 동의는 각각 해당 지상권이 설정된 토지면적의 2분의 1에 해당하는 토지에 대한 동의로 산정한다. 이 경우 지상권자가 여럿인 경우에는 대표 지상권자 1명을 해당 토지에 대한 지상권자로 본다.
3. 촉진지구의 **경계에 걸쳐 있는 토지**의 경우 : 촉진지구 안의 토지만을 동의면적으로 계산한다.
4. 「민간임대주택에 관한 특별법」 제23조 제4항에 따라 촉진지구의 지정이 제안된 이후 토지소유자 또는 지상권자가 **변경된 경우** : 기존 토지소유자 또는 지상권자의 동의서를 기준으로 한다.

동의대상자는 소유한 토지 전부에 대하여 동의 또는 부동의를 할 수 있으며, 일부 토지에 대한 부분 동의는 인정하지 아니한다.

동의를 한 자는 촉진지구 지정제안자가 지정권자에게 제안서를 제출한 후에는 동의를 철회할 수 없으며, 제안서 제출 전에 동의를 철회할 때에는 내용증명우편으로 철회하여야 한다.

「민간임대주택에 관한 특별법」 제23조 제4항에 따라 동의 또는 철회를 하는 자는 다음 각 호의 구분에 따른 신청서에 주민등록증 사본, 여권 사본, 운전면허증 사본 등 신분을 증명할 수 있는 서류(「개인정보 보호법 시행령」 제19조 각 호에 해당하는 고유식별정보를 제외한 성명·생년월일만 포함된 서류를 말한다.)를 첨부하여 촉진지구 지정제안자에게 제출하여야 한다. 이 경우 동의 또는 철회를 하는 자가 법인인 경우에는 다음 각 호의 구분에 따른 신청서에 법인의 인감도장을 날인하고, 법인인감증명서를 첨부하여야 한다.

1. 동의할 경우 : **동의서**(「민간임대주택에 관한 특별법 시행규칙」 별지 제15호 서식)
2. 동의를 철회할 경우 : **동의철회서**(「민간임대주택에 관한 특별법 시행규칙」 별지 제16호 서식)
3. 공유토지의 대표자 지정을 동의하는 경우 : **대표자 지정 동의서**(「민간임대주택에 관한 특별법 시행규칙」 별지 제17호 서식)

다. 촉진지구 사전 기초조사서 작성

촉진지구 지정제안자는 다음 각호의 사항에 대하여 조사하여 '촉진지구 사전기초조사서'(「민간임대주택에 관한 특별법 시행규칙」 별지 제13호 서식)를 작성하여야 한다.

1. 촉진지구로 지정하려는 지역과 생활권이 같은 지역의 인구변동 상황 및 추이
2. 촉진지구로 지정하려는 지역의 인구, 토지이용, 지장물 및 각종 개발사업 현황
3. 주변지역의 교통 현황
4. 풍수해, 산사태, 지반 붕괴, 그 밖의 재해의 발생빈도 및 현황
5. 「국토의 계획 및 이용에 관한 법률」에 따른 광역도시계획, 도시·군기본계획 등 상위계획에 관한 사항
6. 문화재 현황
7. 공원 및 녹지 현황

'촉진지구 지정제안자'는 '촉진지구 사전기초조사서'를 작성하기 위하여 관계 행정기관, 지방자치단체, 「공공기관의 운영에 관한 법률」에 따른 공공기관 및 그 밖의 관계 기관의 장에게 협조를 요청할 수 있다.

라. 촉진지구 지정제안서 제출

'촉진지구 지정제안자'는 '촉진지구 지정제안서'(「민간임대주택에 관한 특별법 시행규칙」 별지 제14호 서식)에 다음 각 호의 서류 및 도면을 첨부하여 지정권자에게 제출하여야 한다.

1. 개략적인 사업계획서
2. 촉진지구 사전기초조사서(사전기초조사서 작성을 위한 관련 서류를 포함한다.)
3. 편입농지 및 임야 현황에 관한 조사서류
4. 해당 지역의 현황 사진
5. 수용하거나 사용할 「공익사업을 위한 토지 등의 취득 및 보상에 관한 법률」 제3조에서 정하는 토지ㆍ물건 및 권리의 소재지, 지번, 지목, 면적, 소유권 및 소유권 외의 권리의 명세와 그 소유자 및 권리자의 성명(법인인 경우에는 명칭을 말한다.) 및 주소를 적은 서류
6. 「민간임대주택에 관한 특별법」 제23조 제4항에 따른 토지소유자 동의서
7. 「환경영향평가법」에 따른 전략환경영향평가 관련 자료(전략환경영향평가 협의대상지역인 경우만 해당한다)
8. 「자연재해대책법」에 따른 사전재해영향성검토 관련 자료(사전재해영향성검토 대상지역인 경우만 해당한다)
9. 촉진지구 주변의 광역교통체계 관련 자료(촉진지구 예정면적이 100만㎡ 이상인 경우만 해당한다)
10. 도시ㆍ군기본계획의 변경에 필요한 서류(도시ㆍ군기본계획 변경이 필요한 경우만 해당한
11. 축척 2만5천분의 1 또는 5만분의 1인 위치도

12. 촉진지구의 경계와 그 결정 사유를 표시한 축척 5천분의 1인 지형도

13. 토지이용 현황과 지장물 현황을 명시한 축척 5천분의 1인 지형도 또는 지적도

14. 편입 토지 현황 도면

15. 토지이용계획 도면

마. 지정권자의 조사 요청

지정권자는 촉진지구 사전기초조사서의 내용을 확인하기 위하여, 시장・군수・구청장 또는 「민간임대주택에 관한 특별법」 제23조 제1항 제2호(공공주택사업자)[47]에 해당하는 자에게 조사를 요청할 수 있다. 이 경우 시장・군수・구청장은 정당한 사유가 없으면 요청에 따라야 한다.

위와 같은 제안서를 제출받은 지정권자는 「전자정부법」 제36조 제1항에 따른 행정정보의 공동이용을 통하여 지적도 및 임야도를 확인하고, 현지조사 등을 통하여 공급촉진지구 지정제안서 수용 여부를 결정한 후, 촉진지구 지정제안자에게 그 결과를 통지하여야 한다.

---

47) 1. 국가 또는 지방자치단체
2. 「한국토지주택공사법」에 따른 한국토지주택공사
3. 「지방공기업법」 제49조에 따라 주택사업을 목적으로 설립된 지방공사
4. 「공공기관의 운영에 관한 법률」 제5조에 따른 공공기관 중 대통령령으로 정하는 기관
5. 제1호부터 제4호까지의 규정 중 어느 하나에 해당하는 자가 총지분의 100분의 50을 초과하여 출자・설립한 법인
6. 주택도시기금 또는 제1호부터 제4호까지의 규정 중 어느 하나에 해당하는 자가 총지분의 전부(도심 공공주택 복합사업의 경우에는 100분의 50을 초과한 경우를 포함한다.)를 출자(공동으로 출자한 경우를 포함한다.)하여 「부동산투자회사법」에 따라 설립한 부동산투자회사

6. 촉진지구의 변경 및 해제 제안

위와 같이 지정된 공공지원 민간임대주택 개발사업의 시행자는 촉진지구의 변경을 제안하려면 제안서에 촉진지구의 변경에 필요한 서류 및 도면을 첨부하여 지정권자에게 제출하여야 하며, 촉진지구의 해제를 제안하려면 제안서에 해제 사유서를 첨부하여 제출하여야 한다.

가. 기 타

기타 그 밖에 촉진지구의 제안 등에 관한 세부 절차 등은「공공지원 민간임대주택 등에 관한 업무처리지침」(국토교통부 고시, 제2020-385호, 2020. 5. 30.)이 규정하고 있다.

7. 시행자 변경

지정권자는 다음 각 호의 어느 하나에 해당하는 경우에는 시행자를 변경할 수 있다.

1. 시행자가 출자한「부동산투자회사법」제2조 제1호에 따른 부동산투자회사로 시행자 변경을 요청하는 경우
2. 시행자의 부도、파산, 사정 변경 등 대통령령으로 정하는 사유[48]로 촉진지구 사업 추진이 곤란하여 시행자를 공공기관 또는 지방공사로 변경하는 경우
3. 「민간임대주택에 관한 특별법」제40조 제1항에 따라 지구계획 승인이 취소되어, 시행자를 공공기관 또는 지방공사로 변경하는 경우

위 제3호는 2020. 12. 22. 법률 제17738호로 개정되어 2021. 3. 23.부터 시행되는

48) 공공지원 민간임대주택 개발사업의 시행자의 부도、파산 및 그 밖에 이와 유사한 경제적 사유를 말한다.

「민간임대주택에 관한 특별법」에서 신설된 것으로, 공공지원민간임대주택 공급촉진지구계획의 승인단계에서 사업시행자가 지정권자의 계획 보완요청을 회피하여 사업이 원활히 진행되지 못하는 사례가 발생하여 위와 같이 개정된 것으로, 위 법 시행 전 같은 법 제40조 제1항에 따라 지구계획 승인이 취소된 경우에도 적용된다.

8. '복합지원시설'의 건설ㆍ운영

가. 복합지원시설의 정의

"복합지원시설"이란 공공지원 민간임대주택에 거주하는 임차인 등의 경제활동과 일상생활을 지원하는 시설로서, 다음 각 호의 시설을 말한다.(「민간임대주택에 관한 특별법」 제2조 제15호)

1. 「건축법 시행령」 별표 1 제3호에 따른 제1종 근린생활시설
2. 「건축법 시행령」 별표 1 제4호에 따른 제2종 근린생활시설
3. 「건축법 시행령」 별표 1 제5호에 따른 문화 및 집회시설
4. 「건축법 시행령」 별표 1 제7호나목에 따른 소매시장 및 같은 호 다목에 따른 상점
5. 「건축법 시행령」 별표 1 제10호에 따른 교육연구시설
6. 「건축법 시행령」 별표 1 제11호에 따른 노유자시설
7. 「건축법 시행령」 별표 1 제13호에 따른 운동시설
8. 「건축법 시행령」 별표 1 제14호에 따른 업무시설
9. 제1호부터 제8호까지의 규정에 따른 시설의 부속건축물(「건축법 시행령」 제2조 제12호에 따른 부속건축물을 말한다.)

나. 건설, 운영의 요청

'공공주택사업자'(「공공주택 특별법」 제4조 제1항 각 호에 해당하는 자)가 시행자인 경우, 지정권자는 촉진지구에 '복합지원시설'을 건설ㆍ운영하도록 요청할 수 있다.

위와 같이 촉진지구에 복합지원시설을 건설ㆍ운영하도록 요청받은 시행자는 다음 각 호의 사항을 포함한 복합지원시설의 설치ㆍ운영계획을 수립하여 지정권자에게 제출해야 한다. 이 경우 시행자는 복합지원시설의 설치ㆍ운영계획 수립 전에 지정권자의 의견을 들어야 한다.

1. 사업환경분석
2. 복합지원시설의 설치 위치ㆍ규모 등 건축계획
3. 복합지원시설의 입주자격, 임대료, 공급 기준ㆍ절차 등 임대 및 운영 계획
4. 그 밖에 복합지원시설의 임대 및 운영에 필요한 사항

9. 촉진지구의 지정 절차

가. 협 의

지정권자가 촉진지구를 지정하는 경우에는 관계 중앙행정기관의 장 및 관할 지방자치단체의 장과 협의하여야 한다. 촉진지구를 변경하는 경우에도 또한 같다.

지정권자가 위와 같은 협의를 하는 경우 다음 각 호에서 정한 협의를 별도로 하여야 한다. 이 경우 협의기간은 30일 이내로 한다.

1. 「환경영향평가법」 제16조에 따른 전략환경영향평가 협의(「자연환경보전법」 제28조에 따른 자연경관영향 협의를 포함한다.)
2. 「자연재해대책법」에 따른 재해영향평가 등의 협의

지정권자가 촉진지구를 지정하려면 「국토의 계획 및 이용에 관한 법률」 제106조에 따른 중앙도시계획위원회(이하 "중앙 도시계획위원회"라 한다) 또는 같은 법 제113조에 따른 시ㆍ도도시계획위원회(이하 "시ㆍ도 도시계획위원회"라 한다)의 심의를 거쳐야 하며, 이 경우 같은 법 제8조 및 제9조는 적용하지 아니한다.

다만, 촉진지구의 면적을 10% 범위에서 증감하는 경우 등 대통령령으로 정하는 경미한 사항[49]은 심의를 거치지 아니하여도 된다.

나. 주민 등의 의견 청취

지정권자는 촉진지구를 '지정'하려면 주민 및 관계 전문가 등의 의견을 들어야 한다.

즉 지정권자는 촉진지구 지정에 관하여 주민 및 관계 전문가 등의 의견을 들으려면, 관계 서류의 사본을 해당 지역을 관할하는 시장·군수·구청장에게 보내야 한다. 위 서류를 받은 시장·군수·구청장은 지체 없이 다음 각 호의 사항을 해당 지방자치단체의 공보 및 인터넷 홈페이지 등에 공고하고, 공고한 날부터 14일 이상의 기간 동안 일반인이 그 서류를 열람하게 하여야 한다.

1. 촉진지구의 명칭, 위치 및 면적
2. 관계 서류의 열람기간 및 열람방법

주택지구의 지정에 대하여 의견이 있는 자는 위 열람기간(공고한 날부터 14일 이상의 기간)에 시장·군수·구청장에게 의견서를 제출할 수 있다. 시장·군수·구청장은 제출된 의견이 있는 경우에는 제출된 의견을 종합하여 지정권자에게 제출하여야 하며, 제출된 의견이 없는 경우에도 그 사실을 지정권자에게 통지하여야 한다.

또한 다음 각 호의 어느 하나에 해당하는 경우에는 지정권자가 직접 주민과 관계 전문가 등의 의견을 듣거나, 관계 시·도지사(특별자치도지사는 제외한다.)에게 의견을 듣게 할 수 있다.

1. 촉진지구가 둘 이상의 시·군 또는 자치구에 걸치는 경우
2. 관계 서류를 받은 시장·군수·구청장이 공고를 하지 아니하는 경우

---

49) 1. 촉진지구 면적을 10 % 범위에서 증감하는 경우
2. 측량 결과에 따라 착오 또는 누락된 면적을 정정하는 경우

촉진지구 '면적 등' '중요 사항'[50]을 '변경'하는 경우에도 주민 및 관계 전문가 등의 의견을 들어야 한다.

지정권자는 위 의견 청취와 「환경영향평가법」 제13조에 따른 전략환경영향평가를 위한 주민 등의 의견 수렴을 동시에 할 수 있다.

다. 촉진지구 지정 등의 고시 등

지정권자는 촉진지구를 지정한 경우, 위치 · 면적, 시행자, 사업의 종류, 수용 또는 사용할 「공익사업을 위한 토지 등의 취득 및 보상에 관한 법률」 제3조에서 정하는 토지 · 물건 및 권리(이하 "토지 등"이라 한다)의 세목 등[51]을 관보 또는 공보에 고시하고, 관계 서류의 사본을 시장 · 군수 · 구청장에게 송부하여야 하며, 「토지이용규제 기본법」 제8조에 따라 지형도면을 고시하여야 한다.

지정권자는 촉진지구를 '변경'하였으면 변경된 사항과 변경 사유를 관보 또는 공보에 고시하여야 한다.

---

50) 1. 「민간임대주택에 관한 특별법」 제23조 제5항에 따라 시행자를 변경하는 경우
2. 「민간임대주택에 관한 특별법」 제26조 제1항에 따라 고시된 촉진지구의 면적이 10%를 초과하여 증가하거나 감소하는 경우

51) 1. 촉진지구의 명칭, 위치 및 면적
2. 촉진지구의 지정일
3. 사업의 종류
4. 「민간임대주택에 관한 특별법」 제23조 제1항에 따라 지정된 시행자의 명칭, 소재지 및 대표자의 성명
5. 수용하거나 사용할 「공익사업을 위한 토지 등의 취득 및 보상에 관한 법률」 제3조에서 정하는 토지 · 물건 및 권리의 소재지, 지번, 지목, 면적, 소유권 및 소유권 외의 권리의 명세와 그 소유자 및 권리자의 성명(법인인 경우에는 명칭을 말한다.) 및 주소
6. 「국토의 계획 및 이용에 관한 법률」 제30조에 따른 도시 · 군관리계획("이하 도시 · 군관리계획"이라 한다)에 관한 사항(「민간임대주택에 관한 특별법」 제26조 제9항에 따라 도시지역 및 지구단위계획구역으로 결정된 것으로 보는 사항을 포함한다.)
7. 관계 서류의 열람방법

위 관계 서류의 사본을 송부받은 시장 · 군수 · 구청장은 이를 일반인이 열람할 수 있도록 하여야 한다.

촉진지구가 지정 · 고시된 경우 「국토의 계획 및 이용에 관한 법률」 제6조 제1호에 따른 '도시지역'과 같은 법 제50조에 따른 '지구단위계획구역'으로 결정되어 고시된 것으로 본다.

라. 허가 사항과 그 예외

촉진지구의 지정 또는 변경에 관한 주민 등의 의견청취 공고 등이 있는 지역 및 촉진지구 내에서 건축물의 건축 등 다음과 같은 행위를 하고자 하는 자는 시장 · 군수 · 구청장의 허가를 받아야 한다. 허가받은 사항을 변경하는 경우에도 또한 같다.

1. 건축물의 건축 등 : 「건축법」 제2조 제1항 제2호에 따른 건축물(가설건축물을 포함한다.)의 건축, 대수선 또는 용도 변경
2. 인공 시설물의 설치 : 인공을 가하여 제작한 시설물(「건축법」 제2조 제1항 제2호에 따른 건축물은 제외한다.)의 설치
3. 토지의 형질변경 : 절토(切土: 땅깎기), 성토(盛土: 흙쌓기), 정지(整地: 땅고르기), 포장(鋪裝) 등의 방법으로 토지의 형상을 변경하는 행위, 토지의 굴착 또는 공유수면의 매립 행위
4. 토석(土石)의 채취 : 흙, 모래, 자갈, 바위 등의 토석을 채취하는 행위(제3호에 따른 토지의 형질변경을 목적으로 하는 경우는 제외한다.)
5. 토지의 분할 · 합병
6. 물건을 쌓아 놓는 행위 : 옮기기 쉽지 아니한 물건을 1개월 이상 쌓아 놓는 행위
7. 죽목(竹木)을 베거나 심는 행위

시장 · 군수 · 구청장은 위 각 호의 행위에 대한 허가를 하려는 경우에 시행자가 있으면 미리 그 시행자의 의견을 들어야 한다.

위와 같이 허가를 받아야 하는 행위로서, 의견청취 공고 당시 또는 촉진지구의 지정ㆍ고시 당시에 이미 관계 법령에 따라 행위허가를 받았거나 그 공사 또는 사업에 착수한 자는 대통령령으로 정하는 바에 따라 시장ㆍ군수ㆍ구청장에게 신고한 후 이를 계속 시행할 수 있다.

위와 같은 신고를 하려는 자는 촉진지구가 지정ㆍ고시된 날부터 30일 이내에 신고서에 그 공사 또는 사업의 진행 상황과 시행계획을 적은 서류를 첨부하여 관할 시장ㆍ군수ㆍ구청장에게 제출하여야 한다.

위 규정을 위반하여 **촉진지구 내에서 시장ㆍ군수ㆍ구청장의 허가를 받지 아니하고 건축물의 건축 등의 행위를 하거나 거짓 또는 부정한 방법으로 허가를 받은 자는 1년 이하의 징역이나 1천만원 이하의 벌금**에 처한다.(「민간임대주택에 관한 특별법」 제65조 제3항 제2호)

그러나 다음 각 호의 어느 하나에 해당하는 행위는 허가를 받지 아니하고 할 수 있다.

1. 재해복구 또는 재난수습에 필요한 응급조치를 위하여 하는 행위
2. 그 밖에 경작을 위한 토지의 형질 변경 등 대통령령으로 정하는 행위[52)]

---

52) 다음 각 호의 어느 하나에 해당하는 행위로서 「국토의 계획 및 이용에 관한 법률」 제56조에 따른 개발행위허가의 대상이 아닌 것을 말한다.
1. 경작을 위한 토지의 형질변경
2. 농림수산물의 생산에 직접 이용되는 것으로서 국토교통부령으로 정하는 간이공작물의 설치
3. 촉진지구의 개발에 지장을 주지 아니하고 자연경관을 해치지 아니하는 범위에서의 토석 채취
4. 촉진지구에 존치하기로 결정된 대지에 물건을 쌓아놓는 행위
5. 관상용 죽목을 임시로 심는 행위(경작지에 임시로 심는 경우는 제외한다.)

마. 원상회복 명령

시장·군수·구청장은 허가를 받아야 할 사항에 해당함에도 허가를 받지 아니하고 건축물의 건축 등을 한 자에 대하여 원상회복을 명할 수 있다. 이 경우 명령을 받은 자가 그 의무를 이행하지 아니하는 때에는「행정대집행법」에 따라 대집행할 수 있다.

바. 준용규정

위와 같은 허가에 관하여「민간임대주택에 관한 특별법」에서 규정한 것을 제외하고는「국토의 계획 및 이용에 관한 법률」제57조부터 제60조까지 및 제62조를 준용한다.

사. 허가의 의제

위와 같이 허가를 받은 경우에는「국토의 계획 및 이용에 관한 법률」제56조에 따라 허가를 받은 것으로 본다.

10. 촉진지구 지정의 해제

가. 해제 사유

지정권자는 다음 각 호의 어느 하나에 해당하는 경우에는 촉진지구의 지정을 해제할 수 있다.

1. 촉진지구가 지정고시된 날부터 2년 이내에「민간임대주택에 관한 특별법」제28조에 따른 지구계획 승인을 신청하지 아니하는 경우
2. 공공지원 민간임대주택 개발사업이 완료된 경우

나. 고 시

위와 같이 촉진지구의 지정이 해제되는 경우, 지정권자는 대통령령으로 정[53]하는 바에

53) 촉진지구 지정을 해제하는 경우에는 다음 각 호의 사항을 관보 또는 공보에 고시하여야 한다.
1. 촉진지구의 명칭, 위치 및 면적

따라 관보 또는 공보에 고시하고, 다음 각 호의 구분에 따라 조치하여야 한다.

1. 국토교통부장관 : 관계 행정기관의 장 및 관할 시ㆍ도지사에게 통보할 것. 이 경우 통보를 받은 시ㆍ도지사는 관할 시장ㆍ군수ㆍ구청장에게 통보하여야 하고, 통보를 받은 시장ㆍ군수ㆍ구청장은 관계 서류의 사본을 일반인에게 공람시켜야 한다.
2. 시ㆍ도지사 : 국토교통부장관, 관계 행정기관의 장 및 관할 시장ㆍ군수ㆍ구청장에게 통보할 것. 이 경우 지정권자인 특별자치시장ㆍ특별자치도지사 및 통보를 받은 시장ㆍ군수ㆍ구청장은 관계 서류의 사본을 일반인에게 공람시켜야 한다.

국토교통부장관이 지정권자로서 촉진지구가 해제 고시된 경우 「국토의 계획 및 이용에 관한 법률」에 따른 용도지역ㆍ용도지구ㆍ용도구역, 지구단위계획구역 및 도시ㆍ군계획시설은 각각 지정 당시로 환원된 것으로 본다. 다만, 해제하는 당시 이미 사업이나 공사에 착수한 경우 등 해제 고시에서 별도로 정하는 도시ㆍ군계획시설은 그 사업이나 공사를 계속할 수 있다.

11. 지구계획 승인 등

가. 승인 사항

시행자는 다음 각 호의 내용을 포함한 '공공지원 민간임대주택 공급촉진지구계획'(이하 "지구계획"이라 한다)을 작성하여 지정권자의 승인을 받아야 한다. 승인받은 지구계획을 변경(대통령령으로 정하는 경미한 사항[54]의 변경은 제외한다.)하는 경우에도 또한 같다.

---

2. 촉진지구의 지정일 및 해제일
3. 촉진지구의 지정 해제 사유
4. 「토지이용규제 기본법」 제8조 제3항에 따른 지형도면 등
5. 「국토의 계획 및 이용에 관한 법률」에 따른 용도지역ㆍ용도지구ㆍ용도구역, 지구단위계획구역 및 도시ㆍ군계획시설의 환원 또는 폐지에 관한 사항(「민간임대주택에 관한 특별법」 제27조 제3항 단서에 따라 촉진지구 지정 해제 후에도 그 사업이나 공사를 계속할 도시ㆍ군계획시설에 관한 사항을 포함한다.)
6. 그 밖에 국토교통부령으로 정하는 사항

54) 1. 시행자의 소재지 변경

1. 지구계획의 개요

2. 사업시행자의 성명 또는 명칭(주소와 대표자의 성명을 포함한다)

3. 사업 시행기간 및 재원조달 계획

4. 토지이용계획 및 개략설계도서

5. 인구ㆍ주택 수용계획

6. 교통ㆍ공공ㆍ문화체육시설 등을 포함한 기반시설 설치 계획

7. 환경보전 및 탄소저감 등 환경계획

8. 그 밖에 지구단위계획 등 대통령령으로 정하는 사항[55)]

지정권자가 지구계획을 승인하는 경우, 시행자의 요청이 있으면, 「민간임대주택에 관한 특별법」 제32조에 따른 공공지원민간임대주택 통합심의위원회의 심의를 거쳐야 한다.

지정권자는 지구계획에 따른 기반시설 확보를 위하여 필요한 부지 또는 설치비용의 전부 또는 일부를 시행자에게 부담시킬 수 있다. 이 경우 기반시설의 부지 또는 설치비용의 부담은 건축제한의 완화에 따른 토지가치 상승분(감정평가법인 등이 건축제한 완화 전ㆍ

---

2. 촉진지구에 존치하려는 건축물의 구조, 연면적 등의 변경(토지이용계획의 변경을 수반하지 아니하는 경우로 한정한다.)
3. 촉진지구 경계의 변동이 없는 범위에서 착오 등에 의한 촉진지구 면적의 정정
4. 「공간정보의 구축 및 관리 등에 관한 법률」 제2조 제4호의2에 따른 지적확정측량 결과에 따른 촉진지구 면적의 변경

55) 1. 도시ㆍ군관리계획[지구단위계획(「국토의 계획 및 이용에 관한 법률」 제2조 제5호에 따른 지구단위계획을 말한다.)을 포함한다]
2. 집단에너지의 공급에 관한 계획
3. 방재(防災)계획
4. 「공익사업을 위한 토지 등의 취득 및 보상에 관한 법률」 제3조에서 정하는 토지ㆍ물건 및 권리의 수용 및 사용계획(존치하는 건축물 또는 인공 시설물에 대한 처리계획을 포함한나.)
5. 공공시설의 귀속에 관한 계획
6. 공사의 감리에 관한 계획
7. 조성토지의 공급에 관한 계획

후에 대하여 각각 감정평가한 토지 가액의 차이를 말한다)을 초과하지 아니하도록 한다.

나. 벌 칙

거짓 또는 부정한 방법으로 위 지구계획 승인(「민간임대주택에 관한 특별법」 제41조의2에 따라 준용하는 경우를 포함한다.)을 받은 자는 1년 이하의 징역이나 1천만원 이하의 벌금에 처한다.(「민간임대주택에 관한 특별법」 제65조 제3항 제3호)

지구계획의 승인 또는 변경승인(「민간임대주택에 관한 특별법」 제41조의2에 따라 준용하는 경우를 포함한다)의 내용을 위반하여 사업을 시행한 자는 1년 이하의 징역이나 1천만원 이하의 벌금에 처한다.(「민간임대주택에 관한 특별법」 제65조 제3항 제4호)

다. 고 시

지정권자는 지구계획을 승인한 때에는 관보 또는 공보에 고시하고, 관계 서류의 사본을 시장 · 군수 · 구청장에게 송부하여야 하며, 이를 송부받은 시장 · 군수 · 구청장은 이를 일반인이 열람할 수 있도록 하여야 한다.

지구계획의 고시는 다음 각 호의 사항을 관보 또는 공보에 고시하는 방법으로 한다. 다만, 제3호에 따른 고시 내용이 「민간임대주택에 관한 특별법」 제21조 제1항 제5호에 따른 고시 내용과 같은 경우에는 생략하되, 그 취지를 구체적으로 밝혀야 한다.

1. 「민간임대주택에 관한 특별법」 제28조 제1항 각 호의 사항
2. 「개발제한구역의 지정 및 관리에 관한 특별조치법 시행령」 제7조 제1호부터 제4호까지의 사항(개발제한구역에 촉진지구를 지정하는 경우만 해당한다.)
3. 수용하거나 사용할 「공익사업을 위한 토지 등의 취득 및 보상에 관한 법률」 제3조에서 정하는 토지 · 물건 및 권리의 소재지, 지번, 지목, 면적, 소유권 및 소유권 외의 권리의 명세와 그 소유자 및 권리자의 성명(법인인 경우에는 명칭을 말한다.) 및 주소

관계 서류의 사본을 송부받은 시장 · 군수 · 구청장은 관계 서류에 도시 · 군관리계획결정사항이 포함되어 있는 경우에는 「국토의 계획 및 이용에 관한 법률」 제32조 및 「토지이용규제 기본법」 제8조에 따라 지형도면 작성에 필요한 조치를 하여야 한다. 이 경우 시행자는 지형도면 고시에 필요한 서류를 시장 · 군수 · 구청장에게 제출하여야 한다.

12. 촉진지구 조성사업에 관한 공사의 감리

지구계획 서류의 사본을 송부 받은 시장 · 군수 · 구청장은 「건설기술 진흥법」에 따른 건설엔지니어링사업자 또는 「건축사법」에 따른 건축사를 촉진지구 조성사업의 공사에 대한 감리를 하는 자로 지정하고 지도 · 감독하여야 한다. 다만, 시행자가 공공주택사업자에 해당하는 자인 경우에는 그러하지 아니하다.

촉진지구 조성사업을 「주택법」 제15조에 따른 주택건설사업계획 승인대상 공사 또는 「건축법」에 따른 감리대상인 공사와 함께 시행하는 경우에는 「주택법」 등 관련 법령에서 정하는 바에 따른다.

13. 다른 법률에 따른 인 · 허가 등의 의제

「민간임대주택에 관한 특별법」 제28조에 따른 지구계획의 승인 · 승인고시 또는 변경승인 · 변경승인고시가 있는 때에는 다음 각 호의 승인 · 허가 · 인가 · 결정 · 신고 · 지정 · 면허 · 협의 · 동의 · 해제 · 심의 등(이하 "인 · 허가 등"이라 한다.)을 받은 것으로 보며, 지구계획 승인고시 또는 변경승인고시가 있는 때에는 다음 각 호의 법률에 따른 인 · 허가 등의 고시 또는 공고가 있는 것으로 본다.

1. 「공유수면 관리 및 매립에 관한 법률」 제8조에 따른 공유수면의 점용 · 사용허가, 같은 법 제28조에 따른 공유수면의 매립면허, 같은 법 제35조에 따른 국가 등이

시행하는 매립의 협의 또는 승인 및 같은 법 제38조에 따른 공유수면매립실시계획의 승인ㆍ고시

2. 「공유재산 및 물품 관리법」 제20조에 따른 사용ㆍ수익허가
3. 「관광진흥법」 제54조에 따른 조성계획의 승인, 같은 법 제55조에 따른 조성사업시행의 허가
4. 「광업법」 제24조에 따른 광업권설정의 불허가처분, 같은 법 제34조에 따른 광업권취소처분 또는 광구 감소처분
5. 「국유재산법」 제30조에 따른 행정재산의 사용허가(허가기간은 공공지원 민간임대주택 개발사업 준공 시까지로 한다.)
6. 「국토의 계획 및 이용에 관한 법률」 제30조에 따른 도시ㆍ군관리계획의 결정, 같은 법 제50조에 따른 지구단위계획의 결정, 같은 법 제56조에 따른 개발행위의 허가, 같은 법 제86조에 따른 도시ㆍ군계획시설사업의 시행자의 지정, 같은 법 제88조에 따른 실시계획의 작성 및 인가, 같은 법 제118조에 따른 토지거래계약에 관한 허가
7. 「농어촌정비법」 제23조에 따른 농업생산기반시설의 사용허가
8. 「농지법」 제34조에 따른 농지전용(農地轉用)의 허가 또는 협의, 같은 법 제35조에 따른 농지의 전용신고, 같은 법 제36조에 따른 농지의 타용도 일시사용허가ㆍ협의, 같은 법 제40조에 따른 용도변경의 승인
9. 「내기환경보전법」 제23조에 따른 배출시설의 설치 허가 및 신고
10. 「도로법」 제36조에 따른 도로공사 시행의 허가, 같은 법 제61조에 따른 도로의 점용 허가
11. 「도시개발법」 제3조에 따른 도시개발구역의 지정, 같은 법 제4조에 따른 개발계획의 수립 및 변경, 같은 법 제11조에 따른 사업시행자의 지정, 같은 법 제17조에 따른 실시계획의 작성 및 인가, 같은 법 제26조에 따른 조성토지 등의 공급 계획 제출, 같은 법 제53조에 따른 조성토지 등의 준공 전 사용의 허가
12. 「사도법」 제4조에 따른 사도(私道)의 개설허가
13. 「사방사업법」 제14조에 따른 벌채 등의 허가, 같은 법 제20조에 따른 사방지(砂防

地) 지정의 해제

14. 「산림자원의 조성 및 관리에 관한 법률」 제36조제1항ㆍ제4항에 따른 입목벌채등의 허가ㆍ신고
15. 「산지관리법」 제14조ㆍ제15조에 따른 산지전용허가 및 산지전용신고, 같은 법 제15조의2에 따른 산지일시사용허가ㆍ신고, 같은 법 제25조에 따른 토석채취허가
16. 「소음ㆍ진동관리법」 제8조에 따른 배출시설 설치 허가 및 신고
17. 「소하천정비법」 제10조에 따른 소하천공사 시행의 허가, 같은 법 제14조에 따른 소하천 점용 등의 허가
18. 「수도법」 제17조 또는 제49조에 따른 수도사업의 인가, 같은 법 제52조 또는 제54조에 따른 전용상수도 또는 전용공업용수도의 설치 인가
19. 「물환경보전법」 제33조에 따른 배출시설의 설치 허가 및 신고
20. 「에너지이용 합리화법」 제10조에 따른 에너지사용계획의 협의
21. 「유통산업발전법」 제8조에 따른 대규모점포의 개설등록
22. 「장사 등에 관한 법률」 제27조 제1항에 따른 무연분묘의 개장허가
23. 「전기안전관리법」 제8조에 따른 자가용 전기설비의 공사계획의 인가 또는 신고
24. 「집단에너지사업법」 제4조에 따른 집단에너지의 공급 타당성에 관한 협의
25. 「공간정보의 구축 및 관리 등에 관한 법률」 제86조 제1항에 따른 사업의 착수ㆍ변경 또는 완료의 신고
26. 「체육시설의 설치ㆍ이용에 관한 법률」 제12조에 따른 사업계획의 승인
27. 「초지법」 제21조의2에 따른 토지의 형질 변경 등의 허가, 같은 법 제23조에 따른 초지전용의 허가
28. 「하수도법」 제16조에 따른 공공 하수도공사 시행의 허가, 같은 법 제24조에 따른 공공하수도의 점용허가
29. 「하천법」 제30조에 따른 하천공사 시행의 허가 및 하천공사실시계획의 인가, 같은 법 제 33조에 따른 하천의 점용허가, 같은 법 제50조에 따른 하천수의 사용허가

시행자는 위와 같은 인·허가 등의 의제를 받으려는 경우에는 해당 법률에서 정하는 서류를 제출하여야 한다.

지정권자는 위 각 호의 어느 하나에 해당하는 사항이 포함되어 있는 지구계획을 승인하고자 하는 경우에는 시행자가 제출한 관계 서류를 첨부하여 미리 관계 행정기관의 장과 협의하여야 한다. 이 경우 관계 행정기관의 장은 협의요청을 받은 날부터 30일 이내에 의견을 제출하여야 하며 같은 기간 이내에 의견제출이 없는 경우에는 의견이 없는 것으로 본다.

14. 관계 법률에 관한 특례

① '촉진지구에서 국유지·공유지를 제외한 토지 면적의 50% 이상에 해당하는 토지를 소유한 임대사업자'가 제안하는 촉진지구를 지정하기 위하여 「국토의 계획 및 이용에 관한 법률」 제2조 제3호에 따른 도시·군기본계획의 변경이 필요한 경우, 시·도지사는 공청회, 지방의회 의견청취 등을 동시에 실시하여 90일 이내에 변경 여부를 결정하여야 한다.

② '공공주택사업자'가 제안하는 촉진지구를 지정, 변경 또는 해제하기 위하여 도시·군기본계획의 변경이 필요한 경우, 지정권자가 촉진지구의 지정, 변경 또는 해제를 고시한 때에는 「국토의 계획 및 이용에 관한 법률」 제18조, 제22조 및 제22조의2에 따라 도시·군기본계획의 변경이 확정되거나 도지사의 승인을 받은 것으로 본다.

지구계획이 승인된 때에는 국토교통부장관과 특별시장·광역시장·특별자치시장·특별자치도지사·시장·군수(광역시의 군수는 제외한다. 이하 같다)는 이를 「수도법」 제5조에 따른 수도정비계획에 우선적으로 반영하여야 한다. 이 경우 환경부장관은 정당한 사유가 없으면 관할 특별시장ㆍ광역시장ㆍ특별자치시장ㆍ특별자치도지사ㆍ시장ㆍ군수로부터 수도정비계획 승인 신청을 접수한 날부터 30일 이내에 수도정비계획을 승인하여야 한다.

또한 지구계획이 승인된 때에는 특별시장ㆍ광역시장ㆍ특별자치시장ㆍ특별자치도지사ㆍ시장ㆍ군수는 이를 「하수도법」 제5조 및 제6조에 따른 하수도정비기본계획에 우선적으로 반영하여야 한다. 이 경우 환경부장관은 정당한 사유가 없으면 관할 특별시장ㆍ광역시장ㆍ특별자치시장ㆍ특별자치도지사ㆍ시장ㆍ군수로부터 하수도정비기본계획 승인 신청을 접수한 날부터 40일 이내에 하수도정비기본계획을 승인하여야 한다.

15. 개발제한구역에 관한 특례

「개발제한구역의 지정 및 관리에 관한 특별조치법」 제3조 제1항에 따라 해제할 필요가 있는 개발제한구역에 촉진지구 지정이 필요한 경우, '공공주택사업자'에 해당하는 시행자[56]는 개발제한구역의 해제를 위한 도시ㆍ군 관리계획의 변경을 지정권자에게 제안할 수 있다. 이 경우 지정권자는 촉진지구 지정 절차와 함께 개발제한구역 해제 절차를 진행하거나 이를 관계 기관에 요청할 수 있다.

다음 각 호의 어느 하나에 해당하는 경우에는 개발제한구역에서 해제된 지역이 개발제한구역으로 환원된 것으로 본다.

1. 개발제한구역 해제에 관한 도시ㆍ군관리계획이 결정ㆍ고시된 날부터 2년 이내에 「민간임대주택에 관한 특별법」 제28조에 따른 '지구계획'이 수립ㆍ고시되지 아니한 경우

56) 2018. 1. 16. 법률 제15356호로 개정되어 2018. 7. 17.부터 시행된 「민간임대주택에 관한 특별법」 제31조 제1항에서 기존 촉진지구 시행자에게 허용하던 개발제한구역 해제 제안권을 공공시행자로 한정하는 것으로 개정됨.

2. 「민간임대주택에 관한 특별법」 제27조 제1항 제1호에 따라 '촉진지구'가 해제된 경우

국토교통부장관은 위와 같이 개발제한구역으로 환원된 사실과 사유를 관보에 고시하고, 그 지역을 관할하는 시 · 도지사에게 통보하여야 한다.

16. 공공지원 민간임대주택 통합심의위원회

가. 검토 및 심의 사항

지정권자는 도시계획 · 건축 · 환경 · 교통 · 재해 등 지구계획 승인과 관련된 다음 각 호의 사항을 검토 및 심의하기 위하여 공공지원 민간임대주택 통합심의위원회(이하 "통합심의위원회"라 한다.)를 둔다.

1. 「국토의 계획 및 이용에 관한 법률」에 따른 도시 · 군 관리계획 관련 사항
2. 「대도시권 광역교통 관리에 관한 특별법」에 따른 광역교통개선대책
3. 「도시교통정비 촉진법」에 따른 교통영향평가
4. 「산지관리법」에 따라 촉진지구에 속한 산지의 이용계획
5. 「에너지이용 합리화법」에 따른 에너지사용계획
6. 「자연재해대책법」에 따른 재해영향평가 등
7. 「교육환경 보호에 관한 법률」에 따른 교육환경에 대한 평가
8. 「경관법」에 따른 사전경관계획
9. 「건축법」에 따른 건축 심의
10. 그 밖에 지정권자가 필요하다고 인정하여 통합심의위원회의 회의에 부치는 사항

통합심의를 받고자 하는 시행자는 관계 기관 의견서를 받은 후에 위 각 호와 관련된 서류를 지정권자에게 제출하여야 하며, 이 경우 관계 기관 의견서에 대한 '최종의견서'를 첨부할 수 있다.

나. 구 성

통합심의위원회는 위원장 1명, 부위원장 1명을 포함하여 24명 이내의 위원으로 구성한다.

통합심의위원회의 위원은 다음 각 호의 사람이 되고, 위원장은 제2호에 해당하는 사람 중 위원들이 호선하는 사람으로 한다.

1. 국토교통부, 관계 행정기관(제24조 제1항에 따라 사전협의를 거치는 기관을 말한다.) 또는 지정권자 소속의 관계 부서의 장으로서 대통령령으로 정하는 공무원[57]
2. 도시계획 · 건축 · 교통 · 환경 · 재해 분야 등의 전문가로서 택지개발 및 주택사업에 관한 학식과 경험이 풍부한 사람 중 지정권자가 위촉하는 사람
3. 중앙도시계획위원회(국토교통부장관이 촉진지구를 지정한 경우에 한정한다.) 또는 시 · 도도시계획위원회의 위원 중 도시계획전문가 · 설계전문가 · 환경전문가 각 1명 이상을 포함하여 해당 위원회의 위원장이 추천하는 사람
4. 「국가통합교통체계효율화법」에 따른 국가교통위원회 또는 지방교통위원회의 위원 중 해당 위원회의 위원장이 추천하는 사람
5. 「도시교통정비 촉진법」에 따른 교통영향평가심의위원회의 위원 중 해당 위원회의 위원장이 추천하는 사람
6. 「산지관리법」에 따라 해당 주택지구에 속한 산지의 이용계획에 대하여 심의권한을 가진 산지관리위원회의 위원 중 해당 위원회의 위원장이 추천하는 사람
7. 「에너지이용 합리화법」에 따른 에너지사용계획에 대하여 심의권한을 가진 위원회의 위원 중 해당 위원회의 위원장이 추천하는 사람
8. 「자연재해대책법」에 따른 재해영향평가심의위원회의 위원 중 해당 위원회의 위원장이 추천하는 사람
9. 「교육환경 보호에 관한 법률」에 따른 시 · 도교육환경보호위원회의 위원 중 해당 위원회의 위원장이 추천하는 사람

---

57) 지정권자가 소속 공무원 중에서 직접 임명하거나 국토교통부장관 또는 관계 행정기관의 장이 추천하여 임명하는 5급 이상의 공무원을 말한다.

10. 「경관법」에 따른 경관위원회의 위원 중 해당 위원회의 위원장이 추천하는 사람
11. 「건축법」에 따른 건축위원회의 위원 중 해당 위원회의 위원장이 추천하는 사람

다. 의결 정족수

통합심의위원회의 회의는 재적위원 과반수의 출석으로 개의하고, 출석위원 과반수의 찬성으로 의결한다.

라. 운 영

통합심의위원회는 회의내용을 녹취하고 회의록을 작성하여야 한다.

통합심의위원회는 지구계획의 승인과 관련된 사항, 시행자의 최종의견서, 관계 기관 의견서 등을 종합적으로 검토하여 심의하여야 한다. 이 경우 정당한 사유가 없으면 지정권자는 심의 결과를 반영하여 지구계획을 승인하여야 한다.

마. 검토 및 심의의 의제

통합심의위원회의 검토 및 심의를 거친 경우에는 다음 각 호에서 정한 위원회의 검토 및 심의를 거친 것으로 본다.

1. 중앙도시계획위원회(국토교통부장관이 촉진지구를 지정한 경우에 한정한다.) 및 시ㆍ도도시계획위원회
2. 「국가통합교통체계효율화법」에 따른 국가교통위원회
3. 「도시교통정비 촉진법」에 따른 교통영향평가심의위원회
4. 「산지관리법」에 따른 산지관리위원회
5. 「에너지이용 합리화법」에 따른 에너지사용계획에 대하여 심의권한을 가진 위원회
6. 「자연재해대책법」에 따른 재해영향평가심의위원회
7. 「교육환경 보호에 관한 법률」에 따른 시ㆍ도교육환경보호위원회
8. 「경관법」에 따른 경관위원회

9.「건축법」에 따른 건축위원회. 다만,「민간임대주택에 관한 특별법」제33조에 따라 촉진지구 지정과 동시에 지구계획 승인, 사업계획승인(건축허가를 포함한다.)을 동시에 진행하는 경우에 한정한다.

바. 벌칙 적용에서 공무원 의제

통합심의위원회의 위원 중 공무원이 아닌 사람은「형법」제129조부터 제132조까지의 규정을 적용할 때에는 공무원으로 본다.(「민간임대주택에 관한 특별법」제64조)

17. 촉진지구 지정절차에 관한 특례

촉진지구가 10만 ㎡ 이하인 경우, 시행자는 촉진지구 지정을 신청할 때, 다음 각 호의 승인 또는 허가를 포함하여 신청할 수 있다. 이 경우 지정권자는 촉진지구 지정과 통합하여 승인 또는 허가를 하여야 한다.

1.「민간임대주택에 관한 특별법」제28조에 따른 지구계획 승인
2.「주택법」제15조에 따른 사업계획승인
3.「건축법」제11조에 따른 건축허가

지정권자는「국토의 계획 및 이용에 관한 법률」제36조 제1항에 따른 '녹지지역이 아닌 도시지역'으로서 대통령령으로 정하는 지역[58]에서, 촉진지구 지정과 지구계획을 통합 승인하기 위하여 통합심의위원회 심의를 거친 경우에는「민간임대주택에 관한 특별법」제24조 제3항에 따른 중앙도시계획위원회 또는 시ㆍ도 도시계획위원회의 심의를 생략할 수 있다. 이에 따라 지정되는 촉진지구에 대하여는「국토의 계획 및 이용에 관한 법률」

---

58) 1.「국토의 계획 및 이용에 관한 법률 시행령」제30조 제1호에 따른 주거지역
2.「국토의 계획 및 이용에 관한 법률 시행령」제30조 제2호 가목에 따른 중심상업지역, 같은 호 나목에 따른 일반상업지역 또는 같은 호 다목에 따른 근린상업지역
3.「국토의 계획 및 이용에 관한 법률 시행령」제30조 제3호 다목에 따른 준공업지역

제8조, 제9조 및 제59조를 적용하지 아니한다.

지정권자는「국토의 계획 및 이용에 관한 법률」제36조 제1항 제1호 가목에 따른 '주거지역'안에서 10만 ㎡ 이하 촉진지구를 지정 또는 변경하는 경우에는 중앙도시계획위원회 또는 시·도 도시계획위원회의 심의를 생략할 수 있다. 이에 따라 지정되는 촉진지구에 대하여는「국토의 계획 및 이용에 관한 법률」제8조, 제9조 및 제59조를 적용하지 아니한다.

시행자가 촉진지구의 지정 또는 변경을 제안할 때에는 '토지이용계획 등' 대통령령으로 정하는 사항59)을 포함하여야 한다.

18. '토지 등'의 수용 등

가. 토지 등의 수용 또는 사용 요건

시행자는 ① 촉진지구 토지 면적의 3분의 2 이상에 해당하는 토지를 소유하고, ② 토지 소유자 총수의 2분의 1 이상에 해당하는 자의 동의를 받은 경우, 나머지 토지 등을 수용 또는 사용할 수 있다.

다만, '공공주택사업자'가 시행자인 경우 위의 요건을 적용하지 아니하고 수용 또는 사용할 수 있다.

---

59) 1. 토지이용계획
2. 개략적인 사업계획서
3. 수용하거나 사용할「공익사업을 위한 토지 등의 취득 및 보상에 관한 법률」제3조에서 정하는 토지·물건 및 권리의 소재지, 지번, 지목, 면적, 소유권 및 소유권 외의 권리의 명세와 그 소유자 및 권리자의 성명(법인인 경우에는 명칭을 말한다), 주소를 적은 서류
4.「민간임대주택에 관한 특별법」제23조 제4항에 따른 토지소유자 동의서
5. 개략적인 주택건설사업계획
6. 그 밖에 국토교통부령으로 정하는 서류

나. 동의 요건의 산정 기준일

위와 같은 토지 소유자 동의 요건의 '산정 기준일'은 '촉진지구 지정 고시일'로 한다.

다. 토지 소유자의 산정 기준

그리고 토지 소유자는 산정기준일 당시 「부동산등기법」 제14조 제1항에 따른 토지등기부(土地登記簿)에 등재된 토지 소유자를 기준으로 하되, 다음 각 호의 기준에 따라 산정한다.

1. 1필지의 토지를 2인 이상이 공유하는 경우 : 다른 공유자의 동의를 받은 대표 공유자 1인을 토지 소유자 1인으로 산정한다. 다만, 「집합건물의 소유 및 관리에 관한 법률」 제2조제2호에 따른 구분소유자는 각각을 토지 소유자 1인으로 산정한다.
2. 1인이 다수의 필지를 소유하고 있는 경우: 필지의 수에 관계없이 토지 소유자를 1인으로 산정한다.

라. 토지 소유자의 동의 등의 방법

토지 소유자는 소유한 토지의 전부에 대하여 동의 또는 반대의 의사표시를 할 수 있으며, 소유한 토지 중 일부에 대한 부분 동의는 인정하지 아니한다.

토지 소유자가 동의하거나 동의를 철회할 경우에는, '동의서'(「민간임대주택에 관한 특별법 시행규칙」 별지 제18호의2 서식) 또는 '동의철회서'(「민간임대주택에 관한 특별법 시행규칙」 별지 제16호 서식)에 다음 각 호의 서류를 첨부하여 시행자에게 제출하여야 한다.

1. 토지 소유자가 다른 공유자의 동의를 받은 대표 공유자인 경우 다음 각 목의 서류
   가. 대표자 지정 동의서(「민간임대주택에 관한 특별법 시행규칙」 별지 제17호 서식)
   나. 주민등록증 사본, 여권 사본, 운전면허증 사본 등 대표 공유자 및 다른 공유자의 신분을 증명할 수 있는 서류(「개인정보 보호법 시행령」 제19조 각 호에 해당하는 고유식별정보를 제외한 성명 · 생년월일만 포함된 서류를 말한다.)
2. 위 제1호에 해당하지 아니하는 경우로서 토지 소유자가 개인인 경우 : 주민등록증 사본, 여권 사본, 운전면허증 사본 등 신분을 증명할 수 있는 서류

3. 위 제1호에 해당하지 아니하는 경우로서 토지 소유자가 법인인 경우 : 법인인감증명서

마. 사업인정의 고시의 의제

촉진지구를 지정하여 고시한 때에는「공익사업을 위한 토지 등의 취득 및 보상에 관한 법률」제20조 제1항 및 같은 법 제22조에 따른 사업인정 및 사업인정의 고시가 있는 것으로 본다.

바. 재결신청

재결신청은 위와 같이 토지를 확보한 후에 할 수 있으며,「공익사업을 위한 토지 등의 취득 및 보상에 관한 법률」제23조 제1항 및 제28조 제1항에도 불구하고 지구계획에서 정하는 사업시행기간 종료일까지 하여야 한다.

사. 준용 규정

그 밖에「민간임대주택에 관한 특별법」에 특별한 규정이 있는 것을 제외하고는「공익사업을 위한 토지 등의 취득 및 보상에 관한 법률」을 준용한다.

19. '촉진지구'에서의 '공공지원 민간임대주택 건설'에 관한 특례

지정권자는 촉진지구에서 공공지원 민간임대주택 건설의 원활한 시행을 위하여 다음 각 호의 '완화'된 기준을 적용한다.

1.「국토의 계획 및 이용에 관한 법률」제76조에 따른 용도지역에서의 건축물 용도, 종류 및 규모 제한에도 불구하고 공공지원 민간임대주택 외의 건축물 중 위락시설, 일반 숙박시설 등 대통령령으로 정하는 시설[60]을 제외하고는 설치를 허용.

---

60)「건축법 시행령」별표 1에 따른 다음 각 호의 시설을 말한다.

1. 제2종 근린생활시설 중 단란주점 및 안마시술소

다만, 「민간임대주택에 관한 특별법」 제33조 제3항에 따라 '주거지역'에 촉진지구를 지정하는 경우로서, 용도지역별로 허용하는 범위를 초과하는 건축물을 설치하는 경우에는 통합심의위원회의 심의를 거쳐야 한다.

2. 「국토의 계획 및 이용에 관한 법률」 제77조에 따라 조례로 정한 건폐율에도 불구하고 같은 조 및 관계 법령에 따른 건폐율의 상한까지 완화
3. 「국토의 계획 및 이용에 관한 법률」 제78조에 따라 조례로 정한 용적률에도 불구하고 같은 조 및 관계 법령에 따른 용적률의 상한까지 완화
4. 「건축법」 제2조 제2항에 따른 건축물의 층수 제한을 대통령령으로 정하는 바[61]에 따라 완화

---

2. 문화 및 집회시설 중 집회장 및 관람장
3. 판매시설 중 도매시장
4. 의료시설 중 격리병원
5. 숙박시설 중 일반 숙박시설, 생활 숙박시설 및 다중 생활시설
6. 위락시설
7. 공장
8. 창고시설
9. 위험물 저장 및 처리 시설
10. 자동차 관련 시설
11. 동물 및 식물 관련 시설
12. 자원순환 관련 시설
13. 교정 및 군사 시설
14. 발전시설
15. 묘지 관련 시설
16. 장례시설
17. 야영장 시설
18. 그 밖에 제1호부터 제17호까지와 유사한 시설로서 지정권자가 「민간임대주택에 관한 특별법」 제32조 제8항 각 호에서 정한 위원회의 검토 및 심의 결과를 고려하여 주거환경에 지장이 있다고 인정하는 시설

61) 「건축법 시행령」 별표 1 제2호 나목에 따른 '연립주택'과 같은 호 다목에 따른 '다세대주택'에 대하여, 「건축법」 제4조에 따른 건축위원회의 심의를 받은 경우에는 주택으로 쓰는 층수를 5층까지 건축할 수 있다.

지정권자는 촉진지구에서 공공지원 민간임대주택 건설의 원활한 시행을 위하여, 다음 각 호에 따른 관계 규정에도 불구하고, 대통령령으로 정하는 범위에서 완화된 기준[62]을 적용한다.

1. 「건축법」 제42조, 제60조 및 제61조에 따른 대지의 조경, 건축물의 높이 등 건축 제한
2. 「도시공원 및 녹지 등에 관한 법률」 제14조에 따른 도시공원 또는 녹지 확보 기준
3. 「주택법」 제35조에 따른 주택건설기준

국가, 지방자치단체, 한국토지주택공사 또는 지방공사가 조성한 토지에 공공지원 민간임대주택을 건설하기 위하여 지구단위계획을 변경한 경우에는 촉진지구로 지정하지 아니한 경우에도 위 규정들을 적용한다.

20. 촉진지구에서의 용적률 완화 등을 통하여 건설되는 주택의 공급 등

공공지원 민간임대주택의 공급 촉진을 위하여 촉진지구에서 용적률을 완화하여 사업계획승인 또는 건축허가를 하는 경우 임대주택의 건설, 공급, 부속토지의 현금 납부, 복합지

---

62) 1. 대지의 조경 : 「건축법 시행령」 제27조 제3항 전단에도 불구하고 옥상 조경면적의 전부를 조경면적으로 산정한다.
2. 건축물의 높이 : 지구단위계획으로 일단(一團)의 가로구역(街路區域)에 대하여 높이를 지정한 경우에는 「건축법」 제60조제1항에 따른 가로구역별 높이를 지정ㆍ공고한 것으로 본다.
3. 도시공원 또는 녹지
가. 촉진지구의 면적이 10만 ㎡ 미만인 경우 : 도시공원 또는 녹지 확보 의무를 면제한다.
나. 촉진지구의 면적이 10만 ㎡ 이상인 경우 : 호당 또는 세대당 3㎡ 또는 촉진지구 면적의 5% 중 큰 면적 이상의 도시공원 또는 녹지를 확보하여야 한다.
4. 주택건설기준 : 「철도의 건설 및 철도시설 유지관리에 관한 법률」, 「철도산업발전기본법」 및 「도시철도법」에 따라 건설ㆍ운영되는 철도역으로부터 1킬로미터 이내의 주변지역으로서 「건축법」 제4조에 따른 건축위원회의 심의를 받은 경우에는 「주택건설기준 등에 관한 규정」 제13조, 제31조 및 제50조를 적용하지 아니한다.

원시설의 설치 등에 관하여는 「민간임대주택에 관한 특별법」 제21조의2를 준용한다.

이 경우 "승인권자 등"은 "지정권자 또는 승인권자 등"으로, "지구단위계획"은 "촉진지구 지정 전의 지구단위계획"으로 본다.

21. 「국유재산법」 등에 관한 특례

국가와 지방자치단체는 「국유재산법」, 「공유재산 및 물품 관리법」, 그 밖의 관계 법률에도 불구하고, '시행자'에게 '수의계약'의 방법으로 국유재산 또는 공유재산을 사용허가하거나, '매각', '대부'할 수 있다.

이 경우 국가와 지방자치단체는 사용허가 및 대부의 기간을 50년 이내로 할 수 있다.

위와 같은 국유재산은 국토교통부장관이 관리하는 행정재산 중 본래의 기능을 유지하는 범위에서 사용하려는 '철도, 유수지 및 주차장'으로서 기획재정부장관과 협의를 거친 것에 한정한다.

국가와 지방자치단체는 「국유재산법」 및 「공유재산 및 물품 관리법」에도 불구하고 '시행자'에게 위와 같이 사용허가나 대부를 받은 국유재산 또는 공유재산에 영구시설물을 축조하게 할 수 있다. 이 경우 해당 영구시설물의 소유권은 국가, 지방자치단체 또는 그 밖의 관계 기관과 시행자 간에 별도의 합의가 없으면, 그 국유재산 또는 공유재산을 반환할 때까지 '시행자'에게 귀속된다.

22. 지방이전 공공기관의 종전부동산 활용계획 변경

매입 공공기관이 「혁신도시 조성 및 발전에 관한 특별법」 제43조 제5항에 따라 활용계획이 수립된 종전부동산의 전부 또는 일부를 공공지원 민간임대주택 건설용으로 매각하려는 경우에는 국토교통부장관에게 종전부동산 활용계획의 변경을 요청할 수 있다.

위와 같은 요청을 받은 국토교통부장관은 종전부동산 소재지를 관할하는 시ㆍ도지사 및 시장ㆍ군수ㆍ구청장과 협의하고, 「수도권정비계획법」 제21조에 따른 수도권정비위원회 심의를 거쳐 종전부동산 활용계획을 변경할 수 있다.

23. 준공된 사업지구 내 미매각 용지 활용

국가, 지방자치단체, 공공기관 또는 지방공사가 조성한 토지가 준공 후에도 매각되지 아니한 경우에 지정권자는 해당 토지의 전부 또는 일부를 촉진지구로 지정할 수 있다.

24. 조성토지의 공급

시행자는 촉진지구 조성사업으로 조성된 토지(시행자가 직접 사용하는 토지는 제외한다.)를 지구계획에서 정한 바에 따라 공급하여야 한다.

가. 용지의 구분 공급

시행자는 조성토지를 다음 각 호의 용지로 구분하여 공급한다.

1. 다음 각 목의 구분에 따른 주택건설용지

   가. 공공지원 민간임대주택 건설용지

나. 공공주택(「공공주택 특별법」 제2조 제1호에 따른 공공주택을 말한다.) 건설용지

다. 분양주택건설용지

2. 「국토의 계획 및 이용에 관한 법률」 제2조 제6호에 따른 기반시설용지
3. 판매ㆍ업무시설용지
4. 그 밖의 시설용지

나. 원 칙

시행자는 ① '주택건설용지'를 공급하는 경우에는 미리 가격을 정하고, '추첨'의 방법으로 공급하여야 한다. 다만, 민간임대주택건설용지는 공급대상자의 자격을 제한하거나 공급조건을 붙여 공급할 수 있다.

한편 시행자는 ② '사회복지시설용지, 의료시설용지 등 국토교통부장관이 정하는 특정시설용지'를 공급하는 경우에는 공급대상자의 자격을 제한하여 공급할 수 있다.

또한 시행자는 ③ '판매ㆍ업무시설용지 등 영리를 목적으로 사용하는 용지'를 공급하는 경우에는 '경쟁입찰'의 방법으로 공급하여야 한다.

다. 예 외

그러나 시행자는 다음 각 호의 어느 하나에 해당하는 경우에는 '수의계약'의 방법으로 공급할 수 있다.

1. 공공임대주택건설용지를 공공주택사업자(「공공주택 특별법」 제4조에 따른 공공주택사업자를 말한다. 이하 같다)에게 공급하는 경우
2. 도로, 공원, 공용의 청사 등 일반인에게 분양할 수 없는 공공시설용지 등을 국가, 지방자치단체, 그 밖에 법령에 따라 해당 시설을 설치할 수 있는 자에게 공급하는 경우

3. 「공익사업을 위한 토지 등의 취득 및 보상에 관한 법률」에 따른 협의에 응하여 촉진지구 내에 소유(다음 각 목의 어느 하나에 해당하는 경우로 한정한다.)한 토지의 전부를 시행자에게 양도한 자에게 국토교통부령으로 정하는 기준에 따라 토지를 공급하는 경우

   가. 「민간임대주택에 관한 특별법」 제20조 제2항에 따른 공고일 전부터 토지를 소유한 경우

   나. 「민간임대주택에 관한 특별법」 제20조 제2항에 따른 공고일 이후에 가목에 해당하는 토지 소유자로부터 그 토지의 전부를 취득한 경우

   다. 「민간임대주택에 관한 특별법」 제20조 제2항에 따른 공고일 이후에 법원의 판결 또는 상속에 의하여 토지를 취득한 경우

4. 토지의 규모 및 형상, 입지조건 등에 비추어 토지이용가치가 현저히 낮은 토지로서 인접 토지 소유자 등에게 공급하는 것이 불가피하다고 시행자가 인정하는 경우

4의2. 「민간임대주택에 관한 특별법」 제23조 제1항 제2호에 해당하는 시행자가 바람직한 도시발전을 위하여 특별설계(현상설계 등에 의해 창의적인 개발안을 받아들일 필요가 있거나 다양한 용도를 수용하기 위한 복합적 개발이 필요한 경우 등에 실시하는 설계를 말한다.)를 통한 개발이 필요하여 국토교통부장관이 정하는 절차와 방법에 따라 선정된 자에게 토지를 공급하는 경우

5. 제2호부터 제4호까지의 규정에 따른 공급이 2회 이상 성립되지 아니한 경우

6. 그 밖에 「공무원연금법」, 「한국보훈복지의료공단법」 등 관계 법령에 따라 수의계약으로 공급할 수 있는 경우

라. 공급의 공고

시행자는 조성토지를 공급하려면 다음 각 호의 사항을 공고하여야 한다. 다만, 공급대상자가 특정되어 있거나 자격이 제한되어 있는 경우로서 개별 통지를 한 경우에는 그러하지 아니하다.

1. 시행자의 명칭 및 주소와 대표자의 성명

2. 토지의 위치ㆍ면적 및 용도(토지 사용에 제한이 있는 경우에는 그 제한 내용을 포함한다)
3. 공급의 시기ㆍ방법 및 조건
4. 공급가격 및 가격결정방법
5. 공급대상자의 자격요건 및 선정방법
6. 공급신청의 기간 및 장소
7. 공급신청 시의 구비서류

25. 기타 세부적인 규정

그 밖에 촉진지구 지정, 지구계획, 통합심의위원회, 토지 등의 공급 등에 필요한 세부적인 사항에 관하여는 「공공지원 민간임대주택 등에 관한 업무처리지침」(국토교통부 고시, 제2020-385호, 2020. 5. 30.)이 규정하고 있다.

26. 준공검사

가. 원 칙

시행자가 촉진지구 조성사업의 공사를 완료한 때에는, '공사완료 보고서'(「민간임대주택에 관한 특별법 시행규칙」 별지 제18호의3 서식)를 작성하여 시장ㆍ군수ㆍ구청장에게 준공검사를 받아야 한다.

위와 같은 준공검사를 받으려는 촉진지구 조성사업의 시행자는 '공사완료 보고서'(「민간임대주택에 관한 특별법 시행규칙」 별지 제18호의3 서식)에 다음 각 호의 서류 및 도면을 첨부하여 시장ㆍ군수ㆍ구청장에게 제출하여야 한다.

1. 준공설계도서(착공 전의 사진 및 준공사진을 포함한다)
2. 토지의 용도별 면적조서 및 평면도

3. 「공간정보의 구축 및 관리 등에 관한 법률」 제2조 제18호의 지적소관청이 발행하는 지적측량성과도
4. 신ㆍ구 지적대조도
5. 「민간임대주택에 관한 특별법」 제29조 및 제39조의2 제4항에 따라 관계 행정기관의 장과의 협의에 필요한 서류 및 도면
6. 「민간임대주택에 관한 특별법」 제41조에 따른 공공시설(「민간임대주택에 관한 특별법」 제28조 제2항에 따른 기반시설을 포함한다.)의 귀속조서 및 도면

촉진지구 조성사업의 시행자는 촉진지구 인근의 주택 수급 상황 및 촉진지구 조성사업의 규모 등을 고려하여 하나의 촉진지구 조성사업을 구획별로 분할하여 순차적으로 추진하는 경우로서 구획별 사업기간 등이 「민간임대주택에 관한 특별법」 제28조에 따른 공공지원 민간임대주택 공급촉진지구계획에 반영된 경우에는 공사가 완료된 구획별로 준공검사를 신청할 수 있다.

나. 예 외

다만, 시행자가 '한국토지주택공사' 또는 '지방공사'인 경우에는 시장ㆍ군수ㆍ구청장의 준공검사 권한을 '한국토지주택공사' 또는 '지방공사'에 위탁할 수 있다.

다. 준공검사의 참여 요청

시장ㆍ군수ㆍ구청장은 '공사완료 보고서'의 내용에 포함된 공공시설(「민간임대주택에 관한 특별법」 제28조 제2항에 따른 기반시설을 포함한다.)을 인수하거나 관리하게 될 국가기관ㆍ지방자치단체 또는 공공기관의 장 등에게 준공검사에 참여할 것을 요청할 수 있다. 이 경우 기관ㆍ단체의 장은 특별한 사유가 없으면 요청에 따라야 한다.

라. 준공검사의 결과

시장ㆍ군수ㆍ구청장은 준공검사를 한 결과, ① 공공지원 민간임대주택사업이 실시계획

대로 끝났다고 인정되면, 시행자에게 '준공검사 증명서'(「민간임대주택에 관한 특별법 시행규칙」 별지 제18호의4 서식)를 내어주고 '공사 완료 공고'를 하여야 하며, ② 실시계획대로 끝나지 아니하였으면, 지체 없이 보완 시공 등 필요한 조치를 하도록 명하여야 한다.

'공사 완료 공고'는 다음 각 호의 사항을 관보 또는 공보에 공고하는 방법으로 한다.

1. 촉진지구 조성사업(이하 이 조에서 "사업"이라 한다)의 명칭
2. 사업 시행자의 명칭 · 주소 및 대표자의 성명
3. 사업 시행지의 위치
4. 사업 시행지의 전체 면적 및 용도별 면적
5. 준공일
6. 주요 시설물의 관리처분에 관한 사항
7. 그 밖에 시장 · 군수 · 구청장이 필요하다고 인정하는 사항

시장 · 군수 · 구청장은 위와 같은 '공사 완료 공고'를 할 때 지정권자에게 사업의 공사 완료 결과를 통보하여야 한다.

시행자가 준공검사를 받은 경우에는 「민간임대주택에 관한 특별법」 제29조에 따라 의제되는 인 · 허가 등에 따른 해당 사업의 준공검사 또는 준공인가를 받은 것으로 본다.

27. 감 독

지정권자는 시행자가 다음 각 호의 어느 하나에 해당하는 경우에는 이 장에 따른 허가 또는 승인을 취소하거나 공사의 중지 · 변경, 시설물 또는 물건의 개축 · 변경 또는 이전 등을 명할 수 있다.

1. 거짓이나 그 밖의 부정한 방법으로 이 장에 따른 허가 또는 승인을 받은 경우

2. 「민간임대주택에 관한 특별법」 제28조 제1항에 따른 지구계획의 승인 또는 변경승인의 내용을 위반하여 사업을 시행한 경우
3. 사정의 변경으로 인하여 촉진지구 조성사업 또는 주택건설사업의 계속적인 시행이 불가능하게 된 경우
4. 「민간임대주택에 관한 특별법」 제39조의2에 따른 준공검사를 받지 아니한 경우

위와 같이 허가 또는 승인을 취소하는 경우에는 '청문'을 하여야 한다.

지정권자가 위와 같은 처분 또는 명령을 한 때에는 다음 각 호의 사항을 관보 또는 공보에 고시하여야 한다.

1. 촉진지구 또는 사업의 명칭
2. 시행자의 명칭 및 주소와 대표자의 성명
3. 사업 대상 토지의 위치 및 면적
4. 처분 또는 명령의 내용 및 사유

28. 관계 법률의 준용

촉진지구 지정, 사업의 시행, 공공시설의 귀속, 조성사업의 감리 및 준공검사 등에 관하여 이 법에서 정하지 아니한 사항은 「도시개발법」을 준용한다.

29. 촉진지구 밖의 사업에 대한 준용

공공지원 민간임대주택 개발사업의 원활한 추진을 위하여, '촉진지구 밖에 기반시설을 설치하는 등에 관한 사업'에 대해서는 「민간임대주택에 관한 특별법」 제25조, 제26조 제3항부터 제6항까지, 제28조, 제28조의2, 제29조부터 제31조까지, 제34조, 제36조, 제39조, 제39조의2, 제40조, 제62조의 규정을 준용한다.

제7장

민간임대주택의 공급

1.「주택법」 일부 규정의 적용 배제

민간임대주택의 공급에 관한 사항에 대해서는「주택법」 제20조(주택건설사업 등에 의한 임대주택의 건설 등), 제54조(주택의 공급), 제57조(주택의 분양가격 제한 등), 제57조의 2(분양가상한제 적용주택 등의 입주자의 거주의무 등), 제57조의 3(분양가상한제 적용주택 등의 거주실태 조사 등), 제58조(분양가상한제 적용 지역의 지정 및 해제), 제59조(분양가심사위원회의 운영 등), 제60조(견본주택의 건축기준), 제61조(저당권설정 등의 제한), 제62조(사용검사 후 매도청구 등), 제63조(투기과열지구의 지정 및 해제), 제64조(주택의 전매행위 제한 등) 및 제65조(공급질서 교란 금지)를 적용하지 아니한다.

즉 요컨대 민간임대사업자가 민간임대주택을 공급함에 있어서는「주택법」에 정한 '입주자의 자격', '분양가 상한제' 등의 적용을 받지 아니한다는 것이다.

다만, 임차인 자격 확인 등 임차인의 원활한 모집과 관리가 필요한 경우에 국토교통부령으로 정하는 바에 따라 일부 적용할 수 있다.

2. 임차인 자격 및 선정 방법

가. 개정 경과

1) 2015. 8. 28. 전부 개정

2015. 8. 28. 법률 제13499호로 전부 개정되어 2015. 12. 29.부터 시행된「민간임대주택에 관한 특별법」 제42조 제1항은 "민간임대주택의 임차인 자격 및 선정방법 등 공급에 관한 사항은 임대사업자가 정한다."고 규정하였고, 같은 조 제2항은 "민간임대주택의 공급에 관한 사항에 대하여는「주택법」 제4장을 적용하지 아니한다."고 규정함으로써, '모든 민간임대주택'의 임차인 자격, 선정 방법 및 기타 공급에 관하여 '임대사업자'가

자율적으로 정할 수 있다고 규정하였다.

2) 2018. 1. 16. 일부 개정

그런데 2018. 1. 16. 법률 제15356호로 일부 개정되어 2018. 7. 17.부터 시행된 「민간임대주택에 관한 특별법」 제42조 제1항은 ⓐ **'공공지원민간임대주택'**의 경우에는 임차인의 자격 및 선정 방법에 대하여 '국토교통부령'으로 정하도록 하였고, ⓑ **'장기일반민간임대주택'** 및 **'단기민간임대주택'**의 경우에 한하여, 임대사업자가 자율적으로 정한 기준에 따라 공급할 수 있도록 개정되었다.

3) 현행 규정

그 후 현행 「민간임대주택에 관한 특별법」은 아래에서 보는 바와 같이, 임대기간 중 임차인의 자격 및 선정 방법을 자세하게 규정하고 있다.

나. 공공지원 민간임대주택의 경우

1) 원 칙

'공공지원 민간임대주택'에 대하여는, '주거지원 대상자 등'의 주거안정을 위하여, 「민간임대주택에 관한 특별법 시행규칙」 [별표 1.]로 정하는 기준에 따라 공급하여야 한다.

'공공지원 민간임대주택'의 임차인은 「민간임대주택에 관한 특별법 시행규칙」 [별표 1.]로 정하는 임차인의 자격을 갖추어야 하며, 거짓이나 그 밖의 부정한 방법으로 공공지원 민간임대주택을 공급받아서는 아니 된다.

「민간임대주택에 관한 특별법 시행규칙」 [별표 1.]

주택 유형	공급비율	임차인 자격
가. 일반 공급대상자에게 공급하는 주택	80% 미만	「주택공급에 관한 규칙」 제2조[63]에 따른 무주택 세대구성원(이하 "무주택 세대구성원"이라 한다.)
나. 특별 공급대상자에게 공급하는 주택	20% 이상	1) 청년 : 무주택자로서 가)부터 라)까지의 요건을 모두 갖춘 사람 가) 연령 : 19세 이상이면서 39세 이하일 것 나) 혼인 : 혼인 중이 아닐 것 다) 소득 : 다음의 구분에 따른 기준을 충족할 것 (1) 주택공급신청자가 소득이 있는 경우 : 해당 세대의 월평균소득이 전년도 도시근로자 가구원(태아를 포함한다.) 수별 가구당 월평균소득(이하 "전년도 도시근로자 가구원수별 가구당 월평균소득"이라 한다.)의 120% 이하일 것 (2) 주택공급신청자가 소득이 없는 경우 : 부모의 월평균소득 합계가 전년도 도시근로자 가구원수별 가구당 월평균소득의 120% 이하일 것 라) 자산 : 「민간임대주택에 관한 특별법 시행규칙」 제14조의3 제2항[64]에 따른 자산요건을 충족할 것 2) 신혼부부 : 혼인 중인 사람 또는 예비신혼부부(혼인을 계획 중이며 해당 주택의 입주 전까지 혼인사실을 증명할 수 있는 사람을 말한다.)로서 무주택세대구성원(예비신혼부부의 경우 혼인으로 구성될 세대의 세대 구성원 모두 무주택자인 경우를 말한다.)이면서 가)부터 다)까지의 요건을 모두 갖춘 사람 가) 혼인 : 주택공급신청자의 혼인 합산 기간이 7년 이내일 것 나) 소득 : 해당 세대(예비 신혼부부인 경우 혼인으로 구성될 세대의 세대구성원 모두를 말한다..)의 월평균소득이 전년도 도시근로자 가구원수별 가구당 월평균소득의 120% 이하일 것 다) 자산 : 「민간임대주택에 관한 특별법 시행규칙」제14조의3

		제2항에 따른 자산요건을 충족할 것 3) 고령자 : 무주택 세대구성원으로서 가)부터 다)까지의 요건을 모두 갖춘 사람 가) 연령 : 65세 이상인 사람 나) 소득 : 해당 세대의 월평균소득 합계가 전년도 도시근로자 가구원수별 가구당 월평균소득의 120% 이하일 것 다) 자산 : 「민간임대주택에 관한 특별법 시행규칙」 제14조의3 제2항에 따른 자산요건을 충족할 것

[비고]

1) 해당 주택건설지역의 관할 시·도지사 또는 시장·군수·구청장의 요청이 있는 경우에는 주택 유형에 따른 임차인 자격을 갖춘 자로서 해당 주택건설지역에 거주하는 자에게 우선 공급할 수 있다.
2) 가목에 따른 '일반 공급대상자'에게 공급하는 주택은 임대사업자와 관할 지방자치단체의 장이 협의하는 경우, 청년, 신혼부부, 고령자로 그 임차인을 한정하여 선정할 수 있다. 이 경우 나목에 따른 임차인 요건 중 소득 및 자산 요건은 적용하지 않는다.
3) 나목에 따른 임차인 자격에도 불구하고 재계약을 체결하는 경우에는 다음의 구분에 따른 임차인 자격 요건은 적용하지 않는다. 다만, 소득 요건의 경우 그 기준을 30 % 포인트 초과하여 증액된 경우는 제외한다.
   가) 나목 1)에 해당하는 경우 : 나목 1) 가) 및 다)에 따른 연령 및 소득 요건
   나) 나목 2)에 해당하는 경우 : 나목 2) 가) 및 나)에 따른 혼인 및 소득 요건
   다) 나목 3)에 해당하는 경우 : 나목 3) 나)에 따른 소득 요건

가) 임차인의 자격

공공지원민간임대주택은 임차인모집공고일 현재(재계약을 체결하거나 예비임차인으로 선정된 후 2년이 경과된 예비 임차인이 종전 임차인이 퇴거함에 따라 공공지원 민간임대주택의 임차인으로 선정된 경우에는 임대차계약을 체결하는 때를 말한다.) 다음 각 목의 구분에 따라 해당 자격을 충족하는 자에게 1세대 1주택(주택의 공급을 신청하는

---

63) "무주택세대구성원"이란 세대원 전원이 주택을 소유하고 있지 않은 세대의 구성원을 말한다.
64) '임대사업자'는 관할 지방자치단체의 장과 협의하여, '공공지원 민간임대주택'의 임차인 자격 외에 부동산, 자동차 등 자산에 관한 별도의 요건을 정할 수 있다.

경우는 1세대 1명을 말한다.) 기준으로 공급한다.

다만, ⓐ 청년, 예비 신혼부부(계약자 1명을 정하여 예비신혼부부 두 명이 함께 1주택을 신청하여야 한다.)의 경우에는 세대주, 세대원 및 성년자가 아닌 경우에도 공급할 수 있고, 1인 1주택 또는 2인 1주택의 기준으로 공급할 수 있으며, ⓑ「민간임대주택에 관한 특별법 시행규칙」 제1조의2 제3호 가목[65]에 따른 공공지원민간임대주택의 '공급비율'은 국토교통부장관이 따로 정할 수 있다.

나) 주택유형별 세부 비율

가. 공공지원민간임대주택(「민간임대주택에 관한 특별법 시행규칙」 제1조의2 제3호 가목[66]에 따른 공공지원민간임대주택은 제외한다.)의 임차인 유형별 세부 비율은 임대사업자가 지역 특성을 고려하여 시·도지사 또는 시장·군수·구청장의 의견을 들어 「주택법」 제15조에 따른 사업계획승인 전에 정한다.

나. 「민간임대주택에 관한 특별법 시행규칙」 [별표] 제1호에 따른 '공급비율'에도 불구하고 세대수가 50호 또는 50세대 미만인 주택단지의 경우, 임대사업자는 시·도지사 또는 시장·군수·구청장의 의견을 들어 공급비율을 달리 정할 수 있다.

다) 우선공급 등

가. 「민간임대주택에 관한 특별법 시행규칙」 [별표] 제1호 가목('일반 공급대상자'에게 공급하는 주택)에도 불구하고 임대사업자는 공공지원 민간임대주택을 건설하

---

65) 3. 「주택도시기금법」 제9조에 따른 주택도시기금의 융자로서 다음 각 호의 어느 하나에 해당하는 융자

가. 임대사업자가 소유하고 있는 임대주택에 대한 주택담보대출 상환 등 국토교통부장관이 정하여 고시하는 요건에 해당하는 융자

66) 「주택도시기금법」 제9조에 따른 주택도시기금의 융자로서 다음 각 호의 어느 하나에 해당하는 융자

가. 임대사업자가 소유하고 있는 임대주택에 대한 주택담보대출 상환 등 국토교통부장관이 정하여 고시하는 요건에 해당하는 융자

기 위하여 철거하는 주택이 있는 경우 해당 주택의 소유자(대지와 건물의 소유자가 같아야 한다.) 또는 세입자(이하 "기존거주자"라 한다)로서 다음의 기준을 모두 충족하는 자가 주택을 신청하는 경우에 1세대 1주택 기준으로 일반공급주택을 우선 공급할 수 있다.

1) 기존거주자가 임차인모집공고일 현재 무주택세대구성원일 것

2) 기존거주자가 해당 주택의 매매계약일 현재 철거되는 주택에 1년 이상 거주할 것

나. 「민간임대주택에 관한 특별법 시행규칙」 [별표] 제1호 가목('일반 공급대상자'에게 공급하는 주택)에도 불구하고, 임대사업자는 해당 공공지원 민간임대주택을 건설·운영하기 위한 사회적 협동조합(「협동조합 기본법」 제2조 제3호의 사회적 협동조합을 말한다.)이 설립된 경우 해당 조합의 조합원으로서 입주자모집공고일 현재 무주택 세대구성원인 자가 주택을 신청하는 경우에 1세대 1주택을 기준으로 일반공급주택을 우선 공급할 수 있다.

다. 「민간임대주택에 관한 특별법 시행규칙」 [별표] 제1호 가목('일반 공급대상자'에게 공급하는 주택)에도 불구하고, 「개발제한구역의 지정 및 관리에 관한 특별조치법」에 따라 개발제한구역을 해제하고 공공지원 민간임대주택 공급촉진지구 개발사업을 시행하는 경우 영 제32조 제5항 제3호에 따라 조성토지를 공급받을 수 있는 자에 해당되나, 조성토지를 공급받지 못한 자로서 입주자모집공고일 현재 무주택세대구성원인 자에게 1세대 1주택의 기준으로 일반공급주택을 우선 공급할 수 있다. 다만, 「공익사업을 위한 토지 등의 취득 및 보상에 관한 법률」 제78조에 따라 수립된 이주대책의 대상자에 포함되어 있거나 이주정착금을 지급받은 자는 제외한다.

라. 「민간임대주택에 관한 특별법 시행규칙」 [별표] 제1호 나목('특별 공급대상자'에게 공급하는 주택)에 따른 특별공급대상자에게 공급하는 주택(「민간임대주택에 관한 특별법 시행규칙」 제1조의2 제3호 가목[67]에 따른 공공지원민간임대주택은

67) 3. 「주택도시기금법」 제9조에 따른 주택도시기금의 융자로서 다음 각 호의 어느 하나에

제외한다.)의 임차인(예비임차인을 포함한다.)을 최초로 선정하는 경우 다음의 순위에 따라 선정하여야 한다. 이 경우 같은 순위에서 '경쟁'이 있으면, '추첨'의 방법으로 선정한다.

1) 제1순위 : 소득 요건이 전년도 도시근로자 가구원수별 가구당 월평균소득의 100% 이하
2) 제2순위 : 소득 요건이 전년도 도시근로자 가구원수별 가구당 월평균소득의 110% 이하
3) 제3순위 : 소득 요건이 전년도 도시근로자 가구원수별 가구당 월평균소득의 120% 이하

라) 공급 신청

공공지원민간임대주택을 공급받고자 하는 자는 아래의「공공지원민간임대주택 등에 관한 업무처리지침」[별표 4]에 따른 '자격입증 제출서류'를 사업주체에게 제출하여야 한다.

공공지원민간임대주택 임차인의 자격입증 제출서류

종 류	세부내역
1. 주민등록등본 또는 초본	가. 세대주, 세대원 및 주소지 등 확인 나. 주택공급을 신청하려는 배우자가 주택공급신청자와 동일한 세대별 주민등록표상에 등재되어 있지 아니한 경우에는 그 배우자의 주민등록표 등본도 추가 제출
2. 가족관계증명서 (기본증명서)	배우자 및 자녀에 관한 사항 확인
3. 혼인관계증명서	혼인신고일 확인(신혼부부 특별공급대상자에 한함)

해당하는 융자
가. 임대사업자가 소유하고 있는 임대주택에 대한 주택담보대출 상환 등 국토교통부장관이 정하여 고시하는 요건에 해당하는 융자

<table>
<tr><td>4. 건강(의료)
보험증 사본</td><td>세대주 및 성년자인 세대원의 직업 유무, 자영업 운영 여부 등 판단
(해당자에 한함)</td></tr>
<tr><td>5. 소득 입증
서류 목록</td><td>공고일 이후 발행분으로 세대주 및 성년자인 세대원 전원(「주택공급에 관한 규칙」 제2조제2호의3 각 목에 해당하는 사람)의 소득입증 서류

가. 근로자
<table>
<tr><th>해당자격</th><th>소득입증 제출서류</th><th>발급처</th></tr>
<tr><td>일반근로자</td><td>가. 전년도 근로소득원천징수영수증 또는 전년도 근로소득자용 소득금액증명서
나. 재직증명서</td><td>해당 직장, 세무서</td></tr>
<tr><td>신규취업자</td><td>가. 금년 근로소득원천징수부 또는 갑종근로소득에 대한 소득세 원천징수증명서
나. 재직증명서</td><td>해당 직장</td></tr>
</table>

나. 자영업자
<table>
<tr><th>해당자격</th><th>소득입증 제출서류</th><th>발급처</th></tr>
<tr><td>일반과세자
간이과세자
면세사업자</td><td>가. 전년도 종합소득세 신고자용 소득금액 증명
나. 사업자등록증</td><td>세무서</td></tr>
<tr><td>간이과세자 중 소득세 미신고자</td><td>간이과세자 사업자등록증</td><td>세무서</td></tr>
<tr><td>신규사업자</td><td>가. 국민연금보험료납입증명서 또는 최근의 부가가치세 확정신고서(부본)
나. 사업자등록증</td><td>국민연금관리공단, 세무서</td></tr>
<tr><td>법인사업자</td><td>가. 전년도 종합소득세 신고자용 소득금액 증명
나. 법인등기부등본</td><td>세무서</td></tr>
<tr><td>보험모집인</td><td>가. 전년도 사업소득원천징수영수증</td><td>세무서,</td></tr>
</table>
</td></tr>
</table>

방문판매원	나. 전년도 사업소득자용 소득금액증명 또는 당해회사의 급여명세표	해당 직장

다. 일용직근로자, 무직자 등

해당자격	소득입증 제출서류	발급처
비정규직 근로자 일용직 근로자	계약기간 및 총급여액 명시된 근로계약서 또는 월별급여명세표(직인 날인) 또는 근로소득지급조서(직인 날인)	해당 직장
무직자	비사업자 확인 각서 (별지 제5호서식)	접수 장소
국민기초생활 수급자	수급자 증명서	읍면동 주민 센터 등

마) 임차인 선정 절차

임차인을 선정하는 세부 절차는 아래의「공공지원민간임대주택 등에 관한 업무처리지침」[별표 4]에 따른다.

공공지원민간임대주택 임차인의 선정 절차

1. 임대사업자가 이행할 사항

가. 임차인모집 계획 수립 및 공급 신고

1) 사업주체가 일반공급 및 특별공급의 공급비율과 임대조건 등에 대하여 관할 시장 · 군수 · 구청장에게 사전 협의한 후 민간임대주택 공급계획을 신고

2) 임차인모집 공고문에 포함할 사항

가) 유형별 공급호수, 임대조건

나) 소득증빙을 위해 제출해야 하는 서류 등 신청서류

다) 일반공급 및 특별공급 신청 일정 및 장소

나. 신청접수

1) 기간 및 장소: 임차인모집 공고 시 게재

2) 신청방법: 신청자가 신청일에 방문 신청 또는 인터넷 신청

3) 제출서류: 신청 시와 당첨 시에 제출하는 서류를 임차인모집 공고 시 게재

다. 추첨 및 계약

1) 임대사업자(전산관리지정기관에게 대행하는 경우 전산관리지정기관을 말한다.)가 임차인 선정을 위한 추첨 시행

2) 국토교통부장관에게 당첨자에 대한 주택소유여부 전산검색 요청 의뢰

3) 공급자격 등 부적격자로 판정된 자에 대하여는 통보일로부터 7일내에 관련 사실을 소명하도록 해야 하며 소명하지 못할 경우 당첨 취소

4) 무주택, 소득기준 등을 임차인의 요건을 확인 후 당첨자와 공급계약 체결

5) 예비 신혼부부 당첨자 관리

가) 사업주체는 입주지정기간 개시일 전까지 가족관계증명서 제출 요구

나) 입주예정자가 관련서류를 제출하지 않는 경우 공급계약 취소

2. 신청자가 이행할 사항

가. 임차인모집공고문 확인

1) 신청하고자 하는 단지의 유형별 공급호수, 임대조건 확인

2) 일반공급 및 특별공급 신청자의 신청일정 및 장소, 제출서류(소득입증서류 등) 확인

나. 공급 신청 및 계약

1) 본인 및 세대원의 소득액 합이 신청 가능한 소득기준에 맞는지 확인

2) 신청서 작성 및 임차인모집공고문에 기재된 서류 발급

3) 임차인모집 공고일에서 정한 기간 내 방문 또는 인터넷을 통해 신청

4) 당첨자 발표 후 주택소유여부, 소득기준 등의 조건을 만족한 당첨자는 사업주체와 공급계약 체결

5) 예비신혼부부 당첨 시, 사업주체가 지정한 기간 내 가족관계증명서 제출

2) 벌 칙

위 규정을 위반하여 '공공지원민간임대주택'을 공급받은 자는 1년 이하의 징역이나 1천만원 이하의 벌금에 처한다.(「민간임대주택에 관한 특별법」 제65조 제3항 제5호)

3) 특 칙

가) 그 밖의 경우

「민간임대주택에 관한 특별법」 제2조 제4호 마목[68]에 따른 공공지원민간임대주택의 경우, 그 임차인 자격 및 선정방법에 관하여, 아래의「민간임대주택에 관한 특별법 시행규칙」 제1조의2 각 호의 법령 등에서 따로 정한 경우에는 그에 따른다.

1. 「도시 및 주거환경정비법」 제9조 제1항 제10호의 사항이 포함된 정비계획에 따라 민간임대주택을 공급하는 사업에 대하여 지원하는「주택도시기금법」에 따른 주택도시기금의 출자ㆍ융자 또는 같은 법에 따른 주택도시보증공사의 보증으로서 국토교통부장관이 정하여 고시하는 출자ㆍ융자 또는 보증[69]
2. 「빈집 및 소규모주택 정비에 관한 특례법」 제49조 제1항에 따른 용적률의 완화
3. 「주택도시기금법」 제9조에 따른 주택도시기금의 융자로서 다음 각 호의 어느 하나에 해당하는 융자

가. 임대사업자가 소유하고 있는 임대주택에 대한 주택담보대출 상환 등 국토교통부장관이 정하여 고시하는 요건에 해당하는 융자[70]

나. (a) 「사회적기업 육성법」 제2조 제1호에 따른 사회적기업, (b)「협동조합 기본법」 제2조 제3호에 따른 사회적 협동조합 또는 (c)「민법」 제32조에 따른 비영리법인 등이 국토교통부장관이 정하여 고시하는 저렴한 임대료, 안정적 거주기간의 보장 및 사회적 가치의 추구를 위한 민간임대주택을 공급하기 위해 지원받은 융자[71]

다. 「빈집 및 소규모주택 정비에 관한 특례법」 제2조 제1항 제3호 가목 또는 나목 사업에 대한 융자로서 국토교통부장관이 정하여 고시하는 요건에 해당하는 융자[72]

---

68) 그 밖에 국토교통부령으로 정하는 공공지원을 받아 건설 또는 매입하는 민간임대주택

69) 「공공지원민간임대주택 등에 관한 업무처리지침」 제68조의 각 호에 따른 출자ㆍ융자 또는 보증을 말한다.

70) 집주인 융자형 임대주택사업에 따른 융자를 말한다.

71) 사회임대주택 건설ㆍ매입자금 융자를 말한다.

72) 주택도시기금 융자한도를 상향 적용하는 융자를 말한다.

라. 그 밖에 국토교통부장관이 정하여 고시하는 융자

나) 자산 등의 별도의 요건

임대사업자는 관할 지방자치단체의 장과 협의하여, 「민간임대주택에 관한 특별법 시행규칙」 제14조의3 제1항에 따른 공공지원민간임대주택의 임차인 자격 외에 부동산, 자동차 등 '자산'에 관한 별도의 요건을 정할 수 있다.

다. '장기일반민간임대주택'의 경우

1) 원 칙

'장기일반민감임대주택'에 대하여는 '임대사업자'가 정한 기준에 따라 공급한다.

2) 예 외

한편 임대사업자는 「민간임대주택에 관한 특별법 시행규칙」 [별표 1.]의 기준을 일부 또는 전부 적용할 수 있다.

3. '공공지원민간임대주택 등'의 최초 임차인 모집 및 선정 방법

가. 공개모집의 방법

다음 각 호의 어느 하나에 해당하는 민간임대주택(이하 '공공지원민간임대주택 등'이라고만 한다.)으로서 같은 주택단지에서 30호 또는 30세대 이상의 민간임대주택을 최초로 공급하려는 임대사업자는 공개모집의 방법으로 임차인을 모집해야 한다.(「민간임대주택에 관한 특별법 시행규칙」 제14조의4 제1항)

1. 공공지원민간임대주택
2. 「민간임대주택에 관한 특별법 시행규칙」 제14조의3 제3항에 따라 임차인의 자격 및 선정방법을 정한 장기일반민간임대주택

위에 따라 공개모집의 방법으로 임차인을 모집하여야 하는 임대사업자는 임차인모집공고를 해당 민간임대주택 소재지의 주민이 널리 볼 수 있는 일간신문, 관할 특별자치시·특별자치도·시·군 또는 자치구의 인터넷 홈페이지 또는 해당 민간임대주택 소재지의 주민이 쉽게 접할 수 있는 일정한 장소에 게시하여 공고해야 한다.

위에 따른 임차인모집공고는 최초 민간임대주택의 공급신청 접수일 5일 이전에 해야 한다.

나. 공급 신청

ⓐ 공공지원민간임대주택 및 ⓑ「민간임대주택에 관한 특별법 시행규칙」[별표 1]의 기준을 일부 또는 전부 적용하기로 한 민간임대주택(이하 "공공지원민간임대주택 등"이라 한다)의 공급신청 접수는 방문접수 또는 인터넷접수의 방법으로 한다.

이 경우 임대사업자는「민간임대주택에 관한 특별법 시행규칙」[별지 제18호의5 서식]의 '공급신청서'(인터넷접수의 경우에는 사업주체가 정하는 전자문서인 신청서를 말한다.)를 비치하여 '공공지원민간임대주택 등'의 공급을 신청하려는 자에게 교부해야 한다.

다. 주택도시기금의 융자 지원을 받은 경우

국토교통부장관은「민간임대주택에 관한 특별법 시행규칙」제1조의2 제3호 가목[73]에 따른 공공지원민간임대주택의 공급신청 접수 방법을 따로 정할 수 있다.

73) 3.「주택도시기금법」제9조에 따른 주택도시기금의 융자로서 다음 각 호의 어느 하나에 해당하는 융자
가. 임대사업자가 소유하고 있는 임대주택에 대한 주택담보대출 상환 등 국토교통부장관이 정하여 고시하는 요건에 해당하는 융자의 지원을 받은 경우

라. 임차인 선정 방법

위에 따라 공개모집의 방법으로 임차인을 모집하여야 하는 임대사업자는 임차인을 선정하는 경우 다음 각 호의 구분에 따른 방법으로 한다.

1. 별표 1 제1호 가목에 따른 일반공급대상자에게 공급하는 주택 : 추첨의 방법
2. 별표 1 제1호 나목에 따른 특별공급대상자에게 공급하는 주택 : 별표 1 제3호 라목[74]에 따른 방법

위에 따라 선정된 임차인에 대한 동ㆍ호수 배정은 추첨의 방법으로 한다.

4. 공급의 신청 시 제출 서류

'공공지원민간임대주택 등'의 공급을 신청하려는 자는 공급신청서에 다음 각 호의 서류를 첨부하여 임대사업자에게 제출해야 한다. 다만, 제1호 및 제2호의 서류는 '공공지원민간임대주택 등'의 공급신청 시에 제출하지 않고, 임대차계약을 체결하기 전에 제출하게 할 수 있다.

1. 세대주 또는 세대원인 사실을 증명하는 다음 각 목의 서류
   가. 주민등록표 등본 또는 초본
   나. 「가족관계의 등록 등에 관한 법률」에 따른 가족관계증명서

---

74) 라. 제1호 나목에 따른 특별공급대상자에게 공급하는 주택(제1조의2 제3호 가목에 따른 공공지원민간임대주택은 제외한다)의 임차인(예비임차인을 포함한다)을 최초로 선정하는 경우 다음의 순위에 따라 선정하여야 한다. 이 경우 같은 순위에서 경쟁이 있으면 추첨의 방법으로 선정한다.
1) 제1순위 : 소득 요건이 전년도 도시근로자 가구원수별 가구당 월평균소득의 100% 이하
2) 제2순위 : 소득 요건이 전년도 도시근로자 가구원수별 가구당 월평균소득의 110% 이하
3) 제3순위 : 소득 요건이 전년도 도시근로자 가구원수별 가구당 월평균소득의 120% 이하

2. 주민등록증 사본 또는 여권 사본
3. 「민간임대주택에 관한 특별법 시행규칙」 별지 제18호의6 서식에 따른 서약서(전자문서를 포함한다)
4. 「민간임대주택에 관한 특별법 시행규칙」 별지 제18호의7 서식에 따른 월평균 소득현황 및 국토교통부장관이 정하는 소득증빙서류(별표 1 제1호 나목에 따른 특별공급 대상자만 해당한다)
5. 혼인관계증명서(별표 1 제1호나 목2)에 따른 특별공급 대상자만 해당한다)

5. '공공지원민간임대주택 등'의 예비 임차인 선정

임대사업자(「민간임대주택에 관한 특별법 시행규칙」 제1조의2 제3호 가목에 따른 공공지원민간임대주택의 임대사업자는 제외한다.)가 임차인을 선정하는 경우 「민간임대주택에 관한 특별법 시행규칙」 [별표 1]에 따른 공급대상별 주택수의 40% 이상의 예비임차인을 선정해야 한다.

다만, 임차인을 모집한 결과 '공공지원민간임대주택 등' 공급신청자 수가 공급대상별 주택수의 140% 미만인 경우에는 임차인으로 선정되지 않은 신청자 모두를 예비임차인으로 한다.

선정된 예비임차인의 순번의 부여에 관하여는 「민간임대주택에 관한 특별법 시행규칙」 제14조의4 제6항을 준용한다.

임대사업자는 임차인으로 선정된 자 중 당첨이 취소되거나 임대차계약을 체결하지 않은 자 또는 임대차계약을 해지한 자가 있거나 종전 임차인의 퇴거에 따라 남은 '공공지원민간임대주택 등'이 있는 경우 예비임차인의 순번에 따라 공급한다. 이 경우 2호 또는 2세대 이상의 '공공지원민간임대주택 등'을 동시에 공급하는 경우에는 해당 주택의 동·호수를 공개한 후 동·호수를 배정하는 추첨에 참가의사를 표시한 예비임차인에 대하여 추첨의 방법으로 동·호수를 배정한다.

임대사업자는 '공공지원민간임대주택 등'의 효율적 공급을 위하여 예비임차인이 소진된 경우에는 남은 '공공지원민간임대주택 등'이 없는 경우에도 예비임차인을 추가로 모집할 수 있다. 이 경우 예비임차인의 모집은 공개모집의 방법으로 하되, 구체적인 모집방법은 임대사업자가 정하고 예비임차인 선정 및 순번의 부여에 관하여는 「민간임대주택에 관한 특별법 시행규칙」 제14조의4 제6항을 준용한다.

임대사업자는 예비임차인의 명단 및 순번 등 예비임차인 현황을 인터넷 홈페이지 등에 공개하여야 한다.

6. 남은 '공공지원민간임대주택 등'의 임차인 자격 완화

임대사업자는 「민간임대주택에 관한 특별법 시행규칙」 제14조의4 및 제14조의6 제1항부터 제3항까지의 규정에 따라 최초 임차인에게 공급하고 남은 '공공지원민간임대주택 등'(「민간임대주택에 관한 특별법 시행규칙」 [별표 1]에 따른 일반공급대상자에게 공급하는 주택으로 한정한다)이 입주지정기간 개시일까지 임대되지 않은 경우(입주지정기간 개시일 이후에도 최초 임차인을 선정하지 못한 경우를 포함한다)에는 「민간임대주택에 관한 특별법 시행규칙」 제14조의3에 따른 임차인 자격 및 선정방법에도 불구하고 해당 주택의 임차인의 자격을 완화하거나 선착순의 방법으로 공급할 수 있다.

임대사업자는 법정 임대의무기간 중에 「민간임대주택에 관한 특별법 시행규칙」 제14조의4 및 제14조의6에 따라 공급하고 남은 '공공지원민간임대주택 등'이 입주지정기간 개시일 이후 3개월 동안 계속하여 임대되지 않은 경우에는「민간임대주택에 관한 특별법 시행규칙」제14조의3에도 불구하고 해당 주택의 임차인의 자격을 완화하거나 선착순의 방법으로 공급할 수 있다. 다만, 남은 '공공지원민간임대주택 등'이「민간임대주택에 관한 특별법 시행규칙」[별표 1]에 따른 특별공급대상자에게 공급하는 주택인 경우에는 사전에 임차인의 자격 및 선정방법에 관하여 관할 지방자치단체의 장과 협의해야 한다.

「민간임대주택에 관한 특별법 시행규칙」제1조의2 제3호 가목에 따른 공공지원민간임대주택의 임대사업자는 남은 공공지원민간임대주택을 국토교통부장관이 정하는 바에 따라 임차인의 자격을 완화하거나 선착순의 방법으로 공급할 수 있다.

7. '공공지원민간임대주택 등'의 임차인 선정업무 등의 대행

임대사업자는「민간임대주택에 관한 특별법」제42조의2 제2항 각 호[75] 외의 부분에 따른 '전산관리지정기관'에「민간임대주택에 관한 특별법 시행규칙」제14조의4부터 제14조의6까지에 따른 공급신청서 접수, 임차인·예비임차인 선정 및 동·호수 배정 업무의 대행을 의뢰할 수 있다.

임대사업자는 '공공지원민간임대주택 등'의 공급신청자가 제출한 서류의 확인 등의 업무를「건설산업기본법」제9조에 따라 건설업 등록을 한 자(건설사업자)로서 해당 주택건설공사를 시공한 건설사업자에게 대행하게 할 수 있다. 이 경우 임대사업자는 건설사업자가 이 규칙에서 정한 절차와 기준에 따르도록 감독해야 한다.

---

75) 1. 임차인의 성명
2. 임차인의 주민등록번호
3. 민간임대주택의 유형
4. 거주지 주소
5. 최초 입주일자

8. 공급의 신고

가. 신고 의무

동일한 주택단지에서 30호 이상의 민간임대주택을 '건설' 또는 '매입'한 임대사업자가 최초로 민간임대주택을 공급하는 경우에는 시장·군수·구청장에게 대통령령으로 정하는 방법에 따라 신고하여야 한다.

참고로 30호 이상을 공급하는 임대사업자에게 지방자치단체에 임차인모집 내용을 신고하도록 하는 규정은 2017. 1. 17. 법률 제14542호로 개정되어 2017. 7. 18.부터 시행하는 개정 법률에 신설되었다.

즉 위와 같이 민간임대주택을 공급하려는 임대사업자는 임차인을 모집하려는 날의 10일 전까지 '민간임대주택 공급 신고서(신고증명서)'(「민간임대주택에 관한 특별법 시행규칙」 별지 제18호의8 서식)에 아래의 서류를 첨부하여 해당 민간임대주택의 소재지를 관할하는 시장·군수·구청장에게 제출하여야 한다.

1. 다음 각 목의 사항이 포함된 '임차인 모집계획안'[76]
   가. 민간임대주택 공급 현황 및 임대 조건
   나. 임차인의 자격 및 선정 방법
   다. 토지임대계약서·토지사용승낙서 등 토지확보 현황을 증명할 수 있는 서류(토지를 임차하여 건설된 민간임대주택 또는 토지의 소유권을 확보하지 못한 경우만 해당한다.)
   라. 토지 및 주택에 설정된 소유권 외의 권리의 명세
2. 신고대상 주택이 「민간임대주택에 관한 특별법」 제49조 제1항에 따른 임대보증금에 대한 보증 가입 대상에 해당하는 경우, 해당 보증계약의 보증서

76) 「주택공급에 관한 규칙」에 정한 '입주자모집공고'와는 다른 것이다.

나. 과태료

위 신고의무를 위반한 임대사업자에 대하여는 **1천만원 이하의 과태료**를 부과한다.(「민간임대주택에 관한 특별법」 제67조 제2항 제1호)

다. '공공지원민간임대주택'의 공급신고의 수리

시장ㆍ군수ㆍ구청장은 위에 따라 **'공공지원 민간임대주택'**의 공급신고를 받은 경우, 그 내용을 검토하여 이 법에 적합하면, 신고를 수리하여야 한다.

학설은 일반적으로 '사인의 공법행위로서의 신고'의 종류로 ① **'자체 완성적 공법행위'**로서 신고(예 : 혼인신고)와 ② **'행정 요건적 공법행위'**로서 신고로 구분하고, ① 전자는 수리를 요하지 아니하고, ② 후자는 수리를 요하는 것으로 보고 있는바, 위 공공지원민간임대주택'의 공급신고의 수리는 '행정 요건적 공법행위'로서의 신고의 의미를 가지는 것으로 보아야 할 것이다.

대법원 2011. 9. 8. 선고 2009두6766 판결, [납골당설치신고수리처분이행통지취소]

구 장사 등에 관한 법률(2007. 5. 25. 법률 제8489호로 전부 개정되기 전의 것, 이하 '구 장사법'이라 한다) 제14조 제1항, 구 장사 등에 관한 법률 시행규칙(2008. 5. 26. 보건복지가족부령 제15호로 전부 개정되기 전의 것) 제7조 제1항 [별지 제7호 서식] 을 종합하면, 납골당 설치 신고는 이른바 '수리를 요하는 신고'라 할 것이므로, 납골당 설치 신고가 구 장사법 관련 규정의 모든 요건에 맞는 신고라 하더라도 신고인은 곧바로 납골당을 설치할 수는 없고, 이에 대한 행정청의 수리처분이 있어야만 신고한 대로 납골당을 설치할 수 있다. 한편 수리란 신고를 유효한 것으로 판단하고 법령에 의하여 처리할 의사로 이를 수령하는 수동적 행위이므로 수리행위에 신고필증 교부 등 행위가 꼭 필요한 것은 아니다.

라. '장기일반민간임대주택' 또는 '단기민간임대주택'의 공급신고 수리의 통지

시장 · 군수 · 구청장은 위 따라 **'장기일반민간임대주택'** 또는 **'단기민간임대주택'**의 공급신고를 받은 날부터 7일 이내에 신고수리 여부를 신고인에게 통지하여야 한다.

시장 · 군수 · 구청장이 **'장기일반민간임대주택'** 또는 **'단기민간임대주택'**의 공급신고를 받은 날부터 7일 이내에 신고 수리 여부 또는 민원 처리 관련 법령에 따른 처리 기간의 연장을 신고인에게 통지하지 아니하면 그 기간(민원 처리 관련 법령에 따라 처리 기간이 연장 또는 재연장된 경우에는 해당 처리기간을 말한다.)이 끝난 날의 다음 날에 신고를 수리한 것으로 본다.

9. 공공지원민간임대주택의 중복 입주 등의 확인

가. '공공임대주택'의 중복 입주 등의 확인

국토교통부장관 및 지방자치단체의 장은 공공지원민간임대주택과 「공공주택 특별법」 제2조 제1호 가목에 따른 '공공임대주택'에 중복하여 입주 또는 계약하고 있는 임차인(임대차계약 당사자를 말한다.)이 있는지를 확인할 수 있다.

나. '공공지원민간임대주택'의 임차인에 관한 정보 통보

임대사업자는 다음 각 호에 해당하는 공공지원민간임대주택 임차인에 관한 정보를 임대의무기간 개시일과 그 개시일을 기준으로 매 2년이 경과되는 날이 포함된 달의 다음 달 15일까지 국토교통부장관이 지정·고시하는 기관(전산관리지정기관)에 통보하여야 한다.

1. 임차인의 성명
2. 임차인의 주민등록번호
3. 민간임대주택의 유형
4. 거주지 주소
5. 최초 입주일자

이 경우 임차인 정보를 최초로 통보한 이후에는 새로 임대차계약을 체결하거나 임대차계약을 해지하는 등 임대차계약 사항에 변경이 있는 임차인에 관한 임차인 정보만을 통보할 수 있다.

전산관리지정기관은 임대사업자로부터 위와 같은 통보를 받은 날로부터 15일 이내에 공공지원민간임대주택과 공공임대주택에 중복하여 입주 또는 계약하고 있는지 여부를 임대사업자에게 통보하여야 한다.

임대사업자는 전산관리지정기관으로부터 위와 같은 통보를 받고, 그 사실을 해당 임차인에게 즉시 통보하고 7일 이상의 기간을 정하여 소명할 기회를 주어야 한다.

다. 전산관리지정기관의 정보 관리

전산관리지정기관은 위와 같은 임차인에 관한 정보를 전산으로 관리하여야 하며, 임차인에 관한 정보가 분실·도난·위조·변조 또는 훼손되지 아니하도록 안정성 확보에 필요한 조치를 마련하여야 한다.

10. 임차인 자격 확인

임대사업자는 임차인(입주를 신청하는 자와 계약 중인 임차인을 포함한다.) **자격 확인을 위하여 필요한 경우**, 임차인 및 배우자, 임차인 또는 배우자와 세대를 같이하는 세대원으로부터 소득 **자료**를 제출받아 확인할 수 있다.

11. 임차인의 자격 확인 요청 등

가. 국토교통부장관에게의 확인 요청

임대사업자는 임차인 자격 확인을 위하여 필요한 경우, **국토교통부장관**에게「민간임대주택에 관한 특별법」제42조의5부터 제42조의7까지의 규정에 따라 임차인의 자격을 확인하여 줄 것을 요청할 수 있다.[77]

국토교통부장관은 위에 따라 임대사업자가 요청한대로 임차인의 자격을 확인하여 주는 것이 임차인의 주거 생활 안정 등을 위하여 필요하다고 인정하는 경우, '임차인 등'에게 다음 각 호의 정보 또는 자료를 제공받는 데 필요한 **동의 서면을 제출하도록 요청**할 수 있다.

1. 「금융실명거래 및 비밀보장에 관한 법률」제2조 제2호ㆍ제3호에 따른 금융자산 및 금융거래의 내용에 대한 자료 또는 정보 중 예금ㆍ적금ㆍ저축의 잔액 또는 불입금ㆍ지급금과 유가증권 등 금융자산에 대한 증권ㆍ증서의 가액(이하 **"금융정보"**라 한다.)

   가. 보통예금, 저축예금, 자유저축예금 등 요구불예금 : 최근 3개월 이내의 평균 잔액

---

77) 2019. 4. 23. 법률 제16386호로 개정되어 2019. 10. 24.부터 시행된「민간임대주택에 관한 특별법」제42조의4가 신설되었다.

나. 정기예금, 정기적금, 정기저축 등 저축성예금: 잔액 또는 총납입금

다. 주식, 수익증권, 출자금, 출자지분: 최종 시세 가액. 이 경우 비상장주식의 평가에 관하여는 「상속세 및 증여세법 시행령」 제54조 제1항을 준용한다.

라. 채권, 어음, 수표, 채무증서, 신주인수권 증서 : 액면 가액

마. 연금저축: 정기적으로 지급된 금액 또는 최종 잔액

2. 「신용정보의 이용 및 보호에 관한 법률」 제2조 제1호에 따른 신용정보 중 채무액과 연체정보(이하 "**신용정보**"라 한다.)

가. 대출 현황 및 연체 내용

나. 신용카드 미결제 금액

3. 「보험업법」 제4조 제1항 각 호에 따른 보험에 가입하여 납부한 보험료, 환급금 및 지급금(이하 "**보험정보**"라 한다.)

가. 보험증권 : 해약하는 경우 지급받게 될 환급금 또는 최근 1년 이내에 지급된 보험금

나. 연금보험 : 해약하는 경우 지급받게 될 환급금 또는 정기적으로 지급되는 금액

나. '임차인 등'의 동의서면 제출 의무

국토교통부장관이 위에 따라 '동의서면'의 제출을 요청하는 경우, '임차인 및 배우자, 임차인 또는 배우자와 세대를 같이하는 세대원'(임차인 등)은 '동의서면'(「민간임대주택에 관한 특별법 시행규칙」 별지 제18호의9 서식)을 국토교통부장관에게 직접 제출하거나 우편ㆍ팩스 또는 정보통신망을 통하여 제출하여야 한다.

12. 금융정보 등의 제공

가. 국토교통부장관의 금융기관 등에 대한 금융정보 등의 제공 요청

국토교통부장관은 위와 같이 임차인의 자격을 확인하여 주는 것이 필요하다고 인정한 경우, 「금융실명거래 및 비밀보장에 관한 법률」 제4조 제1항과 「신용정보의 이용 및 보호

에 관한 법률」 제32조 제1항에도 불구하고, '임차인 및 배우자, 임차인 또는 배우자와 세대를 같이하는 세대원'('임차인 등')이 제출한 '동의서면'을 전자적 형태로 바꾼 문서에 의하여 '금융기관 등'(「금융실명거래 및 비밀보장에 관한 법률」 제2조 제1호에 따른 금융회사 등, 「신용정보의 이용 및 보호에 관한 법률」 제25조에 따른 신용정보집중기관을 말한다.)의 장에게 금융정보・신용정보 또는 보험정보(이하 "금융정보 등"이라 한다)의 제공을 요청할 수 있다.

이러한 경우, 그 요청 내용에 다음 각 호의 사항을 포함하여야 한다.

1. '임차인 등'의 성명과 주민등록번호
2. 제공을 요청하는 '금융정보 등'의 범위와 조회기준일 및 조회기간

국토교통부장관은 금융기관 등이 가입한 협회, 연합회 또는 중앙회의 정보통신망을 이용하여 해당 금융기관 등의 장에게 금융정보 등을 제공하도록 요청할 수 있다.

나. '금융기관 등'의 '금융정보 등'의 제공 의무

위와 같이 '금융정보 등'의 제공을 요청받은 '금융정보 등'의 장은 「금융실명거래 및 비밀보장에 관한 법률」 제4조 제1항과 「신용정보의 이용 및 보호에 관한 법률」 제32조 제1항 및 제3항에도 불구하고, 국토교통부장관에게 해당 명의인의 '금융정보 등'을 제공하여야 한다.

이러한 경우, 다음 각 호의 사항을 포함하여야 한다.

1. '임차인 등'의 성명과 주민등록번호
2. '금융정보 등'을 제공하는 금융기관 등의 명칭
3. 제공대상 금융상품명과 계좌번호
4. '금융정보 등'의 내용

위와 같이 '금융정보 등'을 제공한 '금융정보 등'의 장은 '금융정보 등'의 제공 사실을 **'명의인'**에게 통보하여야 한다. 다만, 명의인의 동의가 있는 경우에는 「금융실명거래 및 비밀보장에 관한 법률」 제4조의2 제1항과 「신용정보의 이용 및 보호에 관한 법률」 제35조에도 불구하고 통보하지 아니할 수 있다.

위와 같이 '금융정보 등'의 제공요청 및 제공은 「정보통신망 이용촉진 및 정보보호 등에 관한 법률」 제2조 제1항 제1호에 따른 정보통신망을 이용하여야 한다. 다만, 정보통신망의 손상 등 불가피한 사유가 있는 경우에는 그러하지 아니하다.

13. 관계 기관의 장에 대한 자료요청

국토교통부장관은 임차인의 자격을 확인하여 주는 것이 필요하다고 인정한 경우 '임차인 및 배우자, 임차인 또는 배우자와 세대를 같이하는 세대원'('임차인 등')에 대한 다음 각 호의 자료를 **관계 기관의 장에게** 요청할 수 있다. 이 경우 자료의 제공을 요청받은 관계 기관의 장은 특별한 사유가 없으면 이에 따라야 한다.

1. 「가족관계의 등록 등에 관한 법률」 제9조 제1항에 따른 가족관계 등록사항 또는 「주민등록법」 제30조 제1항에 따른 주민등록전산정보자료, 「출입국관리법」에 따른 외국인 등록자료
2. 국세 및 지방세에 관한 자료
3. 국민연금 · 공무원연금 · 군인연금 · 사립학교교직원연금 · 별정우체국연금 · 장애인연금 · 건강보험 · 고용보험 · 산업재해보상보험 · 보훈급여 등 각종 연금 · 보험 · 급여에 관한 자료
4. 「부동산등기법」 제2조 제1호에 따른 등기부, 「건축법」 제38조에 따른 건축물대장, 「자동차관리법」 제5조에 따른 자동차등록원부 등 부동산 및 자동차에 관한 자료

위에 따라 (a) 국토교통부장관 또는 (b)「민간임대주택에 관한 특별법」 제62조에 따라 업무를 위임ㆍ위탁받은 기관에 제공되는 자료에 대해서는 사용료, 수수료 등을 면제한다.

14. 자료 및 정보의 수집 등

가. 목적 범위 내의 활용

(a) **국토교통부장관**, (b)「민간임대주택에 관한 특별법」 제42조의2에 따른 **전산관리지정기관**, (c) **임대사업자** 및 (d)「민간임대주택에 관한 특별법」 제62조에 따라, 같은 법 제42조의4부터 제42조의6까지의 업무를 위임ㆍ**위탁받은 기관의 장**은 민간임대주택 공급을 위하여 같은 법 제42조의2부터 제42조의6까지의 규정에 따라 제공받은 자료 및 정보를 제공받은 목적의 범위에서 수집ㆍ관리ㆍ보유 또는 활용할 수 있다.

나. 연계 사용

국토교통부장관 및 지방자치단체의 장은 같은 법 제42조의5 및 제42조의6에 따른 자료 및 정보를 확인하기 위하여 「사회복지사업법」 제6조의2 제2항에 따른 정보시스템을 연계하여 사용할 수 있다.

다. 목적 외 사용 금지 등

같은 법 제42조의2부터 제42조의6까지의 규정에 따른 업무에 종사하거나 종사하였던 자는 같은 법 제42조의2부터 제42조의6까지의 규정에 따라 제공받은 정보와 자료를 이 법에서 정한 목적 외의 다른 용도로 사용하거나 다른 사람 또는 기관에 제공하거나 누설해서는 아니 된다.

라. 벌 칙

위 규정을 위반하여 **정보 또는 자료를 사용ㆍ제공 또는 누설한 자**는 **5년 이하의 징역이나 5천만원 이하의 벌금**에 처한다.(「민간임대주택에 관한 특별법」 제65조 제1항)

15. 정비사업을 통한 공공지원민간임대주택의 공급

가. 정비계획의 내용

정비계획에는 ① 정비사업의 명칭, ② 정비구역 및 그 면적 등등 이외에도 ⓐ 정비사업을 통하여 '공공지원민간임대주택'「민간임대주택에 관한 특별법」 제2조 제4호에 따른 공공지원민간임대주택)을 공급하거나, ⓑ 주택임대관리업자에게 임대할 목적으로 주택('임대관리 위탁주택', 「민간임대주택에 관한 특별법」 제2조 제11호에 따른 주택임대관리업자에게 관리를 위탁하려는 주택))을 위탁하려는 경우에는 다음 각 목의 사항을 포함하여야 한다.(「도시 및 주거환경정비법」 제9조 제1항 제10호)

다만, 나목과 다목의 사항은 건설하는 주택 전체 세대수에서 법정 임대기간이 8년 이상인 ⓐ '공공지원민간임대주택' 또는 ⓑ '임대관리 위탁주택'이 차지하는 비율의 합계가 100분의 20 이상인 경우로 한정한다.

가. ⓐ 공공지원민간임대주택 또는 ⓑ 임대관리 위탁주택에 관한 획지별 토지이용 계획

나. 주거ㆍ상업ㆍ업무 등의 기능을 결합하는 등 복합적인 토지이용을 증진시키기 위하여 필요한 건축물의 용도에 관한 계획

다. 「국토의 계획 및 이용에 관한 법률」 제36조 제1항 제1호 가목에 따른 주거지역을 세분 또는 변경하는 계획과 용적률에 관한 사항

라. 그 밖에 공공지원민간임대주택 또는 임대관리 위탁주택의 원활한 공급 등을 위하여 대통령령으로 정하는 다음 각 호의 사항. 다만, 제2호 및 제3호의 사항은 정비계획에 필요한 경우로 한정한다.

1. 건설하는 주택 전체 세대수에서 공공지원민간임대주택 또는 임대관리 위탁주택이 차지하는 비율

2. 공공지원민간임대주택 및 임대관리 위탁주택의 건축물 배치 계획

3. 주변지역의 여건 등을 고려한 입주예상 가구 특성 및 임대사업 운영방향

나. 임대사업자의 선정

사업시행자는 '공공지원민간임대주택'을 원활히 공급하기 위하여 국토교통부장관이 정하는('정비사업 연계 임대사업자 선정 기준' [국토교통부고시 제2021-1002호] 2021. 8. 3. 일부 개정, 같은 날 시행) '경쟁입찰'의 방법 또는 '수의계약'[78]의 방법으로 「민간임대주택에 관한 특별법」 제2조 제7호에 따른 임대사업자를 선정할 수 있다. (「도시 및 주거환경정비법」 제30조 제1항)

> **[법제처 법령해석 사례] 안건번호 20-0491 회신일자 2020-11-30**
>
> 광주광역시 – 정비사업 연계형 공공지원민간임대주택의 임대사업자가 선정되지 않은 경우, 관리처분계획에 우선협상대상자의 성명 및 주소를 기재해도 되는지 여부(「도시 및 주거환경정비법」 제74조 제1항 제4호 등 관련)
>
> **1. 질의요지**
>
> 「도시 및 주거환경정비법」(이하 "도시정비법"이라 함) 제74조 제1항에 따라 관리처분계획을 수립하는 경우로서 정비사업 연계형 공공지원민간임대주택(각주: 부동산투자회사, 집합투자기구 또는 투자회사를 설립한 후 도시정비법에 따른 정비사업의 일반분양분, 토지 또는 지분 등을 매입하여 공공지원민간임대주택으

78) 2회 이상 경쟁입찰이 유찰된 경우와 공공재개발사업을 통해 건설·공급되는 공공지원민간임대주택을 「공공주택 특별법」 제4조 제1항 제1호부터 제5호까지에서 규정하는 자가 단독으로 또는 공동으로 총지분의 100분의 50을 초과하여 출자한 「부동산투자회사법」 제2조 제1호에 따른 부동산투자회사에게 매각하는 경우로 한정한다.

로 공급하는 사업을 말하며, 이하 같음.)의 임대사업자가 선정되지 않은 경우 사업시행자(각주 : 도시정비법 제2조 제8호에 따른 "사업시행자"를 말하며, 이하 같음.)는 같은 항 제4호 단서에 따른 임대사업자의 성명 및 주소(각주 : 법인인 경우에는 법인의 명칭 및 소재지와 대표자의 성명 및 주소를 말하며, 이하 같음.) 대신 우선협상대상자(각주 : 「정비사업 연계 임대사업자 선정기준」(국토교통부 고시) 제2조 제3호에 따른 우선협상대상자를 말하며, 이하 같음.)의 성명 및 주소를 기재해도 되는지?

※ 질의배경

광주광역시에서는 위 질의요지에 대한 국토교통부의 회신 내용에 이견이 있어 법제처에 법령해석을 요청함.

2. 회답

이 사안의 경우 사업시행자는 임대사업자 대신 우선협상대상자의 성명 및 주소를 기재할 수 없습니다.

3. 이유

법령의 문언 자체가 비교적 명확한 개념으로 구성되어 있다면 원칙적으로 더 이상 다른 해석방법은 활용할 필요가 없거나 제한될 수밖에 없다고 할 것인바,(각주 : 대법원 2009. 4. 23. 선고 2006다81035 판결례 참조) 도시정비법 제74조 제1항에서는 사업시행자가 수립하여 시장·군수 등(각주 : 특별자치시장, 특별자치도지사, 시장, 군수, 자치구의 구청장을 말함.)의 인가를 받아야 하는 관리처분계획에 포함되어야 하는 사항을 각 호로 열거하면서 같은 항 제4호에서는 일반

분양분, 공공지원민간임대주택 등 각 목의 명세와 추산액 및 처분방법과 공공지원민간임대주택의 경우 같은 법 제30조 제1항에 따라 선정된 임대사업자의 성명 및 주소(각주 : 법인인 경우에는 법인의 명칭 및 소재지와 대표자의 성명 및 주소를 말함.)를 포함해야 한다고 규정하여, 사업시행자가 관리처분계획에 기재해야 하는 사항은 공공지원민간임대주택의 임대사업자에 대한 정보임을 분명히 하고 있습니다.

그리고 도시정비법 제30조 제1항에 따라 선정되는 임대사업자는 「민간임대주택에 관한 특별법」 제2조 제7호에 따른 임대사업자로서 민간임대주택을 취득하여 임대하는 사업을 할 목적으로 같은 법 제5조에 따라 등록한 자를 말하는바, 임대사업자로 등록하기 전에는 임대사업자의 지위를 가질 수 없을 뿐 아니라, 도시정비법 제30조 제2항의 위임에 따른 「정비사업 연계 임대사업자 선정기준」(국토교통부고시)에서 임대사업자와 우선협상대상자를 각각 별도로 정의(제2조 제2호·제3호)하면서, 사업시행자는 매매예약을 체결한 후 대의원회 또는 총회 등의 의결을 통해 매매예약의 상대방인 우선협상대상자를 임대사업자로 지정해야 한다(제12조 제1항)고 규정하여 임대사업자와 우선협상대상자의 지위를 명확히 구분하고 있으므로, 임대사업자가 선정되지 않았다는 이유만으로 명문의 근거 없이 임대사업자 대신 우선협상대상자의 성명 및 주소를 관리처분계획에 포함할 수는 없습니다.

또한 관리처분계획은 정비사업의 시행 결과 조성되는 대지 또는 건축물의 권리 귀속에 관한 사항과 조합원의 비용 분담에 관한 사항 등을 정함으로써 조합원의 재산상 권리ㆍ의무 등에 구체적이고 직접적인 영향을 미치게 되고,(각주 : 대법원 2009. 9. 17. 선고 2007다2428 판결례 참조) 도시정비법 제79조 제1항에 따르면 정비사업의 시행으로 조성된 대지 및 건축물은 관리처분계획에 따라 처분 또는 관리해야 하므로, 관리처분계획에 포함되어야 할 사항과 관리처분계획의 수립기준에 대해 법률에서 구체적으로 규율한 것인데, 도시정비법상 관리처분계획에 포함되어야 할 사항으로 규정된 내용을 임의로 변경하여 적용할 수는 없습니다.

아울러 도시정비법 제74조 제1항 제4호에서 공공지원민간임대주택의 경우 임대사업자의 성명 및 주소를 관리처분계획에 포함하도록 한 것은 같은 항 제2호에서 조합원 분양대상자의 주소 및 성명을 포함하도록 한 것과 마찬가지로 관리처분계획 수립 전에 권리의 귀속 대상자인 임대사업자를 선정하도록 하려는 취지로 보아야 합니다.

만약 이와 달리 임대사업자 대신 우선협상대상자의 성명 및 주소를 포함하여 관리처분계획을 수립할 수 있다고 본다면, 우선협상대상자가 임대사업자로 선정되지 못하는 상황에 따라 사업시행자는 관리처분계획을 변경해야 한다는 점도 이 사안을 해석할 때 고려해야 합니다.

[법제처 법령해석 사례] 안건번호 20-0378 회신일자 2020-11-19

민원인 - 정비사업으로 공공지원민간임대주택을 임대사업자에게 공급하는 경우 입주자모집 승인 대상인지 여부(「주택공급에 관한 규칙」 제20조 등 관련)

1. 질의요지

「도시 및 주거환경정비법」(이하 "도시정비법"이라 함)에 따른 정비사업의 사업시행자(각주 : 「주택법」 제15조 제1항에 따른 승인 대상 규모 이상의 사업을 시행하는 사업주체에 해당하는 것을 전제함.)가 같은 법 제30조 제1항에 따라 임대사업자(각주 : 「민간임대주택에 관한 특별법」 제2조 제7호에 따른 임대사업자를 말하며, 이하 같음.)를 선정하여 공공지원민간임대주택(각주 : 「민간임대주택에 관한 특별법」 제2조 제4호에 따른 공공지원민간임대주택을 말하며, 이하 같음.)을 공급하려는 경우 「주택공급에 관한 규칙」 제20조 제1항 전단을 적용하여 입주자모집 승인을 받아야 하는지?

※ 질의배경

민원인은 위 질의요지에 대해 국토교통부에 문의하였고 이 사안의 경우 입주자모집 승인 대상이라는 회신을 받자 이에 이견이 있어 법제처에 법령해석을 요청함.

2. 회답

이 사안의 경우 「주택공급에 관한 규칙」 제20조 제1항 전단이 적용되지 않으므로 사업시행자는 입주자모집 승인을 받지 않아도 됩니다.

3. 이유

「주택법」 제54조 제1항의 위임에 따른 「주택공급에 관한 규칙」 제15조에서는 사업주체(각주 : 「주택법」 제2조 제1항 제10호에 따른 사업주체(같은 법 시행령 제16조에 따라 토지소유자 및 등록사업자가 공동사업주체인 경우에는 등록사업자)를 말함.)는 착공과 동시에 입주자모집을 할 수 있는 것을 원칙으로 하면서(제1항), 요건을 갖추지 못하거나 사업주체가 영업정지처분을 받은 경우 등에는 일정한 건축공정에 달한 후에 모집할 수 있도록(제2항·제3항) 규정하고 있고, 같은 규칙 제19조제1항에서는 공개모집의 방법으로 입주자를 모집하도록 규정하고 있으며, 같은 규칙 제20조 제1항에서는 제18조 각 호의 사업주체를 제외한 사업주체는 입주자를 모집하려면 시장·군수·구청장(각주: 특별자치시장 · 특별자치도지사 · 시장 · 군수 · 구청장을 말함.)의 승인을 받아야 한다고 규정하고 있습니다.

한편 도시정비법에서는 사업시행자가 사업시행계획인가를 받은 때 「주택법」 제15조에 따른 사업계획의 승인이 의제되고(제50조·제57조 제1항 제1호), 사업시행계획인가를 받은 후에 분양공고 및 분양신청(제72조) 및 관리처분계획 인가(제74조) 등을 거쳐 착공이 이루어지도록 정비사업의 절차를 규율하고 있고, 같은 법 제74조 제1항 제4호 단서에서는 공공지원민간임대주택의 경우 같은 법 제30조 제1항에 따라 선정된 임대사업자의 성명 및 주소를 관리처분계획에 포함하도록 규정하고 있는바, 도시정비법에 따른 절차상 정비사업으로 공공지원민간임대주택을 공급하려는 경우 임대사업자 선정은 정비사업이 착공되기 전 단계인 관리처분계획 수립 전에 이루어져야 합니다.

그리고 도시정비법 제30조의 위임에 따라 임대사업자 선정에 관한 사항을 정하고 있는 「정비사업 연계 임대사업자 선정기준」(국토교통부 고시)에서는 입찰공고를 하고 총회에서 조합원 등의 투표 등을 통해 우선협상대상자(각주 : 사업시행자가 공공지원민간임대주택을 공급하기 위해 정비구역 내 토지, 공동주택, 지분 등의 매매에 대한 배타적 협상권을 부여한 자를 말하며(「정비사업 연계 임대사업자 선정기준」 제2조 제3호 참조), 이하 같음.)를 선정하고(제6조·제9조) 가격협상 및 매매예약 체결 등을 거쳐 임대사업자를 선정(제10조·제10조의2 및 제12조)하도록 규정하고 있습니다.

이와 같이 도시정비법에서 공공지원민간임대주택을 임대사업자에게 공급하는 경우의 임대사업자 선정 절차를 별도로 정한 것은 「주택법」 제54조 제1항 및 「주택공급에 관한 규칙」에 따른 입주자 모집 절차에 대한 특례를 정한 것으로, 정비사업으로 공공지원민간임대주택을 공급하는 것은 「주택법」에 따른 일반적인 주택사업과 그 추진 절차상 차이가 있을 뿐 아니라 공공지원민간임대주택 공급을 위해 선정하는 임대사업자를 일반적인 수분양자와 달리 규율할 필요가 있기 때문인 바, 이 사안과 같이 정비사업의 사업시행자가 도시정비법 제30조 제1항에 따라 임대사업자를 선정하여 공공지원민간임대주택을 공급하려는 경우에는 「주택공급에 관한 규칙」 제20조 제1항 전단이 적용되는 것이 아니라 도시정비법에 따른 임대사업자 선정 절차에 따라야 한다고 보아야 합니다.

또한 도시정비법 제79조 제4항 및 같은 법 시행령 제67조에서는 같은 법 제72조에 따른 분양신청을 받은 후 잔여분이 있는 경우 조합원 외의 자에게 분양할 수 있다고 하면서 분양공고와 분양신청절차는 「주택법」 제54조를 준용하도록 규정하여 정비사업으로 주택을 공급하는 한정적인 경우에 대해서만 「주택법」 제54조를 준용하도록 하고 있고, 「민간임대주택에 관한 특별법」 제18조 제6항에서는 「주택법」 제54조에 따른 사업주체가 주택을 공급하는 경우에는 같은 조 제1항에도 불구하고 그 주택을 공공지원민간임대주택으로 운영하려는 임대사업자에게 주택(각주 : 「주택법」 제57조에 따른 분양가상한제 적용주택은 제외함.) 전부를 우선적으로 공급할 수 있다고 규정하고 있는 점에 비추어 보면, 「주택법」 또는 「주택공급에 관한 규칙」에서 입주자모집 승인 대상에서 명시적으로 제외하지 않더라도 정비사업으로 공급하는 공공지원민간임대주택의 임대사업자 선정에 대해서는 「주택공급에 관한 규칙」에 따른 입주자모집 승인을 받지 않아도 된다고 보는 것이 관련 법령체계에도 부합하는 해석입니다.

만약 이와 달리 이 사안의 경우에도 「주택공급에 관한 규칙」 제20조 제1항 전단에 따라 사업시행자가 입주자모집 승인을 받아야 한다고 본다면, 도시정비법상 절차에 따라 선정된 임대사업자가 있음에도 불구하고 해당 사업 착공 이후에 다시 임대사업자를 모집해야 하는 절차상 모순이 발생하게 된다는 점도 이 사안을 해석할 때 고려해야 합니다.

16. 사용검사 전 임차인 모집의 특징 등

민간 임대주택이 신축되기 전에 임차인을 모집하여 임대차계약을 체결하는 경우(소위 선분양), 임대보증금을 임대주택이 신축되어 입주할 때까지 분할하여 납부하도록 한다면, 임대사업자는 임대보증금을 임대주택 신축의 건설재원으로 사용할 수 있다.

원칙적으로 자기의 노력과 출재(出財)로 건물을 건축한 사람은 그 건물의 소유권을 원시 취득하게 되는데, 위와 같은 방식으로 신축된 임대주택은 ⓐ 임차인들의 상당한 출재(出財)[79]와 ⓑ 임대사업자의 노력으로 임대주택이 완공된 것이지만, 완성된 목적물인 임대주택의 '소유권'은 임대사업자가 취득하는 것으로 하는 특징이 있는 것이다.

또한 이러한 경우 임대사업자가 '선분양'을 하지 않았다면, 당해 임대주택의 건설비용

79) 임차인들이 당해 임대주택의 입주일 이전까지 임대보증금의 60%가량을 임대사업자에게 지급하였고, 입주일에 나머지 40%를 지급한 경우 등

및 그에 대한 이자비용(기회비용)을 임대사업자가 온전히 부담하였을 것이지만, '선분양'을 함에 따라 당해 임대주택의 '건설비용' 및 그에 대한 '이자비용(기회비용)'을 온전히 임차인들이 떠안은 특징이 있는 것이다.

그럼에도 불구하고, 임대차계약서에 (a) 임차인에게 우선분양전환권이 있다는 규정도 없고, (b) 분양전환가격은 임대사업자가 일방적으로 정할 수 있다고 규정할 경우, 개발이익(=분양전환가격 - 신축비용)을 임대사업자가 독식할 수 있는 부당함이 있다.

만약 기존의 임대사업자가 「민간임대주택에 관한 특별법」 제43조 제2항에 따라 법정 임대의무기간 중 다른 임대사업자에게 당해 임대주택을 양도하는 경우, 임차인의 불만은 고조될 것인데, 이와 관련하여 현재 「민간임대주택에 관한 특별법」은 임차인 보호를 위한 규정을 전혀 두고 있지 않다.

제8장

임대보증금에 대한 보증

1. 임대보증금에 대한 보증 의무 가입 대상

임대사업자는 다음 각 호의 어느 하나에 해당하는 민간임대주택을 임대하는 경우 임대보증금에 대한 보증에 가입하여야 한다.(「민간임대주택에 관한 특별법」 제49조 제1항)

1. **민간건설임대주택**
2. 「민간임대주택에 관한 특별법」 제18조 제6항에 따라 분양주택 전부를 우선 공급받아 임대하는 **민간매입임대주택**

이는 2017. 1. 17. 법률 제14542호로 개정되어 2017. 7. 18.부터 시행하는 개정 법률에 신설되었다.

3. 동일 주택단지에서 100호 이상의 주택을 임대하는 **민간매입임대주택**(제2호에 해당하는 민간매입임대주택은 제외한다.)

이는 2019. 4. 23. 법률 제16386호로 일부 개정된 「민간임대주택에 관한 특별법」 제49조 제1항 제3호의 내용이다.[80)]

4. 제2호와 제3호 외의 **민간매입임대주택**

이는 2020. 8. 18. 법률 제17482호로 일부 개정된 「민간임대주택에 관한 특별법」 제49조 제1항 제4호의 내용이다.[81)]

---

80) 2019. 4. 23. 법률 제16386호로 일부 개정된 「민간임대주택에 관한 특별법」 부칙
제1조 이 법은 공포한 후 6개월이 경과한 날부터 시행한다.
제5조(임대보증금에 대한 보증에 관한 적용례) 제49조 제1항 제3호의 개정규정은 이 법 시행 이후 최초로 임대사업자가 제49조 제1항 제3호에서 정한 호수 이상의 민간매입임대주택을 등록하는 경우부터 적용한다.

위 제1호 및 제2호에 해당하는 민간임대주택의 임대사업자는 ⓐ「주택법」 제49조에 따른 사용검사, 임시 사용승인 또는 ⓑ「건축법」 제22조에 따른 사용승인, 임시 사용승인을 신청하기 전에 임대보증금에 대한 보증에 가입해야 한다.

[법제처 법령해석 사례] 안건번호21-0481 회신일자2021-09-14

민원인 - 임대보증금 보증 가입 대상인 민간매입임대주택의 범위(2020. 8 .18. 법률 제17482호 민간임대주택에 관한 특별법 부칙 제4조 등 관련)

1. 질의요지

2020년 8월 18일 법률 제17482호로 일부개정되어 같은 날 시행된「민간임대주택에 관한 특별법」(이하 "법률 제17482호 민간임대주택법"이라 함) 제49조 제1항 각 호 외의 부분 및 같은 항 제4호에서는 임대사업자는 같은 항 제2호와 제3호 외의 민간매입임대주택을 임대하는 경우 임대보증금에 대한 보증에 가입하여야 한다고 규정하고 있고, 같은 법 부칙 제4조 전단에서는 같은 법 제49조의 개정규정에도 불구하고 같은 법 시행 당시 등록되어 있는 민간임대주택 중 제49조 제1항 제1호부터 제3호까지의 어느 하나에 해당하지 않는 경우에는 같은 법 시행 1년 후 임대차계약을 체결하는 경우부터 적용한다고 규정하고 있는바,

81) 2020. 8. 18. 법률 제17482호로 일부 개정된「민간임대주택에 관한 특별법」 부칙
제1조 이 법은 공포한 날부터 시행한다.
제4조(임대보증금에 대한 보증에 관한 적용례) 제49조의 개정규정에도 불구하고 이 법 시행 당시 등록되어 있는 민간임대주택 중 제49조 제1항 제1호부터 제3호까지의 어느 하나에 해당하지 아니한 경우에는 이 법 시행 1년 후 임대차계약을 체결하는 경우부터 적용한다. 이 경우 제49조제4항에 따른 보증의 가입기간의 시점은 그 임대차계약 개시일로 한다.

법률 제17482호 민간임대주택법 "시행 1년 후"에 같은 법 제49조 제1항 제4호에 따른 민간매입임대주택에 대한 임대차계약을 체결하면서 그 임대차계약 개시일을 같은 법 "시행 1년 전"으로 정한 경우, 해당 임대사업자는 「민간임대주택에 관한 특별법」 제49조 제1항에 따라 임대보증금에 대한 보증에 가입해야 하는지?

※ 질의배경

민원인은 위 질의요지에 대해 국토교통부에 질의하였고, 이에 대한 국토교통부의 회신에 이견이 있어 법제처에 직접 법령해석을 요청함.

2. 회답

이 사안의 경우 「민간임대주택에 관한 특별법」 제49조 제1항에 따라 임대보증금에 대한 보증에 가입해야 합니다.

3. 이유

법률 제17482호 민간임대주택법에서는 제49조 제1항 제4호를 신설하여 "제2호와 제3호 외의 민간매입임대주택"을 규정하였는데, 이는 임대사업자의 부도 등의 사유로 임대보증금을 반환받기 어려운 임차인을 두텁게 보호하려는 취지로, (각주 : 법률 제17482호 민간임대주택법 관련 국회 검토보고서 참조) 종전에 임대보증금에 대한 보증 가입대상이 아닌 "제2호와 제3호 외의 민간매입임대주택"을 임대하는 임대사업자도 임대보증금에 대한 보증 가입대상으로 새로 정함으로써 모든 임대사업자에게 같은 법에 따라 등록한 임대주택을 임대하는 경우 의무적으로 임대보증금에 대한 보증에 가입하도록 하였는바, 해당 규정의 신설로 인해 새로 임대보증금에 대한 보증가입 의무가 발생하는 임대사업자에 대한 구체적인 법 적용 시점을 명확히 하기 위해 법률 제17482호 민간임대주택법 부칙 제4조에서는 임대보증금에 대한 보증에 관한 적용례를 두고 있습니다.

그런데 법령의 문언 자체가 비교적 명확한 개념으로 구성되어 있다면 원칙적으로 더 이상 다른 해석방법은 활용할 필요가 없거나 제한될 수밖에 없다고 할 것인바, (각주 : 대법원 2009. 4. 23. 선고 2006다81035 판결례 참조) 법률 제17482호 민간임대주택법 부칙 제4조 전단에서는 같은 법 시행 당시 등록되어 있는 민간임대주택 중 같은 법 제49조 제1항 제1호부터 제3호까지의 어느 하나에 해당하지 아니한 민간임대주택에 대해 같은 법 시행 1년 후 "임대차계약을 체결하는 경우"부터 적용하도록 규정하고 있어, 이 사안과 같이 같은 법 "시행 1년 후"에 임대차계약을 체결하는 경우라면 「민간임대주택에 관한 특별법」 제49조 제1항의 적용대상에 해당한다는 것이 문언상 분명합니다.

또한 법률 제17482호 민간임대주택법 부칙 제4조에서 적용례를 둔 것은 법률이 시행된 이후 바로 임차인 보호 의무를 확보하기 위해 임대사업자에게 임대보증금에 대한 보증가입 의무를 일률적으로 부과해야 함에도 종전에 임대보증금에 대한 보증가입 의무를 지지 않았던 기존 임대사업자가 준비기간을 충분히 확보할 수 있도록 1년의 유예기간을 부여하려는 취지임에 비추어 볼 때,(각주: 법률 제17482호 민간임대주택법 관련 국회 검토보고서 참조) 같은 법 부칙 제4조 전단에 따라 임대보증금에 대한 보증가입 의무의 적용을 배제하는 범위는 문언에 따라 "법 시행 1년"이 되기 전에 체결한 임대차계약으로 한정된다고 보아야 합니다.

더욱이 법률 제17482호 민간임대주택법 부칙 제4조 후단에서는 같은 법 제49조 제4항에 따른 보증의 가입기간의 시점은 그 임대차계약 개시일로 한다고 규정하여, 같은 조문 내에서도 임대차계약 "개시"와 임대차계약 "체결"을 명확히 구분하고 있는 점에 비추어 볼 때, 같은 법 부칙 제4조 전단은 임대차계약 "체결" 시점만을 고려하여 임대보증금에 대한 보증 가입 의무 규정에 관한 적용례를 규정한 것이고, 그 "개시" 시점까지 고려한 것은 아니라고 할 것입니다.

따라서 이 사안의 경우 임대사업자는 「민간임대주택에 관한 특별법」 제49조 제1항에 따라 임대보증금에 대한 보증에 가입해야 합니다.

2. 임대보증금에 대한 보증 대상 금액

가. 원 칙

위 따른 보증에 가입하는 경우 보증대상은 임대보증금 '전액'으로 한다.(「민간임대주택에 관한 특별법」 제49조 제2항)

나. 예 외

1) 사용검사 전에 임차인을 모집하는 경우

다만, 임대사업자가 사용검사 전에 임차인을 모집하는 경우, 임차인을 모집하는 날부터 사용검사를 받는 날까지의 보증대상액은 임대보증금 중 사용검사 이후 납부하는 임대보증금을 '제외'한 금액으로 한다.

2) 기타 근저당권이 세대별로 분리된 경우 등

그리고 다음 각 호에 모두 해당하는 경우에는 (a) 담보권이 설정된 금액과 (b) 임대보증금을 합한 금액에서 (c) 주택가격의 100분의 60에 해당하는 금액을 뺀 금액 이상으로 보증대상으로 할 수 있다.

1. 근저당권이 세대별로 분리된 경우(근저당권이 주택단지에 설정된 경우에는 근저당권의 공동담보를 해제하고, 채권최고액을 감액하는 근저당권 변경등기의 방법으로 할 수 있다.)
2. 임대사업자가 임대보증금보다 선순위인 제한물권(다만, 제1호에 따라 세대별로 분리된 근저당권은 제외한다.), 압류 · 가압류 · 가처분 등을 해소한 경우
3. ⓐ 전세권이 설정된 경우 또는 ⓑ 임차인이 「주택임대차보호법」 제3조의2 제2항에 따른 대항요건과 확정일자를 갖춘 경우
4. **임차인이** ⓐ 담보권이 설정된 금액과 ⓑ 임대보증금을 합한 금액에서 ⓒ 주택가격의 100분의 60에 해당하는 금액을 뺀 금액 이상으로 보증대상으로 하는 데 동의한 경우

위 제3호와 제4호의 규정은 2021. 9. 14.부터 시행된 규정인바, 이들에 대하여는 2021. 9. 4. 이후 임대차계약을 체결하는 경우부터 적용된다.(「민간임대주택에 관한 특별법」 법률 제18452호, 부칙 제4조)

3) 주택가격의 산정방법

한편, 이 경우 '주택가격의 산정방법'은 다음 각 호의 어느 하나에 해당하는 방법으로 한다.

1. **감정평가법인 등**이 「감정평가 및 감정평가사에 관한 법률」 제3조에 따라 '**감정평가액**'을 산정하는 방법
2. 「부동산 가격공시에 관한 법률」 제16조부터 제18조까지의 규정에 따라 '**공시된 가격**'('**준주택**'의 경우에는 「소득세법」 제99조 제1항 제1호 다목에 따른 '**기준시가**'를 말한다.)에 '국토교통부장관이 정하여 고시'하는 비율을 곱하여 산정하는 방법
3. **보증회사**가 전세금 반환을 보장하는 보증을 할 때 적용하는 주택가격 산정 기준을 '국토교통부장관이 정하여 고시'하는 방법에 따라 적용하여 산정하는 방법

공시가격 및 기준시가 적용비율
국토교통부 고시 제2021-1026호, 2021. 8. 17. 일부 개정 [별표 1]

1. 공시가격 및 기준시가 적용비율

□ 「부동산 가격공시에 관한 법률」 제16조부터 제18조까지의 규정에 따라 공시된 가액

o 공시된 가액에 따라 다음과 같이 적용함

구분	9억원 미만	9~15억원	15억원 이상
공동주택	150%	140%	130%
단독주택	190%	180%	160%

□ 「소득세법」제99조 제1항 제1호 다목에 따라 국세청장이 매년 산정ㆍ고시하는 기준시가

o 적용비율 : 120%

2. 기타 가격기준

□ 이외에도 보증회사가 전세보증금 반환보증의 심사 시 적용하고 있는 가격기준 등 준용 가능

3. 임대보증금에 대한 보증의 가입 기간

가. 가입 기간의 시점과 종점

위 임대보증금에 대한 보증의 가입기간은 ⓐ 다음 각 호의 시점부터 ⓑ 임대사업자 등록이 '말소'되는 날(임대사업자 등록이 말소되는 날에 임대 중인 경우에는 임대차계약이 종료되는 날로 한다.)까지로 한다.(「민간임대주택에 관한 특별법」 제49조 제4항)

1. ⓐ 민간건설임대주택 및 ⓑ 분양주택 전부를 우선 공급받아 임대하는 민간 매입임대주택에 해당하는 민간임대주택 : 사용검사를 받은 날(사용검사 전에 임차인을 모집하는 경우에는 그 날을 말한다.)

2. 제1호 이외의 민간임대주택 중 등록일에 존속 중인 임대차계약이 있는 경우 : 민간 임대주택 등록일

3. 제1호 이외의 민간임대주택 중 등록일에 존속 중인 임대차계약이 없는 경우 : 민간 임대주택 등록일 이후 최초 임대차계약 개시일

나. 분할 납부의 경우

이 경우 임대사업자는 임대보증금에 대한 보증의 수수료를 1년 단위로 '재산정'하여 '분할 납부'할 수 있다.

위와 같은 방식으로 임대보증금에 대한 보증에 가입한 임대사업자가 가입 후 1년이 지났으나, 위와 같이 재산정한 보증수수료를 보증회사에 납부하지 아니하는 경우에는 보증회사는 그 보증계약을 해지할 수 있다. 다만, 임차인이 보증수수료를 납부하는 경우에는 그러하지 아니하다.

다. 보증회사의 통지 의무

ⓐ 임대사업자가 보증에 가입하거나, ⓑ 보증회사가 보증계약을 해지하는 경우, 보증회사는 보증 가입 또는 보증계약 해지 사실을 시장ㆍ군수ㆍ구청장에게 알리고, 관련 자료를 제출하여야 한다.

라. 시장 · 군수 · 구청장의 자료 제공 의무

시장ㆍ군수ㆍ구청장은 보증회사로부터 제출받은 ⓐ 임대사업자의 보증 가입이나 ⓑ 보증계약 해지에 관한 자료 중 다음 각 호의 자료를 보증회사로부터 제출받은 날이 속하는 달의 다음 달 15일까지 국토교통부장관에게 제공해야 한다.

1. 임대사업자의 성명과 주소(법인인 경우에는 명칭과 본점 소재지)
2. 보증금액, 보증기간 및 보승 가입일ㆍ해지일
3. 그 밖에 국토교통부장관이 정하는 자료

시장 · 군수 · 구청장은 위와 같이 자료를 제공하는 경우 「민간임대주택에 관한 특별법」 제60조 제1항에 따른 '**임대주택정보체계**'에 제1항 각 호의 자료를 입력하는 방식으로 제공할 수 있다.

4. 보증수수료의 납부 방법과 부담 비율

임대보증금에 대한 (a) 보증수수료의 납부방법, (b) 보증수수료의 부담비율 등은 다음 각 호와 같다.

1. 보증수수료의 75%는 임대사업자가 부담하고, 25%는 임차인이 부담할 것. 다만, 임대사업자가 사용검사 전에 임차인을 모집하는 경우 임차인을 모집하는 날부터 사용검사를 받는 날까지의 보증수수료는 임대사업자가 전액 부담한다.
2. 보증수수료는 임대사업자가 납부할 것. 이 경우 임차인이 부담하는 보증수수료는 임대료에 포함하여 징수하되 임대료 납부고지서에 그 내용을 명시하여야 한다.
3. 보증수수료를 '분할 납부'하는 경우에는 '재산정'한 보증수수료를 임대보증금 보증 계약일부터 매 1년이 되는 날까지 납부할 것

5. 임대사업자의 기타 의무

임대사업자는 임대보증금에 대한 보증에 가입하였으면, 지체 없이 해당 보증서 사본을 민간임대주택의 소재지를 관할하는 시장 · 군수 · 구청장에게 제출하여야 한다.

보증서 사본을 받은 시장 · 군수 · 구청장은 임대보증금에 대한 보증기간이 끝날 때까지 보증서 사본을 **보관하여야 한다.**

임대사업자는 임대보증금에 대한 보증에 가입한 경우에는 임차인이 해당 민간임대주택

에 입주한 후 지체없이 보증서 및 보증약관 각각의 사본을 임차인에게 내주어야 한다.

임대사업자는 임대보증금에 대한 보증가입 여부를 임차인이 잘 볼 수 있는 장소에 공고하여야 한다. 가입한 보증을 해지하거나 변경하는 경우에도 또한 같다.

5. 임대보증금에 대한 보증 약관

임대보증금에 대한 보증 약관에는 보증사고 등에 관하여 자세한 규정을 두고 있는데 '주택도시보증공사'가 제정한 약관의 주요한 사항을 정리하면 대략 아래와 같다.[82]

가. 보증채무의 내용(제1조)

보증회사는 보증사고가 발생한 경우에 다음 각 호와 같이 책임을 부담한다.

1. 이 보증서에 기재된 세대별 보증금액 한도 내 임대보증금 환급. 다만, 「민간임대주택에 관한 특별법」 제49조 제3항에 의거 일부 보증의 경우에는 임대보증금납부액과 주택도시기금 융자금 합계액이 주택가격의 100분의 60을 초과하는 부분에 한하여 보증금액 범위 내에서 임대보증금 환급
2. 사용검사 후 보증회사에 신탁등기된 임대주택의 경우에는 임대차계약서상의 임대보증금 환급 또는 분양전환
3. 제6조 제1항 단서에 따른 임대이행의 경우에는, 보증회사의 이행방법 결정에 따라, 제1호의 환급 또는 당해 주택의 임대이행

나. 보증이행 대상이 아닌 채무 등(제2조)

보증회사는 다음 각호의 어느 하나에 해당하는 경우(임차권 양도자와 관련하여다음 각호의 어느 하나에 해당하는 사유가 있는 경우를 포함한다)에는 보증채권자(임차인)에게

82) 주택도시보증공사 [https://www.khug.or.kr > common > downLoad(2017. 11. 27.)]

보증채무를 이행하지 아니한다.

1. 천재지변, 전쟁, 내란 기타 이와 비슷한 사정으로 주채무자가 주택임대차계약을 이행하지 못함으로써 발생한 채무
2. **사용검사 전으로서** 보증서 발급 이전에 주택임대차계약을 체결한 자가 납부한 임대보증금
3. 보증채권자가 보증사고 후에 납부한 임대보증금
4. **사용검사 전으로서** 보증채권자가 주택임대차계약서에서 정한 납부기일 전에 납부한 임대보증금 중 납부기일이 보증사고일 후에 해당하는 임대보증금. 다만, 보증회사가 임대보증금을 관리(주채무자 등과 공동관리하는 경우를 포함한다)하는 계좌에 납부된 임대보증금은 제외
5. 보증서 발급 이전 또는 보증사고 전에 주택임대차계약의 종료, 해제 또는 해지로 주채무자가 보증채권자에게 반환하여야 할 임대보증금. 다만, 보증채권자가 보증사고 발생 이전에 보증사고 사유와 밀접한 관련이 있는 사유로 주택임대차계약을 해제 또는 해지한 경우는 제외
6. 주채무자가 임대차계약을 이행하지 않음으로써 발생하는 임대보증금의 이자 또는 지연손해금, 위약금 기타 손해배상채무
7. 보증채권자가 대출받은 임대보증금 대출금의 이자, 임대보증금의 납부지연으로 납부한 지연배상금, 임대보증금에 대한 이자 · 비용 · 기타 종속채무
8. 주채무자가 대물변제, 차명, 이중계약, 실제 거주하지 않는 명목상 임차인 등 정상계약자가 아닌 자에게 부담하는 채무
9. 보증채권자가 보증채무이행을 위한 청구서류를 제출하지 아니하거나 협력의무를 이행하지 않는 등 보증채권자의 책임 있는 사유로 발생하거나 증가된 채무
10. 임대보증금을 제외한 필요비·유익비 등의 채무
11. 보증채권자가 보증서 발급 후 납부한 임대보증금으로서 이 보증서 앞면에 기재된 임대보증금 납부계좌(보증회사가 임대보증금납부계좌를 변경 · 통보한 후에는 변경된 납부계좌를 말한다)에 납부하지 않은 임대보증금

12. 보증회사가 보증채권자에게 임대보증금의 납부중지를 통보한 후에 그 납부중지 통보계좌에 납부한 임대보증금
13. 사용검사 전으로서 보증채권자가 주택임대차계약서에서 정한 계약금 및 중도금을 초과하여 납부한 임대보증금
14. 주택임대차계약서 상 임대보증금에 포함되지 않은 사양선택 품목(예시: 홈오토, 발코니샤시, 마이너스옵션 부위, 기타 마감재공사 등)과 관련한 금액
15. 사용검사 전으로서 주채무자·공동사업주체·시공자 등과 도급관계에 있는 수급인, 그 대표자 또는 임직원 등 이해관계가 있는 자가 주채무자·공동사업주체·시공자 등에게 자금조달의 편의 제공, 보증채권자에 대한 채무상환 및 상기 이해관계가 있는 자로부터 계약금을 대여받아 주택임대차계약체결 등의 사유로 납부한 임대보증금
16. 기타 보증채권자의 책임 있는 사유 또는 권리행사의 해태로 인하여 생긴 손해

다. 보증채권자(임차인)의 협력의무 등(제3조)

① 보증채권자는 보증회사의 사전동의 없이 주채무자 등으로부터 저당권설정 등의 요청에 동의하여서는 아니 된다.

② 보증사고가 발생한 경우에 보증회사는 보증채권자에 대하여 보증채무의 이행에 필요한 자료의 제출, 조사의 협조 등을 요구할 수 있으며, 보증채권자는 특별한 사유가 없는 한 이에 응하여야 한다.

③ 보증채권자는 신탁등기의 경우에는 보증사고일 이후부터 임대보증금 및 임대료를 보증회사에 납부하여야 한다.

④ 보증채권자는 주채무자의 부도 등의 사실을 통지받거나 인지한 경우에는 보증회사에 지체 없이 알려야 한다.

⑤ 보증채권자는 보증회사가 선정한 승계사업자 또는 시공사의 공사를 방해하여서는 아니 된다.

⑥ 보증채권자가 제1항부터 제5항까지의 규정을 위반하여 보증회사에 손해를 끼친

경우에는 보증회사는 그로 인해 입은 손해를 보증채권자에게 청구할 수 있다.

라. 보증사고(제4조)

① "보증사고(사용검사 전)"는 보증기간 내에 다음 각 호의 어느 하나에 해당하는 사유로 인하여 사회통념 상 주채무자의 정상적인 주택임대차계약 이행을 기대하기 어려운 상태를 말한다.

1. 주채무자에게 부도·파산·사업 포기 등의 사유가 발생한 경우
2. 감리자가 확인한 실행공정률이 예정공정률(주채무자가 감리자에게 제출하는 예정 공정표 상의 공정률을 말한다)보다 25% 포인트 이상 미달하여 보증채권자의 이행청구가 있는 경우
3. 감리자가 확인한 실행공정률이 75%를 초과하는 경우로서 실행공정이 정당한 사유 없이 예정공정보다 6개월 이상 지연되어 보증채권자의 이행청구가 있는 경우
4. 시공자의 부도·파산 등으로 공사 중단 상태가 3개월 이상 지속되어 보증채권자의 이행청구가 있는 경우

② "보증사고(사용검사후)"는 다음 각호의 어느 하나에 해당하는 경우를 말한다.

1. 보증기간 내에 임대차계약이 종료 또는 해지된 경우로서 동 임대차계약의 종료 또는 해지일로부터 2월이 경과하도록 정당한 사유 없이 임대보증금을 반환받지 못한 때
2. 보증기간 내에 주채무자가 파산·부도 등으로 임대보증금 반환채무를 이행할 수 없다고 보증회사가 인정하여 그 사실을 보증채권자에게 통지하는 경우

③ "보증사고일"은 보증회사가 제1항 또는 제2항의 사유로 사고 안내문을 통지하면서 다음 각 호 중에서 보증사고일로 지정한 날을 말합니다.

1. 제1항 1호 및 제2항 2호의 경우에는 부도·파산일, 사업 포기 관련 문서접수일 등

2. 제1항 2호에서 4호 및 제2항 1호의 경우에는 보증이행청구접수일

마. 보증채무의 이행(제6조)

① 보증회사는 보증사고가 발생한 경우에 제1조의 환급 책임을 부담한다. 다만, 「민간임대주택에 관한 특별법」 제22조에 따른 공급촉진지구로서 '매입형임대주택사업'의 경우 보증회사는 보증채무이행방법으로 '임대이행'을 할 수 있다.

② 보증회사가 보증채권자에게 환급할 경우에는 제1조 제1호의 환급금액에서 다음 각 호의 금액을 차감하고 지급합니다.

1. 보증채권자가 주채무자에게 부담하는 위약금
2. 임대보증금에서 미납임대료, 관리상의 비용(관리비 및 도시가스비 등의 미납금, 보증채권자의 책임있는 사유로 임대주택을 멸실 또는 훼손한 경우 시설물 원상복구비용 등), 기타 보증채권자의 책임있는 사유로 인하여 보증회사가 부담하는 비용
3. 보증채권자가 주채무자, 당해 임대주택의 취득자 또는 당해 임대주택 등으로부터 보증되지 아니한 임대보증금을 초과하여 회수한 금액

③ 보증채권자가 당해 임대주택을 분양전환 받을 경우에는 분양전환가격(보증채권자와 협의된 가격을 말한다. 이하 같다)에서 보증채권자에게 대환되는 주택도시기금 융자금(융자금이자는 제외한다. 이하 같다)을 차감한 금액을 초과하는 임대보증금과 제1조 제1호의 환급금액 중 작은 금액에서 제2항 각 호의 금액을 차감하고 지급한다.

④ 보증회사는 신탁등기의 경우로써 보증채권자에게 환급할 경우에는 당해 임대주택을 명도받은 때 제1조 제2호의 환급금액에서 제2항 각 호의 금액을 차감하여 지급하며, 분양전환할 경우에는 제1조 제2호의 임대보증금에서 제2항 각호의 금액을 차감하여 산정한 임대보증금이 분양전환가격에서 보증채권자에게 대환되는 주택도시기금을 차감한 금액을 초과한 경우에는 그 초과금액을 보증채권자에게 환급하고, 미달한 경우에는 그 미달금액을 보증채권자가 보증회사에 납부하여야 한다.

바. 보증채무의 성립(제13조)

보증회사의 보증채무는 민간임대주택공급신고증명서 발급일(공급 신고대상이아닌 경우에는 보증서발급일)로부터 유효하게 성립한다. 다만, **사용검사 후에는**「주택임대차보호법」에 따라 보증채권자가 해당 주택의 인도, 주민등록의 전입신고 및 주택임대차계약서 상의 확정일자를 모두 갖추는 때(법인인 경우 전세권설정등기를 경료한 때)에 효력이 발생한다.

사. 보증의 실효(제14조)

보증서 발급 이후에 보증서에 기재된 임대주택사업에 대하여 다음 각호의 사항이 변경되는 때에는 그 변경승인일 또는 변경허가일 이후에 납부한 임대보증금에 대하여 보증의 효력이 상실된다. 다만, 사전에 서면으로 보증회사의 동의를 얻은 경우에는 그러하지 아니합니다.

1. 사업주체 또는 임대인의 변경
2. 임대주택을 분양주택으로 변경

아. 양도 및 질권설정의 금지(제15조)

임대보증금에 대한 보증서는 양도 또는 질권설정 등을 할 수 없으며, 보증목적 이외의 용도로 사용하였을 경우에는 보증회사는 보증책임을 부담하지 않는다.

부산고등법원 2009. 9. 29., 선고, 2009나5421, 판결[임대차보증금]

보증보험 역시 보험의 일종으로서 적어도 계약 시점에서만큼은 보험사고의 발생 여부가 확정되어 있지 않아야 한다는 우연성과 선의성은 있어야 하는 만큼 위와 같은 의미의 우연성과 선의성에 바탕을 두고 있는 규정들, 즉 보험계약 당시 보험사고가 이미 발생하였거나 발생할 수 없는 것인 경우 무효로 한다는 상법 제644조는 보증보험에도 적용된다고 할 것인바, 소외 1과 소외 2가 통모하여 허위의 이 사건 임대차계약을 체결한 이상 이 사건 보증보험계약은 계약 당시 보험사고가 발생할 수 없는 경우에 해당하므로 상법 제644조 본문에 의하여 무효라고 할 것이다.

7. 임대보증금에 대한 보증의무의 면제

다음 각 호의 어느 하나에 해당하면 임대보증금에 대한 보증에 가입하지 아니할 수 있다. (「민간임대주택에 관한 특별법」 제49조 제7항)

① (a) 임대보증금이 「주택임대차보호법」 제8조 제3항에 따른 금액[83] 이하이고, (b) 임차인이 임대보증금에 대한 보증에 가입하지 아니하는 것에 동의한 경우

② 임대사업자가 「공공주택 특별법」 제45조의2에 따라 기존주택을 임차하는 공공주택사업자와 임대차계약을 체결하는 경우로서 해당 공공주택사업자가 보증 가입 등 임대보증금 회수를 위하여 필요한 조치를 취한 경우

③ 임차인이 보증회사 및 이에 준하는 기관에서 운용하는 전세금 반환을 보장하는

83) 우선변제를 받을 임차인 및 보증금 중 일정액의 범위와 기준
1. 서울특별시 : 5천만원
2. 「수도권정비계획법」에 따른 과밀억제권역(서울특별시는 제외한다.), 세종특별자치시, 용인시, 화성시 및 김포시 : 4천300만원
3. 광역시(「수도권정비계획법」에 따른 과밀억제권역에 포함된 지역과 군지역은 제외한다.), 안산시, 광주시, 파주시, 이천시 및 평택시 : 2천300만원
4. 그 밖의 지역 : 2천만원
다만, 보증금 중 일정액의 범위와 기준은 주택가액(대지의 가액을 포함한다)의 2분의 1을 넘지 못한다.

보증에 가입하였고, 임대사업자가 해당 보증의 보증수수료를 임차인에게 전부 지급한 경우

8. 가산금리

가. 가산금리 부과 대상

국토교통부장관은 「민간임대주택에 관한 특별법」 제49조에 따른 ⒜ 보증에 가입하지 아니하거나, ⒝ 보증수수료(분할납부액을 포함한다.)를 납부하지 아니한 자에 대하여 주택도시기금 융자금에 연 1% 포인트의 범위에서 가산금리를 부과할 수 있다.

나. 시 · 도지사의 가산금리 부과 요청

시 · 도지사는 임대사업자가 위 위반 사실을 확인한 경우, 국토교통부장관에게 가산금리의 부과를 요청할 수 있다.

다. 시 · 도지사의 가산금리 부과 요청 유예

시 · 도지사는 위 가산금리 부과 대상 임대사업자가 다음 각 호에 해당하는 경우에는 가산금리의 부과 요청을 유예할 수 있다.

① 발행한 어음 및 수표를 기한까지 결제하지 못하여 어음교환소로부터 거래정지 처분을 받은 임대사업자

② 「주택도시기금법」에 따른 주택도시기금 융자금에 대한 이자를 6개월을 초과하여 내지 아니한 임대사업자

③ 「민간임대주택에 관한 특별법」 제49조 제1항에 따라 임대보증금에 대한 보증에 가입하여야 하는 임대사업자로서 임대보증금에 대한 보증의 가입 또는 재가입이 거절된 이후 6개월이 지난 자

④ 모회사(「상법」 제342조의2에 따른 모회사를 말한다.)가 제1호의 처분을 받은 경우로서 자기자본 전부가 잠식된 임대사업자

라. 기 타

시ㆍ도지사는 그 밖에 가산금리 부과 요청의 방법 및 절차, 부과 요청의 취소 등에 관한 세부적인 사항을 정할 수 있다.

9. 등록 직권 말소

임대보증금에 대한 보증에 가입하지 아니한 경우로서, 다음 각호의 경우에는 시장ㆍ군수ㆍ구청장은 임대사업자의 등록의 전부 또는 일부를 말소할 수 있다.(「민간임대주택에 관한 특별법」 제6조 제14호)

1. 임대사업자(아래 제2호 또는 제3호의 등록말소사유에 해당하는 임대사업자는 제외한다)가 법 제49조 제1항에 따른 보증에 가입하지 않아 시장ㆍ군수ㆍ구청장이 3회 이상 보증 가입을 요구했으나 임대사업자가 보증에 가입하지 않은 경우
2. 「민간임대주택에 관한 특별법」 제49조 제3항 전단에 따른 보증대상 금액이 있음에도 불구하고 보증대상 금액이 없음을 이유로 임대사업자가 보증에 가입하지 않은 경우
3. 「민간임대주택에 관한 특별법」 제49조 제7항(임대보증금에 대한 보증 가입 의무 면제 사유)에 해당하지 않음에도 불구하고 같은 항에 해당함을 이유로 임대사업자가 보증에 가입하지 않은 경우

10. 벌 칙

가. 형사벌의 삭제

2021. 9. 14. 법률 제18452호로 개정되고 같은 날 시행되기 전의 「민간임대주택에 관한 특별법」 제65조 제2항 제9호에는 위와 같이 임대보증금에 대한 보증 가입 의무가 있는 임대사업자임에도 이를 위반한 경우 '2년 이하의 징역'이나 '2천만원 이하의 벌금'에 처한다고 규정하였으나, 위 개정 법률에 의하여 위 벌칙 규정은 삭제되었다.

이는 임대사업자가 부채비율 등을 개선하지 않는 경우, 보증가입이 어렵고 처벌로도 임차인 보호의 실효성을 확보하기 어렵다고 보아, 위와 같은 형벌 규정은 삭제하게 된 것이다.

한편 2021. 9. 14. 전의 위반행위에 대하여는 벌칙을 적용할 때에는, 위와 같은 개정규정에도 불구하고 종전의 규정에 따른다.(「민간임대주택에 관한 특별법」 법률 제18452호, 부칙 제5조)

나. 행정질서벌(과태료)

임대보증금에 대한 보증보험 미가입 사업자에게 보증금 금액에 따라 **'과태료'를 부과하여** 처벌의 실효성을 높인다는 취지에서, 2021. 9. 14. 법률 제18452호로 개정되고 같은 날 시행된 「민간임대주택에 관한 특별법」 제67조 제5항 규정이 신설되었다.

즉 임대보증금에 대한 보증에 가입하지 아니한 임대사업자에게는 **임대보증금의** 100분의 10 **이하에 상당하는 금액의 과태료를 부과한다**. 이 경우 그 금액이 3천만원을 초과하는 경우에는 3**천만원**으로 한다.(「민간임대주택에 관한 특별법」 제67조 제5항)

제9장

임대차계약 등

1. 최초의 임대료

임대사업자가 민간임대주택을 임대하는 경우에 '**최초 임대료**'(임대보증금과 월 임대료를 포함한다.)는 다음 각 호의 임대료와 같다.(「민간임대주택에 관한 특별법」 제44조 제1항)

가. 공공지원민간임대주택의 경우

=〉 주거지원대상자 등의 주거안정을 위하여, 아래 국토교통부령으로 정하는 기준에 따라 임대사업자가 정하는 임대료

공공지원민간임대주택의 최초 임대료에 관한 기준

「민간임대주택에 관한 특별법 시행규칙」 [별표 2]

1. 공공지원민간임대주택의 임대사업자는 공공지원민간임대주택의 최초 임대료를 **표준 임대료(표준임대보증금과 표준월임대료를 말한다.) 이하의 금액**으로 정하여야 한다.

2. 임대사업자는 표준 임대료를 산정하기 위하여 다음 각 목의 구분에 따라 **임대 시세[임대사업자가 인근 지역 주택의 전세 · 월세 거래사례에 해당 지역의 전세 · 월세 전환율(이하 "시장전환율"이라 한다.)을 적용하여 월임대료 전액을 임대보증금으로 환산한 값**을 말한다.]를 산정하여야 한다.

가. 법 제2조 제4호 가목 및「도시 및 주거환경정비법」에 따른 정비사업을 통하여 공급되는 공공지원민간임대주택 : 다음 1) 또는 2)의 방법을 적용하여 산정

1) 인근지역 주택의 전세 · 월세 거래사례는 다음의 방법에 따라 조사한다.

가) 조사대상 지역 : 해당 공공지원민간임대주택의 소재지 또는 해당 공공지원민간임대주택의 소재지와 인접한 시 · 군 · 자치구

나) 조사대상 주택 : 가)에 따른 지역에 소재한 주택 중 해당 공공지원민간임대주택과 유형

(단독주택, 다가구주택, 아파트, 연립주택, 다세대주택, 오피스텔 등의 유형을 말한다) · 규모 및 생활여건 등이 유사한 주택으로서 대표성을 가진 주택. 이 경우 주택의 유형을 적용할 때에는 공공지원민간임대주택의 공급을 신청하려는 자가 주로 이용하는 주택의 유형, 조사대상 지역 내 분포된 주택의 유형 및 해당 공공지원민간임대주택의 유형 등을 고려하여야 한다.

다) 조사대상 기간 및 사례 : 최근 1년간의 전세 · 월세 임대차계약 사례. 다만, 최근 1년 이내 전세 · 월세 임대차계약 사례가 없는 경우에는 가장 최근의 사례로 한다.

2) 인근 지역 주택의 전세 · 월세 거래사례가 없는 경우 등 임대사업자가 1)에 따라 임대 시세를 산정할 수 없는 경우에는 임대사업자가 정한 기준에 따라 임대 시세를 산정할 수 있다.

나. 가목 외의 공공지원민간임대주택 :

1) 임대사업자는 국토교통부장관(제1조의2 제3호 가목[84]에 따른 공공지원민간임대주택으로 한정한다.), 관할 시·도지사 또는 시장·군수·구청장에게 임대시세의 산정을 의뢰하여야 한다. 이 경우 임대사업자는 해당 공공지원민간임대주택의 현황 등 임대시세 산정을 위한 기초자료를 제출하여야 한다.

2) 1)에 따라 임대시세의 산정을 의뢰받은 국토교통부장관, 시·도지사 또는 시장·군수·구청장은 의뢰받은 날부터 30일 이내에 가목 1)에 따라 인근 지역 주택의 전세 · 월세 거래사례를 조사하여 임대 시세를 산정하거나, 「감정평가 및 감정평가사에 관한 법률」에 따른 감정평가법인 등에게 임대 시세의 산정을 의뢰하여야 한다. 이 경우 임대시세의 산정 기준일은 임대사업자가 임대 시세의 산정을 의뢰한 날로 한다.

3) 2)에 따른 임대 시세의 산정에 드는 비용은 임대 시세의 산정을 의뢰한 임대사업자가 부담한다.

3. **표준임대시세** 및 **표준임대료**는 다음 각 목에 따라 산정한다.

구분	산정방식
가. 표준임대시세	제2호 각 목에 따라 산정된 임대시세 × 공급대상 계수
나. 표준임대보증금	표준임대시세 × 임대사업자가 정하는 임대보증금 비율
다. 표준월임대료	[(표준임대시세 - 표준임대보증금) × 시장전환율] ÷ 12
비고 1) 가목의 공급대상 계수는 다음의 구분에 따른 범위에서 국토교통부장관이 정하여 고시하는	

기준을 고려하여 임대사업자가 정한다.

가) 별표 1 제1호 나목에 따른 청년, 신혼부부 또는 고령자에게 공급하는 주택 : 0.85 이하

나) 제1조의2 제3호 가목에 따른 공공지원민간임대주택 : 국토교통부장관이 정하는 계수

다) 그 밖의 주택 : 0.95 이하

2) 나목의 임대사업자가 정하는 임대보증금 비율은 표준임대시세 중 표준임대보증금이 차지하는 비율로서 0%부터 100%까지의 범위에서 임대사업자가 정한다.

4. 임대사업자는 임차인이 동의하는 경우 제1호에 따라 정한 임대보증금과 월임대료를 상호 간에 전환할 수 있다. 이 경우 다음 각 목의 기준에 따라야 한다.

가. 임대보증금과 월임대료는 시장전환율을 적용하여 상호 전환할 것. 다만, 임대보증금을 월임대료로 전환하는 경우에는 시장전환율보다 낮은 전환율을 적용하여야 한다.

나. 임대사업자는 상호 전환하는 금액의 한도를 정할 것

5. 국토교통부장관은 제1호부터 제4호까지에서 규정한 사항 외에 공공지원민간임대주택의 최초 임대료 산정을 위한 **세부 운영기준을 정하여 고시**할 수 있다.

나. 장기일반민간임대주택 및 단기민간임대주택의 경우

=> 임대사업자가 정하는 임대료 다만, 민간임대주택 등록 당시, 존속 중인 종전 임대차계약이 있는 경우에는 그 종전 임대차계약에 따른 임대료[85]

이는 2019. 4. 23. 법률 제16386호로 일부 개정되어 2019. 10. 24.부터 시행된 「민간임

84) 3. 「주택도시기금법」 제9조에 따른 주택도시기금의 융자로서 다음 각 호의 어느 하나에 해당하는 융자

가. 임대사업자가 소유하고 있는 임대주택에 대한 주택담보대출 상환 등 국토교통부장관이 정하여 고시하는 요건에 해당하는 융자

85) 2019. 4. 23. 법률 제16386호로 일부 개정되기 전의 「민간임대주택에 관한 특별법」 제44조 제1항에는 "민간임대주택의 최초 임대료(임대보증금과 월임대료를 포함한다. 이하 같다)는 임대사업자가 정한다. 다만, 공공지원민간임대주택의 최초 임대료는 국토교통부령으로 정하는 기준에 따라야 한다."라고만 규정하고 있었다.

대주택에 관한 특별법」 제44조 제1항 제2호의 내용이다. 종전에는 주택임대사업자의 임대료 5% 증액제한의 산출 기준이 되는 '최초 임대료'는 주택임대사업자가 마음대로 정할 수 있었는데, 2019. 10. 24.[86] 이후 주택임대사업자도 등록하는 분부터는 '최초 임대료'에 대한 판단 기준도 바뀌었다.

ⓐ 2019. 10. 23. 이전에 등록한 주택임대사업자는 등록 이후 새로 임대차계약을 체결하거나 갱신하는 시점의 임대료가 '최초 임대료'가 되지만, ⓑ 2019. 10. 24. 이후에 등록하는 임대사업자는 임대차계약이 이미 체결된 경우, '종전 임대차계약'에 따른 임대료가 '최초 임대료'가 되어, 이를 기준으로 임대료 증액 제한을 준수해야 한다.

예를 들어 ⓐ 똑같이 2019. 1. 1.부터 임대사업을 시작하여 임대차계약을 체결한 甲과 乙이 있고, ⓑ 甲은 2019. 6. 1. 주택임대사업자 등록을 했고, ⓒ 乙은 같은 해 12. 1.에 뒤늦게 등록을 했던 경우, ⓓ 甲과 乙 모두 임대개시일로부터 2년이 지난 2021. 1. 1.에 임대료를 10%로 올린다면, ⓔ 甲은 2021. 1. 1. '10% 인상된 임대료'가 '최초 임대료'가 되어 임대료 5% 증액 제한 규정을 위반하지 않게 되지만, ⓕ 乙은 주택임대사업자로 등록할 당시의 '종전 임대료'가 '최초의 임대료'가 되어 5% 증액제한 규정을 위반하게 된다.

---

86) 2019. 4. 23. 법률 제16386호로 일부 개정된 「민간임대주택에 관한 특별법」 부칙
제1조 이 법은 공포한 후 6개월이 경과한 날부터 시행한다.
제4조(최초 임대료 및 임대차계약 신고에 관한 적용례) 제44조 제1항 및 제46조 제1항의 개정규정은 이 법 시행 이후 최초로 등록하는 민간임대주택부터 적용한다.

[법제처 법령해석 사례] 안건번호 20-0049 회신일자 2020-03-20

민원인 – 임대사업자 등록 전에 체결한 임대차계약의 임대료를 임대사업자 등록 후 신고한 경우 신고한 임대료가 최초 임대료에 해당하는지 여부(법률 제16000호 「민간임대주택에 관한 특별법」 제44조 등 관련)

1. 질의요지

구 「민간임대주택에 관한 특별법」(2018. 12. 18. 법률 제16000호로 일부개정되어 2019. 6. 19. 시행된 것을 말하며 이하 "구 민간임대주택법"이라 함) 제5조에 따라 임대사업자로 등록하기 전에 임대차계약(이하 "종전 임대차계약"이라 함)을 체결한 경우로서 같은 법 제46조에 따른 임대차계약 신고 의무가 없음에도 불구하고 임대사업자로 등록한 이후 시장 · 군수 · 구청장에게 종전 임대차계약의 임대료를 신고한 경우, 임대사업자가 신고한 종전 임대차계약의 임대료는 구 민간임대주택법 제44조 제1항에 따른 최초 임대료(이하 "최초 임대료"라 함)로 볼 수 있는지?

※ 질의배경

민원인은 위 질의요지에 대해 국토교통부에 문의하였으나 그 회신내용에 이견이 있어 법제처에 법령해석을 요청함.

2. 회답

이 사안의 경우 **임대사업자가 신고한 종전 임대차계약의 임대료는 구 민간임대주택법 제44조 제1항에 따른 '최초 임대료'로 볼 수 없습니다.**

3. 이유

구 민간임대주택법 제2조 제7호에서는 같은 법 제5조에 따라 등록한 자를 임대사업자라고 정의하고 있고, 같은 법 제46조 제1항에서는 임대사업자는 민간임대주택의 임대차기간, 임대료 등 대통령령으로 정하는 임대차계약에 관한 사항을 임대차계약 체결일부터 3개월 이내에 시장 · 군수 · 구청장에게 신고해야 한다고 규정하고 있는바, **해당 규정에 따른 임대차계약 신고 의무는 같은 법에 따라 임대사업자 등록을 한 임대사업자에게 있는 것이 분명하고, 이에 따라 임대사업자는**

민간임대주택 등록 이후 처음으로 계약하는 경우 임대료를 최초로 신고하게 되고 이때 임대료가 구 민간임대주택법에 따른 "최초 임대료"가 되는 것(각주 : 법제처 2019. 7. 5. 회신 19-0122 해석례 참조)입니다.

그리고 구 민간임대주택법에 따르면, 임차인이 있는 상태에서 임대사업자로 등록하는 경우 해당 임차인은 민간임대주택 등록 이후 최초 계약갱신 시 임대료 증액 상한제를 적용받을 수 없는 문제가 있자 2019년 4월 23일 구 민간임대주택법이 법률 제16386호로 개정되면서 기존 임대차계약이 있는 상태에서 민간임대주택으로 등록한 경우에는 기존 임대차계약의 임차료를 최초 임대료로 보도록 규정(각주 : 2019. 4. 23. 법률 제16386호 일부 개정되어 2019. 10. 24. 시행된 민간임대주택법 제안이유 · 주요내용 참조)한 입법 연혁을 고려하더라도, 구 민간임대주택법에 따라 임대사업자로 등록하기 전에 체결한 임대차계약의 임대료는 같은 법 제44조 제1항에 따른 "최초 임대료"로 볼 수 없습니다.

아울러 구 민간임대주택법에 따른 신고의무가 없음에도 불구하고 같은 법 제46조 제1항에 따라 종전 임대차계약의 임대료를 신고한 경우 해당 임대료를 "최초 임대료"로 보게 되면, 이를 기준으로 같은 법 제44조 제2항에 따른 임대료 증액 비율 상한(5퍼센트)이 적용되어 신고의무가 없어서 신고하지 않은 임대사업자와 신고의무가 없음에도 불구하고 신고한 임대사업자 간에 부당한 차이가 발생한다는 점도 이 사안을 해석할 때 고려해야 합니다.

다. 등록 직권 말소

「민간임대주택에 관한 특별법」 제44조에 따른 임대조건을 위반한 경우에는 시장 · 군수 · 구청장은 임대사업자의 등록의 전부 또는 일부를 말소할 수 있다.(「민간임대주택에 관한 특별법」 제6조 제7호)

라. 과태료

위 '공공지원민간임대주택'의 최초 임내료를 국토교통부령으로 정하는 기준에 따라 정하지 아니한 자에 대하여는 3천만원 이하의 과태료를 부과한다.(「민간임대주택에 관한

특별법」 제67조 제1항 제3호)

2. 임대료(임대보증금과 월 임대료)의 증액 제한

임대사업자는 '임대기간 동안(법정 임대의무기간이 아님)'[87][88] '임대료 등'(임대보증금과 월 임대료)의 증액을 청구하는 경우에는 '임대료 등'(임대보증금과 월 임대료)의 5%의 범위에서 ⓐ 주거비 물가지수, ⓑ 인근 지역의 임대료 변동률, ⓒ 임대주택 세대 수 등을 고려하여 아래 구분에 따른 증액 비율을 초과하여 청구해서는 아니 된다.(「민간임대주택에 관한 특별법」 제44조 제2항, 같은 법 시행령 제34조의2)

ⓐ 종전에는 '공공지원민간임대주택'에 한하여 법정 임대의무기간을 넘는 임대기간 동안의 임대료의 증액 제한 규정을 두고 있었으나, ⓑ 2019. 4. 23. 법률 제16386호로 일부 개정된 「민간임대주택에 관한 특별법」 제49조 제2항 개정 규정에서는 '민간임대주택'에 대하여도 임대료 증액 상한을 적용하는 기간을 '(법정) 임대의무기간'에서 '임대기간'으로 변경한 것이다.

위와 같이 기존에 '법정 임대의무기간'을 '임대기간' 동안으로 개정하게 된 취지는 '공공지원민간임대주택' 외의 민간임대주택의 경우도 법정 임대의무기간 경과 후 임대등록을 유지하면 세제혜택이 지속된다는 점을 고려하여 세제혜택을 받는 기간 동안에는 임대료 증액을 제한하기 위해 '공공지원민간임대주택' 여부와 상관없이 모든 임대주택에 대하여 "법정 임대의무기간"이 아닌 "임대기간" 동안 임대료 증액을 제한하도록 하기 위함인 것이다.

87) '법정 임대의무기간'이 아니고, 법정 임대의무기간이 경과한 후 실제로 임대한 기간을 의미한다.

88) 2019. 4. 23. 법률 제16386호로 개정되어 2019. 10. 24.부터 시행되기 전의 「민간임대주택에 관한 특별법」 제44조 제2항은 '(법정) 임대의무기간 동안'이라고 규정하고 있었다.

한편 위와 같은 소위 **'전월세 상한제 5%룰'**은 2019. 2. 12. 대통령령 제29550호로 개정되어 2019. 2. 15.부터 시행된 「민간임대주택에 관한 특별법 시행령」 제34조의2 **신설 규정**에 의한 것이다.

[법제처 법령해석 사례] 안건번호 19-0122 회신일자 2019-07-05

국토교통부 및 민원인 - 임대주택 등록 당시 이미 거주하고 있던 기존 임차인과 임대주택 등록 이후 재계약하는 경우 임대료 증액 제한 규정의 적용 여부(「민간임대주택에 관한 특별법」 제44조 제2항 관련)

1. 질의요지

「민간임대주택에 관한 특별법」(2019. 4. 23. 법률 제16386호로 일부 개정되어 2015. 12. 29. 시행되기 전의 것) 제2조 제3호에 따른 민간매입임대주택 등록 당시 이미 거주하고 있는 기존 임차인과 임대주택 등록 이후 처음으로 재계약하는 경우 같은 법 제44조 제2항에 따른 임대료 증액 제한이 적용되는지?

※ 질의배경

민원인은 임차인 보호 및 임대사업자와 임차인 간의 갈등을 줄이기 위해 위 질의요지에 관한 사항에 대하여 국토교통부에 질의하였으나, 국토교통부의 해석에 이견이 있어 국토교통부를 통해 법령해석을 요청함.

2. 회답

이 사안의 경우 **「민간임대주택에 관한 특별법」(2019. 4. 23. 법률 제16386호로 일부 개정되어 2015. 12. 29. 시행되기 전의 것) 제44조 제2항에 따른 임대료 증액 제한이 적용되지 않습니다.**

3. 이유

「민간임대주택에 관한 특별법」(이하 "민간임대주택법"이라 함) 제44조에서는 민간임대주택의 최초 임대료를 임대사업자가 정하도록 하면서(제1항), 임대사업자가 임대의무기간 동안에 임대료의 증액을 청구하는 경우에는 임대료의 5퍼센트의 범위에서 주거비 물가지수, 인근 지역의 임대료 변동률, 임대주택 세대 수 등을 고려하여 대통령령으로 정하는 증액 비율을 초과하여 청구해서는 안 된다고 규정(제2항)하고 있습니다.

그리고 「민간임대주택에 관한 특별법 시행규칙」 제2조 제1항 제9호에서는 민간임대주택법 제5조 제1항 및 같은 법 시행령 제4조 제3항에 따라 임대사업자로 등록하려는 자는 등록하려는 임대주택에 임차인이 있는 경우 임대차계약서 사본을 특별자치시장, 특별자치도지사, 시장, 군수 또는 자치구청장(구청장은 자치구의 구청장을 말하며, 이하 "시장 · 군수 · 구청장"이라 함)에게 제출하도록 규정하고 있고, 민간임대주택법 제46조 제1항 및 같은 법 시행령 제36조 제1항에서는 임대사업자가 "임대차계약 체결일"부터 3개월 이내에 임대차계약에 관한 사항 중 임대료(제2호) 등을 시장 · 군수 · 구청장에게 신고하도록 규정하고 있을 뿐, 임대주택에 임차인이 있는 경우 임대료 산정이나 신고에 대해 달리 정하도록 별도의 규정을 두고 있지 않습니다.

이러한 규정 체계를 고려하면 임대사업자는 민간임대주택 등록 이후 처음으로 계약하는 경우 임대료를 최초로 신고하게 되므로 이때 임대료가 같은 법 제44조 제1항에 따른 최초 임대료가 되고, 그 계약 이후 다시 임대사업자가 신고된 임대료의 증액을 청구할 때부터 비로소 같은 조 제2항에 따른 임대료 증액 제한이 적용되는 것으로 보아야 합니다.

또한 2019년 4월 23일 법률 제16386호로 일부 개정되어 같은 해 10월 24일 시행 예정인 민간임대주택법 제44조 제1항에서는 현행 규정이 "세입자가 있는 상태에서 주택임대사업자를 등록하는 경우 해당 세입자는 최초 계약 갱신 시 5퍼센트 상한제를 적용받을 수 없는 문제"가 있다고 인정되어 "기존 임대차계약이 있는 상태에서 민간임대주택으로 등록한 경우에는 기존 임차료를 최초 임대료로 보도록 하는 내용"(각주 : 의안번호 19628호 민간임대주택에 관한 특별법 일부개정법률안(대안)의 제안 이유 참조)을 추가로 규정하였는바, 이러한 개정 취지를 고려하면 현행 민간임대주택법 제44조 제2항에 따른 임대료 증액 제한의 대상에 종전 임대료가 포함되는 것으로 보기는 어렵습니다.

[법제처 법령해석 사례] 안건번호 17-0665 회신일자 2018-01-30

민원인 - 민간임대주택 임대료 증액 청구의 상한(「민간임대주택에 관한 특별법」 제44조 등 관련)

1. 질의요지

「민간임대주택에 관한 특별법」 제43조 제1항에 따른 **임대의무기간 동안 임대기간을 2년으로 정하고 그 임대기간 동안 임대료를 증액하는 청구가 없었던 계약이 만료되어** 임대사업자가 같은 법 제44조 제2항에 따라 임대료의 증액을 청구하는 경우, **1년 전 임대료를 기준으로 5퍼센트의 범위에서 임대료를 증액할 수 있는지, 아니면 2년 전 임대료를 기준으로 10퍼센트의 범위에서 임대료를 증액할 수 있는지?**

※ 질의배경

민원인은 임대사업자의 임대의무기간 동안에 임대기간을 2년으로 정하고 임대료를 증액하는 청구가 없었던 계약이 만료되어 임대사업자가 임대료의 증액을 청구하는 경우, 임대료 증액 청구의 상한에 관하여 국토교통부와 의견 대립이 있어 법제처에 법령해석을 요청함.

2. 회답

「민간임대주택에 관한 특별법」 제43조 제1항에 따른 임대의무기간 동안 임대기간을 2년으로 정하고 그 임대기간 동안 임대료를 증액하는 청구가 없었던 계약이 만료되어 임대사업자가 같은 법 제44조 제2항에 따라 임대료의 증액을 청구하는 경우, **1년 전 임대료를 기준으로 5퍼센트의 범위에서 임대료를 증액할 수 있습니다.**

3. 이유

「민간임대주택에 관한 특별법」(이하 "민간임대주택법"이라 함) 제44조 제1항에서는 민간임대주택의 최초 임대료(임대보증금과 월임대료를 포함하며, 이하 같음)는 임대사업자가 정한다고 규정하고 있고, 같은 조 제2항에서는 임대사업자가 민간임대주택법 제43조 제1항에 따른 임대의무기간(이하 "임대의무기간"이라 함) 동안 임대료의 증액을 청구하는 경우에는 연 5퍼센트의 범위에서 주거비 물가지수, 인근 지역의 임대료 변동률 등을 고려해야 하되, 임대보증금과 월임대료를 상호

간에 전환하는 경우의 적용기준은 국토교통부령으로 정한다고 규정하고 있는바,

이 사안은 임대의무기간 동안에 임대기간을 2년으로 정하고 그 임대기간 동안 임대료를 증액하는 청구가 없었던 계약이 만료되어 임대사업자가 민간임대주택법 제44조 제2항에 따라 임대료의 증액을 청구하는 경우, 1년 전 임대료를 기준으로 5퍼센트의 범위에서 임대료를 증액할 수 있는지, 아니면 2년 전 임대료를 기준으로 10퍼센트의 범위에서 임대료를 증액할 수 있는지에 관한 것이라 하겠습니다.

먼저, 민간임대주택법 제44조 제2항에서는 임대사업자가 임대의무기간 동안 임대료의 증액을 청구하는 경우에는 "연 5퍼센트의 범위에서" 주거비 물가지수 등을 고려해야 한다고 규정하고 있는바, 임대기간을 2년으로 정하고 그 임대기간 동안 임대료를 증액하는 청구 없이 해당 계약이 만료된 경우 "연 5퍼센트의 범위"에서 증액할 수 있다는 것이 1년 전 임대료를 기준으로 5퍼센트의 범위에서 임대료를 증액할 수 있다는 것을 의미하는지, 아니면 2년 전 임대료를 기준으로 10퍼센트의 범위에서 임대료를 증액할 수 있다는 것을 의미하는지 여부가 문언상으로는 명확하지 않으므로 해당 규정의 입법 취지와 입법 연혁 등을 고려하여 살펴야 할 것입니다.

그런데, 2005년 7월 13일 법률 제7598호로 일부개정되어 같은 날 시행된 「임대주택법」(2015. 8. 28. 법률 제13499호로 전부개정되어 2015. 12. 29. 시행된 민간임대주택법으로 제명이 변경되기 전의 것을 말함)에서는 제14조 제2항을 신설하여 건설임대주택의 임대사업자가 임대보증금 또는 임대료의 증액을 청구하는 경우에는 「주택임대차보호법」이 정한 범위에서 주거비물가지수, 인근지역의 전세가격변동률 등을 고려해야 한다고 규정하였는바, 해당 규정의 입법 취지는 임대사업자가 경제 여건을 고려하지 않고 「주택임대차보호법」에 따라 허용되는 최고 한도로 임대료를 증액하여 건설임대주택을 과도한 영리 목적에 이용하는 것을 방지함으로써 임차인의 주거생활의 안정을 보장하기 위한 것이었습니다(2005. 7. 13. 법률 제7598호 일부개정되어 같은 날 시행된 「임대주택법」 일부개정법률안 국회 심사보고서 참조).

그리고, ① **2015년 8월 28일 법률 제13499호로 전부 개정되어 2015년 12월 29일 시행된 민간임대주택법에서 민간임대사업을 육성하기 위하여 종전 임대사업자에게 적용된 6가지 규제 중 4가지 규제를 폐지하면서도 '임대의무기간' 및 '임대료 증액 제한'에 관한 규정은 유지한 입법 연혁**과

② 민간임대주택법 제4조에서는 국가 및 지방자치단체는 민간임대주택의 공급 확대(제1호) 등을 위하여 「주택도시기금법」에 따른 주택도시기금을 우선적으로 지원하고, 「조세특례제한법」 등이 정하는 바에 따라 조세를 감면할 수 있도록 민간임대주택에 대한 혜택을 규정하여 민간임대주택의 공급을 촉진함으로써 국민의 주거생활을 안정시키려는 입법 취지에 비추어 볼 때, 민간임대주택법 제44조 제2항에 따른 "연 5퍼센트의 범위"는 임차인의 주거생활을 충분히 보장할 수 있는 방향으로 해석하여야 할 것입니다.

그렇다면, **민간임대주택법 제44조 제2항에 따른 "연 5퍼센트의 범위"는 임대의무기간 동안에는 1년 단위로 임대료를 증액하고 그 증액의 범위를 임대료의 5퍼센트로 한정하는 의미로서**, 이 사안과 같이 **임대의무기간 동안에 임대기간을 2년으로 정하고 그 임대기간 동안 임대료를 증액하는 청구가 없었던 계약이 만료되어 임대사업자가 임대료의 증액을 청구하는 경우에는 1년 전 임대료를 기준으로 5퍼센트의 범위에서 주거비 물가지수 등을 고려하여 증액할 수 있다고 할 것입니다.**

따라서, 임대의무기간 동안에 임대기간을 2년으로 정하고 임대료를 증액하는 청구가 없었던 계약이 만료되어 임대사업자가 민간임대주택법 제44조 제2항에 따라 임대료의 증액을 청구하는 경우, 1년 전 임대료를 기준으로 5퍼센트의 범위에서 증액할 수 있습니다.

[법제처 법령해석 사례] 안건번호 19-0410 회신일자 2020-02-13

민원인 - 공공지원민간임대주택의 새로운 임대차계약 체결 시 임대료 산정 기준(「민간임대주택에 관한 특별법」 제44조 등 관련)

1. 질의요지

「민간임대주택에 관한 특별법」(이하 "민간임대주택법"이라 함) 제2조 제7호에 따른 임대사업자(이하 "임대사업자"라 함)가 같은 조 제4호에 따른 공공지원민간임대주택(이하 "공공지원민간임대주택"이라 함)에 대하여, **새로운 임차인과 종전의 임대차계약**(각주 : 민간임대주택법 제5조에 따른 임대사업자 등록 후에 체결된 임대차계약임을 전제로 함)**<u>보다 임대료를 증액하여 새로운 임대차계약을 체결하는 경우, 새로운 임대차계약의 임대료는 같은 법 제44조 제1항 제1호에 따라 산정해야 하는지 아니면 같은 조 제2항에 따라 산정해야 하는지?</u>**

※ 질의배경

민원인은 위 질의요지에 대해 국토교통부에 문의하였고 민간임대주택법 제44조 제2항에 따라 임대료를 산정해야 한다는 회신을 받자 이에 이견이 있어 법제처에 법령해석을 요청함.

2. 회답

이 사안의 경우 **<u>임대료는 민간임대주택법 제44조 제2항에 따라 산정해야 합니다.</u>**

3. 이유

민간임대주택법 제44조 제1항 제1호에서는 임대사업자가 공공지원민간임대주택을 임대하는 경우에 최초 임대료(각주 : 임대보증금과 월임대료를 포함하며, 이하 같음.)는 주거지원대상자 등의 주거안정을 위하여 국토교통부령으로 정하는 기준에 따라 임대사업자가 정하는 임대료로 하도록 규정하고 있고, 같은 조 제2항에서는 임대사업자가 "임대기간" 동안 임대료의 증액을 청구하는 경우에는 임대료의 5퍼센트의 범위에서 대통령령으로 정하는 증액 비율을 초과하여 청구할 수 없도록 규정하고 있습니다.

그런데 민간임대주택법에 따라 민간임대주택을 임대하려는 자는 같은 법 제5조에 따라 임대사업자로 등록을 해야 하고, 임대사업자로 등록한 이후 처음으로 임대차계약을 체결할 때 비로소 같은 법 제46조 제1항 및 같은 법 시행령 제36조 제1항 제2호에 따라 임대료를 신고하게 되므로, 이때 임대료를 민간임대주택법 제44조 제1항에 따른 최초 임대료로 보아야 합니다.(각주 : 법제처 2019. 7. 5. 회신 19-0184 해석례 참조)

그리고 임대료 증액 제한에 대해 규정하고 있는 민간임대주택법 제44조 제2항은 민간임대주택법이 2019년 4월 23일 법률 제16386호로 개정되면서 현행과 같이 개정된 것으로, 종전에는 임대사업자에게 "임대의무기간"(각주 : 민간임대주택법 제2조 제4호부터 제6호까지의 규정에 따른 기간을 말하며(같은 법 제43조 제1항 참조), 이하 같음.) 동안 임대료 증액이 제한되도록 하면서 공공지원민간임대주택에 대해서는 8년의 임대의무기간을 넘는 임대기간 동안에도 임대료 증액을 제한할 수 있도록 규정하고 있었으나, 공공지원민간임대주택 외의 민간임대주택의 경우도 임대의무기간 경과 후 임대등록을 유지하면 세제혜택이 지속된다는 점을 고려하여 세제혜택을 받는 기간 동안에는 임대료 증액을 제한하기 위해 공공지원민간임대주택 여부와 상관없이 모든 임대주택에 대하여 "임대의무기간"이 아닌 "임대기간" 동안 임대료 증액을 제한하도록 변경(각주 : 2019. 4. 4. 의안번호 제2019628호로 발의된 민간임대주택법 일부개정법률안(대안) 의안 원문 및 2019. 4. 23. 법률 제16386호로 개정되어 2019. 10. 24. 시행된 민간임대주택법 개정이유·주요내용 참조)한 것입니다.

그렇다면 민간임대주택법 제44조 제2항에 따른 임대기간은 임대사업자가 임차인과 임대차계약을 체결할 때마다 정해지는 각각의 임대차계약기간을 의미하는 것이 아니라 임대사업자가 민간임대주택을 임대하기 위하여 임대등록을 유지하는 모든 기간을 의미하는 것으로 보아야 하므로, 이 사안의 경우 임대료는 민간임대주택법 제44조 제1항 제1호가 아니라 같은 조 제2항에 따라 산정해야 합니다.

가. 100세대 이상 민간임대주택단지

1) 구체적인 고려 요소 등

「통계법」에 따라 통계청장이 고시[89]하는 지출목적별 소비자물가지수 항목 중 해당 임대주택이 소재한 특별시, 광역시, 특별자치시, 도 또는 특별자치도의 주택임차료, 주거시설 유지·보수 및 기타 주거관련 서비스 지수를 가중 평균한 값의 변동률. 다만, 임대료(임대보증금과 월 임대료)의 5% 범위에서 시·군·자치구의 조례로 해당 시·군·자치구에서 적용하는 비율을 정하고 있는 경우에는 그에 따른다. 다만 공공요금 성격인 '수도·전기·연료 항목'은 임대료 증액기준 산출 시 제외된다.(「민간임대주택에 관한 특별법 시행령」 제34조의2 제1호)

89) 통계청에서 시·도별 기준으로 매월 발표(국가통계포털 KOSIS)하는 국가승인통계인 소비자물가지수(지출목적별) * 단, 세종특별자치시는 2020. 1. 이후부터 월별 지수 발표

2) 임대료 변동률의 산출 방법[90]

변동률 = 비교지수(B) – 기준지수(A) / 기준지수(A) * **기준지수(A)** = {(임대료지수 X 가중치 1)+(유지보수지수 X 가중치 2) + (기타 서비스지수 X 가중치 3)} / (가중치 1 + 가중치 2 + 가중치 3) ** **비교지수(B)** = {(임대료지수 X 가중치 1)+(유지보수지수 X 가중치 2) + (기타 서비스지수 X 가중치 3)} / (가중치 1 + 가중치 2 + 가중치 3)

(A : 기준지수) 종전(체결 중) 임대차계약서의 임대 시작일이 속한 월의 소비자물가지수에 품목별·시도별 가중치를 적용한다.

* '20. 1월 전에 임대 개시된 계약에 대해서는 '20. 1월 지수를 기준지수로 한다.
– 단, 최초 임대료 증액기준 산출시 비교지수는 다음 임대료 증액기준 산출 시 기준지수로 한다.

(B : 비교지수) 새롭게 체결하는 임대차계약 체결일 당시 발표 중인 최신 소비자물가지수에 품목별·시도별 가중치를 적용한다.

(가중치) 지역별로 주거비용에 따른 상대적 중요도, 지출에서 차지하는 비중을 반영하기 위하여 품목별·시도별 가중치를 활용한다.

통계청 지수개편으로 지수 · 가중치 기준연도는 2020년(2020년 = 100)이며, 2020년 1월 이후 지수산출 시 적용한다.

* 통계청은 연도 끝이 0, 2, 5, 7자 연도 기준으로 가중치를 개편(국가통계포털 KOSIS에서 조회 가능)

※ 임대료 증액기준 산출을 위한 자료는 **렌트홈(임대등록시스템, http:// RentHome.go.kr)**에서 확인할 수 있다.

---

90) 등록민간임대주택 '렌트홈' 참조
(https://www.renthome.go.kr/webportal/bbs/notice/selectPbNoticeDetail.open?notcNo=43)

3) 산출 예시

> **서울시 ㅇㅇ구에 소재한 200세대 민간임대주택단지의 경우**
>
> 임차인과 2년씩 임대차계약을 체결하고 있으며, 2022. 2. 중순에 2년 임대차계약기간이 종료되어 임대차계약 사전신고를 위하여 2022. 1. 1.까지 임차인과 재계약을 체결할 예정
>
> 2021. 12.부터 임대료 증액 기준을 임차인에게 알리고, 갱신계약을 체결하여야 하는데, 임대료 증액 변동률은?(**표준임대차계약서상 임대기간 : 2020. 2. 15. ~ 2022. 2. 14.)**

☞ 임대료 증액 변동률은 3.4%

* (기준지수 : 2020. 2.) 계약서 상 임대시작일이 속한 월의 소비자물가지수

** (비교지수 : 2021. 11.) 새로운 임대차계약 체결일이 속한 월의 최신 소비자물가지수

구분	기준 지수(A) '20. 2월 소비자물가지수		비교 지수(B) '21. 11월 소비자물가지수		변동률(%) =(B-A)/A *100
	지수	시도별가중치	지수	시도별가중치	
주택 임차료	99.56	165.2	102.51	165.2	
주거시설 유지보수비	99.24	6.5	107.43	6.5	
기타 주거관련서비스	100.43	22.7	105.69	22.7	
가중 평균값	99.65		103.05		3.41 ≒3.4

※ 2021~2022년도 소비자물가동향 보도자료 공표일(통계청 발표)

통계청 보도자료명	공표일자	통계청 보도자료명	공표일자
2021년 8월 소비자물가동향	9.2.(목)	2022년 2월 소비자물가동향	3.4.(금)
2021년 9월 소비자물가동향	10.6.(수)	2022년 3월 소비자물가동향	4.5.(화)
2021년 10월 소비자물가동향	11.2.(화)	2022년 4월 소비자물가동향	5.3.(화)
2021년 11월 소비자물가동향	12.2.(목)	2022년 5월 소비자물가동향	6.3.(금)
2021년 12월 및 연간 소비자물가동향	12.31.(금)	2022년 6월 소비자물가동향	7.5.(화)
2022년 1월 소비자물가동향	2.4.(금)	2022년 7월 소비자물가동향	8.2.(화)

나. 그 외의 민간임대주택

'임대료 등'(임대보증금과 월 임대료)의 5%. 다만, 주거비 물가지수 및 인근 지역의 임대료 변동률 등을 고려해야 한다.(「민간임대주택에 관한 특별법 시행령」 제34조의2 제2호)

다. 1년 이내 증액 청구 제한

위 '임대료 등'(임대보증금과 월 임대료) 증액 청구는 ⓐ '임대차계약' 또는 ⓑ '약정한 임대료의 증액'이 있은 후 1년 이내에는 하지 못한다.(「민간임대주택에 관한 특별법」 제44조 제3항)

[법제처 법령해석 사례] 안건번호 21-0797, 회신일자 2022-03 18

민원인 – 임대사업자가 임대료 증액 청구를 할 수 있는 구체적인 기준(「민간임대주택에 관한 특별법」 제44조 제3항 등 관련)

1. 질의요지

「민간임대주택에 관한 특별법」(이하 "민간임대주택법"이라 함) 제44조 제3항에서는 임대료 증액 청구는 임대차계약 또는 약정한 임대료의 증액이 있은 후 1년 이내에는 하지 못한다고 규정하고 있는데, 임대사업자(각주: 민간임대주택법 제2조 제7호에 따른 임대사업자를 말하며, 이하 같음)가 **2년을 기간으로 하는 임대차계약이 만료된 후 동일한 임차인과 임대료의 증액 없이 기간만을 연장하는 임대차계약을 체결하였으나, 연장된 임대차계약의 개시일부터 1년이 지나지 않은 시점에 임차인의 요청으로 계약을 해지한 경우, 임대사업자는 기간이 연장된 임대차계약의 개시일부터 1년이 지나지 않은 시점에 종전의 임대료보다 증액된 임대료(각주: 민간임대주택법 제44조제2항 및 같은 법 시행령 제34조의2에 따른 증액 비율만큼 증액된 임대료를 말하며, 이하 같음)로 새로운 임차인과 임대차계약을 체결하는 것이 가능한지?**

※ 질의배경

민원인은 위 질의요지에 대한 국토교통부의 회신 내용에 이견이 있어 법제처에 법령해석을 요청함.

2. 회답

이 사안의 경우 임대사업자는 **새로운 임차인과 종전의 임대료보다 증액된 임대료로 임대차계약을 체결할 수 없습니다.**

3. 이유

민간임대주택법 제44조 제2항에서는 임대사업자는 임대기간 동안 임대료의 증액을 청구하는 경우에는 임대료의 5퍼센트의 범위에서 주거비 물가지수, 인근 지역의 임대료 변동률, 임대주택 세대 수 등을 고려하여 대통령령으로 정하는 증액 비율을 초과하여 청구해서는 안 된다고 규정하고 있는데, **여기서의 "임대기간"은 임대사업자가 임차인과 임대차계약을 체결할 때마다 정해지는 각각의 임대차계약 기간을 의미하는 것이 아니라 임대사업자가 민간임대주택을 임대하기 위하여 임대등록을 유지하는 모든 기간을 의미합니다**(각주: 법제처 2021. 5. 27. 회신 21-0203 해석례 참조).

또한 민간임대주택법 제44조 제3항에서는 같은 조 제2항에 따른 임대료 증액청구는 임대차계약 또는 약정한 임대료의 증액이 있은 후 1년 이내에는 하지 못한다고 규정하여, 임대사업자가 임대료 증액을 청구할 수 없는 경우를 **"임대차계약" 또는 "임대료의 증액"이 있은 후 "1년 이내"라고만 규정하고 있을 뿐 임대료 증액이 제한되는 "임대차계약"의 의미에 대해 별도로 규정하고 있지 않은바,** 어떠한 민간임대주택에 대해 **가장 최근에 체결된 임대차계약이 그 개시일부터 1년이 지나**

지 않은 경우라면 그 임대차계약이 새로운 임차인과 체결한 계약인지, 아니면 종전 임차인과 기간만 연장하는 방식으로 다시 체결한 계약인지 여부와 관계없이 같은 조 제3항에 따라 임대료 증액 청구가 제한되는 경우에 해당한다고 보아야 합니다.

그리고 민간임대주택법은 민간임대주택의 공급을 촉진하고 국민의 주거생활을 안정시키는 것을 목적(제1조)으로 하는 법률로서, 같은 법 제44조 제3항에서 종전의 임대차계약 또는 약정한 임대료의 증액이 있은 후 "1년 이내"에는 임대사업자가 임대료 증액청구를 할 수 없도록 규정한 것은 임차인을 보호하기 위한 취지라는 점(각주: 2018. 8. 14. 법률 제15730호로 일부 개정된 민간임대주택법 개정이유 및 주요 내용 참조)에 비추어 볼 때, 같은 항을 해석할 때에는 임차인 권익 보호 및 주거안정이라는 입법취지에 부합하도록 해야 할 것인바, 종전의 임대차계약 만료 후 동일한 임차인과 임대료의 증액 없이 기간만을 연장하는 임대차계약을 체결하고 그 임대차계약의 개시일부터 1년 이내인 경우라고 하더라도 새로운 임차인과 임대차계약을 체결할 때에는 임대료의 증액이 가능하도록 하는 예외를 명시적으로 규정하고 있지 않다면, 종전의 임대차계약의 상대방이나 조건 등과 관계없이 같은 법 제44조 제3항의 문언대로 임대차계약이 있은 후 1년 이내에는 임대료를 증액할 수 없다고 보는 것이 타당합니다.

아울러 민간임대주택법에서는 국가 또는 지방자치단체는 민간임대주택의 공급 확대 등을 위해 「조세특례제한법」, 「지방세특례제한법」 및 조례로 정하는 바에 따라 조세를 감면할 수 있다고 규정(제4조 제1항)하여 임대사업자에게 세제혜택을 줄 수 있도록 하는 대신, 임대사업자에게는 임대의무기간(제43조) 및 임대료 증액청구제한(제44조) 등의 의무를 부과하고 있다는 점에 비추어 볼 때, 같은 법 제44조 제3항에 따른 임대료 증액청구의 제한 사유를 임대사업자에게 유리한 방향으로 축소해 해석하는 것은 타당하지 않다는 점도 이 사안을 해석할 때 고려해야 합니다.

따라서 이 사안의 경우 임대사업자는 새로운 임차인과 종전의 임대료보다 증액된 임대료로 임대차계약을 체결할 수 없습니다.

[법제처 법령해석 사례] 안건번호21-0203 회신일자2021-05-27

민원인 – 종전 임대차계약기간이 1년 미만인 경우 임대료 증액 청구가 제한되는지 여부(「민간임대주택에 관한 특별법」 제44조 제3항 등 관련)

1. 질의요지

「민간임대주택에 관한 특별법」(이하 "민간임대주택법"이라 함) 제44조 제2항에서는 임대사업자가 임대기간 동안 임대료의 증액을 청구하는 경우에는 임대료의 5퍼센트의 범위에서 주거비 물가지수, 인근 지역의 임대료 변동률, 임대주택 세대수 등을 고려하여 대통령령으로 정하는 증액 비율을 초과하여 청구해서는 아니 된다고 규정하고 있고, 같은 조 제3항에서는 같은 조 제2항에 따른 임대료 증액 청구는 임대차계약 또는 약정한 임대료의 증액이 있은 후 1년 이내에는 하지 못한다고 규정하고 있는바,

임대사업자가 종전 임차인과 계약기간 1년 미만의 임대차계약을 체결하고 계약기간이 만료된 후, 종전 임대차계약 개시일부터 1년이 지난 시점에서 새로운 임차인과 임대차계약을 체결하는 경우 임대사업자는 임대료를 증액할 수 있는지?

※ 질의배경

민원인은 위 질의요지에 대하여 국토교통부가 증액할 수 있다고 회신하자 이에 이견이 있어 법제처에 법령해석을 요청함.

2. 회답

이 사안의 경우 임대사업자는 임대료를 증액할 수 있습니다.

3. 이유

민간임대주택법 제44조 제2항 및 제3항에서는 임대사업자가 임대기간 동안 임대료 증액을 청구할 때의 증액 비율 한도를 규정하면서 임대차계약 또는 약정한 임대료의 증액이 있은 후 1년 이내에는 임대료 증액 청구를 하지 못한다고 규정하고 있는데, 같은 조 제2항의 임대기간은 민간임대주택을

임대하기 위하여 임대등록을 유지하는 모든 기간(각주: 법제처 2020. 2. 13. 회신 19-0410 해석례 참조)을 의미하는바, 문언상 임대기간 동안 임대료 증액 청구가 가능한 날은 종전 임대차계약이 개시된 날 또는 약정한 임대료의 증액이 있은 날부터 1년이 경과한 날이고, **종전 임대차계약의 기간이 1년 미만인지 여부는 임대료 증액의 제한 요건으로 규정되어 있지 않습니다.**

또한 민간임대주택법은 임대사업자의 과도한 임대료 증액을 방지하여 적정한 임대료 수준을 유지하고 임차인의 권익을 보호함으로써 서민들의 주거 안정에 실질적으로 도움이 될 수 있도록 임대료 증액 제한(제44조 제2항) 및 임대료 증액기간 제한(제44조 제3항)에 관한 규정을 두고 있는 한편, 민간임대주택의 건설 · 공급 및 관리와 민간 주택임대사업자 육성 등에 관한 사항을 정함으로써 민간임대주택의 공급을 촉진하려는 목적(제1조)의 법률이라는 점에 비추어 볼 때, 같은 법은 주택임대사업자의 재산권 행사와 임차인의 권익 보호가 조화를 이루는 방향으로 해석할 필요가 있습니다.

그런데 만약 민간임대주택법 제44조 제3항에 따라 임대료의 증액이 제한되는지 여부를 판단할 때, **종전 임대차계약의 기간이 1년 미만인 경우에는 종전 계약의 개시일부터 1년이 경과한 후에 새로운 계약을 체결하더라도 임대료 증액 청구가 금지된다고 해석한다면, 연속하여 1년 미만의 기간으로 임대차계약을 체결하는 민간임대주택사업자는 계속해서 임대료 증액을 할 수 없게 되는 불합리한 결과를 초래할 수도 있으므로 같은 법의 취지에 반한다고 할 것입니다.**

따라서 임대사업자가 종전 임차인과 계약기간 1년 미만의 임대차계약을 체결하고 계약기간이 만료된 후, **종전 임대차계약 개시일부터 1년이 지난 시점에서 새로운 임차인과 임대차계약을 체결하는 경우 임대사업자는 임대료를 증액할 수 있습니다.**

라. 세제 혜택

2019. 2. 11.까지는 '장기보유특별공제율 특례적용'과 '양도소득세 100% 감면 혜택'에 한해서만 '임대료 등 증액 제한 규정'이 적용되었는데, 2019. 2. 12.부터는 임대사업자에게 주어지는 모든 국세 및 지방세 혜택에 위 '임대료 등' 증액 제한 준수 요건(임대보증금 또는 임대료의 연 증가율이 100분의5를 초과하지 않을 것)이 요구되었다.

이에 따라 2019. 2. 12. 이후[91)92)93)] 임대차계약을 '갱신'하거나 새로 계약을 '체결'하는 경우에는 임대료 증액 제한을 반드시 준수하여야만, 주택임대사업자의 국세 및 지방세 혜택을 적용받을 수 있게 되었다.

즉 위와 같은 '임대료 등' 증액 제한을 준수하지 않을 경우, 배제되는 세법상의 혜택은 대략 다음과 같다.

---

91) 2019. 2. 12. 대통령령 제32964호로 개정되어 같은 날 시행된 「소득세법 시행령」 부칙 제6조(주택임대사업자 양도소득세 특례 요건에 관한 적용례) 제154조 제1항 제4호, 제155조 제20항 제2호 및 제167조의3 제1항 제2호(제167조의10 제1항 제2호가 적용되는 경우를 포함한다.)의 개정규정은 이 영 시행 이후 주택 임대차계약을 체결하거나 기존 계약을 갱신하는 분부터 적용한다.

92) 2019. 2. 12. 대통령령 제29524호로 개정되어 같은 날 시행된 「종합부동산세법 시행령」 부칙

제3조(합산배제 임대주택에 관한 적용례) 제3조 제1항의 개정규정은 이 영 시행 이후 주택 임대차계약을 갱신하거나 새로 체결하는 분부터 적용한다.

93) 2019. 2. 12. 대통령령 제29527호로 개정되어 같은 날 시행된 「조세특례제한법 시행령」 부칙

제13조(소형주택 임대사업자에 대한 세액감면에 관한 적용례) 제96조 제2항 제3호의 개정규정은 이 영 시행 이후 임대차계약을 갱신하거나 체결하는 분부터 적용한다.

제14조(장기임대주택에 대한 양도소득세의 감면에 관한 적용례) 제97조 제1항의 개정규정은 이 영 시행 이후 결정·경정하는 분부터 적용한다.

제15조(임대주택 부동산투자회사의 현물출자자에 대한 과세특례 등에 관한 적용례) 제97조의6 제8항제2호 각 목 외의 부분의 개정규정은 이 영 시행 이후 이자 상당액을 납부하는 분부터 적용한다.

구분	내용	법령
분리과세 시, 필요경비 및 공제금액 차등 적용 대상	필요경비 60% 인정 공제금액 400만원 적용	「소득세법」제64조의2 「소득세법 시행령」제122조의2
주택임대사업자 양도소득세 특례	1세대1주택 비과세 특례	「소득세법」제89조 제1항 제3호 가목 「소득세법 시행령」제154조
	거주주택 비과세 특례	「소득세법」제167조의3 제1항 제2호 「소득세법 시행령」제155조 제20항
	양도소득세 중과 배제	「소득세법」제167조의3 제1항 제2호 「소득세법」제104조 제7항 제1호 「소득세법 시행령」제167조의3, 제167조의10
소형주택 임대사업자 세액 감면		「조세특례제한법」제96조 「조세특례제한법 시행령」제96조
임대주택에 대한 종합부동산세 합산배제		「종합부동산세법」제8조 제2항 「종합부동산세법 시행령」제3조

한편 일선 현장에서는 (a) 2019. 2. 12. ~ 2019. 10. 23.사이에 (b) 최초 임대차계약을 체결하고 (c) 주택임대사업자로 등록한 임대사업자의 경우로서, (d) 최초 임대차계약일로부터 약 2년 이후에 최초 임대보증금에 5% 이상의 금액으로 임대보증금을 증액하여 갱신한 경우, 그러한 임대사업자는 관련 세법 상 임대료 등 증액 제한 준수 요건을 갖춘 것인지 여부에 대하여 논란이 있었다고 한다.

즉 일선 세무서에서는 장기임대주택에 대한 소득세 혜택을 받으려면, 「소득세법 시행령」 개정안이 시행된 2019. 2. 12. 이전에 임대사업자로 등록했어야 한다고 안내한 사실이 있다고 한다.

일 자	사 건	내 용
2019. 2. 12.	관련 개정 세법 시행령 (임대료 등 증액 제한 준수 요건) 시행일	– 이후 체결 및 갱신된 임대보증금 또는 임대료의 연 증가율이 5%를 초과하지 않을 것
2019. 8. 1.	임대사업자 甲과 임차인 乙이 임대보증금 2억원인 임대차계약 체결	
2019. 8. 15.	임대사업자 甲 주택임대사업자로 등록	
2019. 10. 24.	「민간임대주택에 관한 특별법」 제44조 제1항 제2호의 개정 시행일	– 이전 등록 시, 이후 체결 및 갱신된 임대료를 최초 임대료로 간주 – 이후 등록 시, 종전 임대료를 최초 임대료 간주
2021. 8. 1.	임대사업자 甲과 임차인 乙이 임대보증금 2억원을 증액한 4억원으로 임대차계약 체결	– 임대사업자 甲의 관련 세법 상 세제혜택을 받지 못하는가?

이는 앞서 본 바와 같이, ① 소위 **'전월세상한제 5%룰'**은 2019. 2. 12. 대통령령 제29550호로 개정되어 2019. 2. 15.부터 시행된 「민간임대주택에 관한 특별법 시행령」 제34조의2 **신설 규정**에 의한 것이고, ② '최초 임대료'에 관하여, 2019. 4. 23. 법률 제16386호로 일부 개정되어 2019. 10. 24.부터 시행된 「민간임대주택에 관한 특별법」 제44조 제1항 제2호의 개정 내용에 따라, (a) 2019. 10. 23. 이전에 등록한 주택임대사업자는 등록 이후 새로 임대차계약을 체결하거나 갱신하는 시점의 임대료가 '최초 임대료'가 되지만, (b) 2019. 10. 24. 이후에 등록하는 임대사업자는 임대차계약이 이미 체결된 경우, '종전 임대차계약'에 따른 임대료가 '최초 임대료'가 되어, 이를 기준으로 임대료 증액 제한을 준수해야 한다.

그러나 관련 세법 시행령 부칙에서는 임대사업자에게 주어지는 모든 국세 및 지방세 혜택에 위 '임대료 등' 증액 제한 준수 요건(임대보증금 또는 임대료의 연 증가율이 5%를 초과하지 않을 것)이 2019. 2. 12.부터 요구되었던 것으로 인한 혼란으로 보인다.

이에 대하여 국세청은 다음과 같이 회신하고 있는바, 국세청은 결국 위「민간임대주택에 관한 특별법」제44조 제1항 제2호 등의 규정과는 다르게, 관련 개정 세법 시행령이 시행된 2019. 2. 12. 이후에 ⓐ「민간임대주택에 관한 특별법」에 근거한 '민간임대주택사업자등록' 및 ⓑ「소득세법」등에 근거한 '사업자등록'을 하고, ⓒ 임대차계약을 '체결' 및 '갱신'한 것을 '임대료 등 증액 제한 기준'으로 보는 것으로 보인다.

문서번호	일 자	사실관계 및 회신내용
서면-2020-부동산-2435	2020. 10. 26.	- 귀 질의의 경우 **2019. 2. 12. 이후 최초로 체결 또는 갱신하는 표준임대차계약을 기준으로** 임대보증금 또는 임대료 증가율 5% 초과여부를 판단하는 것입니다.
서면-2020-부동산-3733	2020. 8. 31.	- 2019. 7. 임대차계약 체결 및 장기일반민간임대주택으로 임대사업자 등록 -「조세특례제한법」제97조의3 제1항 제2호에 따른 임대료증액 제한 기준이 되는 **최초의 계약은 준공공임대주택으로 등록한 후 작성한 표준임대차계약이 되는 것입니다.**
서면-2020-부동산-1528	2022. 11. 3.	- 2019. 6. 15. 주택 소유권 취득(기존 임차인 거주) - 2019. 8. 14. 장기일반민간임대주택으로 임대사업자 등록 - 2019. 10. 24. 세무서에 사업자등록 - 2020. 6. 임대차계약 갱신 - 임대차계약을 승계받아 장기일반민간임대주택으로 임대등록한 경우,「조세특례제한법」제97조의3 제1항 제2호에 따른 임대료증액 제한 기준이 되는 **최초의 계약은 임대등록한 후 작성한 표준임대차계약임.**
서면-2020-부동산-3300	2020. 7. 24.	- 귀 질의의 경우「소득세법시행령」제155조 제20항 제2호의 장기임대주택의 임대보증금 또는 임대료 상한 규정의 기준이 되는 **최초의 계약은 영 시행일 이후 최초로 체결한 표준임대차계약이 되는 것**입니다.

마. 과태료

위 임대료의 증액 비율을 초과하여 임대료의 증액을 청구한 자에 대하여는 3천만원 이하의 과태료를 부과한다.(「민간임대주택에 관한 특별법」 제67조 제1항 제4호)

바. 「민법」 및 「주택임대차보호법」 상의 '차임증감청구권'과의 비교

1) 「민법」 상의 차임증감청구권

「민법」 제628조(차임증감청구권)는 "임대물에 대한 공과부담의 증감 기타 경제사정의 변동으로 인하여 약정한 차임이 상당하지 아니하게 된 때에는 당사자는 장래에 대한 차임의 증감을 청구할 수 있다."고 규정하고 있다.

즉 최초 약정한 차임(임대보증금과 임대료)이 장기간의 임대차계약 기간 동안에 적정하지 않은 사정이 발생하면, 장래를 향하여 차임이 증액 또는 감액될 수 있는데, 이러한 차임 증감청구를 할 수 있는 '시기(始期)'가 따로 정해져 있는 것이 아니다.

즉 만약 임대차 기간이 4년이라고 약정한 경우, 위와 같은 당초의 차임 약정이 상당하지 아니한 사정이 ⓐ 임대차 개시일로부터 6개월만에 발생할 수도 있고, ⓑ 3년만에 발생할 수도 있는 등등 여러 가지 경우가 있을 수 있을 것이다.

그리고 위와 같은 '민법'의 규정에 의하여 ⓐ 임대인이 하는 차임증액청구권 및 ⓑ 임차인이 하는 차임감액청구권의 법적 성질은 **'형성권'**[94]으로 이해되고 있으며, 만약 상대방이 이를 수용하지 않고 불응하는 경우에는, 결국 법원의 판단을 통하여 결정되어야 하는 것이다.

---

94) 권리자의 일방적 의사표시에 의해 법률관계의 발생, 변경, 소멸 등의 변동을 일으키는 권리

[대법원 1968. 11. 19. 선고 68다1882, 1883 판결]

민법 제628조에 의한 임차인의 차임감액청구권은 사법상의 형성권이지 법원에 대하여 형성판결을 구할 수 있는 권리가 아니므로 차임청구의 본소가 계속한 법원에 반소로서 차임의 감액을 청구할 수는 없다.

[대법원 2018. 3. 15., 선고, 2015다239508, 239515, 판결][95)]

임대차계약을 할 때에 임대인이 임대 후 일정 기간이 경과할 때마다 물가상승 등 경제사정의 변경을 이유로 임차인과의 협의에 의하여 차임을 조정할 수 있도록 약정하였다면, 그 취지는 임대인에게 일정 기간이 지날 때마다 물가상승 등을 고려하여 상호 합의에 의하여 차임을 증액할 수 있는 권리를 부여하되 차임 인상요인이 생겼는데도 임차인이 인상을 거부하여 협의가 성립하지 않는 경우에는 법원이 물가상승 등 여러 요인을 고려하여 정한 적정한 액수의 차임에 따르기로 한 것으로 보아야 한다.

(*) 본 판례는 차임증감에 관하여, 임대인과 임차인이 서로 '협의'하여 정하기로 특약을 한 사안이다.

2) 「주택임대차보호법」 상의 차임증감청구권

「주택임대차보호법」 제7조(차임 등의 증감청구권) 제1항은 "당사자는 약정한 차임이나 보증금이 임차주택에 관한 조세, 공과금, 그 밖의 부담의 증감이나 경제사정의 변동으로 인하여 적절하지 아니하게 된 때에는 장래에 대하여 그 증감을 청구할 수 있다. 이 경우 증액청구는 임대차계약 또는 약정한 차임이나 보증금의 증액이 있은 후 1년 이내에는 하지 못한다."고 규정하고 있고, 제2항은 "제1항에 따른 증액청구는 약정한 차임이나 보증금의 20분의 1의 금액을 초과하지 못한다. 다만, 특별시·광역시·특별자치시·도 및 특별자치도는 관할 구역 내의 지역별 임대차 시장 여건 등을 고려하여 본문의 범위에서 증액청구의 상한을 조례로 달리 정할 수 있다."고 규정하고 있다.

95) 본 판례는 차임증감에 관하여, 임대인과 임차인이 서로 '협의'하여 정하기로 특약을 한 사안이다.

3) 소 결

결국 ⓐ「민법」은 차임증감청구를 할 수 있는 '시기(始期)'에 대한 규정을 두고 있지 않지만, ⓑ「민간임대주택에 관한 특별법」 및「주택임대차보호법」은 차임증감청구를 할 수 있는 '시기(始期)'는 최초 임대차계약을 체결한 후 1년이 지나서야 가능하다는 그 '시기(始期)'에 대한 규정을 두고 있는 것인바, 차임증감청구권에 관하여「민간임대주택에 관한 특별법」과「주택임대차보호법」의 규정의 차이는 거의 없다고 보아야 할 것이다.

사. 임차인의 임대보증금 감액청구권 행사 관련

경우에 따라서는 민간임대주택의 인근 주택에 관한 채권적 전세금 혹은 임대보증금이 상당할 정도로 감액되는 경우가 있을 수 있는데, 이러한 경우 당해 민간임대주택의 임차인은 임대사업자에게 임대보증금 감액 청구를 고려해 볼 수 있다.

> **[서울지법 동부지원 1998. 12. 11., 선고, 98가합19149, 판결 : 항소조정성립]**
>
> 전세보증금 증감청구권의 인정은 이미 성립된 계약의 구속력에서 벗어나 그 내용을 바꾸는 결과를 가져오는 것인 데다가, 보충적인 법리인 사정변경의 원칙, 공평의 원칙 내지 신의칙에 터잡은 것인 만큼 엄격한 요건 아래에서만 인정될 수 있으므로, 기본적으로 사정변경의 원칙의 요건인 ① 계약 당시 그 기초가 되었던 사정이 현저히 변경되었을 것, ② 그 사정변경을 당사자들이 예견하지 않았고 예견할 수 없었을 것, ③ 그 사정변경이 당사자들에게 책임 없는 사유로 발생하였을 것, ④ 당초의 계약 내용에 당사자를 구속시키는 것이 신의칙상 현저히 부당할 것 등의 요건이 충족된 경우로서, 전세보증금 시세의 증감 정도가 상당한 수준(일반적인 예로서, **당초 약정금액의 20% 이상 증감하는 경우를 상정할 수 있음)**에 달하고, **나머지 전세기간이 적어도 6개월 이상은 되어야 전세보증금의 증감청구권을 받아들일 정당성과 필요성이 인정될 수 있고,** 증감의 정도도 시세의 등락을 그대로 반영할 것이 아니라 그 밖에 당사자들의 특수성, 계약의 법적 안정성 등의 요소를 고려하여 적절히 조정되어야 한다.

아. 차임증액청구권 행사에 따른 차임증액의 효력 발생 시기

> **[대법원 2018. 3. 15. 선고 2015다239508, 239515, 판결]**
>
> 한편 임대인이 민법 제628조에 의하여 장래에 대한 차임의 증액을 청구하였을 때에 당사자 사이에 협의가 성립되지 아니하여 **법원이 결정해 주는 차임은 증액청구의 의사표시를 한 때에 소급하여 그 효력이 생기는 것이므로**, 특별한 사정이 없는 한 증액된 차임에 대하여는 법원 결정 시가 아니라 **증액청구의 의사표시가 상대방에게 도달한 때를 이행기로 보아야 한다.**

자. 법원의 결정

임대사업자와 임차인 사이에 그 차임 증액의 구체적인 금액이 적정한 것인지 여부에 대한 다툼이 지속된다면, 결국 소송을 통하여 법원에서 결정하게 된다.

> **[대법원 1992. 11. 24. 선고 92다31163, 31170 판결]**
>
> 임대차계약에 있어서 차임은 당사자간에 합의가 있어야 하고, 임대차기간 중에 당사자의 일방이 차임을 변경하고자 할 때에도 상대방의 동의를 얻어서 하여야 하며, 그렇지 아니한 경우에는 민법 제628조에 의하여 차임의 증감을 청구하여야 할 것이고, 만일 임대차계약 체결 시에 임대인이 일방적으로 차임을 인상할 수 있고 상대방은 이의를 할 수 없다고 약정하였다면, 이는 강행규정인 민법 제628조에 위반하는 약정으로서 임차인에게 불리한 것이므로 민법 제652조에 의하여 효력이 없다.

> **[광주지방법원 2017. 9. 14. 선고 2017가합52707 판결]**
>
> 구 임대주택법의 적용을 받는 공공건설임대아파트로 보이는바*, ⓐ 최초 임대차계약 체결하여 입주한 후 1년여가 지나 차임 증액에 관하여 임대사업자와 임차인 사이에 합의를 하였는데, ⓑ 임대사업자가 2년이 지나 다시 차임 증액 청구를 하니, ⓒ 임차인이 위와 같은 '차임 증액 청구권'으로 형성된 새로운 증액된 차임에 대하여 '채무부존재 확인 청구'라는 소송을 제기한 것이다.
>
> 당해 법원은 임차인의 손을 들어 임대사업자가 2년이 지나 또 한 '차임 증액 청구권'으로 형성된 새로운 차임에 대하여 임차인은 이를 지급할 법적 의무가 없다고 판단한 것이다.

* 위 판결 사안의 임대아파트의 임대차계약기간은 2년 6개월(총 30개월)인바, 추정하건대 법정 임대의무기간이 5년인 공공건설임대주택이었는데, 임대사업자와 임차인 사이

에 그 법정 임대의무기간의 1/2이 경과하여 분양전환하기로 특약한 것으로 보인다.

서울남부지방법원 2021. 8. 12. 선고 2021가단225863 판결 [임대차보증금]
「민간임대주택에 관한 특별법」에 정한 임대사업자가 ⓐ 주거비물가지수가 2년만에 3.29% 상승하고, ⓑ 이 사건 건물과 같은 건물의 다른 세대 임차인들과 임대차계약 갱신 시 임대보증금을 5%씩 증액하고, ⓒ 이 사건 건물 인근 부동산의 임대보증금도 약 5% 정도 증액되고, ⓓ 이 사건 건물부지의 개별공시지가도 2년 전 대비 28.8% 인상되어 재산세 등 조세도 인상됨에 따라, 임대보증금을 5% 증액 청구한 사안에서, **차임증감청구권은 계약 당시 그 기초가 되었던 사정이 현저히 변경되고, 그 사정변경을 당사자가 예견할 수 없었으며, 당사자 사이에 책임 없는 사유로 사정변경이 있었고, 처음 맺은 계약에 당사자를 구속시키는 것이 공평의 원칙 또는 신의성실의 원칙상 현저히 부당하다고 인정될 때 당사자 사이의 이해를 조절하기 위하여 처음 계약의 내용을 바꿀 수 있도록 해주는 것**이다. 이는 이른바 사정변경의 원칙을 명문화한 규정으로서 구체적 타당성을 위하여 법적 안정성을 일부 훼손하는 것이므로 그 해석과 적용을 엄격하게 할 필요가 있다고 하여 **임대사업자의 임대보증금 5% 인상 청구를 기각한 사례**

차. 임대차계약 해지 사유 해당 여부

임대사업자의 입장에서는 만약 임차인이 임대인의 차임증액청구에 대하여 불응하고, 최초 차임만 제때 지급하는 사실이 장기화됨에 따라, 미납된 차임 증액금이 3개월분 임대료 이상이 되는 경우, 일응 임대차계약 해지 사유가 발생했다고 생각하고, 임대차계약 해지권을 행사한 후, 명도청구 소송을 제기하는 경우를 상정할 수 있겠다.

그러나 대법원은 이러한 경우 임대차계약 해지사유가 될 수 없다고 판시하고 있다.

[대법원 2003. 2. 14. 선고 2002다60931 판결]

당사자 사이에 협의가 성립되지 아니하여 법원이 결정해 주는 차임은 그 증액청구의 의사표시에 소급하여 그 효력이 생기는 것이나, 그 결정 시까지는 종전의 차임액을 지급하여도 차임 지급의 지체가 되지 않는 것이므로, 임대인이 위와 같은 차임증액청구권에 기하여 임차인에게 사정변경에 따른 차임의 조정에 관한 협의를 요구하였으나 임차인이 그 협의 자체를 거부할 뜻을 명확히 하였다고 하더라도, 이는 당사자 사이에 차임 조정에 관한 협의가 불성립한 것에 불과한 것으로서 이를 이유로 임대차계약 자체를 해지할 수는 없다.

3. 임대보증금과 임대료의 상호 전환 기준

임대사업자가 임대료 등(임대보증금과 월 임대료)의 증액을 청구하면서 임대보증금과 월임대료를 상호 간에 전환하는 경우에는 임차인의 동의를 받아야 하며, 전환되는 월 임대료는「주택임대차보호법」제7조의2(임대보증금과 월 임대료간 전환)[96]에 따른 범위를 초과할 수 없다.

월 임대료를 임대보증금으로 전환하는 경우에도 또한 같다.

[대법원 2016. 11. 18. 선고 2013다42236 전원합의체 판결]

[다수의견] 구 임대주택법(2008. 2. 29. 법률 제8852호로 개정되기 전의 것, 이하 같다) 제14조 제1항, 구 임대주택법 시행령(2008. 2. 29. 대통령령 제20722호로 개정되기 전의 것, 이하 같다) 제12조 제1항, 건설교통부장관의「임대주택의 표준임대보증금 및 표준임대료」고시(2004. 4. 2. 건설교통부 고시 제2004-70호로 전부 개정된 것) 등 공공건설임대주택의 임대보증금과 임대

96) 보증금의 전부 또는 일부를 월 단위의 차임으로 전환하는 경우에는 그 전환되는 금액에 다음 각 호 중 낮은 비율을 곱한 월차임(月借賃)의 범위를 초과할 수 없다.
1.「은행법」에 따른 은행에서 적용하는 대출금리와 해당 지역의 경제 여건 등을 고려하여 대통령령으로 정하는 비율(연 1할)
2. 한국은행에서 공시한 기준금리에 대통령령으로 정하는 이율(연 2%)을 더한 비율

료의 상한을 정한 규정은 법령 제정의 목적과 입법 취지 등에 비추어 그에 위반되는 약정의 사법적 효력을 제한하는 효력규정으로 보아야 한다. **그리고 건설교통부 고시에서 말하는 '임차인의 동의'란 임대주택을 공급받으려고 하는 사람이 표준임대보증금과 표준임대료로 임대차계약을 체결할 수 있는 상황에서 스스로 금액의 상호전환 여부를 선택하는 것을 의미한다.** 가령 **임대사업자가 임대보증금과 임대료를 임의로 상호전환하여 정한 임대차계약 조건을 제시하고 이를 그대로 받아들이거나 아니면 임대주택 청약을 포기하는 것 중에서만 선택할 수 있도록 한 경우에는 임차인에게 동의권이 부여되었다고 볼 수 없다.** 따라서 임대사업자가 임대료의 일부를 임대보증금으로 상호전환함으로써 표준임대보증금보다 고액인 임대보증금으로 임차인을 모집하고자 하는 경우에는 표준금액과 전환금액을 모두 공고하거나 고지하여 임차인을 모집한 후 전환금액에 동의하는 임차인에 한하여 그 조건으로 임대차계약을 체결하여야 한다. 그러므로 **임차인의 동의 절차를 올바르게 거쳤으면 유효한 임대차계약으로 성립될 수 있는 경우에도, 그러한 절차를 거치지 않고 일방적으로 상호전환의 조건을 제시하여 임대차계약을 체결하였다면 이는 효력규정인 임대주택법령에 위반된 약정으로서 무효가 된다.**

건설교통부 고시에 의하여 산출되는 임대보증금과 임대료의 상한액인 표준임대보증금과 표준임대료를 기준으로 계약상 임대보증금과 임대료를 산정하여 임대보증금과 임대료 사이에 상호전환을 하였으나 절차상 위법이 있어 강행법규 위반으로 무효가 되는 경우에는 특별한 사정이 없는 한 임대사업자와 임차인이 임대보증금과 임대료의 상호전환을 하지 않은 원래의 임대 조건, 즉 표준임대보증금과 표준임대료에 의한 임대 조건으로 임대차계약을 체결할 것을 의욕하였으리라고 봄이 타당하다. 그러므로 임대차계약은 민법 제138조에 따라 표준임대보증금과 표준임대료를 임대 조건으로 하는 임대차계약으로서 유효하게 존속한다.

4. 임대료(임대보증금과 월 임대료)의 수령 방법

임대사업자는 임대료(임대보증금과 월 임대료)를 현금 또는 「여신전문금융업법」 제2조에 따른 신용카드, 직불카드, 선불카드를 이용한 결제로 받을 수 있다.

이는 2018. 12. 18. 법률 제16000호로 일부 개정되어 2019. 6. 19.부터 시행되는 「민간임대주택에 관한 특별법」 제44조 제5항으로 신설된 것으로, 임차인의 주거비 마련 부담을 경감시키려는 목적에 따른 것이다.

즉 '기업형 임대사업자'(8년 이상 임대할 목적으로 100호 이상의 민간임대주택을 취득하였거나 취득하려는 임대사업자) 중 일부가 카드사와 제휴한 '임대료 신용카드 납부 서비스'를 시행하고 있으나, '일반형 임대사업자'(1호 이상의 민간임대주택을 취득하였거나 취득하려는 임대사업자)의 경우 신용카드 납부 방식에 대한 인식 부족, 정부의 정책 미흡 등으로 인해 임대료를 신용카드 등으로 납부받는 경우가 드문 상황이었는바, 임대료를 신용카드로 납부받는 방식을 법률에 규정하고, 임대사업자에게 이를 적극적으로 알릴 필요성에 따른 것이다.

5. 초과 임대료의 반환 청구

임차인은 증액 비율을 초과하여 증액된 임대료(임대보증금과 월 임대료)를 지급한 경우 초과 지급한 임대료(임대보증금과 월 임대료) 상당 금액의 반환을 청구할 수 있다.

6. 임대차계약의 해제、해지 등

가. '임대사업자'의 임대차계약 해제 · 해지 및 재계약 거절의 제한

임대사업자는 임차인이 의무를 위반하거나 임대차를 계속하기 어려운 경우 등 아래 각 호의 사유가 발생한 때를 제외하고는, 임대사업자로 등록되어 있는 기간 동안 임대차계약을 **'해제 또는 해지'하거나 '재계약'을 거절할 수 없다.**(「민간임대주택에 관한 특별법」 제45조 제1항)

1. 거짓이나 그 밖의 부정한 방법으로 민간임대주택을 임대받은 경우
2. 임대사업자의 귀책사유 없이 다음 각 호의 시점으로부터 3개월 이내에 입주하지 않은 경우

① **민간건설임대주택 : 입주지정기간 개시일.** 이 경우 입주지정기간을 정하지 아니

한 경우에는 법 제5조에 따른 임대사업자 등록 이후 최초로 체결된 임대차계약서 상의 실제 임대개시일을 말한다.

② **민간매입임대주택 : 임대사업자 등록일.** 다만, 임대사업자 등록 이후 임대가 개시되는 주택은 임대차계약서상의 실제 임대개시일로 한다.

③ 「민간임대주택에 관한 특별법」 제5조 제3항 본문에 따라 **장기일반민간임대주택을 공공지원민간임대주택으로 변경신고한 경우 : 변경신고의 수리일**(같은 조 제5항의 경우에는 신고를 수리한 것으로 보는 날을 말한다). 다만, 변경신고 이후 임대가 개시되는 주택은 임대차계약서상의 실제 임대개시일로 한다.

3. 월 임대료를 3개월 이상 연속하여 연체한 경우

[대법원 2016. 11. 18. 선고 2013다42236 전원합의체 판결]

구 임대주택법(2008. 2. 29. 법률 제8852호로 개정되기 전의 것, 이하 같다) 제18조 제1항, 제3항과 그 시행규칙(2008. 6. 20. 국토해양부령 제19호로 전부 개정되기 전의 것) 제8조 제1항, 제2항 [별지 제10호 서식](표준임대차계약서)에 의하면, 위 법률의 적용을 받는 임대주택의 임대사업자는 표준임대차계약서 제10조 제1항의 각 호에 해당하는 사유가 있으면 임대차계약을 해지할 수 있도록 되어 있고, 제4호에는 임차인이 임대료를 '3월 이상' 연속하여 연체한 경우가 해지사유의 하나로 규정되어 있다.

여기에 규정된 '3월 이상'은 3개월 이상 연속되어야 하므로 연체횟수가 3회 이상이어야 한다는 것은 의문의 여지가 없다. 그런데 만약 '3월 이상'이 연체횟수만을 의미할 뿐 연체금액의 의미는 배제된다고 보게 되면, 일반적인 임대차에 적용되는 민법 제640조가 "차임연체액이 2기의 차임액에 달하는 때"를 해지사유로 규정한 것과 대비하여 임대주택의 임차인이 오히려 더 불리하게 되는 경우가 발생할 수 있다. 이는 임대주택법의 적용 대상인 임대차계약에 대하여 해지사유를 더 엄격하게 제한하고 있는 입법 취지에 배치되므로, **'3월 이상'은 연체횟수뿐 아니라 연체금액에서도 3개월분 이상이 되어야 한다는 뜻으로 새기는 것이 옳다.**

다른 한편 위 해지사유는 '3월 이상' 연속 연체로 규정되어 있을 뿐 매월 지급할 임대료 전액을 '3월 이상' 연속하여 연체할 것을 요건으로 하고 있지는 않다. 그러므로 **매월 임대료 중 일부씩을**

3개월 이상 연속하여 연체한 때에도 전체 연체액 합계가 3개월분 임대료 이상이 되는 경우에는 해지사유에 해당한다. 그와 같이 새기더라도 민법상 일반 임대차보다 임차인에게 불리하지 않고, 이와 달리 매월 임대료의 일부씩만 연체한 경우에는 합계 금액이 아무리 늘어나도 해지를 할 수 없다고 해서는 임대사업자의 지위를 지나치게 불리하게 하는 결과가 되기 때문이다.

4. 민간임대주택 및 그 부대시설을 임대사업자의 동의를 받지 않고 개축·증축 또는 변경하거나 본래의 용도가 아닌 용도로 사용한 경우
5. 민간임대주택 및 그 부대시설을 고의로 파손 또는 멸실한 경우

5의2. 공공지원민간임대주택의 임차인이 다음 각 목의 어느 하나에 해당하게 된 경우

가. 임차인의 자산 또는 소득이 법 제42조 제2항에 따른 자격요건을 초과하는 경우로서 국토교통부령으로 정하는 기준을 초과하는 경우

나. 임대차계약 기간 중 다른 주택을 소유하게 된 경우.

다만, 다음의 어느 하나에 해당하는 경우는 제외한다.

1) 상속·판결 또는 혼인 등 그 밖의 부득이한 사유로 다른 주택을 소유하게 된 경우로서 임대차계약이 해제·해지되거나 재계약이 거절될 수 있다는 내용을 통보받은 날부터 6개월 이내에 해당 주택을 처분하는 경우

2) 혼인 등의 사유로 주택을 소유하게 된 세대 구성원이 소유권을 취득한 날부터 14일 이내에 전출신고를 하여 세대가 분리된 경우

3) 공공지원민간임대주택의 입주자를 선정하고 남은 공공지원민간임대주택에 대하여 선착순의 방법으로 입주자로 선정된 경우

5의3. 임차인이 '공공지원민간임대주택' 또는 '공공임대주택'에 중복하여 입주하거나 계약한 것으로 확인된 경우

6. 표준임대차계약서상의 의무를 위반한 경우

위 규정은 2021. 9. 14.부터 시행된 규정인바, 이에 대하여는 2021. 9. 4. 당시 등록되어 있는 임대사업자에게 대하여도 적용된다.(「민간임대주택에 관한 특별법」 법률 제18452

호, 부칙 제3조)

[법제처 법령해석 사례] 안건번호 18-0498 회신일자 2018-12-07

국토교통부 – 임차인이 임대조건 변경 요구에 응하지 않았음을 이유로 임대사업자가 임대차계약의 재계약을 거절할 수 있는지 여부(「민간임대주택에 관한 특별법」 제45조 등 관련)

1. 질의요지

「민간임대주택에 관한 특별법」에 따른 임대사업자가 임대의무기간 동안에 월임대료를 임대보증금으로 전환하도록 임대조건을 변경하여 임대차계약을 재계약할 것을 임차인에게 요구하였으나 임차인이 재계약을 희망하면서도 임대조건의 변경에는 동의하지 않은 경우, 임차인이 같은 법 제47조에 따른 표준임대차계약서상의 의무를 위반한 것에 해당하여 임대사업자가 같은 법 제45조 및 같은 법 시행령 제35조제6호에 따라 재계약을 거절할 수 있는지?

※ 질의배경

「민간임대주택에 관한 특별법」에 따른 임대사업자(100세대 미만의 장기일반민간임대주택 임대 중)인 민원인은 임대의무기간 중에 기존의 임대차계약을 갱신하면서 월임대료를 임대보증금으로 전환하고자 하나 임차인이 종전대로 월임대료를 지급하길 원하자, 임차인의 계약변경 미동의를 이유로 재계약을 거절할 수 있는지 국토교통부에 문의했고, 재계약을 거절할 수 없다는 답변을 받자 이견이 있어, 법제처에 법령해석을 요청해줄 것을 국토교통부에 의뢰함.

2. 회답

이 사안의 경우 재계약을 거절할 수 없습니다.

3. 이유

「민간임대주택에 관한 특별법」(이하 "민간임대주택법"이라 함)에 따르면 임대사업자는 임대의무기간(각주 : 민간임대주택법 제2조 제4호부터 제6호까지의 규정에 따른 기간을 말함.) 동안 민간임대주택을 계속 임대할 의무(제43조 제1항)가 있으나 임차인이 의무를 위반하거나 임대차를 계속하기 어려운 경우 등 대통령령으로 정하는 사유가 발생한 때에는 임대의무기간 동안에도 임대차계약을 해제 또는 해지하거나 재계약을 거절할 수 있도록 하고 있는바(제45조), 이와 같이 민간임대주택법에서 임대사업자에게 임대의무를 부과한 것은 **민간임대주택의 공급을 촉진하고 국민의 주거생활을 안정시키기 위한(제1조) 입법목적을 고려하여 임차인이 임대의무기간 동안 안정적으로 주거생활을 할 수 있게 하려는 취지이므로** 같은 법 제45조 및 그 위임에 따른 같은 법 시행령 제35조 각 호의 임대사업자가 임대의무기간 동안 임대차계약을 해제 · 해지하거나 재계약을 거절할 수 있는 사유에 해당하는지 여부는 **엄격하게 해석해야 합니다.**

그런데 「민간임대주택에 관한 특별법 시행령」 제35조 제6호에서는 임대사업자가 임대의무기간 동안에 임대차계약을 해제 또는 해지하거나 재계약을 거절할 수 있는 사유로 "표준임대차계약서(각주: 민간임대주택법 제47조 제1항 및 같은 법 시행규칙 별지 제24호서식 · 제25호서식에 따른 계약서를 말하며, 이하 같음.)상의 의무를 위반한 경우(제6호)" 등을 규정하고 있고, 「민간임대주택에 관한 특별법 시행규칙」 별지 제24호서식에 따른 표준임대차계약서(I)의 "계약조건" 제5조 및 같은 규칙 별지 제25호서식에 따른 표준임대차계약서(II)의 "계약조건" 제3조에서는 임대사업자와 임차인은 물가, 그 밖의 경제적 여건의 변동이 있는 경우 등에는 임대보증금, 임대료, 관리비, 사용료 또는 제납입금을 조정할 수 있다고 규정하고 있는데, **이는 해당 사유가 발생하지 않는 한 함부로 임대료 등을 변경할 수 없도록 하여 안정적인 임대차관계가 지속될 수 있도록 한 것이지 이러한 사유가 발생했다고 하여 임대사업자 또는 임차인이 일방적으로 임대조건을 변경할 수 있도록 하거나 상대방에게 그러한 임대조건의 변경을 수인해야 할 의무를 부과한 것으로 볼 수는 없으므로 임차인이 임대조건의 변경에 동의하지 않는 경우를 표준임대차계약서상의 의무를 위반한 것으로 볼 수는 없습니다.**

아울러 민간임대주택법 제44조 제2항에서는 임대사업자가 임대의무기간 동안 임대료의 증액을 청구하는 경우 연 5퍼센트의 범위에서 주거비, 물가지수 등을 고려하도록 규정하고 있고, 같은 법 제48조 및 그 위임에 따른 같은 법 시행령 제37조에서는 임대사업자가 월임대료를 임대보증금으로 전환하는 등 계약내용을 변경하는 경우 같은 법 제44조에 따른 임대료 증액 제한에 관한 사항 등을 임차인에게 설명하고 확인받도록 규정하고 있는데, 이러한 규정 역시 임대사업자가 우월적 지위에서 임대 조건을 함부로 변경하거나 임대료를 증액할 수 없도록 한 것으로서 임대사업자와 임차인은 이러한 제한 및 절차를 준수하면서 상호 협의하여 임대조건을 변경할 수 있는 것이지 이러한 규정들로부터 **임대사업자가 일방적으로 변경한 임대조건을 임차인이 수인할 의무가 도출**

된다고 보기는 어렵다는 점도 이 사안을 해석할 때 고려해야 합니다.

대법원 2020. 7. 9. 선고 2020다223781 판결 [대출금 등]

민간임대주택법의 적용을 받는 민간임대주택에 관하여 주택임대차보호법 제6조 제1항, 제2항에 따라 임대차계약이 묵시적으로 갱신되는 경우 당사자가 별도로 임대차기간을 2년 이상으로 정하기로 약정하는 등 특별한 사정이 없는 한 그 임대차기간은 2년이 된다고 보아야 한다. 그리고 임대인은 민간임대주택법 시행령 제35조 내지 임대차계약의 갱신거절 등에 관한 표준임대차계약서 해당 조문의 각호 중 어느 하나에 해당하는 사유가 존재하는 경우라야 그 임대차계약을 해제 또는 해지하거나 임대차계약의 갱신을 거절할 수 있으며, 그렇지 아니한 경우에는 임차인이 임대차계약의 갱신을 원하는 이상 특별한 사정이 없는 한 임대인이 임대차계약의 갱신을 거절할 수 없다고 보아야 한다(대법원 2020. 5. 28. 선고 2020다202371 판결 등 참조). 나아가 임대인에게 임대차계약의 갱신을 적법하게 거절할 수 있는 사유가 존재하더라도, 임대인이 반드시 임대차계약의 갱신을 거절하여야 하는 것은 아니다. 임대인에게 임대차계약의 갱신을 거절할 수 있는 권한이 발생한 뒤에라도 임차인은 임대인이 실제로 그러한 의사표시를 하기 이전에 갱신거절의 사유를 해소시킴으로써 임대인의 갱신거절 권한을 소멸시킬 수 있다.

나. 등록 직권 말소

「민간임대주택에 관한 특별법」 제45조를 위반하여 임대차계약을 해제, 해지하거나 재계약을 거절한 경우에는 시장·군수·구청장은 임대사업자의 등록의 전부 또는 일부를 말소할 수 있다.(「민간임대주택에 관한 특별법」 제6조 제8호)

다. 과태료

위를 위반하여 임대차계약을 해제, 해지하거나 재계약을 거절한 임대사업자에 대하여는 1천만원 이하의 과태료를 부과한다.(「민간임대주택에 관한 특별법」 제67조 제2항 제4호)

라. '임차인'의 임대차계약 해제 · 해지

임차인은 시장 · 군수 · 구청장이 임대주택에 거주하기 곤란할 정도의 중대한 하자가 있다고 인정하는 경우 등 다음 각 호의 경우에는 임대차계약을 해제하거나 해지할 수 있다.

1. 시장 · 군수 · 구청장이 민간임대주택에 <u>거주하기 곤란할 정도의 중대한 하자</u>가 있다고 인정하는 경우
2. 임대사업자가 임차인의 의사에 반하여 민간임대주택의 <u>부대시설 · 복리시설을 파손시킨 경우</u>
3. 임대사업자의 귀책사유로 입주지정기간이 끝난 날부터 <u>3개월 이내에 입주할 수 없는 경우</u>
4. 임대사업자가 <u>표준임대차계약서상의 의무를 위반한 경우</u>

마. '임차인'의 임대차계약 '중도 해지'

(a)「공공주택 특별법 시행규칙」[별지 제5호(공공건설임대주택용), 제6호(분납임대주택용), 제7호(그 밖의 공공임대주택용) 서식] '표준임대차계약서'에는 아래와 같은 임차인의 '임대차계약 중도 해지'에 관한 규정을 두고 있으나, (b)「민간임대주택에 관한 특별법 시행규칙」[별지 제24호 서식] '표준임대차계약서'에는 그와 같은 규정을 두고 있지 않다.

> 제11조(임대차계약 중도 해지)
>
> ① 공공주택사업자가 임대하는 공공건설임대주택에 거주하는 "임차인"이 제10조 제2항에 해당하지 않는 사유로 임대주택 임대차계약을 중도에 해지(<u>「주택임대차보호법」제6조의2에 따라 묵시적 갱신에 의한 임대차계약을 해지하는 경우는 제외한다.</u>)하는 경우에는 "임대인"에게 계약해지 <u>예정일 1개월 전까지 통보(계약 해지 예정일까지의 기간이 1개월 이상 남은 경우에는 변경 후 계약 해지 예정일이 1개월 이상 남는 범위에서 변경 통보 가능)해야 하며</u>, 통보를 받은 "임대인"은 "임차인"의 퇴거에 적극 협조해야 한다.
>
> ② 제1항에 따라 "임차인"이 계약 해지를 통보했으나 계약 해지 예정일 전에 퇴거하는 경우에는 월 임대료 정산 완료일부터 계약 해지 예정일까지의 월 임대료를 "임대인"에게 지급해야 한다. 다만, 후속 임차인이 정해진 경우에는 월 임대료 정산 완료일부터 후속 임차인의 입주일 하루 전일까지의 월 임대료를 "임대인"에게 지급한다.

따라서, 임대차계약 기간을 2년으로 약정하였으나, 그 2년이 경과하기 전에 임대차계약을 중도에 해지를 원하는 임차인의 경우, ⓐ「공공주택 특별법」 상의 '공공건설임대주택', '분납임대주택', '그 밖의 공공임대주택'의 임차인이라면, 위와 같은 표준임대차계약 상의 임대차계약 중도 해지 조항에 근거하여 중도 해지를 할 수 있으나, ⓑ「민간임대주택에 관한 특별법」 상의 '민간임대주택'이라면 그 표준임대차계약서에 관련 규정을 두고 있지 않으므로 위와 같은 방식으로 중도 해지를 할 수 없다는 차이가 발생한다.

만약 민간임대주택에 대하여 약정 임대의무기간을 입주일로부터 4년이라고 약정한 경우, 입주일로부터 2년이 경과한 후에 4년이 되기 전에 임차인이 임대차계약 해지를 원하는 경우 어떻게 할 것인지 문제된다.

이는 일응 임대사업자와 임차인 사이에 임대차 기간을 입주일로부터 4년이라고 약정하였으므로, 그 4년이 도래하기 전에 임대차계약을 해지하는 것은 일응 약정 위반에 귀결될 것이다.

그러나 이에 관하여 임대차계약서에 별도의 '특약(합의해지 가능의 경우)'을 규정하고 있다면, 「약관의 규제에 관한 법률」 위반의 특약이 아니라면 그 특약에 따라야 할 것이다.

바. 임대보증금에 관한 대출채권자의 채권자대위권행사에 따른 임대주택 인도청구

ⓐ 은행 등이 임차인에게 임대보증금 명목으로 쓰일 금액을 대출해주면서 그 담보로 임차인이 임대사업자에 대하여 가지는 임대보증금반환채권에 대하여, "질권설정자(임차인)는 채권자(은행 등)의 동의 없이 임대인과 임대차계약의 연장, 갱신이 불가하며, 임대차계약 연장, 갱신의 경우 반드시 채권자의 사전 동의를 얻어야 효력이 발생한다."고 질권설정계약서를 체결하였는데, ⓑ 임차인이 은행 등의 동의 없이 임대차의 묵시적 갱신이 이루어져, ⓒ 은행 등이 채권자대위권을 행사하여 임차인에게 부동산인도청구를 한 사안에서 대법원은 아래와 같이 판시한 바 있다.

대법원 2020. 7. 9. 선고 2020다223781 판결 [대출금 등]

채권자대위권은 채무자의 제3채무자에 대한 권리를 행사하는 것이므로, 제3채무자는 채무자에 대하여 가지는 모든 항변사유로써 채권자에게 대항할 수 있으나, 채권자는 채무자 자신이 주장할 수 있는 사유의 범위 내에서 주장할 수 있을 뿐, 자기와 제3채무자 사이의 독자적인 사정에 기한 사유를 주장할 수는 없다(대법원 2009. 5. 28. 선고 2009다4787 판결 참조). 이 사건 임대차계약에 관하여 갱신거절이 이루어진 것으로 볼 수 없음은 앞서 본 바와 같고, 이는 이 사건 임대차계약이 기간 만료로 종료된 것임을 전제로 한국토지주택공사를 대위하여 이 사건 아파트의 인도를 구하는 원고에 대해서도 마찬가지이다. 원고와 피고 사이의 독자적인 사정에 해당하는 이 사건 근질권설정계약 제3조 제10항, 즉 "설정자는 채권자의 동의 없이 임대인과 임대차계약의 연장, 갱신이 불가하며 임대차계약의 연장, 갱신의 경우에는 반드시 채권자의 사전동의를 얻어야 효력이 발생합니다." 라는 규정을 들어 이와 달리 볼 수 없다. 그리고 임대인이 별도로 갱신거절을 하지 아니함에 따라 임대차계약이 묵시적으로 갱신되는 결과가 발생하는 것은, 질권의 목적인 임대차보증금반환채권 자체가 아니라 이를 발생시키는 기본적 계약관계에 관한 사유에 속할 뿐만 아니라, 질권설정자인 임차인이 위 채권 자체의 소멸을 목적으로 하거나 질권자의 이익을 해하는 변경을 한 것으로도 볼 수 없다. 그러므로 이 경우에는 민법 제352조의 제한을 받지 아니한다.

7. 「주택임대차보호법」과의 관계

가. 계약갱신청구권 관련

2020. 7. 31. 법률 제17470호로 개정되어 같은 날 시행된 「주택임대차보호법」 제6조의3은 임차인의 1회에 한하는 '계약갱신청구권'을 보장하는 규정으로서 주택임대차 기간을 종전의 최소 2년에서 4년을 보장하는 의미를 가진다.

그런데 사용검사 전 임차인을 모집한 경우로서, 임차인이 입주 시까지 임대사업자에게 임대보증금을 납입하여 그 임대보증금의 상당한 금액이 당해 임대주택 신축의 건설재원으로 사용된 경우임에도, 법정 임대의무기간이 4년인 민간임대주택에 관하여 약정 임대의무기간을 입주시부터 2년으로 약정한 경우가 있다.[97]

이러한 경우라도 (a)「민간임대주택에 관한 특별법」 제45조 제1항은 임대사업자는 원칙적으로 임대사업자로 등록되어 있는 기간 동안 임대차계약의 '재계약'을 거절할 수 없다고 규정하고 있으므로, (b) 임차인이 약정 임대의무기간 2년이 경과한 후에도 재계약을 체결하여 법정 임대의무기간인 4년까지 임대차계약을 유지할 수 있고, 또 그 4년이 경과한 시점에서 임차인이 「주택임대차보호법」 상의 계약갱신청구권을 행사한 경우라면 최장 6년까지 임대차계약을 유지할 수 있을 것이다.

그런데 (a) 임대사업자가 입주일로부터 4년이 경과한 후 분양전환을 계획하고 있는 경우, (b) 약정 임대의무기간 2년이 경과한 시점에서 임차인과 재계약을 체결하면서, 임차인으로 하여금 이는 「주택임대차보호법」 상의 계약갱신청구권을 행사한 것이라고 사실상 강제하는[98] 약정을 함으로써 (c) 4년이 경과한 후에는 임차인 계약갱신청구권을 행사할 수 없게 됨에 따라, 임대차 기간을 4년만 유지할 수 있게 하는 경우가 있다.

이러한 경우 또한 「약관의 규제에 관한 법률」 위반으로 '무효'라고 보아야 할 것으로 사료된다.

---

97) 이러한 약정은 경우에 따라서는 「약관의 규제에 관한 법률」 제6조 제1항에 정한 바와 같이, 신의성실의 원칙을 위반하여 공정성을 잃은 조항으로서 무효로 볼 여지가 많다고 사료된다.

98) 임차인이 임대보증금을 은행 등으로부터 대출기간 2년으로 하여 대출약정을 한 경우, 은행 등이 대출기간을 연장하기 위한 전제로서 임대사업자와의 재계약 서류를 요구한다면, 임차인은 대출기간 연장을 위해서라도 위와 같은 계약갱신청구권을 행사한다는 취지의 재계약 서류에 마지못해 동의할 수 있다.

나. 임대료의 증액 제한 관련

[법제처 법령해석 사례] 안건번호 : 20-0532 회신일자 : 2020-12-25

민원인 - 「민간임대주택에 관한 특별법」 제44조 제1항에 따른 최초 임대료에 대한 「주택임대차보호법」 제6조의3 제3항 단서 적용 여부(법률 제16386호 「민간임대주택에 관한 특별법」 부칙 제4조 등 관련)

1. 질의요지

2019년 4월 23일 법률 제16386호로 일부개정되어 **2019년 10월 24일에 시행**된 「민간임대주택에 관한 특별법」(이하 "구 민간임대주택법"이라 함)의 시행일 전에 민간임대주택을 등록하고 등록 당시 존속 중인 임대차계약이 있었던 경우(각주 : 구 민간임대주택법 부칙 제4조가 적용되어 해당 계약의 임대료를 같은 법 제44조제 1항 제2호 단서에 따른 최초 임대료로 적용하지 않는 경우를 전제함.)로서, **2020년 7월 31일 법률 제17470호로 일부개정되어 같은 날 시행된 「주택임대차보호법」의 시행일 후** 해당 임대차계약에 대해 같은 법 제6조의3 제1항에 따른 계약갱신요구권을 행사하는 경우, **「주택임대차보호법」 제6조의3 제3항 단서 및 제7조 제2항에 따른 증액 제한이 적용되는지?**

※ 질의배경

민원인은 위 질의요지에 대한 국토교통부의 회신 내용에 이견이 있어 법제처에 법령해석을 요청함.

2. 회답

이 사안의 경우 **「주택임대차보호법」 제6조의3 제3항 단서 및 제7조 제2항에 따른 증액 제한이 적용됩니다.**

3. 이유

「주택임대차보호법」은 주거용 건물의 임대차에 관하여 「민법」에 대한 특례로 임대인과 임차인 간의 계약 사항을 규율하는 법률(제1조)인 반면, 「민간임대주택에 관한 특별법」(이하 "민간임대주택법"이라 함)은 민간임대주택의 건설 · 공급 및 관리와 민간 주택임대사업자 육성 등에 관한 사항을 정함으로써 민간임대주택의 공급을 촉진하려는 목적(제1조)의 법률로서 임대사업자에 대한 공적 규제와 함께 지원제도를 정하고 있는바, 각 법률은 서로 입법 목적을 달리하는 법률로서 일반적으로 어느 법률이 다른 법률에 우선하여 배타적으로 적용되는 관계에 있다고 볼 수는 없습니다.

그리고 민간임대주택법에서는 「주택임대차보호법」 제6조의3 제1항에 따른 계약갱신의 요구(이하 "계약갱신요구권"이라 함)와 계약갱신요구에 따라 적용되는 같은 법 제6조의3 제3항 단서 및 제7조에 따른 증액 제한을 배제하는 내용을 명시적으로 규정하고 있지 않을 뿐 아니라, 민간임대주택법 제44조 제1항은 최초 임대료에 대한 기준을 정하는 규정이고, 「주택임대차보호법」 제6조의3 제3항 단서 및 제7조 제2항은 계약갱신요구권의 실효성 확보를 위해(각주 : 2020. 7. 31. 법률 제17470호로 일부개정된 「주택임대차보호법」 개정 당시 국회 법제사법위원회 검토보고서 참조) 기존 차임이나 보증금의 증액을 제한하는 규정으로, **양 규정의 목적과 규율 내용이 각각 다르므로 어느 한 규정이 다른 규정에 우선하여 적용되는 특례 규정이라고 볼 수 없습니다.**

또한 「주택임대차보호법」 제6조의3은 2020년 7월 31일 법률 제17470호로 일부 개정되면서 임차가구의 주거 불안과 주거비 부담이 가중되는 문제를 해결하고 안정적인 주거를 보장하기 위해(각주: 2020. 7. 31. 법률 제17470호로 일부개정된 「주택임대차보호법」 개정이유 참조) 신설된 규정으로, 법률 제17470호 「주택임대차보호법」 부칙 제2조에서는 같은 법 시행 당시 존속 중인 임대차에 대해서도 계약갱신요구권 및 그에 따른 증액 제한 규정을 적용하도록 하여 **모든 임대차를 대상으로 하고 있음이 문언상 분명하며,** 이와 같은 내용은 구 민간임대주택법이 개정(2019. 4. 23.)된 이후에 개정된 사항임에도 구 민간임대주택법 부칙 제4조에 따라 최초 임대료에 관한 제44조 제1항이 적용되지 않는 경우를 특별히 배제하는 규정을 두고 있지 않습니다.

따라서 **구 민간임대주택법 부칙 제4조에 따라 제44조 제1항이 적용되지 않는 임대차계약으로서 같은 법 시행일인 2019년 10월 24일 이후에 갱신되는 임대차계약에 따른 임대료가 최초 임대료가 되는 경우라 하더라도, 법률 제17470호 「주택임대차보호법」의 시행일인 2020년 7월 31일에 존속 중인 임대차에 해당하므로 「주택임대차보호법」 제6조의3 제3항 단서 및 제7조 제2항에 따른 증액 제한이 적용된다고 보아야 합니다.**

8. 임대차계약의 신고

가. 신고 및 변경신고 사항 및 기한

임대사업자는 민간임대주택의 (a) 임대차기간, (b) 임대료, (c) 민간임대주택의 소유권을 취득하기 위하여 대출받은 금액('민간매입임대주택'으로 한정한다.), (d) 임차인('준주택'에 한정한다.)에 관한 사항을 (a) 임대차계약을 '체결'한 날(종전 임대차계약이 있는 경우 민간임대주택으로 등록한 날을 말한다) 또는 (b) 임대차계약을 '변경'한 날부터 3개월 이내에 시장ㆍ군수ㆍ구청장에게 '신고' 또는 '변경신고'를 하여야 한다.

이는 2019. 4. 23. 법률 제16386호로 일부 개정된 「민간임대주택에 관한 특별법」 제46조 제1항의 내용이다.[99)]

100세대 이상의 공동주택을 임대하는 임대사업자가 임대차계약에 관한 사항을 변경하여 신고하는 경우에는 변경예정일 1개월 전까지 신고하여야 한다.

헌법재판소 2019. 7. 25. 선고 2018헌마349 결정

민간임대주택에관한특별법 제46조 제2항 등 위헌확인

가. 사전변경신고조항은 100세대 이상의 공동주택을 임대하는 임대사업자에게 임대차계약에 관한 사항을 변경하여 신고하는 경우에는 변경예정일 1개월 전까지 시장 등에게 신고하도록 함으로써, 시장 등이 임대차계약에 관한 사항을 파악하고 임대료가 과도하게 인상될 경우에는 조정권고 등을 통한 관리감독을 할 수있도록 하여 결국 민간임대주택에 거주하는 국민의 주거생활을 안정시키고자 하는바, 이는 정당한 목적을 위한 적합한 수단이다. 시장 등이 임대료 증액의 적정성을 관리 · 감독하기 위해서는 위 임대사업자에게 사전에 신고의무를 부과할 필요가 있는데, 주택임대

---

99) 2019. 4. 23. 법률 제16386호로 일부 개정된 「민간임대주택에 관한 특별법」 부칙
제1조 이 법은 공포한 후 6개월이 경과한 날부터 시행한다.
제4조(최초 임대료 및 임대차계약신고에 관한 적용례) 제44조 제1항 및 제46조 제1항의 개정규정은 이 법 시행 이후 최초로 등록하는 민간임대주택부터 적용한다.

차계약에서 계약 갱신이 이루어지는 통상의 기간을 고려하면 변경예정일 1개월 전이라는 기간은 과도하지 않다. **100세대 이상의 공동주택을 임대하는 임대사업자는 민간임대주택법상 용적률 · 건폐율 · 층수 제한 완화, 판매시설 · 업무시설 허용, 토지수용권 · 사용권 부여 등 공적 지원을 받는 사람으로, 이에 상응하는 공공성을 확보하기 위하여 이들을 수범자로 설정한 것은 납득할 수 있다.** 사전변경신고조항과 같은 효과를 가지면서 직업수행의 자유를 덜 침해하는 수단이 존재한다고 보기 어려우므로 침해의 최소성이 인정된다. 민간임대주택에 거주하는 국민의 주거생활을 안정시키려는 공익이 임대사업자가 임대차계약에 관한 변경 사항을 변경예정일 1개월 전에 신고하여야 하고 신고하지 않을 경우 과태료를 부과받게 되는 불이익보다 중요하므로 법익의 균형성도 인정된다. 따라서 사전변경신고조항은 위 임대사업자의 직업수행의 자유를 침해하지 아니한다.

나. 사전변경신고조항은 100세대 이상의 공동주택을 임대하는 임대사업자에 대한 민간임대주택법상 공적지원에도 불구하고 임대료가 과도하게 증액되어 국민의 주거생활을 안정시키는 데 부족함이 있다는 고려에서, 이들에게 사전변경신고의무를 부과하여 공공성을 확보하려는 규제이다. 이는 자의적인 차별 취급이라고 할 수 없으므로, 사전변경신고조항은 위 임대사업자의 평등권을 침해하지 아니한다.

다. 조정권고조항으로 인한 기본권 침해는 조정권고사유가 있는 청구인들의 임대료 신고를, 재신고조항으로 인한 기본권 침해는 위와 같은 임대료 신고, 시장 등의 조정권고 등을 각각 거쳐야 비로소 현실화된다. 이 사건 기록상 그러한 사정은 발견되지 아니하므로, 청구인들이 위 조항들로 말미암아 기본권 침해를 받을 우려가 있다고 하더라도 그런 우려는 단순히 장래 잠재적으로 나타날 수 있는 것에 불과하여 기본권 침해의 현재성을 인정할 수 없다.

나. 신고 및 변경신고의 방법

위 사항을 신고 또는 변경신고하려는 임대사업자는 **'임대조건 신고 · 변경신고서'**(「민간임대주택에 관한 특별법 시행규칙」 제21호 서식)에 '**표준임대차계약서**'를 첨부하여 해당 민간임대주택의 소재지를 관할하는 시장 · 군수 · 구청장 또는 임대사업자의 주소지를 관할하는 시장 · 군수 · 구청장에게 제출해야 한다.

다만, '종전 임대차계약'을 '신고'('변경신고'는 제외한다.)하는 경우로서, '표준임대차계약서'를 사용하지 않은 경우에는 다음 각 호의 서류를 모두 첨부해야 한다.

1. 임대차계약서
2. 임대사업자가 임차인에게 임대사업자로 등록한 사실을 직접 전달했거나 내용증명 우편 등으로 통보한 사실을 객관적으로 증명할 수 있는 자료

다. 이 송

임대사업자의 주소지를 관할하는 시장ㆍ군수ㆍ구청장이 신고ㆍ변경신고서를 받은 경우에는 즉시 민간임대주택의 소재지를 관할하는 시장ㆍ군수ㆍ구청장에게 이송해야 한다.

라. 시장ㆍ군수ㆍ구청장의 조정 권고

시장ㆍ군수ㆍ구청장은 위에 따라 신고된 임대료가 법정의 증액 비율을 초과하여 증액되었거나 해당 지역의 경제적 사정 변동 등으로 조정될 필요가 있다고 인정하는 경우에는 임대료를 조정하도록 권고할 수 있다.

마. 재신고

조정권고를 받은 임대사업자는 권고사항을 통지받은 날부터 10일 이내에 재신고하여야 한다.

바. 신고의 수리

시장ㆍ군수ㆍ구청장은 신고 또는 재신고를 받거나 신고를 받고 조정권고하지 아니한 경우 그 내용을 검토하여 「민간임대주택에 관한 특별법」에 적합하면, 신고를 수리하여야 한다.

신고ㆍ변경신고서를 받은 시장ㆍ군수ㆍ구청장(민간임대주택의 소재지를 관할하는 시장ㆍ군수ㆍ구청장을 말한다.)은 신고 또는 변경신고 내용을 확인한 후 신고 또는 변경신

고를 받은 날(이송 받은 경우에는 이송받은 날)부터 10일 이내에 국토교통부령으로 정하는 바에 따라 **'임대 조건 신고대장'**(「민간임대주택에 관한 특별법 시행규칙」 제22호 서식)에 신고 또는 변경신고 사실을 적고 **'임대 조건 신고ㆍ변경신고 증명서'**(「민간임대주택에 관한 특별법 시행규칙」 제21호 서식)를 신고인에게 발급해야 한다.

사. 공 고

시장ㆍ군수ㆍ구청장(**민간임대주택의** 소재지를 관할하는 시장ㆍ군수ㆍ구청장을 말한다.)은 임대사업자가 신고, 변경신고 또는 재신고한 임대 조건을 매 분기 종료 후 다음 달 말일까지 해당 지방자치단체의 공보에 공고하여야 한다.

아. 등록 직권 말소

임대차계약 신고 또는 변경신고를 하지 아니하여 시장ㆍ군수ㆍ구청장이 제61조(보고, 검사) 제1항에 따라 보고를 하게 하였으나 거짓으로 보고하거나 3회 이상 불응한 경우에는 시장ㆍ군수ㆍ구청장은 임대사업자의 등록의 전부 또는 일부를 말소할 수 있다.(「민간임대주택에 관한 특별법」 제6조 제13호)

자. 과태료

위 임대차계약 신고를 하지 아니하거나, 거짓으로 신고한 자에 대하여는 1천만원 이하의 과태료를 부과한다.(「민간임대주택에 관한 특별법」 제67조 제2항 제5호)

9. 표준임대차계약서

가. 표준임대차계약서 사용의무

임대사업자가 민간임대주택에 대한 임대차계약을 체결하려는 경우에는 **'표준임대차계약서'**(「민간임대주택에 관한 특별법 시행규칙」 제21호 서식)를 사용하여야 한다.

나. 표준임대차계약서 포함 내용

'표준임대차계약서'에는 다음 각 호의 사항이 포함되어야 한다.

1. 임대료 및 임대료 증액 제한에 관한 사항
2. 임대차계약기간
3. 임대보증금의 보증에 관한 사항
4. 민간임대주택의 선순위 담보권, 국세ㆍ지방세의 체납사실 등 권리관계에 관한 사항
5. 임대사업자 및 임차인의 권리ㆍ의무에 관한 사항
6. 민간임대주택의 수선ㆍ유지 및 보수에 관한 사항
7. 임대의무기간 중 남아 있는 기간과 제45조에 따른 임대차계약의 해제ㆍ해지 등에 관한 사항
8. 그 밖에 **민간임대주택의 양도**에 관한 사항[100)]

구「민간임대주택에 관한 특별법 시행규칙」[101)]에서는 '표준임대차계약서(별지 제24호 서식)'를 ⒜ 구「주택법」 제16조에 따라 **'사업계획승인을 받아 건설한 민간임대주택용'**과 ⒝ **'그 밖의 민간임대주택용'**으로 구분하였으나, ⒞ 2019. 2. 27. 부터는 하나로 일원화하였다.

종전의 '표준임대차계약서(별지 제24호 서식)'은 2020. 6. 30.까지 이 규칙에 따른 개정 서식과 함께 사용할 수 있다.[102)]

---

100) 종전에는 '민간임대주택 양도 가능 시기'라고 규정하였으나, 2019. 2. 27. 국토교통부령 제601호로 개정된「민간임대주택에 관한 특별법 시행규칙」에서 위와 같이 개정되었다.
101) 2019. 2. 27. 국토교통부령 제601호로 일부 개정 되기 전의 것
102) 2020. 5. 29. 국토교통부령 제733호로 일부 개정된「민간임대주택에 관한 특별법 시행규칙」 부칙 제3조

다. 과태료

위 표준임대차계약서를 사용하지 아니한 임대사업자에 대하여는 1천만원 이하의 과태료를 부과한다.(「민간임대주택에 관한 특별법」 제67조 제2항 제6호)

10. 임대사업자의 설명의무 등

가. 설명 및 확인의무

민간임대주택에 대한 임대차계약을 체결하거나 월임대료를 임대보증금으로 전환하는 등 계약내용을 변경하는 경우에는 임대사업자는 다음 각 호의 사항을 임차인에게 설명하고 이를 확인받아야 한다.(「민간임대주택에 관한 특별법」 제48조 제1항)

1. ⒜ 임대보증금에 대한 보증대상액, ⒝ 보증기간, ⒞ 보증수수료 산정방법 및 금액, 분담비율, 납부방법, ⒟ 보증기간 중 임대차계약이 해제ㆍ해지되거나 임대보증금이 증감되는 경우의 보증수수료의 환급 또는 추가 납부에 관한 사항, ⒠ 임대차계약기간 중 보증기간이 만료되는 경우의 재가입에 관한 사항, ⒡ 보증약관의 내용 중 국토교통부장관이 정하여 고시하는 중요사항에 관한 내용

임대보증금 보증약관 주요내용 설명사항 고시

[시행 2022. 4. 4.] [국토교통부고시 제2022-180호, 2022. 4. 4., 제정]

[별표 1]

1. 보증이행 대상인 채무

ㅇ 보증사고 발생시 보증서에 적힌 세대별 보증금액 한도로 임대보증금을 지급한다. 다만, 보증채권자(임차인, 이하 같음)가 주채무자(임대사업자, 이하 같음)에게 부담해야 할 위약금 등이 발생하는 경우 이를 공제한다.

2. 보증이행 대상이 아닌 채무

❶ 다음 사유 중 하나에 따라 보증회사의 구상권 행사가 제한(경매절차에서 우선변제권 행사 등)되어 보증회사에 손해가 발생하거나 발생할 우려가 있는 경우

- 보증채권자가 임대차계약 개시일까지 임대주택의 인도와 주민등록(전입신고) 및 임대차계약서상 확정일자를 갖추어 대항력과 우선변제권 요건을 갖추지 못한 경우
- 우선변제권을 취득 후 거주이전 또는 타주소지 전입신고 등으로 우선변제권을 상실한 경우

❷ 보증채권자가 임대주택에 대한 경매 등 절차에서 배당요구, 채권신고 등으로 임대보증금반환채권을 행사 또는 보전하지 않아 보증회사에 손해가 발생하거나 발생할 우려가 있는 경우

❸ 보증서 발급 이후 보증조건을 더 이상 충족하지 못하게 된 상태에서 주채무자가 새로운 임차인과 임대차계약을 체결하는 경우

❹ 보증채권자가 보증약관의 협력의무, 대위 및 구상의 협조의무를 위반하여 보증회사에 손해가 발생하거나 발생할 우려가 있는 경우

2. 민간임대주택의 선순위 담보권, 국세ㆍ지방세의 체납 사실 등 권리관계에 관한 사항((a) 임대주택에 설정된 제한물권, 압류ㆍ가압류ㆍ가처분 등에 관한 사항, (b) 임대사업자의 국세ㆍ지방세 체납에 관한 사항). 이 경우 등기부등본 및 납세증명서를 제시하여야 한다.
3. 임대의무기간 중 남아 있는 기간과 임대차계약의 해제ㆍ해지 등에 관한 사항
4. 임대료 증액 제한에 관한 사항

임대사업자는 임차인과 임대차계약을 '체결'하거나 계약 내용을 '변경'하는 경우에는, 임대보증금에 대한 보증 및 권리관계에 관한 사항이 포함된 '표준임대차계약서'를 임차인에게 내주고 임차인이 이해할 수 있도록 설명하여야 하며, 임차인은 서명 또는 기명날인의 방법으로 확인하여야 한다.

나. 정보제공의무

민간임대주택에 둘 이상의 임대차계약이 존재하는 등 '민간임대주택으로서 「건축법 시행령」 별표 1 제1호 가목부터 다목[103]까지의 규정에 따른 주택에 둘 이상의 임대차계약이

존재하는 경우, 임대사업자는 그 주택에 대한 임대차계약을 체결하려는 자에게 「주택임대차보호법」 제3조의6 제2항에 따라 확정일자부에 기재된 주택의 차임 및 보증금 등의 정보((a) 임대차 목적물, (b) 확정일자 부여일, (c) 차임 · 보증금, (d) 임대차기간)를 제공하여야 한다.(「민간임대주택에 관한 특별법」 제48조 제2항)

다. 등록 직권 말소

「민간임대주택에 관한 특별법」 제48조 제1항 제2호에 따른 설명이나 정보를 거짓이나 그 밖의 부정한 방법으로 제공한 경우에는 시장 · 군수 · 구청장은 임대사업자의 등록의 전부 또는 일부를 말소할 수 있다.(「민간임대주택에 관한 특별법」 제6조 제10호)

라. 과태료

위 (a) 설명 및 확인의무를 위반하거나, (b) 정보제공의무를 위반한 임대사업자에 대하여는

---

103) 가. 단독주택

나. 다중주택 : 다음의 요건을 모두 갖춘 주택을 말한다.

1) 학생 또는 직장인 등 여러 사람이 장기간 거주할 수 있는 구조로 되어 있는 것

2) 독립된 주거의 형태를 갖추지 않은 것(각 실별로 욕실은 설치할 수 있으나, 취사시설은 설치하지 않은 것을 말한다)

3) 1개 동의 주택으로 쓰이는 바닥면적(부설 주차장 면적은 제외한다. 이하 같다)의 합계가 660㎡ 이하이고 주택으로 쓰는 층수(지하층은 제외한다)가 3개 층 이하일 것. 다만, 1층의 전부 또는 일부를 필로티 구조로 하여 주차장으로 사용하고 나머지 부분을 주택(주거 목적으로 한정한다) 외의 용도로 쓰는 경우에는 해당 층을 주택의 층수에서 제외한다.

4) 적정한 주거환경을 조성하기 위하여 건축조례로 정하는 실별 최소 면적, 창문의 설치 및 크기 등의 기준에 적합할 것

다. 다가구주택 : 다음의 요건을 모두 갖춘 주택으로서 공동주택에 해당하지 아니하는 것을 말한다.

1) 주택으로 쓰는 층수(지하층은 제외한다)가 3개 층 이하일 것. 다만, 1층의 전부 또는 일부를 필로티 구조로 하여 주차장으로 사용하고 나머지 부분을 주택(주거 목적으로 한정한다) 외의 용도로 쓰는 경우에는 해당 층을 주택의 층수에서 제외한다.

2) 1개 동의 주택으로 쓰이는 바닥면적의 합계가 660㎡ 이하일 것

3) 19세대(대지 내 동별 세대수를 합한 세대를 말한다) 이하가 거주할 수 있을 것

5백만원 이하의 과태료를 부과한다.(「민간임대주택에 관한 특별법」 제67조 제3항 제5호)

11. 전월세 신고제

가. 주택 임대차계약의 신고

ⓐ 2021. 6. 1.부터 모든 임대차계약 당사자는 주택에 대하여, ⓑ 임대보증금이 6천만원을 초과하거나 월 차임이 30만원을 초과하는 주택 임대차계약(계약을 갱신하는 경우로서 보증금 및 차임의 증감 없이 임대차 기간만 연장하는 계약은 제외한다.)을 체결한 경우, ⓒ 다음 각 호에 정한 사항을 임대차계약의 체결일부터 30일 이내에 주택 소재지를 관할하는 신고관청에 공동으로 신고하여야 한다. 다만, 임대차계약당사자 중 일방이 국가 등인 경우에는 국가 등이 신고하여야 한다.(「부동산 거래신고 등에 관한 법률」 제6조의2 제1항104))

1. 임대차계약당사자의 인적사항
   가. 자연인인 경우 : 성명, 주소, 주민등록번호(외국인인 경우에는 외국인등록번호를 말한다.) 및 연락처
   나. 법인인 경우 : 법인명, 사무소 소재지, 법인등록번호 및 연락처
   다. 법인 아닌 단체인 경우 : 단체명, 소재지, 고유번호 및 연락처
2. 임대차 목적물(주택을 취득할 수 있는 권리에 관한 계약인 경우에는 그 권리의 대상인 주택을 말한다)의 소재지, 종류, 임대 면적 등 임대차 목적물 현황
3. 보증금 또는 월 차임
4. 계약 체결일 및 계약 기간
5. 「주택임대차보호법」 제6조의3에 따른 계약갱신요구권의 행사 여부(계약을 갱신한 경우만 해당한다.)

---

104) 2020. 8 .18. 법률 제17483호로 일부 개정되어 2021. 6. 1.부터 시행되는 「부동산 거래신고 등에 관한 법률」에서 신설됨

위와 같은 신고 대상 지역은 "특별자치시 · 특별자치도 · 시 · 군(광역시 및 경기도의 관할구역에 있는 군으로 한정한다) · 구(자치구를 말한다)"에 국한된다.(「부동산 거래신고 등에 관한 법률」 제6조의2 제2항)

공동신청이 원칙임에도 임대차계약당사자 일방이 임대차 신고서에 단독으로 서명 또는 날인한 후, 다음 각 호의 서류 등을 첨부해 신고관청에 제출한 경우에는 임대차계약당사자가 공동으로 임대차 신고서를 제출한 것으로 본다.

1. 주택 임대차계약서(계약서를 작성한 경우만 해당한다.)
2. 입금증, 주택 임대차계약과 관련된 금전거래내역이 적힌 통장사본 등 주택 임대차계약 체결 사실을 입증할 수 있는 서류 등(주택 임대차계약서를 작성하지 않은 경우만 해당한다.)
3. 「주택임대차보호법」 제6조의3에 따른 계약갱신요구권을 행사한 경우 이를 확인할 수 있는 서류 등

나. 주택 임대차계약의 변경 및 해제 신고

임대차계약당사자는 「부동산 거래신고 등에 관한 법률」 제6조의2에 따라 신고한 후, 해당 주택 임대차계약의 보증금, 차임 등 임대차 가격이 변경되거나 임대차계약이 해제된 때에는 변경 또는 해제가 확정된 날부터 30일 이내에 해당 신고관청에 공동으로 신고하여야 한다. 다만, 임대차계약당사자 중 일방이 국가 등인 경우에는 국가 등이 신고하여야 한다.(「부동산 거래신고 등에 관한 법률」 제6조의3 제1항[105])

다. 다른 법률에 따른 신고 등의 의제

임차인이 「주민등록법」에 따라 전입신고를 하는 경우, 「부동산 거래신고 등에 관한 법률」에 따른 주택 임대차계약의 신고를 한 것으로 본다.

---

105) 2020. 8 .18. 법률 제17483호로 일부 개정되어 2021. 6. 1.부터 시행되는 「부동산 거래신고 등에 관한 법률」에서 신설됨

「민간임대주택에 관한 특별법」에 따른 임대사업자는 관련 법령에 따른 주택 임대차계약의 신고 또는 변경신고를 하는 경우, 「부동산 거래신고 등에 관한 법률」에 따른 주택 임대차 계약의 신고 또는 변경신고를 한 것으로 본다.

「부동산 거래신고 등에 관한 법률」 제6조의2, 제6조의3에 따른 신고의 접수를 완료한 때에는 「주택임대차보호법」 제3조의6 제1항에 따른 확정일자를 부여한 것으로 본다(임대차계약서가 제출된 경우로 한정한다.). 이 경우 신고관청은 ⓐ「주택임대차보호법」 제3조의6 제2항에 따라 확정일자부를 작성하거나 ⓑ「주택임대차보호법」 제3조의6의 확정일자 부여기관에 신고 사실을 통보하여야 한다.

라. 과태료

「부동산 거래신고 등에 관한 법률」 제6조의2, 제6조의3에 따른 신고를 하지 아니하거나(공동신고를 거부한 자를 포함한다) 그 신고를 거짓으로 한 자에 대하여는 100만원 이하의 과태료를 부과한다.(「부동산 거래신고 등에 관한 법률」 제28조 제5항 제3호)

제10장

임차권의 양도

1. 임차권 양도의 금지 규정 부존재

가. 연 혁

1) 구「임대주택건설촉진법」

1984. 12. 31. 법률 제3783호로 제정된 구「임대주택건설촉진법」제11조 제1항은 상속을 제외한 임대주택 임차권 양도나 전대를 전면적으로 금지하면서, 제2항에서 위 금지를 위반한 임차권 양수나 임대주택 전대는 그 권리로써 제3자에게 대항할 수 없다는 규정을 두었다.

위와 같이 임대주택의 임차권 양도나 전대를 금지하는 취지는 투기 또는 투자 수요를 차단하고 실제 수요를 충족시키고자 함에 있는 것이다.

2) 구「임대주택법」

구「임대주택건설촉진법」이 1993. 4. 27. 구「임대주택법」으로 명칭이 변경되는 과정에서 대통령령으로 정하는 일정한 경우 임차권 양도나 전대를 허용하는 규정을 두게 되었는데 종전 구「임대주택건설촉진법」에 규정되었던 임차권 양도나 전대 금지를 위반한 행위로써 제3자에게 대항할 수 없다는 규정이 삭제되었다.

즉 구「임대주택건설촉진법」이 임차권 양도 등을 전면적으로 금지하되 이로 인한 부작용을 감안하여 이를 위반한 양도행위 효력을 무효로 하지 않고, 단지 제3자에게 대항할 수 없는 것으로 규정하였다가 이후 임차권 양도 등을 제한적으로 허용하되 이를 위반한 행위 효력은 인정하지 않기로 한 것으로 볼 수 있다.

2013. 4. 17. 선고 2012나64675 판결, [임차권명의변경절차이행]

민간건설임대주택의 임차인으로서, 입주 전에 국외로 이주하게 된 임차인 甲이 임차권을 乙에게 양도한 후 임대사업자인 丙에게 '임차권명의변경절차이행'을 청구한 사안에서, 위와 같은 사유는 구 임대주택법령에 정한 임차권 양도 허용 사유(입주 후에 국외로 이주 등)에 해당하지 않고, 이러한 임차권 양도 행위 자체가 사법적으로 무효이어서, 임차인 甲은 임대사업자인 丙에게 임차권 양도에 동의를 구할 권리가 없다는 등의 이유로 임차인 甲의 임대사업자 丙에 대한 청구를 기각한 사례.

3) 2014. 11. 11.부터 시행된 구「임대주택법 시행령」 제18조 제1항 제4호 신설

한편 2014. 11. 11. 대통령령 제25715호로 개정되어 같은 날부터 시행된「임대주택법 시행령」은 제18조 제1항 제4호 신설하여, 등록임대사업자의 임대주택 중 공공지원을 받지 않은 순수한 민간건설임대주택 또는 민간매입임대주택에 한정하여(즉 공공매입임대주택 제외됨), 같은 항 제1호 내지 제3호의 사유 이외의 경우에도, 임차권의 양도와 전대가 임대사업자의 동의하에 허용되는 것으로 개정되었다. 즉 '민간건설임대주택' 또는 '민간매입임대주택'의 임차권 양도 및 전대는「민법」상의 임대차의 양도 및 전대와 같은 요건으로 허용되게 된 것이다.

나.「공공주택특별법」의 규정

공공임대주택의 임차인은 (a) 임차권을 다른 사람에게 **양도**(매매, 증여, 그 밖에 권리변동이 따르는 모든 행위를 포함하되, 상속의 경우는 제외한다.)하거나 (b) 공공임대주택을 다른 사람에게 **전대(轉貸)할 수 없다**. 다만, (c) 근무·생업·질병치료 등 **대통령령으로 정하는 경우**[106]로서 (d) **공공주택사업자의 동의**를 받은 경우에는 **양도하거나 전대할 수**

106)「공공주택특별법 시행령」 제48조 제1항
1. 공공임대주택(임대의무기간이 10년 이하인 경우로 한정한다.) 임차인의 세대구성원 모두가 공공임대주택 입주 후 다음 각 목의 어느 하나에 해당되어 무주택 세대구성원에게 임차권을 양도하거나 임대주택을 전대하는 경우
가. 다음 1)부터 3)까지의 규정에 모두 해당하는 경우
1) 근무·생업 또는 질병치료(「의료법」 제3조에 따른 의료기관의 장이 1년 이상의 치료나 요양이 필요하다고 인정하는 경우로 한정한다.) 등의 사유로 주거를

있다.(「공공주택특별법」 제49조의4)

위와 같이 임차권의 양도 또는 공공임대주택의 전대에 대한 동의를 받으려는 임차인은 위 대통령령으로 정하는 경우에 해당함을 증명하는 자료를 공공주택사업자에게 제출하여야 하며, 공공주택사업자는 위와 같이 임차인이 제출한 증명 자료 등에 특별한 문제가 없으면 임차인의 임차권 양도 또는 전대 요구를 받아들여야만 한다.(「공공주택특별법 시행령」 제48조 제2항, 제3항)

이전할 것
2) 현재 거주하는 시·군 또는 구의 행정구역이 아닌 시·군 또는 구로 주거를 이전할 것
3) 현재 거주지와 새로 이전하는 거주지 간의 거리(최단 직선거리를 말한다)가 40킬로미터 이상일 것. 다만, 출퇴근 거리 및 교통여건 등을 고려하여 해당 시·도의 조례로 별도 기준을 정하는 경우에는 그에 따른다.

나. 상속 또는 혼인으로 소유하게 된 주택으로 이전할 경우
다. 국외로 이주하거나 1년 이상 국외에 머무를 경우

2. 다음 각 목의 어느 하나에 해당하는 법률에 따라 이전하는 기관 또는 그 기관에 종사하는 사람이 해당 기관이 이전하기 이전에 공공임대주택을 공급받아 전대하는 경우
가. 「국가균형발전 특별법」
나. 「신행정수도 후속대책을 위한 연기·공주지역 행정중심복합도시 건설을 위한 특별법」
다. 「도청이전을 위한 도시건설 및 지원에 관한 특별법」
라. 「혁신도시 조성 및 발전에 관한 특별법」

3. 임차인이 혼인 또는 이혼으로 공공임대주택에서 퇴거하고, 해당 공공임대주택에 계속 거주하려는 다음 각 목의 어느 하나에 해당하는 사람이 자신으로 임차인을 변경할 경우
가. 배우자, 직계혈족 및 형제자매
나. 직계혈족의 배우자, 배우자의 직계혈족 및 배우자의 형제자매

대법원 2019. 4. 3. 선고 2015다250413 판결 [임차권양도에대한동의]

구 임대주택법(2015. 8. 28. 법률 제13499호 민간임대주택에 관한 특별법으로 전부 개정되기 전의 것, 이하 같다) 제19조의 위임에 따라 예외적으로 임대주택 임차권의 양도 또는 임대주택의 전대가 허용되는 경우를 규정한 구 임대주택법 시행령(2015. 12. 22. 대통령령 제26749호로 개정되기 전의 것, 이하 같다) 제18조 제1항은 특히 다른 임대주택에 비하여 공공성이 크다고 볼 수 있는 공공건설임대주택에 대하여 임차권 양도가 허용되는 사유를 임대주택 임차인의 세대구성원 모두가 임대주택 입주 후 '국외로 이주하거나 1년 이상 국외에 머무를 경우'에 해당되어 '무주택 세대구성원'에게 양도하는 경우 등으로 엄격히 제한하고 있다. 같은 조 제2항은 임차권 양도의 동의를 받으려는 임차인은 위 사유에 해당함을 증명하는 자료를 임대사업자에게 제출하여야 한다고 규정하고, 제3항은 임대사업자는 위와 같이 임차인이 임대사업자에게 제출한 증명 자료 등에 특별한 문제가 없으면 임차인의 임차권 양도 요구를 받아들여야 한다고 규정하고 있다. 또한 구 임대주택법 시행규칙(2015. 12. 29. 국토교통부령 제270호 민간임대주택에 관한 특별법 시행규칙으로 전부 개정되기 전의 것) 제12조 제2항은 '공공건설임대주택'의 임대사업자는 구 임대주택법 시행령 제18조 제1항 각호에 따른 임차권 양도에 대한 동의를 하는 경우에는 미리 주택공급에 관한 규칙 제21조의2 제1항에 따라 주택소유 여부를 확인하여야 한다고 규정하고, 구 주택공급에 관한 규칙(2015. 12. 29. 국토교통부령 제268호로 전부 개정되기 전의 것) 제21조의2 제1항은 '사업주체가 「정보통신망 이용촉진 및 정보보호 등에 관한 법률」에 따라 구성된 주택전산망을 이용한 주택소유 여부 등의 전산검색을 국토교통부장관이 정하는 방법과 절차에 따라 국토교통부장관에게 의뢰하여야 한다.'고 규정하고 있다. **위와 같이 구 임대주택법 등 관련 법령이 원칙적으로 임대주택 임차인의 임차권 양도를 금지하되 예외적으로 임차권의 양도를 허용하면서 그 요건으로 양수인이 '무주택 세대구성원'일 것을 정하고 임대사업자로 하여금 미리 양수인의 주택소유 여부를 확인하도록 정한 취지는 국민의 주거안정을 위해 공급되는 임대주택이 투기 또는 투자 목적으로 거래되는 것을 사전에 차단하여 실제 주거 수요를 충족시킴으로써 무주택 서민의 주거권을 확보하려는 데에 있다.**

이러한 관련 규정의 내용과 그 취지를 종합하여 보면, 공공건설임대주택 임차권 양도의 동의를 받으려는 임차인은 임대사업자가 임차권 양수인의 주택소유 여부를 확인할 수 있도록 임차권 양수인의 이름 및 주민등록번호 등 양수인을 특정할 수 있는 정보가 기재된 자료를 제출하여야 하고, **임대사업자는 그 자료에 기하여 구 임대주택법령이 정하는 절차에 따라 임차권 양수인의 주택소유 여부를 확인한 후 임차권 양수인이 주택소유자로 확인되는 등 특별한 문제가 없는 한 임차인의 임차권 양도 요구를 받아들여야 할 의무가 있다고 보아야 한다.** 이 경우 임대사업자가 임차인의 임차권 양도에 대한 동의 요구를 거절하기 위해서는 임차인이 제출한 자료에 기해 임차권 양수인의 주택소유 여부를 확인하여 임차권 양수인이 주택을 소유하는 사정을 증명하지 않으면 안 된다.

다. 「민간임대주택에 관한 특별법」의 규정

그러나 「민간임대주택에 관한 특별법」에는 위와 같은 임차권 양도의 금지 및 예외 허용에 관한 규정을 두고 있지 않으므로, 이에 관하여 「민법」의 규정에 따를 수밖에 없을 것이다.

따라서 공공지원을 받은 '공공지원민간임대주택'의 임차권 양도 및 전대의 허용 여부에 대한 법령 규정도 현재 「민간임대주택에 관한 특별법」 등에서는 규정하고 있지 않다.

한편 '표준임대차계약서'(「민간임대주택에 관한 특별법 시행규칙」[별지 제24호 서식]) (a) 제6조 제1호는 임차인이 임대사업자의 동의 없이 무단으로 임차권을 양도하거나, 민간임대주택을 타인에게 전대하는 행위를 금지한다는 규정을 두고 있고, (b) 제10조 제1항 제8호에는 만약 이를 위반한 임차인에 대하여 임대사업자는 임대차계약을 해제, 해지 또는 갱신거절할 수 있다는 규정을 두고 있다.

라. 「민법」의 규정

「민법」은 "임차인은 임대인의 동의 없이 그 권리를 양도하거나 임차물을 전대하지 못하고, 임차인이 이를 위반한 때에는 임대인은 계약을 해지할 수 있다."고 규정하고 있고(「민법」 제629조 제1항, 제2항), "임차인이 임대인의 동의를 얻어 임차물을 전대한 때에는 전차인은 직접 임대인에 대하여 의무를 부담한다. 이 경우에 전차인은 전대인에 대한 차임의 지급으로써 임대인에게 대항하지 못하고, 이러한 경우 임대인의 임차인에 대한 권리행사에 영향을 미치지 아니한다."고 규정(「민법」 제630조 제1항, 제2항)하고 있으며, "임차인이 임대인의 동의를 얻어 임차물을 전대한 경우에는 임대인과 임차인의 합의로 계약을 종료한 때에도 전차인의 권리는 소멸하지 아니한다."고 규정(「민법」 제631조)하고 있다.

통설, 판례는 「민법」 제629조 제1항에 규정한 '권리'의 양도를 '임차인 지위의 양도'로 보고 있다. 한편 같은 조 제2항은 임차인이 전항의 규정에 위반한 때에는 임대인은 계약을 해지할 수 있다고 규정하고 있으므로, 제1항의 권리를 임차인 지위로 보는 한, 이 규정은 임차인이 양수인과의 합의로 일방적으로 임차인 지위를 양도할 수 있고, 상대방 즉 임대인이 동의하지 아니하였다 하더라도 효력이 없는 것이 아니라, 단지 임대차계약을 해지할 수 있을 뿐이라고 읽을 수 있다.[107]

대법원 1985. 2. 8. 선고 84다카188 판결 [점포명도] 임대인의 동의없는 임차권의 양도는 당사자 사이에서는 유효하다 하더라도 다른 특약이 없는 한 임대인에게는 대항할 수 없는 것이고, 임대인에 대항할 수 없는 임차권의 양수인으로서는 임대인의 권한을 대위행사할 수 없다.

마. 민간임대주택사업자에 대한 임차권 양도 동의에 대한 제한

앞서 본 바와 같이 민간임대주택사업자에게는 공공주택사업자에 대한 임차권 양도 동의 의무를 부과한 규정을 두고 있지 않지만, 「공공주택특별법 시행령」 제48조 제1항 각호에 규정한 사유 등인 경우에는 민간임대주택사업자도 '임차권 양도에 대한 동의권에 제한'을 가하여, 동의해 줄 의무가 있다고 해석하여야 할 것으로 보인다.

107) 이동진, '계약이전의 연구, 상대방의 동의 요건의 기능과 위치를 중심으로" 서울대학교 법학 제53권 제1호, 2012. 3. 679쪽

대법원 1993. 4. 27. 선고 92다45308 판결 [건물철거등]

가. 민법 제629조는 임차인은 임대인의 동의 없이 그 권리를 양도하거나 전대하지 못하고, 임차인이 이에 위반한 때에는 임대인은 계약을 해지할 수 있다고 규정하고 있는바, 이는 민법상의 임대차계약은 원래 당사자의 개인적 신뢰를 기초로 하는 계속적 법률관계임을 고려하여 임대인의 인적 신뢰나 경제적 이익을 보호하여 이를 해치지 않게 하고자 함에 있으며, **임차인이 임대인의 승낙 없이 제3자에게 임차물을 사용 · 수익시키는 것은 임대인에게 임대차관계를 계속시키기 어려운 배신적 행위가 될 수 있는 것이기 때문에 임대인에게 일방적으로 임대차관계를 종지시킬 수 있도록 하고자 함에 있다.**

나. **임차인이 임대인으로부터 별도의 승낙을 얻은 바 없이 제3자에게 임차물을 사용 · 수익하도록 한 경우에 있어서도 임차인의 당해 행위가 임대인에 대한 배신적 행위라고 인정할 수 없는 특별한 사정이 있는 경우에는 위 법조항에 의한 해지권은 발생하지 않는다.**

다. **임차권의 양수인이 임차인과 부부로서** 임차건물에 동거하면서 함께 가구점을 경영하고 있는 등의 사정이 위 "나"항의 "특별한 사정"에 해당한다고 한 사례.

2. 소위 '초피(초기 프리미엄) 거래'

가. 실 태

한편 일부 현장에서는 임대사업자가 특히 '착공 전 선분양, 완공 후 입주'라는 방식으로 임차인을 모집한 경우로서 확정분양전환가격으로 공급하는 경우, 최초로 선정된 임차인은 당해 임대주택의 시공 중에 자신의 임대차계약 상의 임차권을 제3자에게 양도하면서 상당한 웃돈(초피, 초기 프리미엄)을 받고 양도하는 사례가 빈번히 발생하고 있다고 한다.

물론 위와 같은 소위 '초피 거래'는 임대사업자의 '동의'를 전제로 하는 것인데, 그 동의가 불법이라고 볼 수도 없고, 또한 위와 같은 초피 거래 자체도 불법이라고 볼 수 있는 법적 근거는 전혀 없는 것으로 보인다.[108]

대법원 1986. 2. 25., 선고, 85다카1812, 판결 [건물임차권명의변경]

피고는 위 추첨권을 부여받고서는 그 추첨이 실시되기도 전인 1984. 5. 4. 위 추첨권으로 장차 당첨이 되면 피고가 취득하게 될 위 임대아파트에 관한 임차권을 소외 이충식에게 금 600,000원에 양도하였으며, 위 이 충식은 같은 달 6. 이를 다시 원고에게 금 1,500,000원에 양도하였는데, 그 후 1984. 7. 28 실시된 위 임대아파트 입주추첨에서 피고는 그 판시 청구취지기재 아파트 1세대를 당첨받아 같은 달 3.1 서울특별시와의 사이에 위 당첨된 아파트에 관하여 임대차기간은 1984. 7. 1.부터 1989. 6. 30.까지 임차보증금은 금 2,625,000원, 임료는 월 금 32,800원으로 약정하여 임대차계약을 체결하였으므로 피고에 대하여 서울특별시가 작성 보관하고 있는 위 임대아파트 임차인명부상의 임차인명의를 피고로부터 원고로 변경하는 절차의 이행을 구한다는 것이다.

그러나 **임대인의 동의를 받지 아니하고 임차권을 양도한 계약도 이로써 임대인에게 대항할 수 없을 뿐 임차인과 양수인 사이에는 유효한 것**이고, 이 경우 **임차인은 양수인을 위하여 임대인의 동의를 받아줄 의무가 있다** 할 것이다. 이 사건에서 원고가 피고에게 서울특별시에서 보관하고 있는 임차인명부상의 명의변경을 구하는 것은 적절하지 아니하나, 이는 임대인인 서울특별시의 동의를 받아 달라는 취지로 보아야 할 것이고, 또한 원심판시와 같이 이를 임차권의 양도통지를 구하는 취지로 보는 경우에도 임대인이 이에 동의하면 양수인은 양수의 목적을 이룰 수 있는 것이어서 양도통지의 이행을 구할 필요가 없는 것도 아니다.

결국 이 사건 소는 임차권을 양수한 원고가 임대인인 서울특별시의 동의를 받기 위한 것이라는 점에서 원,피고사이의 분쟁을 해결하는데 필요하고 또한 판결에 의하여 실지로 분쟁이 해결될 수도 있는 경우이어서 소의 이익이 있다고 할 것인데도 원심이 그 판시와 같은 이유로 원고의

108) 민간임대주택의 공급에 관한 사항에 대하여 「주택법」 제64조(주택의 전매행위 제한 등)를 적용하지 아니한다.(「민간임대주택에 관한 특별법」 제42조 제3항)

소를 각하하였음은 심리를 다하지 아니하였거나 소의 이익에 관한 법리를 오해하여 판결에 영향을 미쳤다 할 것이고 이는 소송촉진 등에 관한 특례법 제12조가 정하는 파기사유에 해당한다 할 것이므로 논지는 이유 있다.

나. 임차권 양도인 관련

위와 같이 최초의 임차권을 제3자에게 웃돈을 받고 양도한 경우 및 그 제3자가 또 다른 제3자에게 당해 임차권을 웃돈을 받고 양도한 경우에 있어서, 그 웃돈이라는 소득에 대하여 양도소득세 부과 대상이 되는 것인지 논란이 될 수 있다.

1) 임차권 양도에 따른 양도소득세

「소득세법」 제94조 제1항 제2호 가목은 **'부동산을 취득할 수 있는 권리'**, 다목은 **'전세권과 등기된 부동산임차권'**에 대하여 양도소득세 과세 대상의 소득이라고 규정하고 있다.

따라서 '조세법률주의의 원칙' 상, 위와 같이 아직 임대주택이 완공되기도 전에 성립한 임차권은 당해 임대주택의 부동산등기부에 임차권등기를 할 수 없는 것이어서, '등기된 임차권'으로 결코 볼 수 없으므로, 이를 양도함에 따라 얻은 웃돈(양도소득)에 대하여는 양도소득세를 과세할 수 없는 것이 원칙이라고 할 것이다.

그런데 구「임대주택법」 상 '공공건설임대주택'에 대하여, 임차인이 **'우선 분양전환권이 있는 임차권'**을 제3자에게 양도하면서 웃돈을 받았다면, 이러한 경우 위 '우선 분양전환권이 있는 임차권'은「소득세법」 제94조 제1항 제2호 가목은 '부동산을 취득할 수 있는 권리'에 해당한다고 보아, 양도소득세의 과세 대상이라고 보는 것이 국세청의 입장이다.

양도, 서일46014-11052 , 2002.08.19.

[제 목]

부동산을 취득할 수 있는 권리의 양도로 보아 양도소득세가 과세되는지 여부

[요 지]

건설임대주택을 임대의무기간이 경과하거나 경과하지 아니하고 주택공급회사와 주택공급계약을 체결하지도 아니한 상태에서 제3자에게 양도하는 경우에는, 이를 **"부동산을 취득할 수 있는 권리"**의 양도로 보아 양도소득세가 과세되는 것임.

[회 신]

임대주택법에 의한 공공건설임대주택의 임차인이 동법 제15조의 규정에 의한 **임대주택 우선매수권**을 임대의무기간이 경과하거나 경과하지 아니하고, 주택공급회사와 주택공급계약을 체결하지도 아니한 상태에서 제3자에게 양도하면서 그에 대한 대가를 수령하는 경우에는 이를 **"부동산을 취득할 수 있는 권리"의 양도로 보아 양도소득세가 과세**되는 것입니다.

재일 01254-2171,1991.7.25.

임대주택을 분양전환하여 분양받은 자가 잔금청산 전에 양도하는 경우, 이는 소득세법 시행령 제44조 제4항 제2호(현행 소득세법 제94조 제1항 제2호)에 규정한 "부동산을 취득할 수 있는 권리"의 양도에 해당하여 **그 실지거래가액을 양도가액으로 하는 것임**.

대법원 2000. 9. 29. 선고 98두205 판결 [양도소득세부과처분취소]

양도소득세의 과세대상이 되는 '기타 자산'에 관한 구 소득세법시행령(1994. 12. 31. 대통령령 제14467호로 전문 개정되기 전의 것) 제44조 제4항 제2호가 들고 있는 '**부동산을 취득할 수 있는 권리'라 함은** 부동산 자체의 취득을 주목적으로 하는 권리로서, 부동산의 취득을 권리의 직접 대상으로 하거나, **그렇지 않더라도 적어도 그 권리를 취득하는 사실상의 주된 목적이 부동산 자체의 취득에 있어 향후 추가적인 요건을 구비하거나 일정한 절차를 거친다면 그 부동산을 취득할 수 있게 되는 권리를 의미한다.**

한편「민간임대주택에 관한 특별법」은「공공주택특별법」과 달리 민간건설임대주택의 임차인에게 우선 분양전환권을 규정한 법률 규정을 두고 있지 않으므로, 임대주택의 착공 후 또는 완공 후 입주 거주 중에 일응 민간건설임대주택의 임차권을 양도하면서 웃돈을 받았다고 하더라도 **양도소득세를 과세할 수 없는 것이 원칙**이라고 할 것이다.

그러나 민간건설임대주택이라고 하더라도, 민간임대사업자와 임차인 사이의 임대차계약에서 법정 및 약정 임대의무기간이 경과한 후, 확정된 금액으로 분양전환하기로 한 특약 등을 둔 경우에는, 이러한 임차권은「소득세법」제94조 제1항 제2호 가목은 **'부동산을 취득할 수 있는 권리'**로 볼 수 있는 것이어서, 임대주택의 착공 후 또는 완공 후 입주 거주 중에 그 임차권 양도에 따른 웃돈에 대하여 **양도소득세를 부과**하여야 할 것이다.

2) 임차권의 해지

민간임대주택에 대한 임차권을 웃돈을 주고 양도한 경우, 앞서 본 바와 같이 이에 대하여 임대사업자의 동의를 얻지 못하면, 임대사업자는 표준임대차계약서 제6조 제1호에 근거하여 임차권 양도인과의 임대차계약을 해지할 수 있을 것이다.

3) 임차권 양도 동의의 취소

한편 현장 실무에서는 임대사업자가 ⓐ 임차인의 임차권 양도에 동의를 해 주되, ⓑ '주택공급 질서를 위반하는 행위로 간주될 경우,' ⓒ 임차권 양도 동의는 '취소'될 수 있다고 공고하는 사례가 있다고 한다.

이러한 경우 과연 임차권 양도에 대한 동의 후, 당해 임차권에 대하여 웃돈이 붙어 양도된 사실이 밝혀질 경우, 이러한 사유가 '주택공급 질서를 위반하는 행위'로 간주되어, 이를 사유로 임차권 양도에 대한 임대사업자의 동의 취소가 적법 유효한 것으로 볼 것인지는 의문이다.

위와 같이 민간임대주택에 대한 임차권에 웃돈을 주고 거래되는 것은 투기거래가 의심되어 주택공급질서를 혼란하게 하는 점이 있다고 보이지만, 이러한 혼란을 규제하기 위해서는 「주택법」 제64조 및 제65조와 같은 법률 규정이 별도로 존재하여야 하는 것으로[109], 민간임대주택에 대한 임차권 양도가 전대의 투기거래 여부에 관하여 민간임대사업자 스스로 판단하여 규제(동의 취소)하는 경우, 민간임대사업자가 '자의적(恣意的)'으로 임차권 양도에 대한 동의 취소권을 행사할 가능성이 높다고 할 것이다.

다. 임차권 양수인 관련

「민간임대주택에 관한 특별법」에 정한 '민간건설임대주택'에 대하여는 「공공주택특별법」에 정한 일부 '공공건설임대주택'에 대한 공공임대사업자의 '분양전환의무' 및 임차인에 대한 '우선분양전환권'이 적용 및 준용되지 않는다.

그럼에도 불구하고, 법정 임대의무기간 경과 후 분양전환 시 분양전환가격이 시세의 약

109) 민간임대주택의 공급에 관한 사항에 대하여 「주택법」 제64조(주택의 전매행위 제한 등) 및 제65조(공급질서 교란 금지)를 적용하지 아니한다. (「민간임대주택에 관한 특별법」 제42조 제3항)

80%에서 산정될 것이라는 기대(확정분양가 임대인 경우는 제외) 기타 여러 가지 이유로 위와 같이 민간건설임대주택에 대한 임차권을 상당한 금액의 웃돈을 주고 양수한 자가 많다는 것을 관련 최근 언론기사를 통하여 확인할 수 있다.

위와 같은 민간건설임대주택에 대한 임차권을 양수한 자 중에는, 아마도 구「임대주택법」에서는 임대사업자가 '민간'인 경우라도 ⓐ '공공택지'를 공급받았거나, ⓑ '주택도시기금'을 융자받아 건설됨에 따라, '공공건설임대주택'으로 분류되어 분양전환가격의 규제를 받은 사실을 간접적으로 경험한 자로서, 「민간임대주택에 관한 특별법」에 정한 민간건설임대주택의 경우에도 분양전환가격의 규제 대상이 되어, 시세보다 싼 가격으로 분양전환을 받을 수 있을 것으로 잘못 이해한 경우도 많을 것이다.

이에 20대 이현재 국회의원 등 10인은 2020. 3. 9.「민간임대주택에 관한 특별법」에 정한 민간건설임대주택의 경우에도 ① 무주택자인 임차인에게 대한 '우선 양도' 조항을 신설(안 제43조 제4항 제3호 신설 등)하고, ② '우선 양도 가격'은 건설원가와 감정평가금액을 산술평균한 금액으로 하고, ③ 감정평가업자는 관할 지방자치단체장이 선정하는 것으로 하는 취지의 개정안을 발의한 사실이 있으나, 이는 임기만료로 폐기되었다.

그리고 21대 도종환 국회의원 등 10인은 2022. 11. 23.자로 ① 민간임대주택의 임대사업자에 대하여도 임대의무기간이 지나, 무주택자인 임차인 등에게 '우선 양도'하여야 할 법적 의무를 규정하고, ② 그 '우선 양도 가격'은 건설원가와 감정평가금액을 고려하도록 하고(제43조의2 신설), ③ 그 부칙 규정에 위 제43조의2 개정 규정은 이 법 시행 이후 우선 양도를 하는 경우부터 적용한다고 하는「민간임대주택에 관한 특별법」 개정안을 발의하였으나, 궁극적으로 국회 본 회의 의결이 이루어질 것인지는 지켜볼 일이다.

그리고 만약 법정 임대의무기간 중에 민간임대사업자가「민간임대주택에 관한 특별법」 제43조 제2항에 따라 당해 임대주택을 제3의 임대사업자(특히 법인이 아닌 '개인' 임대사업자일 경우)에게 양도될 경우, 당해 임대주택을 신축한 임대사업자의 '건설원가'보다 위 제3의 임대사업자의 당해 임대주택에 대한 '매수가격'이 높다면, 임차권을 웃돈을 주고 양수한 임차인은 임차권 양수 시 지급한 웃돈을 전부 회수할 가능성이 없어질 수 있다.

제11장

임대의무기간 및 양도 등

1. 임대의무기간의 종류

가. 법정 임대의무기간

1) 시 기

법정 임대의무기간의 '시점'은 아래와 같이 구분된다.

1. **민간건설임대주택 : 입주지정기간 개시일.** 이 경우 입주지정기간을 정하지 아니한 경우에는 법 제5조에 따른 임대사업자 등록 이후 최초로 체결된 임대차계약서상의 실제 임대개시일을 말한다.
2. **민간매입임대주택 : 임대사업자 등록일.** 다만, 임대사업자 등록 이후 임대가 개시되는 주택은 임대차계약서상의 실제 임대개시일로 한다.
3. 「민간임대주택에 관한 특별법」 제5조 제3항 본문에 따라 '장기일반민간임대주택'을 '공공지원민간임대주택'으로 변경 신고한 경우 : **변경신고의 수리일**(같은 조 제5항의 경우에는 신고를 수리한 것으로 보는 날을 말한다.) 다만, 변경신고 이후 임대가 개시되는 주택은 임대차계약서상의 실제 임대개시일로 한다.

2) 종 기

법정 임대의무기간의 '종점'은 위 시점으로부터 (a) '단기임대주택'의 경우에는 4년, (b) '준공공 임대주택', '공공지원민간임대주택110)' 및 '장기일반민간임대주택111)'의 경우에는 8년, (c) '공공지원민간임대주택112)' 및 '장기일반민간임대주택113)'의 경우에는 10년이다.

나. 약정 임대의무기간

임대사업자와 임차인 사이의 임대차계약서 상 구체적으로 '약정'한 임대의무기간을 '약정

110) 2020. 8. 18. 이전에 등록된 공공지원민간임대주택의 경우
111) 2020. 8. 18. 이전에 등록된 장기일반민간임대주택의 경우
112) 2020. 8. 18. 이후에 등록하는 공공지원민간임대주택의 경우
113) 2020. 8. 18. 이후에 등록하는 장기일반민간임대주택의 경우

임대의무기간'이라고 할 수 있다.

'법정' 임대의무기간이 4년이라고 하더라도, '약정' 임대의무기간은 '사적 자치의 원칙상' 그 보다 짧은 '입주일로부터 2년'이라고 약정할 수 있다.

또한 설사 '법정' 임대의무기간이 4년이라고 하더라도, '약정' 임대의무기간은 '법정' 임대의무기간인 4년 '이상'으로도 약정할 수 있다고 「민간임대주택에 관한 특별법」이 허용하고 있으므로, 5년, 6년 혹은 8년이라고 약정하더라도 적법, 유효한 것이다.

한편 약정 임대의무기간 도중에 임차인이 임대차계약을 해지할 수 있느냐에 관하여 ⓐ 「공공주택 특별법」 상의 '표준임대차계약서'에는 일정한 경우에 적법, 유효하게 중도해지할 수 있다는 규정을 두고 있지만, ⓑ 「민간임대주택에 관한 특별법」 상의 '표준임대차계약서'에는 위와 같은 중도해지 가능 사유에 대한 규정을 두고 있지 않다는 차이점이 있다.

2. 용어의 정리

ⓐ 구 「임대주택법」[114] 제2조 제6호 "'분양전환'이란 임대주택을 임대사업자가 아닌 자에게 매각하는 것을 말한다."라는 정의 규정을 두고 있었고, ⓑ 「공공주택 특별법」 제2조 제4호는 "공공임대주택을 제4조 제1항 각 호에 규정된 자(공공주택사업자)가 아닌 자에게 매각하는 것을 말한다."는 정의 규정을 두고 있는데, ⓒ 한편 '매각'이라는 용어는 임대사업자가 아닌 자 및 임대사업자(공공주택사업자)에 당해 임대주택의 소유권을 넘겨주는 것을 통칭하는 것이다.

따라서, 기존의 임대사업자가 ⓐ 거주 임차인에게 당해 임대주택의 소유권을 넘겨주는

114) 2015. 8. 28. 법률 제13474호로 전부 개정되기 전의 것

것 및 (b) 거주 임차인 이외의 임대사업자가 아닌 제3자에게 임대주택의 소유권을 넘겨주는 것을 모두 '**분양전환**'이라고 칭할 수 있는 것이고, (c) 이 중 우선분양전환권을 가지는 거주 임차인에게 소유권을 넘겨주는 것을 '**우선 분양전환**'이라고 칭하는 것이다.

그러나 「민간임대주택에 관한 특별법」 에서는 위와 달리 '분양전환'이라는 별도의 정의 규정을 두고 있지 않고, (a) 거주 임차인이나 (b) 거주 임차인이 아니고 임대사업자도 아닌 제3자 및 (c) 다른 임대사업자에게 임대주택의 소유권을 넘겨주는 것을 모두 '**양도**'라는 용어로 포괄하여 규정하고 있다. 이는 「민간임대주택에 관한 특별법」 에 의한 민간임대주택의 임대사업자는 임차인에게 '분양전환의무'가 없다는 대전제(大前提) 때문인 것이다.

그러나 (a) 「민간임대주택에 관한 특별법 시행령」 제46조(분쟁조정 사항) 본문에는 '임대사업자의 민간임대주택에 대한 **분양전환**'이라는 용어를 명시적으로 기재하고 있고, (b) 「민간임대주택에 관한 특별법 시행규칙[115)]」 [별지 제24호 서식], 표준임대차계약서(Ⅰ)[116)] 제12조 제2호에도 민간임대주택의 '**분양전환**'가격 산정 기준이라는 용어를 사용하고 있었다.

3. 법정 임대의무기간 경과 후 양도 가능(원칙)

가. 법정 임대의무기간 동안의 양도 금지 원칙

임대사업자는 '법정 임대의무기간' 동안 민간임대주택을 계속 임대하여야 하며, 그 기간이 지나지 아니하면 이를 양도할 수 없다.(「민간임대주택에 관한 특별법」 제43조 제1항)

115) 2019. 2. 27. 국토교통부령 제601호로 일부 개정 되기 전의 것
116) 구 「주택법」 제16조에 따라 사업계획승인을 받아 건설한 민간임대주택용

[법제처 법령해석 사례] 안건번호 20-0366 회신일자 2020-09-08

민원인 – 민간임대주택 임대의무기간 중 주택이 아닌 용도로 변경하여 임대하지 않는 경우가 임대의무를 위반하는지 여부(「민간임대주택에 관한 특별법」 제43조 제1항 등 관련)

1. 질의요지

「민간임대주택에 관한 특별법」(2020. 6. 9. 법률 제17452호로 일부개정되기 전의 것을 말하며, 이하 "구 민간임대주택법"이라 함)에 따른 임대사업자가 임대의무기간(각주 : 구 민간임대주택법 시행령 제34조 제1항 각 호의 구분에 따른 시점부터 구 민간임대주택법 제2조 제4호부터 제6호까지에 따른 기간을 말하며(구 민간임대주택법 제43조 제1항 참조), 이하 같음.)중 민간임대주택을 주택이 아닌 용도로 용도변경(각주 : 「건축법」 제19조 제2항에 따른 용도변경을 말하며, 이하 같음.)하여 임대하지 않은 경우, 같은 법 제43조 제1항을 위반하여 임대의무기간 중에 민간임대주택을 임대하지 않은 경우에 해당하는지?

※ 질의배경

민원인은 민간임대주택으로 등록한 도시형 생활주택을 주택이 아닌 용도로 용도변경하는 것과 관련하여 위 질의요지에 대해 국토교통부에 문의하였고, 민간임대주택법 제43조제1항에 따른 계속 임대 의무를 위반한 것이라는 회신을 받자 이에 이견이 있어 법제처에 법령해석을 요청함.

2. 회답

이 사안의 경우 **구 민간임대주택법 제43조 제1항을 위반하여 임대의무기간 중에 민간임대주택을 임대하지 않은 경우에 해당합니다.**

3. 이유

구 민간임대주택법 제43조 제1항에서는 임대사업자는 임대의무기간 동안 민간임대주택을 계속 임대해야 하며 그 기간이 지나지 않으면 이를 양도할 수 없다고 규정하여 임대의무기간 동안 임대사업자에게 계속 임대할 의무와 양도금지 의무를 각각 부과하고 있는데, 같은 조 제2항 전단에서는 제1항에도 불구하고 임대사업자는 임대의무기간 동안 시장·군수·구청장에게 신고한 후 민간임대주택을 다른 임대사업자에게 양도할 수 있다고 규정하고, 같은 조 제4항에서는 제1항에도 불구하고 임대사업자는 부도, 파산, 그 밖의 대통령령으로 정하는 경제적 사정으로 임대를 계속할 수 없는 경우 등에는 임대의무기간 중에도 시장·군수·구청장에게 허가를 받아 임대사업자가 아닌 자에게 민간임대주택을 양도할 수 있다고 규정하여 양도금지 의무에 대한 예외만 인정하고 있는바, 임대사업자는 구 민간임대주택법 제43조 제2항 전단 및 제4항에 따라 양도할 수 있는 경우를 제외하고는 임대의무기간 동안 민간임대주택을 계속 임대해야 하는 것(각주: 법제처 2017. 4. 20. 회신 17-0112 해석례 참조)이 문언상 명백합니다.

그리고 구 민간임대주택법 제67조 제1항 제1호에서는 같은 법 제43조 제2항 및 제4항을 위반하여 임대의무기간 중에 민간임대주택을 양도한 경우와 별개로 같은 조 **제1항을 위반하여 임대의무기간 중에 민간임대주택을 임대하지 않은 경우를 과태료 부과 대상으로 규정하고 있음을 고려하면,** 같은 법 제43조 제1항을 위반하여 임대의무기간 중에 민간임대주택을 임대하지 않은 경우를 민간임대주택을 양도함에 따라 계속 임대하지 못하게 되는 경우로 한정하여 해석하는 것은 타당하지 않습니다.

또한 구 민간임대주택법 제43조 제1항에서 임대사업자에게 임대의무기간 동안 계속 임대할 의무와 양도금지 의무를 규정한 것은 임차인이 보다 안정적으로 거주할 수 있는 주택을 국민에게 공급함으로써 국민의 주거생활을 안정시키고 무주택 임차가구의 보호를 강화(각주 : 법제처 2019. 3. 7. 회신 18-0740 해석례 및 법제처 2017. 4. 20. 회신 17-0112 해석례 참조)하려는 취지인바, 이 사안과 같이 **임대사업자가 임대의무기간 중에 민간임대주택을 주택 외의 용도로 용도변경하여 더 이상 해당 주택을 임대하지 않는 경우도 해당 규정에 위반된다고 보는 것이 규정취지에도 부합하는 해석입니다.**

나. 법정 임대의무기간 경과 후 양도신고

임대사업자가 임대의무기간이 지난 후 민간임대주택을 양도하려는 경우에는 **민간임대주택 양도신고서**(「민간임대주택에 관한 특별법 시행규칙」[별지 제19호 서식])를 시장、군수、구청장에게 제출해야 한다. 이 경우 시장、군수、구청장은「전자정부법」제36조 제1항에 따른 행정정보의 공동이용을 통하여 해당 민간임대주택의 등기사항증명서를 확인해야 한다(「민간임대주택에 관한 특별법」 제43조 제3항 등).

'법정 임대의무기간'이 지난 후, **'공공지원민간임대주택'**을 양도하기 위하여 신고하는 경우, 시장·군수·구청장은 그 내용을 검토하여 이 법에 적합하면 신고를 수리하여야 한다.

다. 과태료

위 법정 임대의무기간 경과 후, 민간임대주택 양도신고를 하지 아니하고 민간임대주택을 양도한 자에 대하여는 **1백만원 이하의 과태료**를 부과한다.(「민간임대주택에 관한 특별법」 제67조 제4항 제2조의2호)

라. 포괄승계

위와 같이 양도받는 자가 **임대사업자로 등록**하는 경우에는, 양도하는 자의 임대사업자로서의 지위를 포괄적으로 승계하며, 이러한 뜻을 양수도계약서에 명시하여야 한다.(「민간임대주택에 관한 특별법」 제43조 제3항 후단)

한편 위와 같이 양도받는 자가 임대사업자로 등록하지 않은 경우에도, 양수인은 「주택임대차보호법」 제3조 제4항의 규정에 의하여 기존 임대인의 지위를 승계한 것으로 간주된다. 「주택임대차보호법」 제3조 제4항에는 '포괄승계'가 아닌 '승계'라는 용어만을 사용하고 있지만, 대법원 2013. 1. 17. 선고 2011다49523 판결은 여기에서의 '승계' 또한 '포괄승계'의 의미를 가지고 있는 것으로 보고 있다.

결국 (a) 「민간임대주택에 관한 특별법」 상의 **'임대사업자로서의 지위'**를 포괄승계한 자는 「민간임대주택에 관한 특별법」 상 '임대보증금에 대한 보증 가입의무', '각종 신고의무 등'을 부담하지만, (b) 「주택임대차보호법」 상의 **'임대인의 지위'**를 포괄승계한 자는 「민간임대주택에 관한 특별법」 상 '임대보증금에 대한 보증 가입의무', '각종 신고의무 등'을 부담하지 않게 될 것이다.

헌법재판소 2020. 5. 27. 2019헌마796. [기소유예처분취소]

청구인은 이 사건 임대주택을 ㅁㅁ주식회사로부터 매입하면서 이 사건 임대주택에 대하여 별도로 임대사업자로 등록한 사실이 없으므로, 청구인이 이 사건 임대주택에 대하여 구 임대주택법에 따른 임대보증금에 관한 보증에 가입하여야 하는 임대사업자라고 볼 수 없다.

피청구인은, 청구인이 스스로 경찰에서 임대인의 지위를 포괄적으로 승계한 사실을 인정하고 있으므로, 구 임대주택법에 따른 임대보증금에 관한 보증에 가입하여야 한다고 주장하나, 청구인이 제출한 매매계약서의 기재에 의하면 임대사업자의 지위를 승계한다는 기재가 없는 점에 비추어 청구인이 경찰에서 '따로 계약서를 작성하지 않았지만 임차인에게 ㅁㅁ으로부터 임대차계약을 승계한다는 것은 고지하였다'라는 취지로 진술하였다는 사정만으로 청구인이 등록한 임대사업자의 지위까지 승계하였다고 단정하기 어렵다.

참고로 구「임대주택법」제16조 제2항은 "임대주택을 매각하는 매매계약서에는 임대주택을 매입하는 자가 임대주택을 매각하는 자의 임대사업자로서의 지위를 승계한다는 뜻을 분명하게 밝혀야 한다."라고만 규정하고 있었을 뿐, 임대주택 매매 시 임대사업자로서의 지위 승계 간주 규정을 두고 있지는 않았다.(헌재 2021. 11. 25. 2019헌마823 참조)

1) 포괄승계의 전통적 의미

'포괄승계'의 정의 규정을 두고 있는 우리나라 법규는 현재 존재하지 않는다[117]. 그런데 민법 제1005조에 따른 상속, 상법 제235조에 따른 회사의 합병 시 일어나는 승계가 바로 포괄승계의 전형적인 경우라고 설명된다.

117) 독일, 프랑스, 일본 등 다른 대륙법계 국가들도 포괄승계에 대한 일반적인 정의규정을 두지 않고 있고, 포괄승계 개념 자체에 대한 논의도 활발히 이루어지지 않고 있다. 황남석, '포괄승계의 개념에 관한 연구', 기업법연구(제27권 제2호), 한국기업법학회(2013. 6.) 308~312쪽

이에 관하여, '포괄승계'란 ① 이전(以前) 권리주체가 갖는 권리, 의무 전부를 단일 원인에 의하여 포괄적으로 다른 권리주체에게 이전하는 것이라는 견해[118], ② 하나의 취득원인에 의하여 다수의 권리가 한데 묶여서 취득되는 것이라는 견해[119] ③ 상속, 합병과 같이 이전(以前) 법인격이 소멸하여 그에 속하는 모든 법률상 지위를 새로운 법인격이 포괄적으로 승계하는 경우, 즉 새로운 법인격이 이전(以前) 법인격의 법인격 자체를 승계하고 그에 따라 그에 속하는 모든 법률상 지위가 승계되는 경우에 발생하는 현상으로 보는 견해[120] 등이 있다.

2) 포괄승계의 새로운 의미

'현재의 포괄승계'란 법률에 정해진 특정한 목적을 달성하기 위해, (a) 원하는 법률효과를 특정승계로도 달성할 수 있지만, 특정승계에 따른 절차상의 번잡함을 피하고 권리, 의무 절차의 이전을 간이하고 신속하게 달성하기 위해, (b) 혹은 승계가 불가능하거나 제3자의 동의가 있어야만 승계되는 법률관계까지도 강제로 승계시키려는 목적으로, 혹은 (b) 법률관계의 틈을 조금도 주지 않고 명확하게 승계시키기 위한 목적으로 광범위하게 활용되고 있다고 보는 견해, 즉 다른 요소들의 고려 없이 각종 재산권에 관한 일체의 사항들을 다른 절차 없이 일괄적으로 이전하고자 할 때 도구적으로 사용되는 용어로 변화되었다고 보는 견해[121]가 있다.

즉 ①「주택임대차보호법」 제3조(대항력) 제4항에 정한 '승계', ②「신탁법」에 따라 수탁자가 변경된 경우, 신수탁자는「신탁법」 제26조, 제48조 등이 정하는 수탁자 경질의 법리에

---

118) 양창수, '등기없이 일어나는 물권변동', 사법행정(제31권 제6호), 한국사법행정학회(1990), 64쪽

119) 김준호, '민법강의'(제24판), 법문사(2018), 197~198쪽

120) 정구태, '주택임대차보호법상 임차주택의 양도와 임대인의 제3채무자로서의 지위 승계', 고려법학(제7호), 고려대학교 법학연구원(2014. 9.), 166쪽
대법원 2013. 1. 17. 선고 2011다49523 전원합의체 판결의 소수의견(반대의견)

121) 윤나리(부산대학교 법학전문대학원 교수, 변호사), '포괄승계에 대한 새로운 이해' 2021. 10. 28. 법조 제70권 제5호(통권 제749호), 43 ~ 70쪽 참조

따라 전수탁자의 지위의 '승계'[122](위 수탁자 변경에 따라 승계되는 권리의무는 신탁재산에 관한 권리의무에 국한되는데, 이는 당연히 전 수탁자에 속하는 모든 권리의무가 아닐뿐더러 지분적 일부도 아니다. 이로 인해 승계되는 것은 신탁재산이라는 특정한 재산에 관한 권리의무에 국한된다.), ③「금융산업의 구조개선에 관한 법률」 제14조의2에 따라 금융위원회가 부실금융기관의 금융거래 중 일부를 인수금융기관으로 이전한 결정에 따른 '승계'[123](이 경우에도 이로 인해 승계되는 법률관계는 이전명령의 대상으로 지정된 금융거래라는 특정재산에 관한 권리의무로 한정된다.) 등을 전형적인 **'새로운 의미의 포괄승계'**로 보고 있다.

3)「민간임대주택에 관한 특별법」 제43조 제3항 후단에 정한 포괄승계의 구체적인 의미

임대주택의 양도(소유권 이전[124] 및 임대차 계약관계의 인수)는 본래 임대사업자 간의 '특정승계(계약인수)'로 볼 수 있는 것인데, 이와 같이 볼 경우, ⓐ 임대인의 변경에는 임차인의 동의를 필요로 하고, ⓑ 실체법상 임대인의 지위가 양수인에게 이전된다고 하더라도 집행법상 제3채무자의 지위는 이전(以前) 임대인인 양도인에게 고정된다고 볼 수 있다[125].

그런데 「민간임대주택에 관한 특별법」 제43조 제3항 후단, 제2항 후단은 「주택임대차보호법」 제3조(대항력) 제4항에 정한 '승계'와 달리 명시적으로 '포괄승계'라는 문구를 사용하고 있는바, 위와 같은 **'새로운 의미의 포괄승계'**의 개념을 전제로 하는 경우 다음과 같은 결론에 이를 수 있다.

---

122) 대법원 2006. 3. 9. 선고 2004다57694 판결

123) 황남석, '포괄승계의 개념에 관한 연구', 기업법연구(제27권 제2호), 한국기업법학회(2013. 6.) 317쪽

124) 물권이 채권보다 우선하므로 임대목적물의 매매 등으로 인한 소유권 이전에 관하여는 임차인의 동의권은 없다고 할 것이다.

125) 이혜민, '주택임대차보호법상 임대인 지위 승계의 성질 및 범위', 민사판례연구(ⅩⅩⅩⅥ), 민사판례연구회(2014.2.) 688~689쪽

① 등록한 민간임대주택사업자는 법인격을 그대로 유지한 채, 300세대로 구성된 아파트인 민간임대주택에 관하여, 300세대 '전체'가 아닌 '일부'에 관하여도 서로 다른 등록한 임대주택사업자에게 단일한 법률상의 원인이 아닌 방식으로도 양도할 수 있다.

② 등록한 민간임대주택의 양도로 임대인의 지위가 일체로 양수인에게 이전된다면, (a) 임대보증금반환채무는 '면책적'으로 양수인에게 이전되어, 양도인은 임대차관계에서 탈퇴하여 임차인에 대한 임대보증금반환채무를 면하게 되고, 나아가 (b) 임차인에 대하여 임대보증금반환채무를 부담하는 임대인임을 당연한 전제로 하여 그 임대보증금반환채무의 지급금지를 명령받은 제3채무자의 지위는 임대인의 지위와 분리될 수 있는 것이 아니므로, 임대보증금반환채권에 대한 채권가압류의 집행법 상의 '제3채무자'의 지위도 실체법 상의 임대인의 지위와 함께 '양수인'에게 이전된다.

대법원 1989. 10. 24. 선고 88다카13172 판결 [부당이득금]

주택의 임차인이 제3자에 대하여 대항력을 구비한 후에 그 주택의 소유권이 양도된 경우에는 그 양수인이 임대인의 지위를 승계하게 되는 것으로 임대차보증금반환채무도 주택의 소유권과 결합하여 일체로서 이전하는 것이며 이에 따라 **양도인의 임차보증금반환채무는 소멸**하는 것이다.

대법원 2013. 1. 17. 선고 2011다49523 전원합의체 판결 [추심금]

[다수의견] 주택임대차보호법 제3조 제3항은 같은 조 제1항이 정한 대항요건을 갖춘 임대차의 목적이 된 임대주택(이하 '임대주택'은 주택임대차보호법의 적용대상인 임대주택을 가리킨다)의 양수인은 임대인의 지위를 승계한 것으로 본다고 규정하고 있는바, 이는 법률상의 당연승계 규정으로 보아야 하므로, 임대주택이 양도된 경우에 양수인은 주택의 소유권과 결합하여 임대인의 임대차 계약상의 권리 · 의무 일체를 그대로 승계하며, 그 결과 양수인이 임대차보증금반환채무를 면책적으로 인수하고, 양도인은 임대차관계에서 탈퇴하여 임차인에 대한 임대차보증금반환채무를 면하게 된다. 나아가 임차인에 대하여 임대차보증금반환채무를 부담하는 임대인임을 당연한 전제로 하여 임대차보증금반환채무의 지급금지를 명령받은 제3채무자의 지위는 임대인의 지위와 분리될 수 있는 것이 아니므로, 임대주택의 양도로 임대인의 지위가 일체로 양수인에게 이전된다면 채권가

압류의 제3채무자의 지위도 임대인의 지위와 함께 이전된다고 볼 수밖에 없다. 한편 주택임대차보호법상 임대주택의 양도에 양수인의 임대차보증금반환채무의 면책적 인수를 인정하는 이유는 임대주택에 관한 임대인의 의무 대부분이 그 주택의 소유자이기만 하면 이행가능하고 임차인이 같은 법에서 규정하는 대항요건을 구비하면 임대주택의 매각대금에서 임대차보증금을 우선변제 받을 수 있기 때문인데, 임대주택이 양도되었음에도 양수인이 채권가압류의 제3채무자의 지위를 승계하지 않는다면 가압류권자는 장차 본집행절차에서 주택의 매각대금으로부터 우선변제를 받을 수 있는 권리를 상실하는 중대한 불이익을 입게 된다. 이러한 사정들을 고려하면, **임차인의 임대차보증금반환채권이 가압류된 상태에서 임대주택이 양도되면 양수인이 채권가압류의 제3채무자의 지위도 승계하고, 가압류권자 또한 임대주택의 양도인이 아니라 양수인에 대하여만 위 가압류의 효력을 주장할 수 있다고 보아야 한다.**

③ 민간임대사업자의 변경에 대하여, 임차인의 동의는 필요하지 않다.

대법원 1996. 2. 27. 선고 95다35616 판결 [임대차보증금반환]

주택임대차보호법 제3조 제1항 및 제2항에 의하면, 임차인이 주택의 양수인에 대하여 대항력이 있는 임차인인 이상 양수인에게 임대인으로서의 지위가 당연히 승계된다 할 것이고, 그 주택에 대하여 임차인에 우선하는 다른 권리자가 있다고 하여 양수인의 임대인으로서의 지위의 승계에 임차인의 동의가 필요한 것은 아니다.

마. 감면된 재산세의 추징 제외

「민간임대주택에 관한 특별법」 제43조 제1항에 따른 임대의무기간이 경과한 후, 등록이 말소되고, 임대용 공동주택 또는 오피스텔을 매각, 증여하는 경우에는 이전에 감면된 재산세를 추징하지 아니한다.(「지방세특례제한법」 제31조 제5항 제1호)

바. 재양도

임대사업자는 위와 같이 신고된 장기일반민간임대주택을 양도할 수 있다.

4. 법정 임대의무기간 내 양도 가능(예외)

가. 다른 임대사업자에게 양도

임대사업자는 법정 임대의무기간 동안에도 민간임대주택의 소재지를 관할하는 시장·군수·구청장에게 신고한 후, 민간임대주택을 **다른 임대사업자(해당 민간임대주택을 양수하여 주택임대사업을 하려는 자를 포함한다.)**에게 양도할 수 있다.(「민간임대주택에 관한 특별법」 제43조 제2항)

1) 양도신고

이러한 경우 임대사업자는 **민간임대주택 양도신고서**(「민간임대주택에 관한 특별법 시행규칙」[별지 제19호 서식])와 첨부서류를 해당 민간임대주택의 소재지를 관할하는 시장·군수·구청장에게 제출해야 한다.

이 경우 **시장·군수·구청장**은 ⓐ「전자정부법」 제36조 제1항에 따른 행정정보의 공동이용을 통하여 해당 **민간임대주택의 등기사항증명서** 및 **민간임대주택을 양수하는 자**(해당 민간임대주택을 양수하여 주택임대사업을 하려는 자는 제외한다.)의 **임대사업자 등록증을 확인**하여야 하며, ⓑ 신고인이 임대사업자 등록증의 확인에 동의하지 아니하는 경우에는 해당 서류를 첨부하도록 하여야 한다.

위와 같은 신고를 한 임대사업자는 신고서 처리일부터 30일 **이내에 매매계약서 사본을** 시장·군수·구청장에게 제출하여야 한다.

이 경우 **담당 공무원**은 ⓐ「전자정부법」 제36조 제1항에 따른 행정정보의 공동이용을 통하여 해당 **민간임대주택의 등기사항증명서** 및 **민간임대주택을 양도한 자와 양수한 자의 임대사업자 등록증을 확인**하여야 하며, ⓑ 신고인이 임대사업자 등록증의 확인에 동의하지 아니하는 경우에는 해당 서류를 첨부하도록 하여야 한다.

위와 같은 민간임대주택 양도신고를 받은 시장·군수·구청장은 즉시 해당 민간임대주택의 임차인에게 임대사업자가 변경된다는 것을 알려 주어야 한다.

또한 위와 같이 임대사업자가 법정 임대의무기간 동안 다른 임대사업자에게 민간임대주택을 양도하기 위하여 신고한 경우, 시장·군수·구청장은 그 내용을 검토하여 이 법에 적합하면 신고를 수리하여야 한다.

2) 과태료

위 법정 임대의무기간 동안, 민간임대주택 양도신고를 하지 아니하고 민간임대주택을 양도한 자에 대하여는 1백만원 이하의 과태료를 부과한다.(「민간임대주택에 관한 특별법」 제67조 제4항 제2조의2호)

3) 포괄승계

그리고 위와 같은 양도의 경우 양도받는 자는 양도하는 자의 임대사업자로서의 지위를 포괄적으로 승계하며, 이러한 뜻을 양수도계약서에 명시하여야 한다.(「민간임대주택에 관한 특별법」 제43조 제2항 후단)

광주고등법원 2020. 8. 21. 선고 2020누10127 판결
[종합부동산세및농어촌특별세부과처분취소]

「민간임대주택에 관한 특별법」 제43조 제2항에서 임대주택을 양도할 때 임대인의 지위가 포괄승계된다고 정하고 있으나, **위 규정에 따른 권리의무의 포괄승계가「종합부동산세법 시행령」제7호 제2호, 제3호에 정한 상속, 법인의 합병 등과 항상 동일한 법적 효과를 갖는 것도 아니다.** 나아가 이 사건 임대주택에는 위 제2호, 제3호에 따라 임대기간을 합산하는 예외 또는 위 제5호에 따라 임대기간을 충족한 것으로 간주하는 예외에 해당하는 사유도 없다.

그런데 참고로 '주택도시보증공사'가 제정한 '임대보증금에 대한 보증 약관'에는 임대사업자의 변경 이후에 납부한 임대보증금에 대하여는 보증의 효력이 상실한다고 규정하고 있다.

만약 임차인에게 우선분양전환권이 인정되는 경우라면, 새로은 임대사업자는 이러한 부담이 있는 채로 임대주택을 양수한 것이므로, 임대의무기간이 만료한 경우에는 임차인의 우선분양전환권 행사에 대응하여야 할 것이다.

그러나 임차인에게 우선분양전환권이 인정되는 경우가 아니라면, 새로운 임대사업자는 임대의무기간이 만료한 경우 실제 거주하려는 사유를 들어 임차인의 계약갱신청구권을 거절할 수 있을 것으로 보인다.

대법원 2022. 12. 1. 선고 2021다266631 판결 [건물인도]

주택임대차법 제6조의3 제1항의 문언, 계약갱신요구권과 갱신거절권의 관계, 계약갱신제도의 통일적 해석의 필요성 등에 비추어 볼 때, 주택임대차법 제6조의3 제1항 단서 각 호에 따른 정당한 사유가 있는 경우 임대인은 같은 법 제6조 제1항 전단에서 정한 기간에 임차인의 계약갱신 요구를 거절할 수 있다고 봄이 타당하고, 그렇다면 위 각 호의 사유가 임차인의 갱신요구권 행사 후에 발생한 때에도 임대인은 위 기간 내라면 갱신거절권을 행사할 수 있다.

주택임대차법 제6조의3 제1항 단서 제8호가 정한 '임대인'을 임차인이 갱신을 요구할 당시의 임대인만으로 제한하여 해석하기 어렵고, 구 임대인이 갱신거절 기간 내에 실거주 여부를 자유롭게 결정할 수 있다면 그 기간 내에 실거주가 필요한 새로운 임대인에게 매각할 수도 있다고 보아야 할 것인 점 등을 고려하면, 위 기간 내에 주택임대차법 제3조 제4항에 의하여 임대인의 지위를 승계한 양수인이 목적 주택에 실제거주하려는 경우에는 위 제8호 사유를 주장할 수 있다고 할 것이다.

4) 임대차 계약 해지 사유

종전의 임대사업자는 유수(有數)한 법인인 임대사업자였으나, 자력 등이 확인되지 않은 개인 임대사업자에게 임대주택이 양도된 경우 이를 이유로 임차인의 입장에서는 임대차 계약을 해지할 수 있는지 문제될 수 있다.

위와 같이 임대사업자가 변경되어 임차인이 임대차의 승계를 원하지 않은 경우, 임차인은 이에 대하여 이의를 제기하여 기존 임대인과의 임대차 관계를 해지할 수 있다는 취지의 대법원 판례가 있다.

대법원 1998. 9. 2.자 98마100 결정 [경매개시이의신청기각]

임대차계약에 있어 임대인의 지위의 양도는 임대인의 의무의 이전을 수반하는 것이지만 임대인의 의무는 임대인이 누구인가에 의하여 이행방법이 특별히 달라지는 것은 아니고, 목적물의 소유자의 지위에서 거의 완전히 이행할 수 있으며, 임차인의 입장에서 보아도 신 소유자에게 그 의무의 승계를 인정하는 것이 오히려 임차인에게 훨씬 유리할 수도 있으므로 임대인과 신 소유자와의 계약만으로써 그 지위의 양도를 할 수 있다 할 것이나, 이 경우에 임차인이 원하지 아니하면 임대차의 승계를 임차인에게 강요할 수는 없는 것이어서 스스로 임대차를 종료시킬 수 있어야 한다는 공평의 원칙 및 신의성실의 원칙에 따라 임차인이 **곧 이의를 제기함으로써** 승계되는 임대차관계의 구속을 면할 수 있고, 임대인과의 임대차관계도 해지할 수 있다고 보아야 한다.

그런데 이러한 경우, 임차인의 이의는 임대인 변경 사실을 안 때로부터 상당한 기간 내에 행사하여야 할 것이다.

대법원 2002. 9. 4. 선고 2001다64615 판결 [임대차보증금]

[1] 대항력 있는 주택임대차에 있어 기간만료나 당사자의 합의 등으로 임대차가 종료된 경우에도 주택임대차보호법 제4조 제2항에 의하여 임차인은 보증금을 반환받을 때까지 임대차관계가 존속하는 것으로 의제되므로 그러한 상태에서 임차목적물인 부동산이 양도되는 경우에는 같은 법 제3조 제2항에 의하여 양수인에게 임대차가 종료된 상태에서의 임대인으로서의 지위가 당연히 승계되고, 양수인이 임대인의 지위를 승계하는 경우에는 임대차보증금 반환채무도 부동산의 소유권과 결합하여 일체로서 이전하는 것이므로 양도인의 임대인으로서의 지위나 보증금 반환채무는 소멸하는 것이지만, 임차인의 보호를 위한 임대차보호법의 입법 취지에 비추어 임차인이 임대인의

지위승계를 원하지 않는 경우에는 임차인이 임차주택의 양도사실을 안 때로부터 상당한 기간 내에 이의를 제기함으로써 승계되는 임대차관계의 구속으로부터 벗어날 수 있다고 봄이 상당하고, 그와 같은 경우에는 양도인의 임차인에 대한 보증금 반환채무는 소멸하지 않는다.

[2] **제반 사정에 비추어 임차인이 주택임대차보호법에 의하여 임차주택의 양수인이 임대인의 지위를 승계하는 것을 전제로 행동하였다고 봄이 상당하고 임대인의 지위승계에 대하여 이의를 제기한 것으로 단정하기는 어렵다고 한 사례.**

5) 대출금 상환의 문제

유수(有數)한 법인인 임대사업자가 '사용검사 전' 임차인을 모집하는 경우로서, 임차인이 임대보증금을 임대사업자에게 지급함에 있어, 임대사업자의 알선으로 은행 등으로부터 그 임대보증금 명목으로 지급할 금전을 대출받는 경우가 있다.

이러한 경우 은행 등은 위 대출금에 대한 담보를 확보함에 있어, ⓐ 유수(有數)한 법인인 임대사업자의 신용도를 믿고, 별다른 담보 없이 ⓑ 다만 임차인이 임대사업자에 대하여 가지는 '임대보증금 반환채권'만을 '양도담보'의 방식으로 취하는 경우가 있다.

그런데 사용검사 후, 유수(有數)한 법인인 임대사업자가 「민간임대주택에 관한 특별법」 제43조 제2항에 근거하여 법정 임대의무기간이 경과하기 전에 자연인 개인의 임대사업자에게 해당 임대주택을 양도하는 경우, 은행 등은 임대사업자의 신용도의 하락 등을 이유로 임차인에게 대출금 상환을 요청하는 경우가 있다.

그러나 새로운 개인의 임대사업자는 ⓐ 「민간임대주택에 관한 특별법」 제43조 제2항 후단에 따라 기존의 임대사업자의 지위를 포괄적으로 승계한 자이므로 임대보증금반환채무를 법률의 규정에 의하여 승계하는 자인 점, ⓑ 임대보증금에 대한 보증은 임대보증금 '전액'에 대하여 가입하여야 하는 것이 원칙인 점, ⓒ '일부 보증'의 경우에도 임차인이 대항력 및 최우선변제적 효력을 갖고 있을 것을 전제로 가능한 점 등등에 비추어, (d) 새로운 개인인 임대사업자의 임대보증금에 대한 보증 가입 등등을 확인하여, 대출금 상환 위험에 큰 차이가 없는 경우라면, (e) 임차인들에게 곧바로 대출금 상환을 하도록 하는 조치는 부당하다고 할 것이다.

참고로 '주택도시보증공사'가 제정한 '임대보증금에 대한 보증 약관'에는 임대보증금에 대한 보증에 따른 보증채권은 '양도 또는 질권'을 설정할 수 없다고 규정하고 있다.

6) 감면된 '취득세'의 추징

민간임대사업자가 법정 임대의무기간 내에 임대주택을 (a) 임대 외의 용도로 사용하거나 (b) '매각, 증여'하는 경우 및 (c) 「민간임대주택에 관한 특별법」 제6조에 따라 임대사업자 등록이 말소된 경우 감면된 취득세를 추징한다.(「지방세특례제한법」 제31조 제3항 제1호 및 제2호)

그러나 위와 같은 법정 임대기간 중에 임대사업자(등록 예정자 포함)에게 임대주택 양도에 따른 '승계'는 앞서 본 바와 같이 '새로운 의미의 포괄승계'라는 것이지만, 「지방세특례제한법」 제31조 제3항 제1호에 정한 '매매'(특정승계)에 포함된다고 보아, 감면된 취득세를 추징하여야 할 것이다.

대전지방법원 2021. 4. 22. 선고 2020구합100757 판결 [취득세경정거부처분취소]

민간임대주택사업자(원고, 양도인)가 구 「지방세특례제한법」(2020. 1. 15. 법률 제16865호로 개정되기 전의 것) 제31조 제1항 제1호에 따라 임대주택에 대한 취득세를 면제받은 후, 법정 임대의무기간 내에 민간임대주택을 양수인에게 양도하는 경우, 같은 법 제31조 제2항에 따라 **감면된 취득세 추징대상 여부**가 문제된 사안에서, (a) '원고(양도인)'은 임대주택과 함께 임대사업자의 지위까지 포괄적으로 양도한 경우 같은 법 제31조 제2항의 추징사유인 '매각(특정승계), 증여'에 해당하지 않는다는 이유로 취득세 등의 환급을 구하는 경정청구를 하였으나, (b) '법원'은 **위 양도는 매매를 원인으로 하는 특정승계이지만, 「민간임대주택에 관한 특별법」의 규정에 따라 임대사업자**

로서의 지위까지 포괄적으로 승계되는 것이고, 이는 합병 등과 같이 권리, 의무 자체가 포괄적으로 승계되는 결과로서 임대주택의 소유권과 임대사업자로서의 지위가 함께 승계되는 경우와 다르다고 판시하여 원고(양도인) 청구를 기각한 사례.

또한 법정 임대기간 중에「민간임대주택에 관한 특별법」제43조 제4항 제3호 및 같은 법 제1항 제11호에 따라 임대주택의 등록이 말소되고, 거주 임차인에게 임대주택을 양도하는 경우에도 임대사업자(양도인)에게 감면된 취득세를 추징한다.(「지방세특례제한법」제31조 제3항 제2호)

7) 감면된 재산세의 추징 및 제외

(a) 민간임대사업자가 법정 임대의무기간 중에「민간임대주택에 관한 특별법」제6조에 따라 임대사업자 등록이 말소되거나 (b) 같은 법 제43조 제1항에 따른 법정 임대의무기간에 임대용 공동주택 또는 오피스텔을 매각·증여하는 경우에는 그 감면 사유 소멸일부터 소급하여 5년 이내에 감면된 재산세를 추징한다. 다만, 다음 각 호의 어느 하나에 해당하는 경우에는 추징에서 제외한다.(「지방세특례제한법」제31조 제5항)

1.「민간임대주택에 관한 특별법」제43조 제1항에 따른 임대의무기간이 경과한 후 등록이 말소된 경우
2.「민간임대주택에 관한 특별법」제43조 제4항의 사유로 임대사업자 등록이 말소된 경우

8) 종합부동산세 합산배제 임대주택에서 제외

종합부동산세 합산배제 임대주택에 해당하려면, (a)「종합부동산세법 시행령」제3조 제1항 제1호 나목에 정한 **5년 이상 계속 임대**하여야 하고, (b) 5년 이내에 법정 임대의무기간 내에 임대주택을 제3자의 임대사업자에게 매각한 경우에는 (c) 같은 시행령 제3조 제7항 제6호에 정한 **보유(소유) 기간 규정**을 위반하게 되어, 해당 과세연도를 포함하여 연속하는 2개 과세연도까지는 합산배제 임대주택에서 제외되고[126], (d) 그 동안 종합부동산세

합산배제 혜택으로 납부하지 않았던 종합부동산세 등을 납부하여야 한다.

> **광주고등법원 2020. 8. 21. 선고 2020누10127 판결**
> **[종합부동산세및농어촌특별세부과처분취소]**
>
> 민간건설임대사업자 A(원고)가 민간건설임대주택을 신축하여 임대한 후 **5년 이내에** 다른 민간임대사업자 B에게 당해 민간건설임대주택을「민간임대주택에 관한 특별법」제43조 제2항에 근거하여 **법정 임대의무기간 내에 매각**한 경우,「종합부동산세법 시행령[127]」제3조 제7항 제6호 및 같은 시행령 제3조 제1항 제1호 나목에 따라 **5년 동안 계속 보유(소유) 요건을 충족하지 않아** 결국 같은 시행령 제3조에 정한 종합부동산세 합산배제 임대주택에 해당하지 않는다고 하여 A(원고)의 종합부동산세 등 부과처분취소청구를 기각한 사례.

나. 임대사업자가 아닌 자에게 양도

1) 등록 말소 후 양도

임대사업자는 '법정 임대의무기간' 중에도 아래 어느 하나의 호에 해당하는 경우에는 '법정 임대의무기간' 내에도 ⓐ 계속 임대하지 아니하고 등록을 말소하고, ⓑ 임대사업자가 아닌 자에게 민간임대주택을 양도할 수 있다.(「민간임대주택에 관한 특별법」 제43조 제4항)

1. 부도, 파산, 그 밖의 다음 각 호에 정하는 경제적 사정 등으로 임대를 계속할 수 없는 경우[다만, 임대의무기간이 8년 이상인 민간임대주택을 300호 또는 300세대 이상 등록한 임대사업자에 대해서는 아래 ③, ④ 및 ⑤ 나목의 경우로 한정한다.(「민간임대주택에 관한 특별법 시행령」 제34조 제3항 단서)]

> **[서울행정법원 2017. 5. 18. 선고 2017구합50270 판결, 민간임대주택양도불허가처분취소]**
>
> 임대사업자에게 부도, 파산, 그 밖의 경제적 사정 이외에 **임대를 계속할 수 없다는 별도의 요건도 충족하여야만 양도가 허가될 수 있다.**

---

126) 2020. 2. 11. 대통령령 제30404호로 일부 개정된「종합부동산세법 시행령」제3조 제8항 신설됨

127) 2018. 2. 13. 대통령령 제28645호로 일부 개정되기 전의「종합부동산세법 시행령」

① 2년 연속 적자가 발생한 경우

② 2년 연속 부(負)의 영업현금흐름이 발생한 경우

> **[서울고등법원 2017. 9. 26. 선고 2017누50043 판결, 민간임대주택양도불허가처분취소]**
>
> 위 **2년 연속 부(負)의 영업현금흐름이 발생한 경우**란, 임대사업자 등록 전에 발생한 것은 해당하지 않고, **임대사업자 등록 후에 발생한 경우를 의미한다.**
>
> 임대사업자 등록 전에 발생한 것은 해당한다고 해석할 경우 경제적으로 여의치 않은 사업자가 주택 등의 시세 차익을 노리고 무리하게 임대사업자로 등록한 후 임대사업을 영위하다 임대주택의 시세에 따라 적당한 시기에 이를 처분하는 등의 부당한 행위를 막지 못하게 될 수 있다.(지방세특례제한법 제31조는 민간임대주택법에 따른 임대사업자가 임대 목적으로 공동주택이나 오피스텔을 최초 분양받은 경우 취득세 등을 2018. 12. 31.까지 감면하도록 규정하고 있는데, 위와 같이 해석할 경우 임대사업자 등록 등이 이러한 혜택을 노린 탈법적 수단으로 악용될 우려도 있다).

③ 최근 12개월간 해당 임대사업자의 전체 민간임대주택 중 임대되지 아니한 주택이 20% 이상이고 같은 기간 동안 특정 민간임대주택이 계속하여 임대되지 아니한 경우

④ 관계 법령에 따라 재개발, 재건축 등으로 민간임대주택의 철거가 예정되어 있거나 민간임대주택이 철거된 경우

⑤ 임대사업자의 상속인이 다음 각 목의 어느 하나에 해당하는 경우

가. 임대사업자로서의 지위 승계를 거부하는 경우

나. 「민간임대주택에 관한 특별법」 제5조의6 또는 제5조의7에 해당되어 등록이 제한되는 경우

「민간임대주택에 관한 특별법」 제43조 제4항 제1호는 '임대 계속의 불가능'이라는 불확정개념을 규정한 것이어서, 이에 해당하는지 여부를 판단함에 있어서는 기본적으로 행정청에 '재량권'이 부여되었다고 볼 수 있다.(대법원 2005. 7. 14. 선고 2004두6181 판결 등 참조)

> **[대법원 2005. 7. 14. 선고 판결, 건축허가신청반려처분취소]**
>
> 행정행위를 기속행위와 재량행위로 구분하는 경우 양자에 대한 사법심사는, 전자의 경우 그 법규에 대한 원칙적인 기속성으로 인하여 법원이 사실인정과 관련 법규의 해석 · 적용을 통하여 일정한 결론을 도출한 후 그 결론에 비추어 행정청이 한 판단의 적법 여부를 독자의 입장에서 판정하는 방식에 의하게 되나, 후자의 경우 행정청의 재량에 기한 공익판단의 여지를 감안하여 법원은 독자의 결론을 도출함이 없이 당해 행위에 재량권의 일탈 · 남용이 있는지 여부만을 심사하게 되고, 이러한 재량권의 일탈 · 남용 여부에 대한 심사는 사실오인, 비례 · 평등의 원칙 위배 등을 그 판단 대상으로 한다.

2. 공공지원임대주택을 20년 이상 임대하기 위한 경우로서 필요한 운영비용 등을 마련하기 위하여 「민간임대주택에 관한 특별법」 제21조의2(용적률의 완화로 건설되는 주택의 공급 등) 제1항 제4호에 따라 20년 이상 공급하기로 한 주택 중 일부를 10년 임대 이후 매각하는 경우
3. 「민간임대주택에 관한 특별법」 제6조 제1항 제11호에 따라 말소하는 경우

위 제3호는 현실적으로 법정 또는 약정 임대의무기간이 경과하기 전에 당해 임대주택에 거주하는 '임차인'에게 당해 임대주택의 소유권을 이전할 수 있는 (우선분양전환의) 근거 규정으로서의 의미를 가진다.

즉 (a)「공공주택 특별법」 제50조의2 제2항 제2호는 법정 임대의무기간의 1/2이 경과하여 공공주택사업자가 임차인과 합의한 경우 등에는 임차인 등에게 임차인 등에게 분양전환할 수 있다고 규정하고 있으나, (b)「민간임대주택에 관한 특별법」에는 이와 같은 규정이 존재하지 않으며, 민간임대사업자는 위 제3호의 규정에 의하여 법정 임대의무기간의 1/2이 경과하기 전에도 임차인에게 우선분양전환을 할 수 있게 되었다.

등록 말소를 신청하려는 자는 **임대사업자 등록 전부(일부) 말소 신청서**(「민간임대주택에

관한 특별법 시행규칙」[별지 제6호의7 서식])에 등록 말소 대상임을 증명할 수 있는 서류를 첨부하여 시장·군수·구청장에게 제출해야 한다.

민간임대주택을「민간임대주택에 관한 특별법」에 정한 등록을 말소하게 되면, 당해 말소된 임대주택사업자 및 임대주택은「민간임대주택에 관한 특별법」의 적용을 받을 수 없는 상태에 이르게 된다.

2) **허가를 받은 후 양도**

임대사업자는 '법정 임대의무기간' 중에도 위의 어느 하나의 호[128]에 해당하는 경우, ⓐ 시장·군수·구청장에게 '허가'를 받은 후 ⓑ 임대사업자가 아닌 자에게 민간임대주택을 양도할 수 있다.

가) 양도허가 신청서의 제출 등

임대의무기간 중에 위와 같이 허가를 받아 민간임대주택을 양도하려는 임대사업자는 ⓐ **민간임대주택 양도 허가 신청서**(「민간임대주택에 관한 특별법 시행규칙」[별지 제20호 서식])와 ⓑ 다음 각 호의 **첨부서류**를 해당 민간임대주택의 소재지를 관할하는 시장·군수·구청장에게 제출해야 한다.

1. 양도의 구체적인 사유를 적은 서류
2. 양도가격 산정의 근거서류
3. 특별수선충당금 적립통장 사본(「민간임대주택에 관한 특별법」 제53조 제1항에 따라 특별수선충당금을 적립하여야 하는 임대사업자만 해당한다.)
4. 하자보수보증금 예치증서[공동주택의 사용검사일(주택단지 안의 공동주택의 전

128) 다만 제3호의 "「민간임대주택에 관한 특별법」 제6조 제1항 제11호에 따라 말소하는 경우 등"에는 이미 등록 말소되었기 때문에, 더 이상「민간임대주택에 관한 특별법」의 적용대상이 아니어서, 관할 시장·군수·구청장의 양도허가 대상이라고 할 수 없을 것이다.

부에 대하여 임시사용승인을 얻은 경우를 포함한다.)부터 10년 이내인 경우만 해당한다.]

나) 시장·군수·구청장의 조치

위와 같은 신청서를 제출받은 시장·군수·구청장은 「전자정부법」 제36조 제1항에 따른 행정정보의 공동이용을 통하여 해당 민간임대주택의 등기사항증명서를 확인하여야 한다.

그리고 시장·군수·구청장은 위의 신청서를 받으면, 10일 이내에 허가 여부를 결정하여 신청인에게 이를 서면(전자문서를 포함한다.)으로 통지하되, 허가를 하지 아니하는 경우에는 그 사유를 명시하여야 한다.

> **[서울행정법원 2017. 5. 18. 선고 2017구합50270 판결, 민간임대주택양도불허가처분취소]**
> 민간임대주택법 시행규칙은 위 조항 위반 시에 제재 등 특별한 법률효과의 부여를 통하여 위 기한의 준수를 강제하는 규정을 두고 있지 않고 있으므로, 위 조항은 가능한 한 조속히 그 허가사무를 처리하도록 정한 **훈시규정에 불과할 뿐** 강행규정이나 효력규정이라고 할 수는 없다. **따라서 피고가 위 기한을 경과하여 이 사건 처분을 하였다고 해서 그 처분이 위법하다고 할 수 없다.**

시장·군수·구청장은 (「민간임대주택에 관한 특별법 시행령」 제34조 제3항 제3호[129] 또는 제4호[130])에 해당하여 「민간임대주택에 관한 특별법」 제43조 제4항에 따른 양도허가를 하려는 경우에는 해당 사유가 발생한 주택에 한정하여 허가하여야 한다.

시장·군수·구청장은 「민간임대주택에 관한 특별법」 제43조 제4항 제2호[131])에 해당하

129) 3. 최근 12개월간 해당 임대사업자의 전체 민간임대주택 중 임대되지 아니한 주택이 20% 이상이고 같은 기간 동안 특정 민간임대주택이 계속하여 임대되지 아니한 경우
130) 4. 관계 법령에 따라 재개발, 재건축 등으로 민간임대주택의 철거가 예정되어 있거나 민간임대주택이 철거된 경우
131) 2. 공공지원임대주택을 20년 이상 임대하기 위한 경우로서 필요한 운영비용 등을 마련하기 위하여 「민간임대주택에 관한 특별법」 제21조의2 제1항 제4호에 따라 20년 이상 공급하기로 한 주택 중 일부를 10년 임대 이후 매각하는 경우

여 같은 항에 따른 양도허가를 하려는 경우에는 주택의 총 양도가격이 필요한 운영비용 등의 추계액을 초과하지 아니하는 범위에서 허가하여야 한다.

> **[서울행정법원 2017. 5. 18. 선고 2017구합50270 판결, 민간임대주택양도불허가처분취소]**
>
> 1. 민간임대주택법 제43조 제4항은 제1항에 따른 임대의무기간(민간매입임대주택의 경우 임대사업자 등록일부터 제2조 제4호부터 제6호까지의 규정에 따른 기간)을 충족하지 않은 경우에도 양도를 허락하는 예외를 인정하는 규정인 점, 민간임대주택법 제5조, 같은 법 시행령 제4조 제2항은 '과거 5년 이내에 민간임대주택 또는 공공임대 주택사업에서 부도가 발생한 사실이 있는 자를 임대사업자의 등록 결격 사유로 규정하고 있는 점 등을 종합하면, **민간임대주택법 제43조 제4항에서 규정한 부도, 파산은 임대사업자로 등록한 후 발생한 것을 의미하므로 같은 조항에서 부도, 파산과 병렬적으로 열거하고 있는 '그 밖의 대통령령으로 정하는 경제적 사정' 또한 이와 마찬가지로 임대사업자로 등록된 이후 발생한 사정을 의미하는 것으로 해석함이 타당하다.**
>
> 2. 민간임대주택법 시행령 제4조 제2항 제2호를 임대사업자 등록 전의 사정도 고려하는 것으로 해석할 경우 임차인은 임대사업자와 임대차계약을 체결하였더라도 언제든지 임대주택 소유자가 변경될 가능성이 있어 불안한 지위에 놓이게 될 수 있고, 재정 상황이 좋지 않더라도 일단 임대사업자로 등록하였다가 사정이 여의치 않을 경우 언제든지 임대주택을 매각할 생각으로 무리하게 임대사업을 할 수도 있게 될 것인데, 이는 국민의 주거생활을 안정시키려는 민간임대주택법의 입법취지에 반한다.

5. 과태료

다음 각 호의 어느 하나에 해당하는 자에게는 3천만원 이하의 과태료를 부과한다[132].(「민간임대주택에 관한 특별법」 제67조 제1항 제1호, 제2호)

1. 「민간임대주택에 관한 특별법」 제43조 제1항을 위반하여 임대의무기간 중에 본인

132) 종전에는 과태료 1천만원 이하였으나, 2019. 4. 23. 법률 제16386호로 개정되어 2019. 10. 24.부터 시행된 「민간임대주택에 관한 특별법」에서 3천만원 이하로 상향 개정되었다.

이 거주하는 등 민간임대주택을 임대하지 아니한 자

2. 같은 법 제43조 제4항을 위반하여 시장ㆍ군수ㆍ구청장의 허가를 받지 아니하고 임대의무기간 중에 임대사업자가 아닌 자에게 민간임대주택을 양도한 자

위와 같이 「민간임대주택에 관한 특별법」 제43조 제4항을 위반하여 시장ㆍ군수ㆍ구청장의 허가를 받지 아니하고 임대의무기간 중에 임대사업자가 아닌 자에게 민간임대주택을 양도한 자에게 형사벌이 아닌 행정벌인 '과태료'를 부과할 수 있을 뿐이라지만, (a) 다수의 임차인 보호 및 (b) [대법원 1991. 12. 24. 선고 90다12243 전원합의체 판결] 등의 취지에 비추어 위와 같은 허가를 받지 아니하고 양도한 경우, 그 사법적 효력은 '(유동적) 무효'라고 보아야 할 것이다.

[대법원 1991. 12. 24. 선고 90다12243 전원합의체 판결]

가. **국토이용관리법상의 규제구역 내의 '토지 등의 거래계약'허가**에 관한 관계규정의 내용과 그 입법취지에 비추어 볼 때 토지의 소유권 등 권리를 이전 또는 설정하는 내용의 거래계약은 **관할 관청의 허가를 받아야만 그 효력이 발생하고 허가를 받기 전에는 물권적 효력은 물론 채권적 효력도 발생하지 아니하여 무효라고 보아야 할 것**인바, 다만 허가를 받기 전의 거래계약이 처음부터 허가를 배제하거나 잠탈하는 내용의 계약일 경우에는 확정적으로 무효로서 유효화될 여지가 없으나 이와 달리 허가받을 것을 전제로 한 거래계약(허가를 배제하거나 잠탈하는 내용의 계약이 아닌 계약은 여기에 해당하는 것으로 본다.)일 경우에는 허가를 받을 때까지는 법률상 미완성의 법률행위로서 소유권 등 권리의 이전 또는 설정에 관한 거래의 효력이 전혀 발생하지 않음은 위의 확정적 무효의 경우와 다를 바 없지만, **일단 허가를 받으면 그 계약은 소급하여 유효한 계약이 되고 이와 달리 불허가가 된 때에는 무효로 확정되므로 허가를 받기까지는 유동적 무효의 상태에 있다고 보는 것이 타당하**므로 허가받을 것을 전제로 한 거래계약은 허가받기 전의 상태에서는 거래계약의 채권적 효력도 전혀 발생하지 않으므로 권리의 이전 또는 설정에 관한 어떠한 내용의 이행청구도 할 수 없으나 일단 허가를 받으면 그 계약은 소급해서 유효화되므로 허가 후에 새로이 거래계약을 체결할 필요는 없다.

나. **같은 법 제31조의2 소정의 벌칙적용대상**인 "허가 없이 '토지 등의 거래계약'을 체결하는 행위"

라 함은 처음부터 허가를 배제하거나 잠탈하는 내용의 계약을 체결하는 행위를 가리키고 **허가받을 것을 전제로 한 거래계약을 체결하는 것은 이에 해당하지 않는다.**

다. 같은 법 제21조의3 제1항 소정의 허가가 규제지역 내의 모든 국민에게 전반적으로 토지거래의 자유를 금지하고 일정한 요건을 갖춘 경우에만 금지를 해제하여 계약체결의 자유를 회복시켜 주는 성질의 것이라고 보는 것은 위 법의 입법취지를 넘어선 지나친 해석이라고 할 것이고, **규제지역 내에서도 토지거래의 자유가 인정되나 다만 위 허가를 허가 전의 유동적 무효 상태에 있는 법률행위의 효력을 완성시켜 주는 인가적 성질을 띤 것이라고 보는 것이 타당하다.**

[대법원 2001. 2. 9. 선고 99다26979 판결]

[2] **사찰 소유의 일정한 재산을 대여, 양도 또는 담보에 제공하는 때에는 관할청의 허가**를 받아야 한다는 구 불교재산관리법(1962. 5. 31. 법률 제1087호, 전통사찰보존법 부칙 제2조에 의하여 폐지) 제11조 제1항 제2호 및 전통사찰보존법 제6조의 규정은 **강행법규**로서 **이에 위반한 양도계약은 무효이고,** 사찰재산의 양도에 필요한 위와 같은 허가는 반드시 그 양도 전에 미리 받아야 하는 것은 아니고 양도 후에라도 허가를 받으면 그 양도계약은 소급하여 유효한 것으로 된다고 할 것이지만, 양도계약이 처음부터 허가를 배제 · 잠탈하는 내용의 것이거나 또는 양도계약 후 당사자 쌍방이 허가받지 않기로 하는 의사표시를 명백히 한 때에는 그 양도계약은 그로써 확정적으로 무효로 되어 더 이상 관할청의 허가를 받아 유효한 것으로 될 여지가 없다.

제12장

임차인대표회의

1. 구 성

임대사업자가 **20세대 이상**의 민간임대주택을 공급하는 공동주택단지에 입주하는 임차인은 '임차인대표회의'를 구성할 수 있다.

다만, 임대사업자가 150세대 이상의 민간임대주택을 공급하는 공동주택단지 중, ⓐ 300**세대 이상의 공동주택단지**, ⓑ **150세대 이상의 공동주택으로서 승강기가 설치된 공동주택단지**, ⓒ **150세대 이상의 공동주택으로서 중앙집중식 난방방식 또는 지역난방방식인 공동주택단지**에 입주하는 임차인은 임차인대표회의를 구성하여야 한다.

2. 당사자 적격의 유무

이러한 민간임대주택의 '임대인대표회의' 자체가 민사소송 등에서 '당사자 적격'을 가지는 것인지 문제될 수 있다.

「민간임대주택에 관한 특별법」 제56조(분쟁의 조정신청) 제1항은 '임차인대표회의'가 조정위원회에게 조정을 신청할 수 있는 자라고 규정하고 있으므로, '대법원 2010. 5. 13. 선고 2009두19168 판결'의 취지에 비추어, 같은 항 각호의 사항[133]에 관하여는, '임차인대표회의'에게 소송 당사자 적격을 인정하여야 할 것이다.

133) 1. 민간임대주택 관리규약의 제정 및 개정
2. 관리비
3. 민간임대주택의 공용부분ㆍ부대시설 및 복리시설의 유지ㆍ보수
4. 임대료 증감
5. 그 밖에 민간임대주택의 유지ㆍ보수ㆍ관리 등에 필요한 사항으로서 대통령령으로 정하는 사항
4. 「민간임대주택에 관한 특별법 시행령」 제46조에 관한 사항

대법원 2010. 5. 13. 선고 2009두19168 판결 [분양전환승인의취소]

구 임대주택법(2009. 12. 29. 법률 제9863호로 개정되기 전의 것) 제21조 제5항, 제9항, 제34조, 제35조는 **임차인대표회의는** 건설임대주택의 임대사업자가 임대의무기간 경과 후 또는 부도, 파산, 그 밖에 대통령령으로 정하는 경우가 발생한 후 각각 1년 이상 분양전환승인을 신청하지 아니하는 경우 임차인 3분의 2 이상의 동의를 받아 직접 분양전환승인을 신청할 수 있고, 분양전환가격 산정을 위한 감정평가시 감정평가에 대하여 대통령령으로 정하는 사항에 해당하는 경우 임차인 과반수의 동의를 받아 이의신청을 할 수 있으며, 분양전환가격 등에 대하여 임대주택분쟁조정위원회에 분쟁의 조정신청을 할 수 있고, 임대사업자와 임차인대표회의가 위 조정위원회의 조정안을 받아들이면 당사자 간에 조정조서와 같은 내용의 합의가 성립된 것으로 본다고 규정하고 있는바, 위 각 규정의 내용과 입법경위 및 취지 등에 비추어 보면, 임차인대표회의도 당해 주택에 거주하는 임차인과 마찬가지로 **임대주택의 분양전환과 관련하여** 그 승인의 근거 법률인 구 임대주택법에 의하여 보호되는 구체적이고 직접적인 이익이 있다고 봄이 상당하다.

대법원 2010. 5. 13. 선고 2009두19168 판결 [분양전환승인의취소]

구 임대주택법(2009. 12. 29. 법률 제9863호로 개정되기 전의 것) 제21조 제5항, 제9항, 제34조, 제35조는 **임차인대표회의는** 건설임대주택의 임대사업자가 임대의무기간 경과 후 또는 부도, 파산, 그 밖에 대통령령으로 정하는 경우가 발생한 후 각각 1년 이상 분양전환승인을 신청하지 아니하는 경우 임차인 3분의 2 이상의 동의를 받아 직접 분양전환승인을 신청할 수 있고, 분양전환가격 산정을 위한 감정평가시 감정평가에 대하여 대통령령으로 정하는 사항에 해당하는 경우 임차인 과반수의 동의를 받아 이의신청을 할 수 있으며, 분양전환가격 등에 대하여 임대주택분쟁조정위원회에 분쟁의 조정신청을 할 수 있고, 임대사업자와 임차인대표회의가 위 조정위원회의 조정안을 받아들이면 당사자 간에 조정조서와 같은 내용의 합의가 성립된 것으로 본다고 규정하고 있는바, 위 각 규정의 내용과 입법경위 및 취지 등에 비추어 보면, 임차인대표회의도 당해 주택에 거주하는 임차인과 마찬가지로 **임대주택의 분양전환과 관련하여** 그 승인의 근거 법률인 구 임대주택법에 의하여 보호되는 구체적이고 직접적인 이익이 있다고 봄이 상당하다.

특히 민간임대주택의 '분양전환'과 관련하여서는, 구「임대주택법」이 적용되는 사안과 관련된 '대법원 2010. 5. 13. 선고 2009두19168 판결'과 달리, 일응「민간임대주택에 관한 특별법 시행령」제46조 각 호의 사유에 해당하는 임대사업자[134]와의 '분양전환'에

134) 1. 발행한 어음 및 수표를 기한까지 결제하지 못하여 어음교환소로부터 거래정지 처분을 받은 임대사업자

한하여, 임차인대표회의에게 소송 당사자 적격이 인정된다고 보아야 할 것이다.

> **수원지방법원 안양지원 2017. 5. 26. 선고 2016가합1248 판결 [동대표후보등록취소]**
>
> 임차인대표회의는 입주자대표회의와 마찬가지로 법인 아닌 사단으로서 동별 대표자의 선출과정에서의 선거절차에 관한 무효확인소송의 피고가 된다고 봄이 상당하다. 그러나 **아파트 선거관리위원회는 임차인대표회의의 산하기관에 불과하고, 그 자체가 법인이나 독립된 법인 아닌 사단에 해당한다고 볼수 없으므로, 당사자 능력이 없다.**

3. 통 지

가. 통지의무

임대사업자는 입주예정자의 과반수가 입주한 때에는 과반수가 입주한 날부터 30일 이내에 '입주현황'과 '임차인대표회의를 구성할 수 있다는 사실' 또는 '구성하여야 한다는 사실'을 입주한 임차인에게 통지하여야 한다. 다만, 임대사업자가 본문에 따른 통지를 하지 아니하는 경우 시장·군수·구청장이 임차인대표회의를 구성하도록 임차인에게 통지할 수 있다.

> [법제처 법령해석 사례] 안건번호 19-0630 회신일자 2020-02-26
>
> **민원인 – 민간임대주택의 임차인대표회의 구성 시기(「민간임대주택에 관한 특별법」 제52조 등 관련)**

---

2. 「주택도시기금법」에 따른 주택도시기금 융자금에 대한 이자를 6개월을 초과하여 내지 아니한 임대사업자
3. 「민간임대주택에 관한 특별법」 제49조 제1항에 따라 임대보증금에 대한 보증에 가입하여야 하는 임대사업자로서 임대보증금에 대한 보증의 가입 또는 재가입이 거절된 이후 6개월이 지난 자
4. 모회사(「상법」 제342조의2에 따른 모회사를 말한다.)가 제1호의 처분을 받은 경우로서 자기자본 전부가 잠식된 임대사업자

1. 질의요지

「민간임대주택에 관한 특별법」(이하 "민간임대주택법"이라 함) 제52조 제1항에 따라 임차인대표회의를 구성하는 민간임대주택(각주 : 민간임대주택법 제2조제1호에 따른 민간임대주택을 말하며, 이하 같음.)에 입주하는 임차인은 해당 민간임대주택 입주예정자의 과반수가 입주해야 임차인대표회의를 구성할 수 있는지?

※ 질의배경

민원인은 위 질의요지에 대해 국토교통부에 문의하였으나 회신내용에 이견이 있어 법제처에 법령해석을 요청함.

2. 회답

이 사안의 경우 임차인은 해당 **민간임대주택 입주예정자의 과반수가 입주해야 임차인대표회의를 구성할 수 있습니다.**

3. 이유

민간임대주택법 제52조 제1항에서는 임대사업자가 20세대 이상의 민간임대주택을 공급하는 공동주택단지에 입주하는 임차인은 임차인대표회의를 구성할 수 있다고 규정하고 있고(본문), 임대사업자가 150세대 이상의 민간임대주택을 공급하는 공동주택 중 대통령령으로 정하는 공동주택단지에 입주하는 임차인은 임차인대표회의를 구성해야 한다(단서)고 규정하고 있으며, 같은 조 제2항에서는 입주예정자의 과반수가 입주한 때에는 과반수가 입주한 날부터 30일 이내에 입주현황과 임차인대표회의를 구성할 수 있다는 사실 또는 구성하여야 한다는 사실을 입주한 임차인에게 통지할 의무를 임대사업자에게 부여하고 있으나, **임차인대표회의를 언제 구성해야 하는지에 대해서는 명확히 규정하고 있지 않습니다.**

그러나 민간임대주택법 제52조 제4항에 따르면 임차인대표회의가 구성된 경우 임대사업자는 민간임대주택 관리규약의 제정 · 개정(제1호), 관리비(제2호) 및 임대료 증감(제4호) 등에 관하여 임차인대표회의와 협의해야 하는바, 이러한 사항들은 임차인 전체에 영향을 미치는 사항이므로 **임차인대표회의는 다수 임차인의 의사를 대표할 수 있어야 한다는 점을 고려하여 입주예정자의 과반수가 입주한 후에 구성될 수 있다고 보는 것이 법령에 따른 임차인대표회의의 기능에 부합하는 해석입니다.**

그리고 민간임대주택법 제51조 제4항 및 같은 법 시행령 제41조 제5항에서는 임대사업자가 민간임대주택을 공동으로 관리하기 위한 요건으로 임차인대표회의의 서면동의 또는 임차인 과반수의 서면동의를 받을 것을 규정하면서 임차인 과반수의 서면동의는 임차인대표회의를 구성하지 않은 경우만 해당한다고 규정하고 있는바, 이는 입주예정자의 과반수가 입주해야 임차인대표회의를 구성할 수 있다는 것을 전제하고 있다고 보는 것이 타당합니다.

만약 이와 달리 민간임대주택의 입주예정자 과반수가 입주하지 않은 경우에도 민간임대주택법 제52조 제4항에 따라 임대사업자와 협의할 권한이 있는 임차인대표회의를 구성할 수 있다고 본다면, 소수의 임차인만 입주한 상황에서도 임차인대표회의가 구성될 수 있어 임차인대표회의가 구성된 이후에 입주하는 다수 임차인의 의사가 임차인대표회의를 구성한 동별 대표자의 임기 동안에는 대표되지 못하게 되는 문제가 발생할 뿐 아니라 입주한 임차인의 수가 계속 변동되어 임차인대표회의를 구성할 수 있는 시기를 확정할 수 없게 되는 문제가 있다는 점도 이 사안을 해석할 때 고려해야 합니다.

나. 과태료

위 임차인대표회의를 구성할 수 있다는 사실 또는 구성하여야 한다는 사실을 임차인에게 통지하지 아니한 임대사업자에 대하여는 1백만원 이하의 과태료를 부과한다.(「민간임대주택에 관한 특별법」 제67조 제4항 제3호)

4. 지 원

임차인대표회의를 구성하여야 하는 임차인이 임차인대표회의를 구성하지 아니한 경우, 임대사업자는 임차인이 임차인대표회의를 구성할 수 있도록 (a) 임차인대표회의를 구성해야 한다는 사실과 (b) 협의사항 및 (c) 임차인대표회의의 구성 · 운영에 관한 사항을 반기 1회 이상 임차인에게 통지해야 한다.

5. 협 의

가. 협의 의무

임차인대표회의가 구성된 경우에는 임대사업자는 다음 각 호의 사항에 관하여 협의하여야 한다.

1. 민간임대주택 관리규약의 제정 및 개정
2. 관리비
3. 민간임대주택의 공용부분·부대시설 및 복리시설의 유지·보수
4. 임대료 증감
5. 하자 보수
6. 공동주택의 '관리'에 관하여 임대사업자와 임차인대표회의가 합의한 사항
7. 임차인 외의 자에게 민간임대주택 주차장을 개방하는 경우 다음 각 목의 사항
   가. 개방할 수 있는 주차대수 및 위치
   나. 주차장의 개방시간
   다. 주차료 징수 및 사용에 관한 사항
   라. 그 밖에 주차장의 적정한 개방을 위해 필요한 사항

임대사업자는 임차인대표회의가 위 각 호의 사항에 대하여 협의를 요청하면 성실히 응하여야 한다.

참고로 임대의무기간의 경과 등으로 임차인에게 당해 임대주택의 양도(분양전환)가 이루어지는 경우, 그 **'양도가격(분양전환가격)'**에 관하여, '임차인대표회의'에게 임대사업자와의 협의 권한이 있다는 법 규정은 현재 존재하지 않는다.

나. 과태료

위에 위반하여 임차인대표회의와 관리규약 제정, 개정 등을 협의하지 아니한 임대사업자에 대하여는 5백만원 이하의 과태료를 부과한다.(「민간임대주택에 관한 특별법」 제67조 제3항 제7호)

6. 동별 대표자로 구성

임차인대표회의는 민간임대주택의 동별 세대수에 비례하여 선출한 대표자(이하 "동별 대표자"라 한다)로 구성한다.

동별 대표자가 될 수 있는 사람은 해당 민간임대주택단지에서 6개월 이상 계속 거주하고 있는 임차인으로 한다. 다만, 최초로 임차인대표회의를 구성하는 경우에는 그러하지 아니하다.

임차인대표회의는 회장 1명, 부회장 1명 및 감사 1명을 동별 대표자 중에서 선출하여야 한다.

[법제처 법령해석 사례] 안건번호 19-0597 회신일자 2020-02-13

민원인 - 「민간임대주택에 관한 특별법」 제52조에 따른 임차인대표회의 구성 시 「공동주택관리법」 제14조 제4항 및 제16조를 준용하여 범죄경력 조회를 요청할 수 있는지 여부(「민간임대주택에 관한 특별법」 제3조 등 관련)

1. 질의요지

「민간임대주택에 관한 특별법」(이하 "민간임대주택법"이라 함) 제52조 제1항에 따른 임차인대표회의를 구성할 때 「공동주택관리법」 제14조 제4항 및 제16조를 준용하여 동별 대표자(각주 :

「민간임대주택에 관한 특별법 시행령」 제42조 제6항에 따른 "민간임대주택의 동별 세대수에 비례하여 선출한 대표자"를 말하며, 이하 같음.) 후보자에 대한 범죄경력 조회를 요청할 수 있는지?

※ 질의배경
민원인은 위 질의요지에 대한 국토교통부 회신내용에 이견이 있어 법제처에 법령해석을 요청함.

2. 회답
이 사안의 경우 민간임대주택법 제52조에 따른 임차인대표회의를 구성할 때 「공동주택관리법」 제14조 제4항 및 제16조를 준용하여 **동별 대표자 후보자에 대한 범죄경력 조회를 요청할 수 없습니다.**

3. 이유
「형의 실효 등에 관한 법률」 제6조 제1항 제10호 및 같은 법 시행령 제7조 제3항에 따르면 수사자료표[각주 : 수사기관이 피의자의 지문을 채취하고 피의자의 인적사항과 죄명 등을 기재한 표(전산입력되어 관리되거나 자기테이프, 마이크로필름, 그 밖에 이와 유사한 매체에 기록 · 저장된 표를 포함함)로서 경찰청에서 관리하는 것을 말함(「형의 실효 등에 관한 법률」 제2조 제4호 참조).]에 의한 범죄경력 조회 및 그에 대한 회보는 다른 법률에서 범죄경력 조회 및 그에 대한 회보를 하도록 규정되어 있는 경우 해당 법률에서 구체적으로 정한 범위에 한하여 조회 목적에 필요한 최소한의 범위에서 할 수 있고, 이를 위반하여 수사자료표의 내용을 회보하거나 범죄경력 자료를 취득한 사람에게는 벌칙 규정이 적용되는바(법 제10조), 범죄경력 조회를 요청하기 위해서는 그에 대한 법률상 근거가 명확하게 존재해야 합니다.

그런데 민간임대주택법 제52조 제5항 및 같은 법 시행령 제42조 제6항·제7항에서는 민간임대주택의 임차인대표회의는 민간임대주택의 동별 세대수에 비례하여 선출한 동별 대표자로 구성하도록 하면서, 동별 대표자가 될 수 있는 사람의 자격에 대해서 해당 민간임대주택단지에서 6개월 이상 계속 거주하고 있는 임차인으로 하되 최초로 임차인대표회의를 구성하는 경우에는 그러하지 아니하다고 규정하고 있을 뿐, 동별 대표자 또는 동별 대표자 후보자의 결격사유 및 그 결격사유 확인을 위한 범죄경력 조회 요청에 대해 별도로 규정하고 있지 않고, **「공동주택관리법」 제14조 제4항 및 제16조를 준용하도록 하는 규정을 두고 있지 않습니다.**

그리고 민간임대주택법 제3조에서 민간임대주택의 관리에 관하여 같은 법에서 정하지 아니한 사항에 대해서는 「공동주택관리법」을 적용한다고 규정하고 있으나, **위에서 살펴본 바와 같이 민간**

임대주택법에서는 임차인대표회의의 구성에 대해서 「공동주택관리법」상 입주자대표회의와 달리 규정하고 있고, 「공동주택관리법」에서는 입주자대표회의의 구성, 자격요건 및 결격사유 확인을 위한 범죄경력 조회에 대해 규정(제14조·제16조)하고 있을 뿐 임차인대표회의의 구성과 관련된 사항에 대해서는 규정하고 있지 않으므로, **민간임대주택법 제52조에 따른 임차인대표회의를 구성할 때 「공동주택관리법」 제14조 제4항 및 제16조를 적용할 수는 없습니다.**

한편 민간임대주택법에 따른 동별 대표자와 「공동주택관리법」에 따른 동별 대표자는 동별 세대수에 비례하여 선출된 대표자라는 점에서 서로 유사하므로 명시적인 규정이 없더라도 「공동주택관리법」 제14조 제4항 및 제16조를 준용하여 민간임대주택법에 따른 임차인대표회의를 구성하는 동별 대표자 후보자에 대한 범죄경력 조회를 요청할 수 있다는 의견이 있습니다.

그러나 **「공동주택관리법」 제2조 제1항 제8호에 따른 '입주자대표회의'는 임대주택의 임차인을 제외(각주 : 「공동주택관리법」 제2조 제1항 제6호 및 제7호 참조)한 공동주택의 입주자 등을 대표하여 공동주택 관리에 관한 주요사항을 결정하기 위하여 같은 법 제14조에 따라 구성하는 자치 의결기구인 반면, 민간임대주택법 제52조에 따른 '임차인대표회의'는 민간임대주택 관리에 관한 주요 사항을 임대사업자와 협의하는 기구로서, '입주자대표회의'와 '임차인대표회의'는 그 기능에 차이가 있어 '입주자대표회의'에 관한 규정이 '임차인대표회의'에 바로 적용될 여지가 없다는 점(각주 : 법제처 2015. 9. 21. 회신 15-0525 해석례 및 법제처 2014. 12. 16. 회신 14-0741 해석례 참조)에서 그러한 의견은 타당하지 않습니다.**

대법원 2008. 9. 25. 선고 2006다86597 판결 [한빛아파트동대표선출결의무효확인]

공동주택의 입주자대표회의는 동별 세대수에 비례하여 선출되는 동별 대표자를 구성원으로 하는 법인 아닌 사단이므로, 동별 대표자의 선출결의의 무효확인을 구하는 것은 결국 입주자대표회의의 구성원의 자격을 다투는 것이어서 입주자대표회의는 그 결의의 효력에 관한 분쟁의 실질적인 주체로서 그 무효확인소송에서 피고적격을 가진다.

7. 소집 절차

임차인대표회의를 소집하려는 경우에는 소집일 5일 전까지 회의의 목적 · 일시 및 장소 등을 임차인에게 알리거나 공고하여야 한다.

8. 공 고

임차인대표회의는 그 회의에서 의결한 사항, 임대사업자와의 협의결과 등 주요 업무의 추진 상황을 지체 없이 임차인에게 알리거나 공고하여야 한다.

9. 회의록 작성 및 보관

임차인대표회의는 회의를 개최하였을 때에는 회의록을 작성하여 보관하고, 임차인이 회의록의 열람을 청구하거나 자기의 비용으로 복사를 요구할 경우에는 그에 따라야 한다.

제13장

민간임대주택의 관리

1. 「공동주택관리법」의 일부 적용

(a) '**민간건설임대주택**' 및 (b) **임대사업자가 「주택법」 제54조(주택의 공급)에 따라 사업주체가 건설 · 공급하는 주택 전체를 매입하여 임대하는 '민간매입임대주택'**의 회계서류 작성, 보관 등 관리에 관하여는 아래 각 호의 규정에 한하여 「공동주택관리법」을 적용한다.

1. 「공동주택관리법」 제8조에 따른 구분관리에 관한 사항
2. 「공동주택관리법」 제23조 제4항에 따른 관리비 등의 공개에 관한 사항
3. 「공동주택관리법」 제27조 제1항에 따른 회계서류의 작성 · 보관에 관한 사항
4. 「공동주택관리법」 제63조에 따른 관리주체의 업무에 관한 사항
5. 「공동주택관리법 시행령」 제19조 제2항에 따른 관리주체의 동의에 관한 사항
6. 「공동주택관리법 시행령」 제23조 제4항에 따른 사용료 부과 및 제29조에 따른 주민운동시설의 위탁 운영에 관한 사항
7. 「공동주택관리법 시행령」 제25조 제1항 제1호 가목에 따른 관리비의 집행을 위한 사업자 선정에 관한 사항
8. 「공동주택관리법 시행령」 제33조에 따른 시설물의 안전관리에 관한 사항
9. 「공동주택관리법 시행령」 제34조에 따른 공동주택의 안전점검에 관한 사항
10. 「공동주택관리법 시행령」 제35조에 따른 행위허가 등의 기준에 관한 사항
11. 「공동주택관리법 시행령」 제36조 및 제44조에 따른 하자 보수에 관한 사항
12. 「공동주택관리법 시행령」 제69조, 제70조, 제71조 및 제73조에 따른 관리사무소장의 배치와 주택관리사 및 주택관리사보 등에 관한 사항
13. 「공동주택관리법 시행령」 제96조에 따른 공동주택관리의 감독에 관한 사항

2. '300세대 이상의 공동주택 등'의 경우

가. '주택관리업자에게 관리 위탁' 또는 '자체 관리'

임대사업자는 민간임대주택이 민간임대주택단지별로 ① **300세대 이상의 공동주택**, ② **150세대 이상의 공동주택으로서 승강기가 설치된 공동주택**, ③ **150세대 이상의 공동주택으로서 중앙집중식 난방방식 또는 지역난방방식인 공동주택**의 규모 이상에 해당하면, ⓐ「공동주택관리법」 제2조 제1항 제15호에 따른 주택관리업자에게 관리를 위탁하거나 ⓑ 자체 관리하여야 한다.(「민간임대주택에 관한 특별법」 제51조 제2항)

나. 자체 관리의 요건

1) 기술인력 및 장비

임대사업자가 위와 같이 민간임대주택을 **'자체관리'**하려면, 「공동주택관리법 시행령」 [별표 1.]에 정하는 기술인력 및 장비를 갖추어야 한다.

공동주택관리기구의 기술인력 및 장비기준
「공동주택관리법 시행령」 [별표 1]

구 분	기 준
1. 기술인력	다음 각 호의 기술인력. 다만, 관리주체가 입주자대표회의의 동의를 받아 관리업무의 일부를 해당 법령에서 인정하는 전문용역업체에 용역하는 경우에는 해당 기술인력을 갖추지 않을 수 있다. 가. 승강기가 설치된 공동주택인 경우에는 「승강기 안전관리법 시행령」 제28조에 따른 승강기자체검사자격을 갖추고 있는 사람 1명 이상 나. 해당 공동주택의 건축설비의 종류 및 규모 등에 따라 「전기안전관리법」, 「고압가스 안전관리법」, 「액화석유가스의 안전관리 및 사업법」, 「도시가스사업법」, 「에너지이용 합리화법」, 「소방기본법」, 「화재예방, 소방시설 설치 · 유지 및 안전관리에 관한 법률」 및 「대기환경보전법」 등 관계 법령에 따라 갖추어야 할 기준 인원 이상의 기술자

2. 장비	가. 비상용 급수펌프(수중펌프를 말한다.) 1대 이상 나. 절연저항계(누전측정기를 말한다.) 1대 이상 다. 건축물 안전점검의 보유장비 : 망원경, 카메라, 돋보기, 콘크리트 균열폭 측정기, 5미터 이상용 줄자 및 누수탐지기 각 1대 이상

[비고]

1. 관리사무소장과 기술인력 상호 간에는 겸직할 수 없다.
2. 기술인력 상호 간에는 겸직할 수 없다. 다만, 입주자대표회의가「공동주택관리법 시행령」제14조 제1항에 따른 방법(입주자대표회의 구성원 과반수의 찬성으로 의결)으로 다음 각 목의 겸직을 허용한 경우에는 그러하지 아니하다.
   가. 해당 법령에서「국가기술자격법」에 따른 국가기술자격의 취득을 선임요건으로 정하고 있는 기술인력과 국가기술자격을 취득하지 않아도 선임할 수 있는 기술인력의 겸직
   나. 해당 법령에서 국가기술자격을 취득하지 않아도 선임할 수 있는 기술인력 상호 간의 겸직

2) 인 가

임대사업자는 민간임대주택을 자체관리하기 위하여 인가를 받으려는 경우에는 **'자체관리 인가신청서'**(「민간임대주택에 관한 특별법 시행규칙」 별지 제26호 서식)에 다음 각 호의 서류를 첨부하여 시장ㆍ군수ㆍ구청장에게 제출하여야 한다.

1. 「공동주택관리법 시행령」[별표 1.] 과 관련된 기술인력의 인적사항 및 장비의 명세서
2. 관리 인력의 인적사항에 관한 서류
3. 단지 배치도

인가신청을 받은 시장ㆍ군수ㆍ구청장은 인가를 할 때에는 '자체관리인가서'(「민간임대주택에 관한 특별법 시행규칙」 별지 제26호서식)를 내주어야 한다.

다. 공동 관리

임대사업자(둘 이상의 임대사업자를 포함한다.)가 ⓐ 동일한 시(특별시ㆍ광역시ㆍ특별자치시ㆍ특별자치도를 포함한다.)ㆍ군 지역에서 민간임대주택을 관리하는 경우로서,

ⓑ 단지별로 '임차인대표회의' 또는 '임차인 과반수'(임차인대표회의를 구성하지 않은 경우만 해당한다.)의 서면동의를 받은 경우로서, ⓒ 둘 이상의 민간임대주택단지를 공동으로 관리하는 것이 합리적이라고 특별시장, 광역시장, 특별자치시장, 특별자치도지사, 시장 또는 군수가 인정하는 경우에는 공동으로 관리할 수 있다.

위와 같이 공동관리하는 둘 이상의 민간임대주택단지에 위 기술인력 및 장비 기준을 적용할 때에는 둘 이상의 민간임대주택단지를 하나의 민간임대주택단지로 본다. 다만, 특별시장, 광역시장, 특별자치시장, 특별자치도지사, 시장 또는 군수가 민간임대주택단지 간의 거리 및 안전성 등을 고려하여 민간임대주택단지마다 갖출 것을 요구하는 경우에는 그렇지 않다.

라. 관리비의 징수

임대사업자는 임차인으로부터 민간임대주택을 관리하는 데에 필요한 경비(관리비)를 받을 수 있는바, 이는 아래의 관리비 항목의 구성 명세에 기재된 각 항목에 대한 월별 비용의 합계액으로 한다.

관리비 항목의 구성 명세
「민간임대주택에 관한 특별법 시행규칙」 [별표 3]

관리비 항목	구성 내역
1. 일반관리비	가. 인건비 : 급여, 제수당, 상여금, 퇴직금, 산재보험료, 고용보험료, 국민연금, 국민건강보험료 및 식대 등 복리후생비 나. 제사무비 : 일반사무용품비, 도서인쇄비, 교통통신비 등 관리사무에 직접 드는 비용 다. 제세공과금 : 관리기구가 사용한 전기료, 통신료, 우편료 및 관리기구에 부과되는 세금 등 라. 피복비 마. 교육훈련비

	바. 차량유지비 : 연료비, 수리비 및 보험료 등 차량유지에 직접 드는 비용 사. 그 밖의 부대비용 : 관리용품구입비 및 그 밖에 관리업무에 드는 비용
2. 청소비	가. 용역인 경우 : 용역금액 나. 직영인 경우 : 청소원인건비, 피복비 및 청소용품비 등 청소에 직접 드는 비용
3. 경비비	가. 용역인 경우 : 용역금액 나. 직영인 경우 : 경비원인건비, 피복비 등 경비에 직접 드는 비용
4. 소독비	가. 용역인 경우 : 용역금액 나. 직영인 경우 : 소독용품비 등 소독에 직접 드는 비용
5. 승강기유지비	가. 용역인 경우 : 용역금액 나. 직영인 경우 : 제부대비, 자재비 등. 다만, 전기료는 공공용으로 사용되는 시설의 전기료에 포함한다.
6. 난방비	난방 및 급탕에 소요된 원가(유류대, 난방 및 급탕용수비)에서 급탕비를 뺀 금액
7. 급탕비	급탕용 유류대 및 급탕용수비
8. 수선유지비	가. 보수용역인 경우 : 용역금액 나. 직영인 경우: 자재 및 인건비 다. 냉난방시설의 청소비, 소화기충약비 등 임차인의 주거생활의 편익을 위하여 제공되는 비용으로서 소모적 지출에 해당하는 비용
9. 지능형 홈네트워크 설비 유지비	가. 용역인 경우 : 용역금액 나. 직영인 경우 : 지능형 홈네트워크 설비 관련 인건비, 자재비 등 지능형 홈네트워크 설비의 유지 및 관리에 직접 드는 비용. 다만, 전기료는 공동으로 사용되는 시설의 전기료에 포함한다.

관리비의 세대별 부담액 산정방법은 사용자 부담과 공평한 부담의 원칙에 따라야 한다.

임대사업자는 위 관리비 외에 어떠한 명목으로도 관리비를 징수할 수 없다.

마. 사용료 등의 징수

임대사업자는 임차인이 내야 하는 다음 각 호의 사용료 등을 임차인을 대행하여, 그 사용료 등을 받을 자에게 낼 수 있다.

1. 전기료(공동으로 사용하는 시설의 전기료를 포함한다.)
2. 수도료(공동으로 사용하는 수도료를 포함한다.)
3. 가스 사용료
4. 지역난방방식인 공동주택의 난방비와 급탕비
5. 정화조 오물 수수료
6. 생활 폐기물 수수료
7. 임차인대표회의 운영비

임대사업자는 **'인양기 등의 사용료'**를 해당 시설의 사용자에게 따로 부과할 수 있다.

바. 장부 작성 의무

임대사업자는 위와 같이 산정ㆍ징수한 관리비와 사용료 등의 징수 및 그 사용명세에 관한 장부를 따로 작성하고, 증명자료와 함께 보관하여, 임차인 또는 임차인대표회의가 열람할 수 있게 해야 한다.

사. 회계감사 등

위와 같이 산정ㆍ징수한 관리비와 사용료 등의 징수 및 그 사용명세에 대하여 임대사업자와 임차인간의 다툼이 있을 때에는 임차인(임차인 과반수 이상의 결의가 있는 경우만 해당한다.) 또는 임차인대표회의는 임대사업자로 하여금 「공인회계사법」 제7조 제1항에 따라 등록한 공인회계사 또는 같은 법 제23조에 따라 설립된 회계법인(이하 "공인회계사 등"이라 한다)으로부터 회계감사를 받고, 그 감사결과와 감사보고서를 열람할 수 있도록 갖춰 둘 것을 요구할 수 있다.

이 경우 임차인 또는 임차인대표회의는 시장·군수·구청장에게 '공인회계사 등'의 선정을 의뢰할 수 있다.

위 회계감사 비용은 임차인 또는 임차인대표회의가 부담한다.

아. 벌 칙

「민간임대주택에 관한 특별법」 제51조를 위반하여 민간임대주택을 관리한 자는 1년 이하의 징역이나 1천만원 이하의 벌금에 처한다.(「민간임대주택에 관한 특별법」 제65조 제3항 제5호)

자. 특별수선충당금의 적립 등

1) 특별수선충당금의 적립 대상

「민간임대주택에 관한 특별법」 제51조 제2항에 따른 민간임대주택(일정 규모 이상의 민간임대주택)의 임대사업자는 주요 시설을 교체하고 보수하는 데에 필요한 '특별수선충당금'을 적립하여야 한다.

2) 특별수선충당금의 인계

임대사업자가 「민간임대주택에 관한 특별법」 제51조 제2항에 따른 민간임대주택(일정 규모 이상의 민간임대주택)을 '양도'하는 경우에는 특별수선충당금을 「공동주택관리법」 제11조에 따라 최초로 구성되는 '입주자대표회의'에 넘겨주어야 한다.

3) 특별수선충당금의 요율 등

가) 장기수선계획의 수립

임대사업자가 「민간임대주택에 관한 특별법」 제51조 제2항에 따른 민간임대주택(일정 규모 이상의 민간임대주택)의 공용부분, 부대시설 및 복리시설('분양된 시설'은 제외한다.)에 대한 「공동주택관리법」 제29조에 따른 장기수선계획을 수립하여 「주택법」 제49조에 따른 사용검사 신청 시 함께 제출하여야 하며, 임대기간 중 해당 민간임대주택단지에 있는 관리사무소에 장기수선계획을 갖춰 놓아야 한다.

특별수선충당금의 사용 방법, 세부 사용 절차, 그 밖에 필요한 사항은 장기수선계획으로 정한다.

나) 장기수선계획의 기준

장기수선계획은 「공동주택관리법 시행규칙」 [별표 1]에 정하는 기준에 따라야 한다.

장기수선계획의 수립기준

「공동주택관리법 시행규칙」 [별표 1]

1. 건물 외부

구분	공사종별	수선방법	수선주기 (년)	수선율 (%)	비 고
가. 지붕	1) 모르타르 마감	전면수리	10	100	시멘트액체방수
	2) 고분자도막방수	전면수리	15	100	
	3) 고분자시트방수	전면수리	20	100	
	4) 금속기와 잇기	부분수리	5	10	
		전면교체	20	100	
	5) 아스팔트 슁글 잇기	부분수리	5	10	
		전면교체	20	100	
나. 외부	1) 돌 붙이기	부분수리	25	5	
	2) 수성페인트칠	전면도장	5	100	
다. 외부 창 · 문	출입문(자동문)	전면교체	15	100	

2. 건물내부

구분	공사종별	수선방법	수선주기 (년)	수선율 (%)	비고
가. 천장	1) 수성도료칠	전면도장	5	100	
	2) 유성도료칠	전면도장	5	100	

	3) 합성수지도료칠	전면도장	5	100	
나. 내벽	1) 수성도료칠 2) 유성도료칠 3) 합성수지도료칠	전면도장 전면도장 전면도장	5 5 5	100 100 100	
다. 바닥	지하주차장 (바닥)	부분수리 전면교체	5 15	50 100	
라. 계단	1) 계단논슬립 2) 유성페인트칠	전면교체 전면도장	20 5	100 100	

3. 전기 · 소화 · 승강기 및 지능형 홈네트워크 설비

구분	공사종별	수선방법	수선주기 (년)	수선율 (%)	비고
가. 예비전원 (자가발전) 설비	1) 발전기 2) 배전반	부분수선 전면교체 부분교체 전면교체	10 30 10 20	30 100 10 100	
나. 변전설비	1) 변압기 2) 수전반 3) 배전반	전면교체 전면교체 전면교체	25 20 20	100 100 100	고효율에너지기자재 적용
다. 자동화재감지설비	1) 감지기 2) 수신반	전면교체 전면교체	20 20	100 100	
라. 소화설비	1) 소화펌프 2) 스프링클러 헤드 3) 소화수관(강관)	전면교체 전면교체 전면교체	20 25 25	100 100 100	
마. 승강기 및 인양기	1) 기계장치 2) 와이어로프, 쉬브 (도르레) 3) 제어반 4) 조속기(과속조절기) 5) 도어개폐장치	전면교체 전면교체 전면교체 전면교체 전면교체	15 5 15 15 15	100 100 100 100 100	
바. 피뢰설비 및 옥외전등	1) 피뢰설비 2) 보안등	전면교체 전면교체	25 25	100 100	 고휘도방전램프 [휘도(광원의 단위 면적당

					밝기의 정도)가 높은 방전램프] 또는 엘이디(LED) 보안등 적용
사. 통신 및 방송설비	1) 엠프 및 스피커 2) 방송수신 공동설비	전면교체 전면교체	15 15	100 100	
아. 보일러실 및 기계실	동력반	전면교체	20	100	
자. 보안 · 방범시설	1) 감시반 (모니터형) 2) 녹화장치 3) 영상정보처리기기 및 침입탐지시설	전면교체 전면교체 전면교체	5 5 5	100 100 100	
차. 지능형 홈네트워크 설비	1) 홈네트워크기기 2) 단지공용시스템 장비	전면교체 전면교체	10 20	100 100	

4. 급수 · 가스 · 배수 및 환기설비

구분	공사종별	수선방법	수선주기 (년)	수선율 (%)	비고
가. 급수설비	1) 급수펌프 2) 고가수조 (STS, 합성수지) 3) 급수관(강관)	전면교체 전면교체 전면교체	10 25 15	100 100 100	고효율에너지기자재 적용(전동기 포함)
나. 가스설비	1) 배관 2) 밸브	전면교체 전면교체	20 10	100 100	
다. 배수설비	1) 펌프 2) 배수관(강관) 3) 오배수관(주철) 4) 오배수관 [폴리염화비닐(PVC)]	전면교체 전면교체 전면교체 전면교체	10 15 30 25	100 100 100 100	
라. 환기설비	환기팬	전면교체	10	100	

5. 난방 및 급탕설비

구분	공사종별	수선방법	수선주기 (년)	수선율 (%)	비고
가. 난방설비	1) 보일러	전면교체	15	100	고효율에너지기자재 적용 (전동기 포함)
	2) 급수탱크	전면교체	15	100	
	3) 보일러수관	전면교체	9	100	밸브류 포함
	4) 난방순환펌프	전면교체	10	100	
	5) 난방관(강관)	전면교체	15	100	
	6) 자동제어 기기	전체교체	20	100	
	7) 열교환기	전면교체	15	100	
나. 급탕설비	1) 순환펌프	전면교체	10	100	고효율에너지기자재 적용 (전동기 포함)
	2) 급탕탱크	전면교체	15	100	
	3) 급탕관(강관)	전면교체	10	100	

6. 옥외 부대시설 및 옥외 복리시설

구분	공사종별	수선방법	수선주기 (년)	수선율 (%)	비고
옥외부대시설 및 옥외 복리시설	1) 아스팔트포장	부분수리	10	50	
		전면수리	15	100	
	2) 울타리	전면교체	20	100	
	3) 어린이놀이시설	부분수리	5	20	
		전면교체	15	100	
	4) 보도블록	부분수리	5	10	
		전면교체	15	100	
	5) 정화조	부분수리	5	15	
	6) 배수로 및 맨홀	부분수리	10	10	
	7) 현관입구 · 지하주차장 진입로 지붕	전면교체	15	100	
	8) 자전거보관소	전면교체	10	100	
	9) 주차차단기	전면교체	10	100	
	10) 조경시설물	전면교체	15	100	
	11) 안내표지판	전면교체	5	100	

다) 적립 요율

민간임대주택의 임대사업자는 위 특별수선충당금을 사용검사일 또는 임시 사용승인일부터 1년이 지난 날이 속하는 달부터 「주택법」 제15조 제1항에 따른 사업계획 승인 당시 표준 건축비의 1만분의 1의 요율로 매달 적립하여야 한다.

> **헌재 2011. 4. 28. 2009헌바37 [구 임대주택법 제17조의3 제2항 등 위헌소원]**
>
> 나. 이 사건 제2항은 임대주택의 관리주체가 변경되더라도 이에 영향을 받지 않고 주요시설의 개 · 보수가 원활히 이루어지도록 하고 임대의무기간 경과 후 분양전환 시 수선보수의 범위 등에 관한 분쟁을 사전에 예방하여 국민주거생활의 안정을 도모하기 위한 것으로, 일반분양주택에 비하여 임대사업자가 받는 다양한 국가적 지원과 혜택을 고려할 때 과잉금지원칙에 위반하여 재산권 및 계약의 자유를 침해한다거나 임대사업자를 일반 분양주택의 소유자에 비하여 불합리하게 차별한다고 볼 수 없다.
>
> 다. 특별수선충당금은 장기수선계획에 부합하게 적립하는 것이 원칙인데, 장기수선계획의 내용이 유동적인 이상 충당금의 요율도 수시로 영향을 받을 수밖에 없고 그 내용도 전문적 · 기술적인 사항이므로 행정부로 하여금 장기수선계획의 변동 내용, 건축업계의 여건 등 제반사정을 고려하여 정하도록 위임할 필요성이 인정되고, 그 수범자는 '임대주택을 건설하여 임대하는 것을 업으로 하는 임대사업자'이므로 현재의 건축기술상황과 자신이 스스로 수립한 장기수선계획 등에 비추어 통상적으로 소요되는 충당금의 요율이 어느 정도가 될 것인지 그 대강의 내용을 충분히 예측할 수 있으므로 이 사건 제3항은 포괄위임입법금지원칙에 반하지 아니한다.

라) 관 리

특별수선충당금은 임대사업자와 해당 민간임대주택의 소재지를 관할하는 시장 · 군수 · 구청장의 공동 명의로 금융회사 등에 예치하여 따로 관리하여야 한다.

마) 사 용

임대사업자는 특별수선충당금을 사용하려면 미리 해당 민간임대주택의 소재지를 관할하는 시장 · 군수 · 구청장과 협의하여야 한다.

바) 보 고

시장 · 군수 · 구청장은 **'특별수선충당금 적립 현황 보고서'**(「민간임대주택에 관한 특별법 시행규칙」 별지 제27호 서식)를 매년 1월 31일과 7월 31일까지 관할 특별시장 · 광역시장 · 특별자치시장 · 도지사 또는 특별자치도지사(이하 "시 · 도지사"라 한다)에게 제출하여야 하며, 시 · 도지사는 이를 종합하여 매년 2월 15일과 8월 15일까지 국토교통부장관에게 보고하여야 한다.

4) 주요시설의 범위 등

주요 시설의 범위 · 교체 및 보수 시기 · 방법 등에 '장기수선계획'에서 정하는 바에 따른다.

5) 과태료

특별수선충당금의 적립 대상 민간임대주택임에도 ⓐ 이를 적립하지 아니하거나, ⓑ 입주자대표회의에게 임대기간 동안 적립된 특별수선충당금을 인계하지 아니한 임대사업자에 대하여는 **1천만원 이하**의 과태료를 부과한다.(「민간임대주택에 관한 특별법」 제67조 제2항 제8호)

6) 가산금리

가) 가산금리 부과 대상

국토교통부장관은 「민간임대주택에 관한 특별법」 제67조 제2항 제8호 규정에 의한 <u>과태료를 부과받은 시점부터 6개월 이상 특별수선충당금을 적립하지 아니한 임대사업자</u>에 대하여 주택도시기금 융자금에 연 1퍼센트 포인트의 범위에서 가산금리를 부과할 수 있다.

나) 시 · 도지사의 가산금리 부과 요청

시 · 도지사는 임대사업자가 위 위반 사실을 확인한 경우 국토교통부장관에게 가산금리의 부과를 요청할 수 있다.

다) 시ㆍ도지사의 가산금리 부과 요청 유예

시ㆍ도지사는 위 가산금리 부과 대상 임대사업자가 다음 각 호에 해당하는 경우에는 가산금리의 부과 요청을 유예할 수 있다.

1. 발행한 어음 및 수표를 기한까지 결제하지 못하여 어음교환소로부터 거래정지 처분을 받은 임대사업자
2. 「주택도시기금법」에 따른 주택도시기금 융자금에 대한 이자를 6개월을 초과하여 내지 아니한 임대사업자
3. 「민간임대주택에 관한 특별법」 제49조 제1항에 따라 임대보증금에 대한 보증에 가입하여야 하는 임대사업자로서 임대보증금에 대한 보증의 가입 또는 재가입이 거절된 이후 6개월이 지난 자
4. 모회사(「상법」 제342조의2에 따른 모회사를 말한다.)가 제1호의 처분을 받은 경우로서 자기자본 전부가 잠식된 임대사업자

라) 기 타

시ㆍ도지사는 그 밖에 가산금리 부과 요청의 방법 및 절차, 부과 요청의 취소 등에 관한 세부적인 사항을 정할 수 있다.

3. 혼합주택단지의 관리

가. 혼합주택단지의 정의

"혼합주택단지"란 분양을 목적으로 한 공동주택과 임대주택이 함께 있는 공동주택단지를 말한다.(「공동주택관리법」 제2조 제1항 제4호)

나. 혼합주택단지의 관리

입주자대표회의와 임대사업자는 혼합주택단지의 관리에 관한 사항을 공동으로 결정하여야 한다. 이 경우 임차인대표회의가 구성된 혼합주택단지에서는 임대사업자는 「민간임

대주택에 관한 특별법」 제52조 제4항 각 호의 사항을 임차인대표회의와 사전에 협의하여야 한다.(「공동주택관리법」 제10조 제1항)

1) 공동으로 결정하여야 하는 사항

혼합주택단지의 입주자대표회의와 임대사업자가 혼합주택단지의 관리에 관하여 공동으로 결정하여야 하는 사항은 다음 각 호와 같다.(「공동주택관리법 시행령」 제7조 제1항)

1. 「공동주택관리법」 제5조 제1항에 따른 관리방법의 결정 및 변경
2. 주택관리업자의 선정
3. 장기수선계획의 조정
4. 장기수선충당금(「공동주택관리법」 제30조 제1항에 따른 장기수선충당금을 말한다.) 및 특별수선충당금(「민간임대주택에 관한 특별법」 제53조 또는 「공공주택 특별법」 제50조의4에 따른 특별수선충당금을 말한다)을 사용하는 주요시설의 교체 및 보수에 관한 사항
5. 「공동주택관리법」 제25조 각 호 외의 부분에 따른 관리비 등을 사용하여 시행하는 각종 공사 및 용역에 관한 사항

2) 공동으로 결정하여야 하는 사항

다음 각 호의 요건을 모두 갖춘 혼합주택단지에서는 장기수선충당금, 특별수선충당금 또는 관리비 등 사항을 입주자대표회의와 임대사업자가 각자 결정할 수 있다.

1. 분양을 목적으로 한 공동주택과 임대주택이 별개의 동(棟)으로 배치되는 등의 사유로 구분하여 관리가 가능할 것
2. 입주자대표회의와 임대사업자가 공동으로 결정하지 아니하고 각자 결정하기로 합의하였을 것

3) 합의가 이뤄지지 않는 경우

공동으로 결정하기 위한 입주자대표회의와 임대사업자 간의 합의가 이뤄지지 않는 경우

에는 다음 각 호의 구분에 따라 혼합주택단지의 관리에 관한 사항을 결정한다.(「공동주택관리법 시행령」 제7조 제3항)

1. 「공동주택관리법 시행령」 제7조 제1항 제1호 및 제2호의 사항 : 해당 혼합주택단지 공급면적의 2분의 1을 초과하는 면적을 관리하는 입주자대표회의 또는 임대사업자가 결정
2. 「공동주택관리법 시행령」 제7조 제1항 제3호부터 제5호까지의 사항 : 해당 혼합주택단지 공급면적의 3분의 2 이상을 관리하는 입주자대표회의 또는 임대사업자가 결정. 다만, 다음 각 목의 요건에 모두 해당하는 경우에는 해당 혼합주택단지 공급면적의 2분의 1을 초과하는 면적을 관리하는 자가 결정한다.
   가. 해당 혼합주택단지 공급면적의 3분의 2 이상을 관리하는 입주자대표회의 또는 임대사업자가 없을 것
   나. 「공동주택관리법 시행령」 제33조에 따른 시설물의 안전관리계획 수립대상 등 안전관리에 관한 사항일 것
   다. 입주자대표회의와 임대사업자 간 2회의 협의에도 불구하고 합의가 이뤄지지 않을 것

4) 분쟁의 조정 신청

입주자대표회의 또는 임대사업자는 「공동주택관리법 시행령」 제7조 제3항에도 불구하고 혼합주택단지의 관리에 관한 「공동주택관리법 시행령」 제7조 제1항 각 호의 사항에 관한 결정이 이루어지지 아니하는 경우에는 「공동주택관리법」 제71조 제1항에 따른 <u>공동주택관리 분쟁조정위원회에 분쟁의 조정을 신청할 수 있다.</u>

5) 관리의 이관

의무관리대상 공동주택을 건설한 민간건설임대사업자는 입주예정자의 과반수가 입주할 때까지 그 공동주택을 관리하여야 하며, 입주예정자의 과반수가 입주하였을 때에는 입주자 등에게 그 사실을 통지하고 해당 공동주택을 관리할 것을 요구하여야 한다.(「공동주택

관리법」 제11조 제1항)

즉 민간건설임대사업자는 「민간임대주택에 관한 특별법」 제2조 제2호에 따른 민간건설임대주택을 같은 법 제43조에 따라 임대사업자 외의 자에게 양도하는 경우로서 해당 양도 임대주택 입주예정자의 과반수가 입주하였을 때에는 다음 각 호의 사항을 기재한 통지서로 '입주자 등'[135]에게 통지하여야 한다.

1. 총 입주예정세대수 및 총 입주세대수
2. 동별 입주예정세대수 및 동별 입주세대수
3. 공동주택의 관리방법에 관한 결정의 요구
4. 사업주체의 성명 및 주소(법인인 경우에는 명칭 및 소재지를 말한다)

입주자 등이 위의 요구를 받았을 때에는 그 요구를 받은 날부터 **3개월 이내**에 입주자를 구성원으로 하는 **입주자대표회의를 구성**하여야 한다.

입주자대표회의의 회장은 입주자 등이 해당 공동주택의 관리방법을 결정(위탁관리하는 방법을 선택한 경우에는 그 주택관리업자의 선정을 포함한다)한 경우에는 이를 사업주체 또는 의무관리대상 전환 공동주택의 관리인에게 통지하고, 그 결정일 또는 변경결정일로부터 30일 이내에 관할 시장·군수·구청장에게 신고하여야 한다. 신고한 사항이 변경되는 경우에도 또한 같다.

시장·군수·구청장은 위의 신고를 받은 날부터 7일 이내에 신고수리 여부를 신고인에게 통지하여야 한다.

시장·군수·구청장이 위의 신고를 받은 날부터 7일 기간 내에 신고수리 여부 또는 민원

135) 입주자(공동주택의 소유자 또는 그 소유자를 대리하는 배우자 및 직계존비속)와 사용자[공동주택을 임차하여 사용하는 사람(임대주택의 임차인은 제외한다) 등]

처리 관련 법령에 따른 처리기간의 연장을 신고인에게 통지하지 아니하면 그 기간(민원 처리 관련 법령에 따라 처리기간이 연장 또는 재연장된 경우에는 해당 처리기간을 말한다)이 끝난 날의 다음 날에 신고를 수리한 것으로 본다.

다. 사업주체의 주택관리업자 선정

민간건설임대사업자는 입주자대표회의로부터 「공동주택관리법」 제11조 제3항에 따른 통지가 없거나 입주자대표회의가 「공동주택관리법」 제6조 제1항에 따른 자치관리기구를 구성하지 아니하는 경우에는 주택관리업자를 선정하여야 한다. 이 경우 사업주체는 입주자대표회의 및 관할 시장·군수·구청장에게 그 사실을 알려야 한다.

라. 관리업무의 인계

민간건설임대사업자 또는 의무관리대상 전환 공동주택의 관리인은 다음 각 호의 어느 하나에 해당하는 경우에는 해당 관리주체에게 공동주택의 관리업무를 인계하여야 한다. (「공동주택관리법」 제13조 제1항)

1. 입주자대표회의의 회장으로부터 「공동주택관리법」 제11조 제3항에 따라 주택관리업자의 선정을 통지받은 경우
2. 「공동주택관리법」 제6조 제1항에 따라 자치관리기구가 구성된 경우
3. 「공동주택관리법」 제12조에 따라 주택관리업자가 선정된 경우

민간건설임대사업자 또는 「공동주택관리법」 제10조의2 제1항에 따른 의무관리대상 전환 공동주택의 관리인은 같은 법 제13조 제1항에 따라 같은 조 각 호의 어느 하나에 해당하게 된 날부터 1개월 이내에 해당 공동주택의 관리주체에게 공동주택의 관리업무를 인계해야 한다.

「공동주택관리법」 제13조 제2항에 따른 새로운 관리주체는 기존 관리의 종료일까지 공동주택관리기구를 구성하여야 하며, 기존 관리주체는 해당 관리의 종료일까지 공동주택의

관리업무를 인계하여야 한다. 기존 관리의 종료일까지 인계·인수가 이루어지지 아니한 경우 기존 관리주체는 기존 관리의 종료일(기존 관리의 종료일까지 새로운 관리주체가 선정되지 못한 경우에는 새로운 관리주체가 선정된 날을 말한다)부터 1개월 이내에 새로운 관리주체에게 공동주택의 관리업무를 인계하여야 한다. 이 경우 그 인계기간에 소요되는 기존 관리주체의 인건비 등은 해당 공동주택의 관리비로 지급할 수 있다.

민간건설임대사업자 또는 의무관리대상 전환 공동주택의 관리인은 「공동주택관리법」 제13조 제1항에 따라 공동주택의 관리업무를 해당 관리주체에 인계할 때에는 입주자대표회의의 회장 및 1명 이상의 감사의 참관 하에 인계자와 인수자가 인계·인수서에 각각 서명·날인하여 다음 각 호의 서류를 인계해야 한다. 기존 관리주체가 같은 조 제2항에 따라 새로운 관리주체에게 공동주택의 관리업무를 인계하는 경우에도 또한 같다.

1. 설계도서, 장비의 명세, 장기수선계획 및 법 제32조에 따른 안전관리계획(이하 "안전관리계획"이라 한다)
2. 관리비·사용료·이용료의 부과·징수현황 및 이에 관한 회계서류
3. 장기수선충당금의 적립현황
4. 「공동주택관리법」 제24조 제1항에 따른 관리비예치금의 명세
5. 「공동주택관리법」 제36조 제3항 제1호에 따라 세대 전유부분을 입주자에게 인도한 날의 현황
6. 관리규약과 그 밖에 공동주택의 관리업무에 필요한 사항

공동주택의 관리주체가 변경되는 경우에 기존 관리주체는 새로운 관리주체에게 해당 공동주택의 관리업무를 인계하여야 한다.

4. 가정어린이집 운영에 관한 특례

가. 신설 경위

민간임대주택 임차인의 보육 수요를 충족시키기 위하여, 2019. 11. 29. 법률 제16630호로 개정되어 2020. 5. 27.부터 시행된「민간임대주택에 관한 특별법」제50조의2로 신설되었다.

나. 민간임대주택의 일부 세대의 임대

민간임대주택의 임대사업자는 보육 수요 충족을 위하여 필요한 경우, 해당 **민간임대주택의 일부 세대**를「영유아보육법」제10조 제5호에 따른 **가정어린이집을 운영하려는 자**에게 임대할 수 있다.

다. 가정어린이집의 임차인 선정

임대사업자는 위와 같이 민간임대주택을 임대하는 경우,「민간임대주택에 관한 특별법」제42조(민간임대주택의 공급)에도 불구하고 임대차계약 체결 후 임대사업자가 정한 기간 이내에「영유아보육법」제13조 제1항에 따른 인가를 받았음을 증명하는 자료를 제출한 자 중에서 임대사업자가 정하는 임차인 선정 순위에 따라 가정어린이집으로 임대할 세대의 임차인을 선정한다.

라. 가정어린이집의 최초 임대보증금과 월 임대료

가정어린이집의 최초 임대보증금과 월임대료는「민간임대주택에 관한 특별법」제44조 제1항(최초의 임대보증금과 월임대료)에도 불구하고, 민간임대주택의 규모, 주변 지역의 임대료 등을 고려하여 임대사업자가 정한다.

마. 통 보

임차인으로 선정된 자가 가정어린이집을 설치・운영하지 않게 된 경우에는 즉시 그 사실을 임대사업자에게 통보해야 한다.

바. 기 타

임대사업자는 그 밖에 가정어린이집의 설치・운영 등에 관한 세부적인 사항을 따로 정한 경우, (a) 임차인모집계획, (b) 관리규약 또는 (c) 가정어린이집 운영자와 체결하는 표준임대차계약서 특약에 반영해야 한다.

제14장 분양전환

1. '분양전환'의 의의

「민간임대주택에 관한 특별법」에는 '분양전환'이라는 용어를 사용하지 않고 있기 때문에 그 '정의(定意)'규정 또한 두고 있지 않다. 다만 같은 법 시행령 제46조(분쟁조정 사항) 및 같은 법 시행규칙 [별지 제24호 서식] '표준임대차계약서'(Ⅰ)(「주택법」 제16조에 따라 사업계획승인 등을 받다 건설한 민간임대주택용[136]))에서는 '분양전환'이라는 용어를 사용하고 있다.

한편 2015. 12. 29. 법률 제13499호로 전부 개정 되기 전의 구「임대주택법」 제2조 제6호에 '분양전환'이란 임대주택을 임대사업자가 아닌 자에게 매각하는 것을 말한다는 정의 규정을 두고 있으며, (b)「공공주택특별법」 제2조 제4호 또한 '분양전환'이란 공공임대주택을 제4조 제1항 각 호[137])에 규정한 자가 아닌 자에게 매각하는 것을 말한다는 정의 규정을 두고 있다.

참고로「공동주택관리법 시행령」 제10조 제5항은 민간건설임대주택의 분양전환은「민간임대주택에 관한 특별법」 제43조에 따른 임대사업자 외의 자에게의 양도하는 것을 의미한다는 규정을 두고 있다.

---

136) 2019. 2. 27. 국토교통부령 제601호로 개정되기 전의 것

137) 1. 국가 또는 지방자치단체
2. 「한국토지주택공사법」에 따른 한국토지주택공사
3. 「지방공기업법」 제49조에 따라 주택사업을 목적으로 설립된 지방공사
4. 「공공기관의 운영에 관한 법률」 제5조에 따른 공공기관 중 대통령령으로 정하는 기관
5. 제1호부터 제4호까지의 규정 중 어느 하나에 해당하는 자가 총지분의 100분의 50을 초과하여 출자·설립한 법인
6. 주택도시기금 또는 제1호부터 제4호까지의 규정 중 어느 하나에 해당하는 자가 총지분의 전부(도심 공공주택 복합사업의 경우에는 100분의 50을 초과한 경우를 포함한다)를 출자(공동으로 출자한 경우를 포함한다)하여 「부동산투자회사법」에 따라 설립한 부동산투자회사

「민간임대주택에 관한 특별법」 제43조는 민간임대사업자가 법정 임대의무기간이 경과하기 전이거나 경과한 후, (a) 당해 임차인에게 당해 임대주택의 소유권을 이전하는 것이나, (b) 제3의 임대사업자에게 당해 임대주택의 소유권을 이전하는 것, 모두를 **'양도'**라는 개념으로 포섭하고 있다.

2. '우선 분양전환'의 의의

그리고 구「임대주택법」 제21조 제1항은 임대사업자에게 법정 임대의무기간이 경과한 후 법정의 '무주택자인 임차인'에게 '우선 분양전환'하여야 할 법적 의무를 규정함으로써, 당해 무주택자인 임차인에게 '우선 분양전환권'을 인정하는 규정을 두고 있었으며, 「공공주택 특별법」 제50조의3 제1항 규정 또한 위와 같은 취지의 규정을 두고 있다.

그러나「민간임대주택에 관한 특별법」에는 민간임대사업자는 법정 임대의무기간이 경과한 후 무주택자인 임차인에게 당해 민간임대주택을 '우선 분양전환'하여야 할 법적 의무가 있다는 규정을 전혀 두고 있지 않고, 이에 대응하여 무주택자인 임차인에게 '우선 분양전환권'이 있다는 규정 또한 전혀 두고 있지 않다.

그런데 21대 **박상혁 국회의원 등** 12인은 2022. 7. 4.「민간임대주택에 관한 특별법」상 '공공지원민간임대주택'에 관하여 무주택자인 임차인에게 '우선 양도'할 수 있도록 하자는 규정을 신설하자는 법률 개정안을 발의한 바 있는바, 위와 같은 '우선 분양전환'이라는 용어 대신에 '우선 양도'라는 용어를 사용하고 있다.

3. 임차인의 '우선 분양전환권'에 관하여

가. 확정분양전환가 임대차의 경우

1) 확정분양전환가를 선납받지 않은 경우

민간임대사업자가 「민간임대주택에 관한 특별법」에 근거하여 '민간건설임대주택'을 공급하는 경우, (공공지원민간임대주택이 아닌 경우라도) 법정 임대의무기간이 경과한 후 확정분양전환가격을 정하여 임대차계약을 체결한 경우라면, 응당 이는 임차인에게 '우선 분양전환권'을 그 '임대차계약'에서 인정한 것이라 할 것이므로, 당해 임차인은 법률상이 아닌 계약상의 '우선 분양전환권'을 가지게 된다.

위와 같은 임차인의 계약상의 우선 분양전환권은 그 계약에 기재된 구체적인 내용에 따라, 매매예약에 따른 '예약 완결권'의 성질을 가지는 것으로 볼 수 있는 여지가 있다.

> **대법원 2022. 7. 14., 선고, 2022다225767, 225774, 판결 [매매대금, 손해배상(기)]**
>
> 계약이 성립하기 위하여는 당사자 사이에 의사의 합치가 있을 것이 요구되는데 이러한 의사의 합치는 당해 계약의 내용을 이루는 모든 사항에 관하여 있어야 하는 것은 아니고 그 본질적 사항이나 중요 사항에 관하여 구체적으로 의사의 합치가 있거나 적어도 장래 구체적으로 특정할 수 있는 기준과 방법 등에 관한 합의가 있으면 된다. 따라서 **당사자 사이에 체결된 계약과 이에 따라 장래 체결할 본계약을 구별하고자 하는 의사가 명확하거나 일정한 형식을 갖춘 본계약 체결이 별도로 요구되는 경우 등의 특별한 사정이 없다면**, 매매계약이 성립하였다고 보기에 충분한 합의가 있었음에도 법원이 매매계약 성립을 부정하고 별도의 본계약이 체결되어야 하는 매매예약에 불과하다고 단정할 것은 아니다.

'부동산 매매예약'이란 당장 부동산 매매계약을 체결하는 것이 곤란한 경우 앞으로 매매계약을 체결할 것임을 확실하게 하기 위한 제도로써, 매도인과 매수인의 약정 등이 없으면 매매예약은 일방예약으로 추정된다(「민법」 제564조). 그리고 매매의 일방예약은 매도인이나 매수인이 매매를 완결할 의사를 표시하는 때에 매매의 효력이 생긴다(「민법」 제564조 제1항). 매매예약을 표시해야 하는 기간을 정하지 않은 경우, 예약자는 상당한 기간을 정해 매매완결 여부의 확답을 상대방에게 최고(상대방에게 일정한 행위를 하도록 통지하는 것)할 수 있다(「민법」 제564조 제2항). 예약자가 전항의 기간 내에 확답을 받지 못한 때에는 예약은 그 효력을 잃는다(「민법」 제564조 제3항). 이러한 예약완결권은 '가등기' 할 수 있고(「부동산등기법」 제88조, 제3조), 이를 한 때에는 제3자에게 대하여 대항할 수 있다.

> 대법원 1993. 5. 27. 선고 93다4908, 4915, 4922 판결 [건물철거등,소유권이전등기]
>
> 매매의 예약은 당사자의 일방이 매매를 완결할 의사를 표시한 때에 매매의 효력이 생기는 것이므로 적어도 일방예약이 성립하려면 그 예약에 터잡아 맺어질 **본계약의 요소가 되는 매매목적물, 이전방법, 매매가액 및 지급방법 등의 내용이 확정되어 있거나 확정할 수 있어야 한다.**

> 대법원 2017. 1. 25., 선고, 2016다42077, 판결 [소유권이전청구권가등기말소]
>
> 민법 제564조가 정하고 있는 매매의 일방예약에서 예약자의 상대방이 매매예약 완결의 의사표시를 하여 매매의 효력을 생기게 하는 권리, 즉 매매예약의 완결권은 일종의 형성권으로서 당사자 사이에 행사기간을 약정한 때에는 그 기간 내에, 약정이 없는 때에는 예약이 성립한 때로부터 10년 내에 이를 행사하여야 하고, 그 기간을 지난 때에는 예약 완결권은 제척기간의 경과로 인하여 소멸한다. **한편 당사자 사이에 약정하는 예약 완결권의 행사기간에 특별한 제한은 없다.**

> 대법원 2003. 1. 10. 선고 2000다26425 판결 [소유권이전청구권가등기말소등기]
>
> 매매의 일방예약에서 예약자의 상대방이 매매예약 완결의 의사표시를 하여 매매의 효력을 생기게 하는 권리, 즉 매매예약의 완결권은 일종의 형성권으로서 당사자 사이에 그 행사기간을 약정한 때에는 그 기간 내에, **그러한 약정이 없는 때에는 그 예약이 성립한 때로부터 10년 내에 이를 행사하여야 하고, 그 기간을 지난 때에는 예약 완결권은 제척기간의 경과로 인하여 소멸한다.**

대법원 1995. 11. 10. 선고 94다22682,22699(반소) 판결 [토지소유권이전등기]

제척기간은 권리자로 하여금 당해 권리를 신속하게 행사하도록 함으로써 법률관계를 조속히 확정시키려는 데 그 제도의 취지가 있는 것으로서, 소멸시효가 일정한 기간의 경과와 권리의 불행사라는 사정에 의하여 권리 소멸의 효과를 가져오는 것과는 달리 그 기간의 경과 자체만으로 곧 권리 소멸의 효과를 가져오게 하는 것이므로 그 기간 진행의 기산점은 특별한 사정이 없는 한 원칙적으로 권리가 발생한 때이고, **당사자 사이에 매매예약 완결권을 행사할 수 있는 시기를 특별히 약정한 경우에도 그 제척기간은 당초 권리의 발생일로부터 10년간의 기간이 경과되면 만료되는 것이지 그 기간을 넘어서 그 약정에 따라 권리를 행사할 수 있는 때로부터 10년이 되는 날까지로 연장된다고 볼 수 없다.**

'확정분양전환가 임대차'의 한 예로, 한국토지주택공사는 2021. 9. 8. 대상 사업지(인천 검단 AA26, 인천 검단 AA31, 화성 능동 A-1, 의왕 초평 A-2 등)에 '분양가확정 분양전환형 공공지원민간임대주택(소위 '누구나 집')'의 민간사업자 공모를 한 사실이 있는데, 이는 임대사업자[= 민간사업자가 주택도시보증공사(HUG)와 공동출자하는 임대리츠(부동산투자회사)]가 임차인으로부터 확정분양전환가를 전부 선납하게 하는 것은 아니고, 최초 임대보증금을 확정분양전환가의 10% 정도로 지급받는 구조인 것으로 보인다.

[분양전환에 따른 시세차익 공유구조]

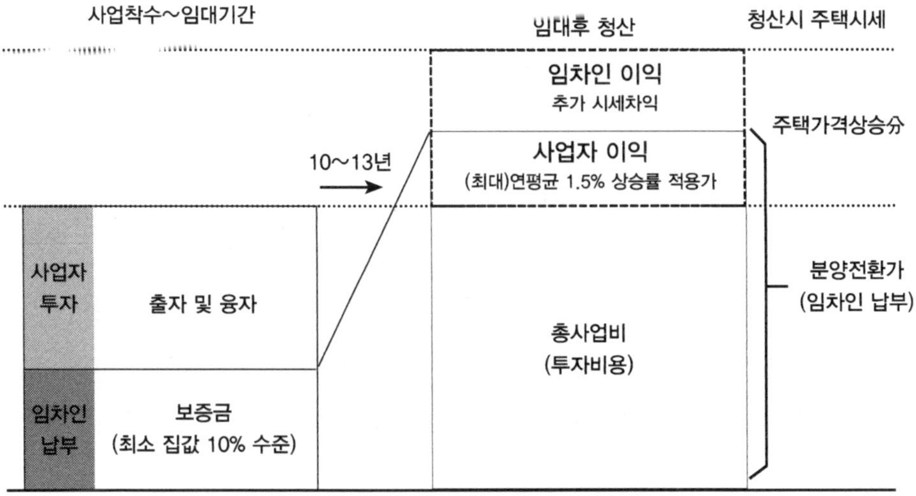

* 국토교통부, 보도자료 2021. 9. 6. "누구나 집 시범사업 택지공모 8일부터 시행" 참조

2) 확정분양전환가를 선납받는 경우

또 확정분양전환가를 입주 시 선납하는 경우 등에 관하여, 구 「임대주택법」과 관련된 사안으로 법제처는 구 「임대주택법」 상 '공공건설임대주택'에 대하여, 임대사업자가 임차인과 매매예약 등의 계약을 통하여 매매예약금 등의 명목으로 분양전환가격에 상당하는 금액을 받는 것은 금지된다는 취지의 회신을 한 바 있다.

[법제처 법령해석 사례] 안건번호 15-0678 회신일자 2016-03-07

국토교통부 - 「임대주택법」 제16조 제1항에 따른 "매각"의 의미(「임대주택법」 제16조 제1항 등 관련)

1. 질의요지

구 「임대주택법」(2015. 8. 28. 법률 제13499호로 전부개정되어 같은 해 12. 29. 시행되기 전의 것을 말함) 제16조제1항에서는 임대주택은 임대의무기간이 지나지 아니하면 매각할 수 없다고 규정하고 있는바,

임대사업자가 공공건설임대주택에 대하여 임차인과 매매의 예약 등의 계약을 통해 매매예약금 등의 명목으로 분양전환가격에 상당하는 금액을 받는 것이 구 「임대주택법」 제16조제1항에 따라 금지되는지?

※ 질의배경

○ 국토교통부는 구 「임대주택법」(2015. 8. 28. 법률 제13499호로 개정되어 같은 해 12. 29. 시행되기 전의 것) 제16조 제1항에도 불구하고 임대사업자가 공공건설임대주택에 대하여 임차인과 "매매의 예약" 등의 계약을 통해 매매예약금 등의 명목으로 분양전환가격에 상당하는 금액을 받는 것이 가능한지에 관하여 의문이 있어 법제처에 법령해석을 요청함.

2. 회답

임대사업자가 공공건설임대주택에 대하여 임차인과 매매의 예약 등의 계약을 통해 매매예약금

등의 명목으로 분양전환가격에 상당하는 금액을 받는 것은 구 「임대주택법」(2015. 8. 28. 법률 제13499호로 전부개정되어 같은 해 12. 29. 시행되기 전의 것을 말함) 제16조 제1항에 따라 금지됩니다.

3. 이유

구 「임대주택법」(2015. 8. 28. 법률 제13499호로 전부개정되어 같은 해 12. 29. 시행되기 전의 것을 말함. 이하 같음) 제2조 제6호에서는 "분양전환"이란 임대주택을 임대사업자가 아닌 자에게 매각하는 것을 말한다고 규정하고 있고, 같은 법 제16조 제1항에서는 임대주택은 임대의무기간이 지나지 아니하면 매각할 수 없다고 규정하고 있으며, 같은 조 제2항에서는 임대주택을 매각하는 매매계약서에는 임대주택을 매입하는 자가 임대주택을 매각하는 자의 임대사업자로서의 지위를 승계한다는 뜻을 분명하게 밝혀야 한다고 규정하고 있습니다.

한편, 구 「임대주택법」 제20조 제1항에서는 임대주택의 임차인의 자격, 선정 방법, 임대보증금, 임대료 등 임대 조건에 관한 기준은 대통령령으로 정한다고 규정하고 있고, 이에 따라 구 「임대주택법 시행령」(2015. 12. 28. 대통령령 제26763호로 전부개정되어 같은 해 12. 29. 시행되기 전의 것을 말함. 이하 같음) 제21조 제1항에서는 공공건설임대주택 중 「주택법」 제16조에 따라 사업계획승인을 받아 건설한 임대주택의 최초의 임대보증금 및 임대료는 국토교통부장관이 정하여 고시하는 표준임대보증금 및 표준임대료를 초과할 수 없다고 규정하고 있으며, 같은 조 제3항에서는 제1항에 따른 공공건설임대주택의 최초 임대보증금과 임대료는 같은 항에도 불구하고 임차인의 동의가 있는 경우에는 임대차계약에 따라 상호전환할 수 있고, 이 경우 최초의 임대보증금은 해당 임대주택과 그 부대시설에 대한 건설원가에서 주택도시기금의 융자금을 뺀 금액을 초과할 수 없다고 규정하고 있는바,

이 사안은 임대사업자가 공공건설임대주택에 대하여 임차인과 매매의 예약 등의 계약을 통해 매매예약금 등의 명목으로 분양전환가격에 상당하는 금액을 받는 것이 구 「임대주택법」 제16조 제1항에 따라 금지되는지에 관한 것이라 하겠습니다.

먼저, 구 「임대주택법」은 민간임대주택의 건설 · 공급 및 관리 등에 관한 사항을 정함으로써 민간임대주택의 공급을 촉진하고 국민의 주거생활을 안정시키기 위한 법률로서(제1조) 이와 같은 목적을

달성하기 위하여 임대사업자에 대한 지원과 더불어 각종 의무 또는 제한에 관한 사항을 규정하고 있는바, 임대의무기간 내 임대주택의 매각 금지 의무를 규정하고 있는 같은 법 제16조 제1항은 국가의 지원 정도에 따라 50년부터 10년까지의 임대의무기간을 정하여 그 기간 동안 매각을 제한함으로써 임대주택이 임대의 목적이 아닌 분양 등의 다른 목적으로 사용되는 것을 방지하기 위한 취지라고 할 것입니다.

그리고, 구 「임대주택법」 제20조 제1항 및 구 「임대주택법 시행령」 제21조에서는 임대사업자가 자의적으로 임대보증금과 임대료를 정하는 것을 방지하고 합리적인 임대보증금과 임대료로 임대주택을 공급하도록 하고 있는데, 이는 국민주거생활의 안정을 도모하는 근간이 된다고 할 것이므로(대법원 2010. 7. 22. 선고 2010다23425 판결례 참조), 임대사업자가 임차인으로부터 받을 수 있는 금액은 임대차계약에 따른 임대보증금과 임대료로 한정되고, 이러한 임대보증금과 임대료도 국토교통부장관이 정하여 고시하는 표준임대보증금 및 표준임대료를 초과할 수는 없다고 할 것입니다.

이와 같이 **구 「임대주택법」에서는 임대의무기간 내에 임대주택의 매각을 금지하는 동시에**(제16조 제1항) **임대차계약에 따른 임대보증금 및 임대료를 엄격하게 제한하고 있는바**(제20조 제1항), **임대사업자가 임대의무기간이 지나지 아니한 임대주택에 대하여 임차인과 매매의 예약 등의 계약을 통해 매매예약금 등의 명목으로 분양전환가격에 상당하는 금액을 받는 것은 사실상 구 「임대주택법」에서 허용하는 범위를 초과하여 임대보증금 및 임대료를 받는 것이 됨은 물론 임대의무기간이 지나지 아니한 공공건설임대주택을 매각하는 결과가 되어 구 임대주택법 제16조 제1항 및 제20조 제1항의 입법 취지를 무력화하는 것이므로 허용될 수 없다고 할 것입니다.**

따라서, 임대사업자가 공공건설임대주택에 대하여 임차인과 매매의 예약 등의 계약을 통해 매매예약금 등의 명목으로 분양전환가격에 상당하는 금액을 받는 것은 구 「임대주택법」 제16조 제1항에 따라 금지된다고 할 것입니다.

따라서 법제처는 「민간임대주택에 관한 특별법」 상, 최초의 임내료 등의 규제를 받는 '공공지원민간임대주택'에 대하여 위와 같은 확정분양전환가격으로 임대차계약을 체결하고, 매매예약금 등의 명목으로 분양전환가격에 상당하는 금액을 받는 것 또한 금지된다고 판단할 가능성이 높다고 보인다.

하지만 **'장기일반민간임대주택'**의 최초 임대료는 원칙적으로 임대사업자가 자율적으로 정하는 것이므로, 확정분양전환가격을 선납받아 임대주택을 공급하더라도 이를 규제하여 금지하는 규정이 없어 허용된다고 볼 것이다.

나. 우선 분양전환가격을 감정평가금액으로 정하기로 하여 임대차한 경우

우선 분양전환가격을 추후 우선 분양전환 시기에 '감정평가금액'으로 정하기로 임대사업자와 임차인이 약정한 경우에도 일응 위 '확정분양전환가 임대차'의 경우와 같이 '매매예약'이 성립되었다고 볼 여지가 많기 때문에, 위와 같은 임차인에게도 일응 '계약상의 우선 분양전환권'은 인정되고, 이는 또한 '매매예약 완결권'의 의미도 가지고 있다고 볼 여지가 많다고 할 것이다.

다. 그 밖의 경우

민간임대사업자가 「민간임대주택에 관한 특별법」에 근거하여 '민간건설임대주택'을 공급하면서, '확정분양전환가 등'을 정하지 아니하였지만, 임차인에게 '우선 분양전환권'을 임대차계약에서 인정한 경우에도 역시 그 임차인에게는 **계약상의 '우선 분양전환권'**을 가지게 된다.

이러한 경우는 **'착공 전 선분양**[138] **완공 후 입주'**의 방식으로 임대차계약을 체결하고,

---

138) ⓐ 「건축물의 분양에 관한 법률」은 '분양'이란 건축물의 전부 또는 일부를 2인 이상에게 판매하는 것을 말한다고 규정(제2조 제2호)하여, '판매'한 경우로 한정하고 있으며, ⓑ 「주택법」은 '분양'과 '임대'를 병존하여 사용함으로써 '분양'은 소유권을 이전하는 매매를 의미하는 것으로 사용하고 있다. 그러나, '분양(分讓)'의 국어 사전적 의미는 "전체를 여러 부분으로 갈라서 여럿에게 나누어 줌"인바, 1동의 공동주택을 '분양'한다는 것은 결국 1동의 공동주택의 전부 또는 일부를 2인 이상에게 '매도'하거나 '임대'하는 것을

임대보증금으로 임대주택의 신축 비용을 상당히 투입된 경우에는 임차인에게 임대주택의 신축에 대하여 기여한 바가 상당하므로, 위와 같은 임차인에게 '우선 분양전환권'을 인정하는 경우가 많을 것이다.

그러나 실무에서는 임차인으로부터 받은 임대보증금(입주 시까지 완납)으로 임대주택의 '신축비용(건설원가 = 택지비 + 건축비)'를 '모두 충당'한 경우임에도, 임대차계약에 (a) 분양전환가격의 산정 혹은 특정의 문제는 차치(且置)하더라도 (b) 임차인의 '우선 분양전환권' 규정마저도 전혀 두고 있지 않은 실례도 있는바, 이러한 경우 임대사업자는 법정 임대의무기간이 경과한 후 당해 임차인도 아니고 임대사업자도 아닌 제3자에게 임의로 정한 가격에 양도할 가능성도 있는 것이므로, 사견(私見)으로는 이는 매우 불공정하여, 「약관규제에 관한 법률」 제6조 제1항에 정한 바와 같이 '불공정 약관'으로 '무효'라고 보아야 할 것으로 보인다. 이러한 경우에는 임차인에게 조리(條理)[139]상 우선분양전환권을 인정하는 것이 타당하다고 보인다.

> **대법원 1965. 8. 31. 선고 65다1156 판결 [보수금]**
>
> 정관에 보수에 관한 규정이 없고 주주총회의 의결도 없는 경우의 구 민법상의 상무취체역에 대한 보수는 그에 대한 상관습이나 민법의 규정 또는 민사관습도 없는 바이니 **조리에 의하여 상당한 액을 지급하기로 한 것이라고 단정하고 그 상당액을 증거에 의하여 일정액으로 인정한 조처에 위법이 있지 아니하다.**

참고로 구 「민간임대주택에 관한 특별법 시행규칙」 [별지 제24호 서식] '표준임대차계약서'(Ⅰ) 「주택법」 제16조에 따라 사업계획승인 등을 받다 건설한 민간임대주택용) 제12조 제1항 제2호는 "분양전환가격 산정 기준은 입주자모집공고에서 정한 바에 따른다."고만 규정하고 있을 뿐이며, 임차인에 대한 '우선 분양전환권'에 관한 규정을 두고 있지 않았다.

통칭할 수 있을 것이다.

139) "민사에 관하여 법률에 규정이 없으면 관습법에 의하고 관습법이 없으면 조리에 의한다." (「민법」 제1조)

그 외에는 임대차계약에서 임차인의 '우선 분양전환권'을 규정하고 있지 않다면, 응당 당해 임차인에게 '우선 분양전환권'을 인정할 아무런 법적 근거가 없을 것이다.

4. 우선 분양전환권의 법적 성질

가. 구「임대주택법」관련

1) 법률에 구체화된 권리라고 보는 입장

구「임대주택법」에 규정된 법정 임대의무기간이 5년인 공공건설임대주택의 임차인의 우선분양전환권은 '법령에 의하여 구체화된 권리'라고 보는 하급심 판례가 있다.

> **의정부지방법원 2006. 9. 20. 선고 2006가합4028 판결 분양전환절차중지등**
>
> 임대주택법 제15조에 정한 무주택세대주인 임차인의 우선분양권은 국민주택기금의 자금을 지원받아 건설하거나 공공사업에 의하여 조성된 택지에 건설하는 임대주택을 임대의무기간이 지난 후에 분양전환함에 있어 임차인이 제3자에 우선하여 매각 상대방이 되어 분양받거나 분양받지 않을 것을 선택할 수 있는 지위 또는 자격인바, 임대주택법령이 단순히 임차인에게 우선분양권이 있음을 선언하는 데 그치지 않고 분양전환절차는 물론 분양전환가격의 산정기준(그 요소가 되는 건축비 및 택지비)에 관하여 매우 자세한 규정을 두고 있는 점 등에 비추어 보면, 무주택세대주인 임차인의 우선분양권은 임대주택법령에 의하여 구체적 권리로 인정되었다고 보아야 한다.

2) 단순한 기대이익에 불과하다고 보는 입장

한편 구「임대주택법」에 규정된 법정 임대의무기간이 10년인 공공건설임대주택의 임차인의 우선분양전환권은 '단순한 기대이익에 불과할 뿐 재산권이라고 볼 수 없다'라고 보는 하급심 판례가 있다.

> **서울고등법원 2010. 4. 8. 선고 2009나64965 판결[표준임대차계약서(약관)일부조항무효확인]**
>
> 10년 공공임대주택의 분양전환가격은 주변시세보다는 저렴한 수준에서 결정되도록 되어 있고, 가격이 급등할 경우 적정한 가격으로 제한할 수 있도록 분양전환가격의 상한선도 규정하고 있으며, **임차인의 우선분양권은 임대기간 만료 이후 분양전환 시 예상되는 기대이익에 불과할 뿐 재산권이**

라고 볼 수 없고, 민간건설임대주택은 공공건설임대주택과 달리 분양전환가격 산정기준에 대한 제한이 없어 임대사업자가 분양전환가격을 자유롭게 정할 수 있는 관계로, 임차인들은 도리어 구 임대주택법 시행규칙(2006. 8. 7. 건설교통부령 제530호로 개정되기 전의 것) 제3조의3 [별표 1] 제1호 (가)목으로 인하여 민간건설임대주택의 임차인보다 저렴한 가격으로 분양전환받을 수 있는 혜택을 누리고 있는 면이 있으므로, 위 시행규칙 제3조의3 [별표 1] 제1호 (가)목이 포괄위임금지의 원칙에 관한 헌법 제75조에 위배된다고 볼 수는 없다.

3) 대법원의 입장

이에 관한 대법원의 입장을 분명히 밝힌 바는 없는 것으로 보이나, 구「임대주택법」상 공공건설임대주택의 임차인의 우선분양전환권과 관련하여 다음과 같이 판시한 바 있다.

대법원 1997. 6. 13. 선고 97다3606 판결 [건물명도]

임대주택법(1993. 12. 27. 법률 제4629호로 구 임대주택건설촉진법이 전문 개정된 것) 제15조 등 관계 법령의 규정에 의하면, 임대사업자는 임대의무기간이 경과한 후 임대주택을 매각하는 경우에는 매각 당시 무주택자인 임차인에게 우선적으로 매각하여야 한다고 규정하고 있으나, **이러한 경우 위 법령에 위반하여 우선매각 대상자가 아닌 제3자에게 이를 매각하였다는 사정만으로는 그 사법상의 효력이 무효로 되는 것은 아니다**(임대주택법에 규정된 임대주택인 아파트는 임차인만이 이를 분양받을 수 있는 것이므로 같은 법에 위반하여 마쳐진 등기명의인의 소유권이전등기는 무효라는 임차인의 주장을 배척한 것이 정당하다고 한 사례).

대법원 2021. 9. 30. 선고 2016다252560 판결 [소유권이전등기등]

구 임대주택법(2014. 5. 28. 법률 제12704호로 개정되기 전의 것, 이하 같다)에 따르면, 임대사업자가 임대의무기간이 지난 후 국민주택기금의 자금을 지원받아 건설하거나 공공사업으로 조성된 택지에 건설하는 공공건설임대주택을 분양전환할 때에는 분양전환 당시까지 해당 임대주택에 거주한 무주택자인 임차인 등에게 우선분양전환해야 한다(제21조 제1항). 나아가 임대사업자가 어음교환소의 거래정지처분을 받거나 국민주택기금 융자금 이자를 1년 6개월을 초과하여 연체한 경우 등 일정한 경우에는 임차인의 주택 소유 여부와 관계없이 분양전환 당시 해당 임대주택에 거주한 임차인에게 우선분양전환해야 한다(제21조 제2항). 임대사업자는 공공건설임대주택을 분양전환하고자 할 때에는 시장 · 군수 · 구청장의 분양전환승인을 받아야 하고(제21조 제3항), 분양전환승인을 받은 이후에도 임차인이 6개월 이상 분양전환에 응하지 않은 경우에만 해당 임대주택을 분양전환가격으로 국토교통부령이 정하는 바에 따라 제3자에게 매각할 수 있다(제21조 제7항). 구 임대주택법 제21조를 위반하여 임대주택을 분양전환하면 형사처벌 대상이 된다(제41조 제4항 제6호).

구 임대주택법 제21조 제1항, 제2항은 임대사업자에게 임대주택을 임차인에게 우선분양전환할 의무를 부과하면서도, 임대사업자가 이를 위반하여 임대주택을 임차인 아닌 제3자에게 분양전환한 경우에 그 법률행위의 효력에 관하여 명확하게 정하지 않고 있다. **구 임대주택법의 입법 취지와 보호법익, 위반행위의 중대성과 비난가능성, 거래안전에 미치는 영향 등을 종합적으로 고려하면, 공공건설임대주택의 임대사업자의 우선분양전환의무에 관한 구 임대주택법 제21조 제1항, 제2항은 강행규정에 해당하고, 이를 위반하여 임대사업자가 우선분양전환권이 있는 임차인이 있음에도 임대주택을 제3자에게 분양전환한 경우 그 분양전환계약은 사법적(사법적)으로 무효라고 보아야 한다.**

나. 민간임대주택법 관련

임차인에게 '매매예약 완결권'과 같은 성격을 가지지 않는 (a) 계약상의 우선 분양전환권을 가지는 경우 및 (b) 조리(條理)상 우선분양전환권을 가지는 경우에도, 분양전환가격을 임대사업자가 '임의로' 정하기로 약정한 경우에는 그 우선 분양전환권은 그 의미가 퇴색할 수 있다.

대법원 1999. 6. 25. 선고 99다6708, 6715 판결 [소유권이전등기 · 부동산명도]

임대인이 임대주택을 분양받을 당시의 임차인들에게 분양하는 경우 그 분양가격은 위와 같은 당사자 사이의 약정기준에 따라 **임대인이 임의로 정할 수 있다고 보아야 할 것이고,** 다만 그 분양가격이 지나치게 높아서 임차인의 우선수분양권을 사실상 박탈하는 것과 같은 정도에 이르는 것은 임대주택법시행령 제13조 제2항에 위배되어 허용될 수 없는바, 임대사업자가 주택건설촉진법에 의한 국민주택기금의 자금지원을 받아 공공건설임대주택을 건설하여 무주택자에게 임대하였다 하더라도 **위와 같은 관련 법규에 의하여 임차인이 당해 임대주택을 우선 분양받을 지위가 보장되어**

있을 뿐이지 원고의 주장과 같이 그러한 임대차계약 체결시 임차인과의 사이에 장차 임차인에게 일방적으로 정한 분양조건에 따른 일방예약완결권을 부여하는 내용의 매매예약을 체결한 것이라 고 볼 수는 없고,

대법원 2012. 7. 12. 선고 2010다36261 판결 [표준임대차계약서(약관)일부조항무효확인]

나아가 **분양전환 당시의 감정평가액을 분양전환가격으로 정한다고 하여** 분양전환 임대주택의 임대차계약에 따른 임차인의 본질적 권리, 즉 임대의무기간 동안 주택을 주거로 사용하고 임대의무기간 경과 후에 분양전환을 통해 주택을 소유할 수 있는 권리를 사실상 박탈하는 결과를 초래하지는 않으며, 정부가 10년 공공임대주택을 도입한 취지는 현재 시점에서 자력으로 주택을 취득할 수 없는 수요자에게 상당한 기간 저렴한 주거비용으로 안정적인 생활을 하면서 재산을 형성할 수 있는 기회를 제공하는 것이지 **일정 기간 경과 후 주택 소유를 보장해 주는 것이 아니라는 점**을 고려하면,

반면 '확정분양전환가 임대차 등'의 경우에 있어서는 위와 달리 임차인의 '우선 분양전환권'은 기실 '매매예약완결권'과 같은 권리라 할 것이다.

5. 임차인의 '우선 분양전환 신청권'에 관하여

가. 법령상의 우선 분양전환 신청권 등

구「임대주택법」제21조 제5항은 만약 임대사업자가 임대의무기간이 경과한 후에도 임차인에게 우선 분양전환을 거부하는 경우, 임차인 총수의 2/3 이상의 동의를 받아 직접 관할 관청에 직접 분양전환승인을 신청할 수 있다는 규정을 두고 있었다.

그러나「민간임대주택에 관한 특별법」에는 분양전환과 관련된 규정 자체가 없어, 관할 관청의 분양전환에 대한 승인 규정도 존재하지 않는다.

따라서 임차인은 임대사업자 또는 관할 관청에 대하여 우선 분양전환 신청권 등을 법령에

기초하여 행사할 수는 없다.

나. 계약 상의 우선 분양전환 신청권 등

한편 임대차계약서에 임차인의 '우선 분양전환 신청권'이 있다고 기재하여 약정하는 경우가 있을 수 있다.

이러한 경우 임대사업자가 임차인에 대한 '우선 분양전환' 약정 시기에 우선 분양전환을 거부하는 경우, 임차인은 위 계약상의 '우선 분양전환 신청권'을 행사할 수 있다고 할 것이다.

그런데 '확정분양전환가 임대차 등'의 경우에 있어서는 위와 같은 임차인의 '우선 분양전환 신청권'은 기실 '매매예약완결권'과 같은 권리라 할 것이므로 이를 행사하면 될 것이다.

다. 조리(條理) 상의 우선 분양전환 신청권 등

ⓐ 임대차계약서에 임차인의 '우선 분양전환 신청권'이 있다고 기재되어 있지 않지만, ⓑ 임차인들의 임대보증금으로 당해 임대주택의 신축비용을 전부 충당한 경우와 같이, 임차인에게 조리(條理)상의 우선 분양전환권을 인정할 수 있는 경우에도, 임차인은 우선 분양전환 신청권을 행사할 수 있다고 본다.

6. 우선 분양전환의 시기

가. 법정 임대의무기간 경과 후의 우선 분양전환

「민간임대주택에 관한 특별법」 제43조 제1항은 민간임대사업자는 '법정 임대의무기간' 동안 민간임대주택을 계속 임대하여야 하며, 그 기간이 지나지 아니하면, 이를 양도할 수 없다고 규정하고 있으므로, 임차인에게 당해 민간임대주택의 소유권을 이전하는 분양전환은 위와 같이 법정 임대의무기간이 경과한 후에 하는 것이 원칙이다.

나. 법정 임대의무기간 내의 우선 분양전환

「공공주택특별법」 제59조의2 제2항 제2호는 법정 임대의무기간의 1/2가 지나서, 임차인에게 우선 분양전환을 할 수 있다는 규정을 두고 있으나, 「민간임대주택에 관한 특별법」에서는 애당초 우선 분양전환과 관련된 규정을 두고 있지 않기 때문에, 위와 같은 법정 임대의무기간 내의 임차인에 대한 우선 분양전환에 관한 규정 또한 두고 있지 않다.

그런데 「민간임대주택에 관한 특별법」 제43조 제4항 제3호 및 같은 법 제6조 제1항 제11호는 ⓐ 장기일반민간임대주택 중 '아파트(「주택법」 제2조 제20호의 도시형 생활주택은 제외됨)'를 임대하는 민간매입임대주택 또는 ⓑ 같은 법 제2조 제6호의 단기민간임대주택에 대하여 임대사업자가 임대의무기간 내 임차인의 동의를 얻어 등록 말소할 수 있다는 규정에 근거하여, 법정 임대의무기간의 1/2이 경과하기 전에라도에 당해 임대주택을 임차인에게 양도하는 우선 분양전환을 할 수 있고, 실제 사례도 존재한다.

이는 기실 위와 같은 방식으로 민간임대주택의 등록이 말소되면, 더 이상 당해 임대주택은 「민간임대주택에 관한 특별법」의 규율대상이 아니게 되므로, 실질적으로는 「민법」에 의하여 당해 임대주택이 임차인에게 양도된 것으로 보아야 할 것이다.

7. 우선 분양전환가격

가. 임대차계약상 관련 규정이 전혀 없는 경우

임대차계약 상에서 임차인에 대한 우선 분양전환가격을 어떻게 정할지 약정한 바가 없는 경우에는 임대사업자가 임의로 정할 수 있다고 할 것이다. 그러나 현실적으로는 감정평가금액으로 산정하게 될 경우가 많을 것이다.

나. 감정평가금액으로 정하기로 약정한 경우

임대차계약 상에서 임차인에 대한 우선 분양전환가격을 감정평가금액으로 정하기로 약정한 경우에는 그에 따라야 할 것이다. 특히 '아파트'와 같이 토지와 건물을 일괄하여 감정평가하여야 할 경우 감정평가방식은 '거래사례비교법'을 기준으로 하는 것이 원칙이며(「감정평가에 관한 규칙」 제16조), 만약 감정평가사가 당해 아파트에 대한 여러 가지 상황을 고려하여, 감정평가 당시의 시세의 80%, 90% 등등으로 다양하게 감정 결과를 낼 수 있다.

참고로 임대주택에 대한 감정평가는 '원가법'에 의하여야 한다는 주장을 펴는 임차인이 간혹 존재하는데, 「감정평가에 관한 규칙」 제2조 제5호에 정한 '원가법'이란 감정평가 대상 물건의 재조달원가에 감가 수정을 하여 대상물건의 가액을 산정하는 것을 말한다.

즉 (a) 감정평가 대상 물건의 최초 완성 당시 실제 투입된 원가가 얼마인지 산정하는 것이 아니라, (b) 감정평가 대상 물건을 가격 시점에 원시적으로 재생산 또는 재취득할 것을 가정하고 소요되는 재조달원가가 얼마나 될 것인지 등의 방식으로 감정평가하는 것이 위 '원가법'인 것인바, 이에 대한 임차인의 오해가 없어야 할 것이다.

다. 확정분양전환가로 정하기로 약정한 경우

확정분양전환가로 우선 분양전환가격을 정하기로 한 경우, (a) 우선 분양전환시기가 도래하여 당해 임대주택의 시세가 확정분양전환가보다 높다면, 임차인은 그 시세차익을 얻으면서 우선 분양전환을 받을 것이다. (b) 반면에 임대주택의 시세가 확정분양전환가보다 낮다면, 임차인은 우선 분양전환을 포기하고, 기 납부한 임대보증금을 반환받으면서 임대차계약 관계를 종료하게 될 것이다.

8. 관리업무의 인계

「민간임대주택에 관한 특별법」 제2조 제2호에 따른 민간건설임대주택을 분양전환(「민간임대주택에 관한 특별법」 제43조에 따른 임대사업자 외의 자에게의 양도)하는 경우 임대사업자는 「공동주택관리법 시행령」 제10조 제1항 및 제4항을 준용하여 관리주체에게 공동주택의 관리업무를 인계하여야 한다. 이 경우 제4항 제5호의 "입주자"는 "임차인"으로 본다.(「공동주택관리법 시행령」 제10조 제5항)

9. 하자담보책임

분양전환된 임대아파트의 경우에도 「집합건물의 소유 및 관리에 관한 법률」 제9조 제1항 및 그에 의하여 준용되는 「민법」 제667조 내지 제671조가 적용되고, 그 하자담보책임기간은 「민법」 제671조 제1항 단서에 의하여 최초 임차인들에게 인도된 때부터 10년간이다.[140)]

대법원 2012. 4. 13. 선고 2011다72301,72318 판결 [하자보수금 · 손해배상(기)]

나아가 이 사건 아파트와 같이 임대아파트로 건축되어 5년 정도 임대되었다가 분양전환된 아파트의 경우에도 구 집합건물법 제9조 제1항 및 그에 의하여 준용되는 민법 제667조 내지 제671조가 적용될 수 있는지를 보면, 구 집합건물법 제9조는 집합건물을 건축하여 분양한 자로 하여금 견고한 건물을 짓도록 유도하고 부실하게 건축된 집합건물의 소유자를 두텁게 보호하기 위하여 집합건물을 건축하여 분양한 자의 담보책임에 관하여 민법상 수급인의 담보책임에 관한 규정을 준용하도록 함으로써 담보책임의 내용을 명확히 하는 한편 이를 강행규정으로 하였고, 위 규정에 의한 하자담보추급권은 현재의 집합건물 소유자에게 귀속하는 점, 분양전환가격을 결정함에 있어 아파트의 노후 정도는 이미 그 평가에 반영되었다고 하더라도 부실시공으로 인한 아파트의 하자까지 모두

140) 김홍준, 제8기 건설부동산법연수원Ⅱ, p.293, 서울지방변호사회 참조

반영하여 가격을 결정하였다고 보기는 어려운 점, 분양전환 전의 임차기간 동안 입주자들이 임대차계약에 기해 하자보수를 요구할 수 있다고는 하나 임차인의 지위에서 인정되는 하자보수청구권과 분양받은 소유자의 지위에서 인정되는 하자담보추급권은 그 법적 성질과 기능이 동일하다고 볼 수 없는 점 등에 비추어 볼 때, 분양전환된 임대아파트의 경우에도 구 집합건물법 제9조 제1항 및 그에 의하여 준용되는 민법 제667조 내지 제671조가 적용되고 그 하자담보책임기간은 민법 제671조 제1항 단서에 의하여 **최초 임차인들에게 인도된 때부터 10년간이라고 봄이 상당하다.**

대법원 2012. 5. 10. 선고 2011다66610 판결 [손해배상(기)]

[1] 구 집합건물의 소유 및 관리에 관한 법률(2005. 5. 26. 법률 제7502호로 개정되기 전의 것, 이하 '구 집합건물법'이라 한다) 제9조 제1항은, 집합건물을 건축하여 분양한 자에게 견고한 건물을 짓도록 유도하고 부실하게 건축된 집합건물의 소유자를 두텁게 보호하기 위하여, 민법상 수급인의 담보책임에 관한 규정을 준용하도록 함으로써 담보책임의 내용을 명확히 하는 한편 이를 강행규정화한 것인데, 집합건물을 건축하여 바로 분양한 경우뿐 아니라 집합건물인 임대아파트를 건축하여 임대하였다가 분양전환을 한 경우에도 집합건물의 소유자를 보호할 필요성이 있음은 마찬가지다. 그리고 위 규정에 의한 하자담보추급권은 현재의 집합건물 소유자에게 귀속되고, 임대아파트의 분양전환가격을 결정할 때에 아파트의 노후 정도가 평가되었다고 하더라도 부실시공으로 인한 아파트의 하자까지 모두 반영되어 가격이 결정되었다고 단정할 수는 없으며, 분양전환되기 전의 임차기간 동안 입주자들이 임대차계약에 기해 하자보수를 요구할 수 있다고는 하지만 임차인의 지위에서 인정되는 하자보수청구권과 분양을 받은 소유자의 지위에서 인정되는 하자담보추급권은 법적 성질 및 기능이 동일하다고 보기는 어렵다. 따라서 이러한 여러 사정 등을 함께 종합하여 보면, 2005. 5. 26. 전에 사용검사 또는 사용승인을 받은 후 임대에서 분양으로 전환된 임대아파트의 경우에도 구 집합건물법 제9조 제1항 및 이에 의하여 준용되는 민법 제671조 제1항 단서가 적용된다고 보아야 한다.

[2] 구 집합건물의 소유 및 관리에 관한 법률(2005. 5. 26. 법률 제7502호로 개정되기 전의 것, 이하 '구 집합건물법'이라 한다) 제9조가 준용하는 민법 제671조 제1항 단서는 하자의 종류나 하자의 발생 시점을 고려하지 않고 일률적으로 하자담보책임의 제척기간을 '인도' 후 10년으로 정하고 있는데, **구 집합건물법 제9조와 민법 제667조 내지 제671조의 각 규정 내용에 비추어**

위 '인도'는 인도의 원인관계를 불문하고 '건축 후 최초 인도'를 의미한다고 해석함이 타당하므로, 임대 후 분양전환된 집합건물의 경우에도 분양전환 시점이 아닌 임대에 의하여 집합건물을 인도받은 시점부터 하자담보책임의 제척기간이 진행한다고 할 것이다.

한편 임대사업자가 수분양자와 분양전환계약 체결 시, ⓐ "분양전환금액은 아파트 보수 및 수선 금액을 포함하고 있으며, 매수인은 추후 매도인에게 어떠한 보수 및 수선을 요구하지 않는다.", ⓑ "매수인은 당해 주택에 대하여 현존 상태대로 분양을 받기로 하며, 분양계약체결 이후에는 매도인에게 어떠한 이의제기도 하지 않으며 주택법을 준수한다.", ⓒ "이 주택은 공공임대주택으로 준공 후 5년간 임대의무기간이 종료되어 분양전환하는 아파트로서, 임차인이 최초 입주한 이후 5년 이상 동안 거주하였던 주택으로 주택 내, 외부 상태는 5년 이상 경과되었으며, 도배, 장판, 청소 등 수선공사 없이 현 상태대로 공급하므로 계약 체결 전에 해당 세대 상태를 직접 방문하여 확인하여야 하며, 추후 확인하지 못한 사유로 해약을 요구하거나 계약을 취소할 수 없다."는 내용을 계약서에 삽입하는 것이 보통이나, 위와 같은 하자담보추급권의 포기 내지 면책 약정은 특별한 사정이 없는 한 「민법」 상 수급인이 하자담보책임 규정보다 수분양자를 불리하게 한 특약으로서 「집합건물의 소유 및 관리에 관한 법률」 제9조 제2항에 따라 무효라고 보아야 한다.

다만 수분양자들이 충분한 하자보수지원금을 지급받은 이상 '위와 같은 하자담보추급권의 포기 또는 면책 약정이 민법상 수급인의 하자담보책임 규정보다 수분양자를 불리하게 하는 특약에 해당하지 않는다.'고 보아야 한다는 이유로 포기 또는 면책 약정의 일부 효력을 인정한 하급심 판례가 있다.

서울고등법원 2012. 10. 26. 선고 2012나43210 판결, 2012. 11. 17. 확정

주택임대사업자가 일반분양전환 전에 임차인대표회의로부터 아파트 보수공사 요구를 받고 보수공사를 일부 시행한 후 일반분양전환신청을 받으면서 일부 미분양세대에 대하여 당초 분양가격으로 분양계약을 체결하되 최초 분양가의 11%를 잔금에서 차감하여 주는 방식으로 하자보수비를 지원하여 주기로 하고, 수분양자들로부터 "상기 대상 물건은 계약자가 공부열람, 대지 현황 및 세대별 하자 유무 등 제반 사항을 확인하고 계약하는 것으로서 시설물의 개, 보수 없이 현재 상태로 인수하고 계약 체결 후 귀사에 하자보수를 포함한 일체의 이의를 제기하지 않을 것을 확인하되, 세대 내부 하자 및 개선비용으로 최초 분양가의 11%에 해당하는 금액을 대상 물건의 매매잔금에서 공제받기로 한다."라는 내용의 확인서를 받은 경우에는, **수분양자들이 아파트 '전유부분'에 대한 하자보수 청구권을 포기한 것으로 보아야 한다.**

제15장 임대주택분쟁조정위원회

1. 구 성

시장ㆍ군수ㆍ구청장은 임대주택(민간임대주택 및 공공임대주택을 말한다.)에 관한 학식 및 경험이 풍부한 자 등으로 '임대주택분쟁조정위원회'를 구성한다.

「공공주택 특별법」의 적용을 받는 공공임대주택의 분쟁조정위원회 등에 관하여는 「민간임대주택에 관한 특별법」 제55조(임대주택분쟁조정위원회)를 준용한다.(「공공주택 특별법」 제50조 제1항)

가. 위원장

위원장은 해당 **지방자치단체의 장**이 된다.

나. 부위원장

부위원장은 위원 중에서 **호선(互選)**한다.

다. 기타 위원

조정위원회는 위원장 1명을 포함하여 **10명 이내로 구성**한다. 위원장을 제외한 위원은 다음 각 호의 어느 하나에 해당하는 사람 중에서 해당 시장ㆍ군수ㆍ구청장이 성별을 고려하여 임명하거나 위촉하되, 각 호의 사람이 각각 1명 이상 포함되어야 하고, 공무원이 아닌 위원이 6명 이상이 되어야 한다.

1. 법학, 경제학이나 부동산학 등 주택 분야와 관련된 학문을 전공한 사람으로서 「고등교육법」 제2조 제1호ㆍ제2호 또는 제5호에 따른 학교에서 조교수 이상으로 1년 이상 재직한 사람
2. 변호사, 공인회계사, 감정평가사 또는 세무사로서 해당 자격과 관련된 업무에 1년

이상 종사한 사람

3. 「공동주택관리법」 제67조 제2항에 따른 주택관리사가 된 후 관련 업무에 3년 이상 근무한 사람
4. 국가 또는 다른 지방자치단체에서 민간임대주택 또는 공공임대주택 사업의 인·허가 등 관련 업무를 수행하는 5급 이상 공무원으로서 해당 기관의 장이 추천한 사람 또는 해당 지방자치단체에서 민간임대주택 또는 공공임대주택 사업의 인·허가 등 관련 업무를 수행하는 5급 이상 공무원
5. 한국토지주택공사 또는 지방공사에서 민간임대주택 또는 공공임대주택 사업 관련 업무에 종사하고 있는 임직원으로서 해당 기관의 장이 추천한 사람
6. 임대주택과 관련된 시민단체 또는 소비자단체가 추천한 사람

라. 임기와 연임 제한

공무원이 아닌 위원의 임기는 2년으로 하며 두 차례만 연임할 수 있다.

마. 위원의 제척, 기피, 회피 및 해촉

위원의 제척·기피·회피 및 위촉위원의 해촉에 관하여는 「민간임대주택에 관한 특별법 시행령」 제28조 및 제29조를 준용한다.

바. 회 의

조정위원회의 회의는 위원장이 소집한다. 위원장은 회의 개최일 2일 전까지 회의와 관련된 사항을 위원에게 알려야 한다. 조정위원회의 회의는 재적위원 과반수의 출석으로 개의(開議)하고, 출석위원 과반수의 찬성으로 의결한다.

위원장은 조정위원회의 사무를 처리하도록 하기 위하여 해당 지방자치단체에서 민간임대주택 또는 공공임대주택 관련 업무를 하는 직원 중 1명을 간사로 임명하여야 한다. 간사는 조정위원회의 회의록을 작성하여 「공공기록물 관리에 관한 법률」에 따라 보존하

되, 그 회의록에는 다음 각 호의 사항이 포함되어야 한다.

1. 회의 개최 일시와 장소
2. 출석위원의 서명부
3. 회의에 상정된 안건 및 회의결과
4. 그 밖에 논의된 주요 사항

조정위원회의 회의에 참석한 위원에게는 예산의 범위에서 수당과 여비 등을 지급할 수 있다. 다만, 공무원인 위원이 소관 업무와 직접적으로 관련되어 조정위원회에 출석하는 경우에는 그러하지 아니하다.

조정위원회는 해당 민간임대주택 또는 공공임대주택의 분쟁을 조정하기 위하여 필요한 자료를 임대사업자 또는 공공주택사업자에게 요청할 수 있다.

사. 분쟁의 조정신청

1) 임대사업자 또는 임차인대표회의

임대사업자 또는 임차인대표회의는 다음 각 호의 어느 하나에 해당하는 분쟁에 관하여 조정위원회에 조정을 신청할 수 있다.(「민간임대주택에 관한 특별법」 제56조 제1항)

1. 제44조에 따른 임대료의 증액
2. 제51조에 따른 주택관리
3. 제52조 제4항 각 호[141]의 사항
4. 다음 각 호의 어느 하나에 해당하는 임대사업자의 민간임대주택에 대한 분양전환,

---

141) 1. 민간임대주택 관리규약의 제정 및 개정
2. 관리비
3. 민간임대주택의 공용부분·부대시설 및 복리시설의 유지·보수
4. 임대료 증감
5. 그 밖에 민간임대주택의 유지·보수·관리 등에 필요한 사항으로서 대통령령으로 정하는 사항

주택관리, 주택도시기금 융자금의 변제 및 임대보증금 반환 등에 관한 사항

가. 발행한 어음 및 수표를 기한까지 결제하지 못하여 어음교환소로부터 거래정지 처분을 받은 임대사업자

나. 「주택도시기금법」에 따른 주택도시기금 융자금에 대한 이자를 6개월을 초과하여 내지 아니한 임대사업자

다. 법 제49조 제1항에 따라 임대보증금에 대한 보증에 가입하여야 하는 임대사업자로서 임대보증금에 대한 보증의 가입 또는 재가입이 거절된 이후 6개월이 지난 자

라. 모회사(「상법」 제342조의2에 따른 모회사를 말한다)가 제1호의 처분을 받은 경우로서 자기자본 전부가 잠식된 임대사업자

2) 공공주택사업자 또는 임차인대표회의

공공주택사업자 또는 임차인대표회의는 다음 각 호의 어느 하나에 해당하는 분쟁에 관하여 조정위원회에 조정을 신청할 수 있다.(「민간임대주택에 관한 특별법」 제56조 제2항)

1. 제1항 각 호의 사항
2. 공공임대주택의 분양전환가격. 다만, 분양전환승인에 관한 사항은 제외한다.

3) 공공주택사업자, 임차인대표회의 또는 임차인

공공주택사업자, 임차인대표회의 또는 임차인은 「공공주택 특별법」 제50조의3에 따른 우선 분양전환 자격에 대한 분쟁에 관하여 조정위원회에 조정을 신청할 수 있다.

이는 2020. 12. 22. 법률 제17739호로 개정되어 같은 날 시행되는 「민간임대주택에 관한 특별법」 제56조 제3항에 의하여 신설된 규정이다.

아. 조정의 효력

「민간임대주택에 관한 특별법」 제56조 제1항부터 제3항까지의 규정에 따른 조정의 각

당사자가 조정위원회의 조정안을 받아들이면 당사자 간에 조정조서와 같은 내용의 합의가 성립된 것으로 본다.

제16장 보 칙

1. 임대사업자협회의 설립 등

가. 법인의 설립등기

임대사업자는 민간임대사업의 건전한 발전을 도모하기 위하여 **임대사업자단체**를 설립할 수 있다. 주택임대관리업자는 주택임대관리업의 효율적인 업무수행을 위하여 **주택임대관리업자단체**를 설립할 수 있다. 위 단체(협회)는 각각 **법인**으로 한다. 협회는 그 주된 사무소의 소재지에서 설립등기를 함으로써 성립한다.

나. 정지와 상실

「민간임대주택에 관한 특별법」에 따라 ⓐ 국토교통부장관, 시ㆍ도지사 또는 시장ㆍ군수ㆍ구청장으로부터 영업의 정지처분을 받은 협회 회원의 권리ㆍ의무는 그 영업 및 자격의 정지기간 중에는 정지되며, ⓑ 임대사업자 등록이 말소된 때에는 협회의 회원자격을 상실한다.

다. 협회의 설립인가 등

협회를 설립하려면 ⓐ **임대사업자단체는 5인 이상**, ⓑ **주택임대관리업자단체는 10인 이상**의 인원을 발기인으로 하여 정관을 마련한 후 창립총회의 의결을 거쳐 국토교통부장관의 인가를 받아야 한다. 국토교통부장관은 위의 인가를 하였을 때에는 이를 지체없이 공고하여야 한다.

2. 임대사업 등의 지원

가. 업무 위탁

국토교통부장관 또는 지방자치단체의 장은 민간임대주택의 원활한 공급을 위하여 **한국토지주택공사, 지방공사 또는 「한국부동산원법」에 따른 한국부동산원**에 다음 각 호의 어느 하나에 해당하는 업무를 수행하게 할 수 있다. 다만, 한국부동산원이 수행할 수 있는 업무는 제1호, 제4호 및 제5호의 업무로 한정한다.

1. 공공지원민간임대주택 사업계획의 자문 및 사업성 분석
2. 사업계획 수립 시 기반시설 설치계획 등의 자문
3. 공공지원민간임대주택의 건설 및 재원조달 등 사업 지원
4. 임차인의 모집·선정 및 명도·퇴거 지원
5. 임대료의 부과·징수 등의 업무 지원

한국토지주택공사, 지방공사 및 한국부동산원은 위 제4호에 따라 임차인의 자격 확인이 필요한 경우에 「민간임대주택에 관한 특별법」 제42조의3부터 제42조의7에 따른 자료 또는 정보를 해당 기관에 요청하여 그 자료 또는 정보를 활용할 수 있다.

한국토지주택공사, 지방공사 및 한국부동산원의 소속 임직원은 위에 따라 제공받은 자료 또는 정보를 이 법에서 정한 목적 외의 다른 용도로 사용하거나 다른 사람 또는 기관에 제공하거나 누설해서는 아니 된다.(「민간임대주택에 관한 특별법」 제59조의2 제3항)

나. 벌 칙

위 「민간임대주택에 관한 특별법」 제59조의2 제3항을 위반하여 **정보 또는 자료를 사용·제공 또는 누설한 자는 5년 이하의 징역이나 5천만원 이하의 벌금**에 처한다.(「민간임대주택에 관한 특별법」 제65조 제1항)

3. 임대주택정보체계

가. 국토교통부장관의 구축 및 운영

국토교통부장관은 임대주택에 대한 국민의 정보 접근을 쉽게 하고 관련 통계의 정확성을 제고하며 부동산 정책 등에 활용하기 위하여 **임대주택정보체계**(이하 '정보체계'라 한다.)를 구축·운영할 수 있다. 국토교통부장관은 「민간임대주택에 관한 특별법」에 따라 임대

주택정보체계에 구축된 정보를 활용하는 경우 개인의 사생활의 비밀을 침해하지 아니하도록 정보를 보호하여야 한다.

나. 업무수행의 범위

국토교통부장관은 임대주택정보체계의 구축ㆍ운영을 위하여 다음 각 호의 업무를 수행할 수 있다.

1. 임대주택의 현황 파악을 위한 정보의 수집, 데이터베이스의 구축ㆍ관리 및 통계의 생산

1의2. 임대사업자 등록신청 및 변경ㆍ말소신고, 임대사업자 등록 및 임대차계약 신고에 관한 대장의 전자적 처리

1의3. 임대주택 등록자료 및 임대주택 통계의 정확성을 높이기 위한 오류사항 조사 및 정비 요청

2. 정보체계의 구축ㆍ운영에 관한 연구개발 및 기술지원

3. 민간임대주택 및 공공임대주택 관련 정보를 공동으로 이용하기 위한 데이터베이스의 표준화 및 호환시스템의 구축

4. 민간임대주택 또는 공공임대주택 관련 정보를 보유하고 있는 기관 또는 단체와의 연계ㆍ협력 및 공동사업의 시행

5. 그 밖에 정보체계의 구축 및 운영에 필요한 사항

다. 정보 등의 제출 요청

국토교통부장관은 정보체계 구축을 위하여 관계 중앙행정기관, 지방자치단체, 한국토지주택공사 또는 지방공사의 장이 수집ㆍ보유하고 있는 민간임대주택 또는 공공임대주택 관련 정보 및 통계 등의 제출을 요청할 수 있다. 이 경우 요청을 받은 기관의 장은 특별한 사정이 없으면 그 요청에 따라야 한다.

라. 정보체계의 제공의무 및 그 제한

국토교통부장관은 정보체계에 구축되어 있는 정보를 국토교통부 홈페이지를 통하여 임대사업자, 공공주택사업자 또는 일반 국민에게 제공하여야 한다.

그러나 다음 각 호의 어느 하나에 해당하는 사항은 공개하지 아니할 수 있다. 이 경우 비공개 사유 및 비공개 기간을 공시하여야 하며, 비공개 사유가 해소되거나 비공개 기간이 종료되는 시점에 즉시 공개하여야 한다.

1. 해당 정보에 포함되어 있는 성명, 주민등록번호 등 개인에 관한 사항으로서 공개될 경우 개인의 사생활을 침해할 우려가 있다고 인정되는 사항
2. 그 밖에 공개될 경우 임대주택 정책 및 정보 운영의 공정성을 해칠 우려가 있다고 객관적으로 인정되는 사항

마. 등록자료의 수정 요청 등

국토교통부장관은 임대주택 등록자료에서 오기 및 누락 등의 오류가 있는 경우 시장ㆍ군수ㆍ구청장에게 사실 확인 및 수정 등의 필요한 조치를 요청할 수 있다.

시장ㆍ군수ㆍ구청장은 위 통보받은 오기 및 누락 등 변경 근거가 명확한 사항으로 확인된 경우에는 임대사업자 등록 및 임대차계약 신고에 관한 대장을 직권으로 정정하거나 기재할 수 있다. 이 경우 시장ㆍ군수ㆍ구청장은 지체 없이 그 사실을 임대사업자에게 알려야 한다.

바. 등록말소의 요청 등

국토교통부장관은 소유권 불일치 등과 같은 임대사업자 등록 사항의 말소 사유가 있는 경우 시장ㆍ군수ㆍ구청장에게 임대사업자 등록의 말소를 요청할 수 있다. 이 경우 시장ㆍ군수ㆍ구청장은 해당 임대사업자의 확인을 거쳐 필요한 조치를 하고 그 결과를 국토교통부장관에게 알려야 한다.

사. 등록 자료 등의 열람 허용

국토교통부장관은 민간임대주택의 종합적 관리를 위하여 시ㆍ도지사가 정보체계를 통해 관할 시ㆍ군ㆍ자치구의 민간임대주택 통계 및 임대사업자 등록 자료 등을 열람하게 할 수 있다. 이 경우 개인정보와 관련되는 정보는 제한할 수 있다.

아. 시장ㆍ군수ㆍ구청장과 공공주택사업자의 자료제공의무 등

시장ㆍ군수ㆍ구청장과 공공주택사업자는 임대주택, 임대사업자(시행자를 포함한다), 임차인(공공임대주택에 한정한다), 임대차계약 등 대통령령으로 정하는 자료[142]를 국토교통부령으로 정하는 절차 및 방법에 따라 국토교통부장관에게 제공하여야 한다.

국토교통부장관은 정보체계 상의 임대주택 등록자료와 임대주택 통계의 정확성을 제고하기 위하여 주민등록ㆍ국세ㆍ지방세 등 대통령령으로 정하는 자료[143]를 관계 기관의

---

142) 1. 민간임대주택 또는 공공임대주택의 종류, 유형, 면적 등 임대주택에 관한 자료
2. 임대사업자 및 공공주택사업자의 성명 및 주민등록번호(법인인 경우에는 명칭, 대표자의 성명 및 법인등록번호를 말한다)
3. 임차인(같이 거주하는 세대원을 포함한다)의 성명ㆍ주민등록번호(공공임대주택만 해당한다)
4. 임대조건 등 임대차계약에 관한 자료
5. 법 제42조 제4항에 따라 임대사업자가 신고 시 제출한 서류에 포함된 민간임대주택 공급에 관한 정보
5의2. 법 제49조에 따른 임대사업자의 임대보증금에 대한 보증 가입에 관한 자료
6. 그 밖에 민간임대주택 또는 공공임대주택의 관리에 관하여 국토교통부령으로 정하는 자료

143) 1. 「주민등록법」 제30조 제1항에 따른 주민등록전산정보자료
2. 「건축법」 제38조에 따른 건축물대장
3. 「지방세법」 제121조에 따른 재산세 과세대장 중 주택 과세대장
4. 「조세특례제한법」 제95조의2 및 제122조의3 제3항에 따른 월세액 세액공제 자료 중 임대차계약에 관한 자료
5. 「주택임대차보호법」 제3조의6에 따른 확정일자부 중 임대차계약에 관한 자료
6. 「부동산 거래신고 등에 관한 법률」 제3조에 따른 부동산거래 신고 정보
7. 「부동산등기법」 제2조 제3호의 등기기록
8. 「녹색건축물 조성 지원법」 제10조에 따른 건축물 에너지ㆍ온실가스 정보

장에게 요청할 수 있다. 이 경우 관계 기관의 장은 자료의 사용 목적 · 방법, 자료 사용의 안전성 등을 검토하여 정당한 이유가 없으면 요청에 따라야 한다.

자. 지방자치단체의 장의 자료 활용

지방자치단체의 장은 임대주택을 효율적으로 관리하기 위하여 정보체계에서 제공하는 자료를 활용할 수 있다. 이 경우 국토교통부장관은 정보체계 운영을 위하여 불가피한 사유가 있거나 개인정보 보호를 위하여 필요하다고 인정할 때에는 제공하는 정보의 종류와 내용을 제한할 수 있다.

차. 다른 용도 사용 및 누설 금지 등

「민간임대주택에 관한 특별법」 제60조 제1항부터 제4항까지의 업무에 종사하고 있거나 종사하였던 자는 제2항부터 제4항까지의 규정에 따라 받은 정보 또는 자료를 이 법에서 정한 목적 외의 다른 용도로 사용하거나 다른 자 또는 기관에 제공하거나 누설하여서는 아니 된다. 다만, 다른 법률에 특별한 규정이 있는 경우에는 제2항부터 제4항까지의 규정에 따라 받은 정보 또는 자료를 제공할 수 있다.(「민간임대주택에 관한 특별법」 제60조 제5항)

카. 벌 칙

「민간임대주택에 관한 특별법」 제60조 제5항 규정을 위반하여 정보 또는 자료를 사용 · 제공 또는 누설한 자는 5년 이하의 징역이나 5천만원 이하의 벌금에 처한다.(「민간임대주택에 관한 특별법」 제65조 제1항)

---

9. 「지방세법 시행령」 제33조 제1항에 따른 취득세 신고 자료(부동산에 대한 신고 자료로 한정한다)

4. 보고 · 검사 등

가. 사업장의 출입 검사 권한

국토교통부장관 또는 지방자치단체의 장은 필요하다고 인정할 때에는 임대사업자, 주택임대관리업자, 그 밖에 이 법에 따른 인가 · 승인 또는 등록을 한 자에게 필요한 보고를 하게 하거나 관계 공무원으로 하여금 사업장에 출입하여 필요한 검사를 하게 할 수 있다.

위 검사를 할 때에는 검사 7일 전까지 검사 일시, 검사 이유 및 검사 내용 등 검사계획을 검사를 받을 자에게 알려야 한다. 다만, 긴급한 경우나 사전에 통지하면 증거인멸 등으로 검사 목적을 달성할 수 없다고 인정하는 경우에는 그러하지 아니하다.

위 검사를 하는 공무원은 그 권한을 나타내는 증표를 지니고 이를 관계인에게 내보여야 한다.

나. 지방자치단체의 장의 보고 의무

지방자치단체의 장은 제5조에 따른 임대주택 등록실적, 제46조에 따른 임대조건 등 대통령령으로 정한 사항에 대하여 분기마다 그 분기가 끝나는 달의 다음 달 말일까지 국토교통부장관에게 보고하여야 한다.

5. 권한의 위임 등

가. 위임과 재위임

국토교통부장관은「민간임대주택에 관한 특별법」에 따른 권한의 일부를 대통령령[144]으로 정하는 바에 따라 시 · 도지사에게 위임할 수 있다.(「민간임대주택에 관한 특별법」제62조 제1항)

---

144) 현재에는 이러한 대통령령은 존재하지 않은 것으로 보인다.

위와 같이 권한을 위임받은 시ㆍ도지사는 그 권한의 일부를 국토교통부장관의 승인을 받아 시장(행정시의 시장을 포함한다'.)ㆍ군수ㆍ구청장에게 재위임할 수 있다.

시ㆍ도지사는 이 법에 따른 권한의 일부를 대통령령145)으로 정하는 바에 따라 시장ㆍ군수ㆍ구청장 또는 시행자에게 위임 또는 위탁할 수 있다.

국토교통부장관은 다음 각 호의 업무를 위임 또는 위탁할 수 있다.

1. 「민간임대주택에 관한 특별법」 제42조의4에 따른 동의서 제출에 관한 업무 : 임대사업자
2. 「민간임대주택에 관한 특별법」 제42조의5 및 제42조의6에 따른 관계 기관의 장에 대한 자료제공 요청에 관한 업무 : 보건복지부장관 또는 지방자치단체의 장
3. 「민간임대주택에 관한 특별법」 제60조에 따른 임대주택정보체계 구축ㆍ운영 : 한국토지주택공사 또는 한국부동산원

나. 과태료

위에 위반하여 자료의 제출 또는 검사를 거부ㆍ방해 또는 기피하거나 거짓으로 보고한 자에 대하여는 5백만원 이하의 과태료를 부과한다.(「민간임대주택에 관한 특별법」 제67조 제3항 제6호)

6. 가산금리

가. 부과 사유

국토교통부장관은 다음 각 호의 어느 하나에 해당하는 임대사업자에 대하여 주택도시기금 융자금에 연 1퍼센트 포인트의 범위에서 가산금리를 부과할 수 있다.(「민간임대주택에 관한 특별법」 제63조)

---

145) 현재에는 이러한 대통령령은 존재하지 않은 것으로 보인다.

1. 제49조에 따른 보증에 가입하지 아니하거나 보증수수료(분할납부액을 포함한다)를 납부하지 아니한 자
2. 제67조 제2항 제8호에 따라 과태료를 부과받은 시점부터 6개월 이상 특별수선충당금을 적립하지 아니한 자

나. 시 · 도지사의 가산금리 부과 요청

시 · 도지사는 임대사업자가 「민간임대주택에 관한 특별법」 제63조 제1항 제1호 또는 제2호에 해당하는 것을 확인한 경우 국토교통부장관에게 법 제63조에 따른 가산금리의 부과를 요청할 수 있다.

다. 시 · 도지사의 가산금리 부과 요청의 유예

시 · 도지사는 「민간임대주택에 관한 특별법」 제63조 제1항 제1호에 따른 가산금리 부과 대상 임대사업자가 다음 각 호의 어느 하나에 해당하는 경우에는 가산금리의 부과 요청을 유예할 수 있다.

1. 해당 임대사업자가 영 제46조 각 호[146]의 어느 하나에 해당하는 경우
2. 임차인의 임대보증금이 「주택임대차보호법 시행령」 제10조 제1항에 따른 우선변제를 받을 보증금 이하인 경우로서 「민간임대주택에 관한 특별법」 제49조에 따른 보증에 가입하지 아니하는 것을 임차인이 동의한 경우
3. 임대보증금 보증 가입 절차가 진행 중이라고 보증회사에서 인정하는 경우
4. 임대사업자가 임대보증금 보증에 가입하지 못한 사유가 임차인이 임대차 계약을

146) 1. 발행한 어음 및 수표를 기한까지 결제하지 못하여 어음교환소로부터 거래정지 처분을 받은 임대사업자
2. 「주택도시기금법」에 따른 주택도시기금 융자금에 대한 이자를 6개월을 초과하여 내지 아니한 임대사업자
3. 법 제49조제1항에 따라 임대보증금에 대한 보증에 가입하여야 하는 임대사업자로서 임대보증금에 대한 보증의 가입 또는 재가입이 거절된 이후 6개월이 지난 자
4. 모회사(「상법」 제342조의2에 따른 모회사를 말한다)가 제1호의 처분을 받은 경우로서 자기자본 전부가 잠식된 임대사업자

체결하지 아니하는 등 임대사업자의 책임이라고 보기 어려운 경우

5. 제1호부터 제4호까지의 규정에 준하는 사유로 가산금리의 부과를 유예하는 것이 불가피하다고 인정되는 경우

시·도지사는 「민간임대주택에 관한 특별법」 제63조 제1항 제2호에 따른 가산금리 부과 대상 임대사업자가 영 제46조 각 호[147]의 어느 하나에 해당하는 경우에는 가산금리의 부과 요청을 유예할 수 있다.

147) 1. 발행한 어음 및 수표를 기한까지 결제하지 못하여 어음교환소로부터 거래정지 처분을 받은 임대사업자

2. 「주택도시기금법」에 따른 주택도시기금 융자금에 대한 이자를 6개월을 초과하여 내지 아니한 임대사업자

3. 법 제49조 제1항에 따라 임대보증금에 대한 보증에 가입하여야 하는 임대사업자로서 임대보증금에 대한 보증의 가입 또는 재가입이 거절된 이후 6개월이 지난 자

4. 모회사(「상법」 제342조의2에 따른 모회사를 말한다)가 제1호의 처분을 받은 경우로서 자기자본 전부가 잠식된 임대사업자

제17장 과태료 부과 및 징수

1. 과태료의 부과, 징수권자

「민간임대주택에 관한 특별법」 제67조에 정한 과태료는 '국토교통부장관'이나, '시장 · 군수 · 구청장'이 부과 · 징수한다.

2. 과태료의 부과 기준

과태료의 부과기준(제55조 관련)
「민간임대주택에 관한 특별법 시행령」 [별표 3]

1. 일반기준

가. 위반행위의 횟수에 따른 과태료의 가중된 부과기준은 최근 1년간 같은 위반행위로 과태료 부과처분을 받은 경우에 적용한다. 이 경우 기간의 계산은 위반행위에 대하여 과태료 부과처분을 받은 날과 그 처분 후 다시 같은 위반행위를 하여 적발된 날을 기준으로 한다.

나. 가목에 따라 가중된 부과처분을 하는 경우 가중처분의 적용 차수는 그 위반행위 전 부과처분 차수(가목에 따른 기간 내에 과태료 부과처분이 둘 이상 있었던 경우에는 높은 차수를 말한다)의 다음 차수로 한다.

다. 법 제67조 제1항 제1호 · 제2호 및 제67조 제4항 제2호의2에 해당하는 경우에는 임대하지 않거나 양도한 민간임대주택 호수당 과태료를 부과한다.

라. 과태료 부과 시 위반행위가 둘 이상인 경우에는 부과금액이 많은 과태료를 부과한다.

마. 부과권자는 다음의 어느 하나에 해당하는 경우에는 제2호에 따른 과태료 금액의 2분의 1의 범위에서 그 금액을 늘릴 수 있다. 다만, 과태료를 늘려 부과하는 경우에도 법 제67조 제1항부터 제5항까지의 규정에 따른 과태료 금액의 상한을 넘을 수 없다.

1) 위반의 내용 · 정도가 중대하여 임차인 등에게 미치는 피해가 크다고 인정되는 경우
2) 법 위반상태의 기간이 6개월 이상인 경우
3) 그 밖에 위반행위의 정도, 위반행위의 동기와 그 결과 등을 고려하여 늘릴 필요가 있다고 인정되는 경우

바. 부과권자는 다음의 어느 하나에 해당하는 경우에는 제2호에 따른 과태료 금액의 2분의 1의 범위에서 그 금액을 줄일 수 있다. 다만, 과태료를 체납하고 있는 위반행위자의 경우에는 그 금액을 줄일 수 없으며, 감경 사유가 여러 개 있는 경우라도 감경의 범위는 과태료 금액의 2분의 1을 넘을 수 없다.

1) 삭제 〈2020. 12. 8.〉

2) 위반행위가 사소한 부주의나 오류로 인한 것으로 인정되는 경우

3) 위반행위자가 위반행위를 바로 정정하거나 시정하여 해소한 경우

4) 위반행위자가 사업여건의 악화 및 현저한 손실이 발생하는 등의 사정이 있는 경우

5) 그 밖에 위반행위의 횟수, 정도, 위반행위의 동기와 그 결과 등을 고려하여 감경할 필요가 있다고 인정되는 경우

2. 개별기준

(단위: 만원)

위반행위	근거 법조문	과태료 금액		
		1차 위반	2차 위반	3차 이상 위반
가. 임대사업자가 법 제5조 제7항에 따라 등록 신청 당시 임대차계약이 없는 경우 산정한 임대보증금의 상한을 추후 임대차계약에서 준수하지 않은 경우	법 제67조 제3항 제8호	200	400	500
나. 법 제5조의2에 따른 부기등기를 하지 않은 경우	법 제67조 제3항 제1호	200	400	500
다. 법 제5조의4를 위반하여 설명하지 않거나 설명한 사항을 확인받지 않은 경우	법 제67조 제3항 제2호	500	500	500
라. 주택임대관리업자가 법 제7조를 위반하여 등록사항 변경신고 또는 말소신고를 하지 않은 경우	법 제67조 제3항 제3호	200	400	500
마. 주택임대관리업자가 법 제12조에 따른 현황 신고를 하지 않은 경우	법 제67조 제3항 세4호	200	400	500
바. 주택임대관리업자가 법 제13조 제1항 및 제2항에 따른 위 · 수탁계약서 작성 · 교부 및	법 제67조 제4항	50	70	100

보관의무를 게을리한 경우	제2호			
사. 임대사업자가 법 제42조 제4항을 위반하여 민간임대주택 공급신고를 하지 않은 경우	법 제67조 제2항 제1호	500	700	1,000
아. 법 제43조 제1항을 위반하여 임대의무기간 중에 민간임대주택을 임대하지 않은 경우	법 제67조 제1항 제1호	임대주택당 3,000		
자. 법 제43조 제2항 또는 제3항을 위반하여 민간임대주택 양도신고를 하지 않고 민간임대주택을 양도한 자	법 제67조 제4항 제2호의2	임대주택당 100		
차. 제43조 제4항을 위반하여 시장 · 군수 · 구청장의 허가를 받지 않고 임대의무기간 중에 임대사업자가 아닌 자에게 민간임대주택을 양도한 경우	법 제67조 제1항 제2호	임대주택당 3,000		
카. 법 제44조 제1항 제1호를 위반하여 공공지원민간임대주택의 최초 임대료를 국토교통부령으로 정하는 기준에 따라 정하지 않거나 같은 조 제2항에 따른 임대료의 증액 비율을 초과하여 임대료의 증액을 청구한 경우	법 제67조 제1항 제3호 및 제4호			
1) 위반건수가 10건 이상인 경우		2,000	3,000	3,000
2) 위반건수가 2건 이상 10건 미만인 경우		1,000	2,000	3,000
3) 위반건수가 1건인 경우		500	1,000	2,000
타. 임대사업자가 법 제45조를 위반하여 임대차계약을 해제 · 해지하거나 재계약을 거절한 경우	법 제67조 제2항 제4호	500	700	1,000
파. 법 제46조에 따른 임대차계약 신고를 하지 않거나 거짓으로 신고한 경우	법 제67조 제2항 제5호	500	700	1,000
하. 임대사업자가 법 제47조에 따른 표준임대차계약서를 사용하지 않은 경우	법 제67조 제2항 제6호	500	700	1,000
거. 임대사업자가 법 제48조 제1항에 따른 설명 및 확인의무를 위반하거나 같은 조 제2항에 따른 정보 제공 의무를 위반한 경우	법 제67조 제3항 제5호	500	500	500
너. 법 제49조를 위반하여 임대보증금에 대한 보증에 가입하지 않은 경우	법 제67조 제5항			

1) 가입하지 않은 기간이 3개월 이하인 경우		임대보증금의 100분의 5에 상당하는 금액. 다만, 과태료의 총액은 3,000만원을 초과할 수 없다.		
2) 가입하지 않은 기간이 3개월 초과 6개월 이하인 경우		임대보증금의 100분의 7에 상당하는 금액. 다만, 과태료의 총액은 3,000만원을 초과할 수 없다.		
3) 가입하지 않은 기간이 6개월을 초과하는 경우		임대보증금의 100분의 10에 상당하는 금액. 다만, 과태료의 총액은 3,000만원을 초과할 수 없다.		
더. 법 제50조를 위반하여 준주택을 주거용이 아닌 용도로 사용한 경우	법 제67조 제2항 제7호	500	700	1,000
러. 법 제50조 제2항, 제60조 및 제61조에 따른 보고, 자료의 제출 또는 검사를 거부 · 방해 또는 기피하거나 거짓으로 보고한 경우	법 제67조 제3항 제6호	100	200	300
머. 임대사업자가 법 제52조 제2항을 위반하여 임차인대표회의를 구성할 수 있다는 사실 또는 구성해야 한다는 사실을 임차인에게 통지하지 않은 경우	법 제67조 제4항 제3호	50	70	100
버. 임대사업자가 법 제52조 제4항을 위반하여 임차인대표회의와 관리규약 제정 · 개정 등을 협의하지 않은 경우	법 제67조 제3항 제7호	500	500	500
서. 법 제53조 제1항 및 제2항에 따라 특별수선충당금을 적립하지 않거나 입주자대표회의에 넘겨주지 않은 경우	법 제67조 제2항 제8호	500	700	1,000

3. 통보 및 기록

국토교통부장관 또는 민간임대주택의 소재지를 관할하는 시장・군수・구청장이 과태료를 부과한 경우에는 그 사실을 임대사업자의 주소지를 관할하는 시장・군수・구청장에게 통보해야 한다.

이 경우 임대사업자의 주소지를 관할하는 시장・군수・구청장은 통보받은 사항을 등록대장에 기록해야 한다.

제18장

민간임대주택의 임대사업자 및 임대주택 투자기구에 대한 세제지원 등

1. 취득세 및 재산세 관련

구분	주거전용면적				주요 요건 등
	40㎡ 이하	40~60㎡	60~85㎡	85~149㎡	
취득세 148)	면제	면제	–	–	– 공동주택(신축 및 최초 수분양), 오피스텔(최초 수분양) – 법정 임대의무기간 이상 임대 – 2024. 12. 31.까지
	–	–	50% 경감	–	– 공동주택(신축) – 10년 이상의 장기 임대목적(장기임대주택)을 20호 이상 취득한 경우 – 20호 이상의 장기임대주택을 보유한 임대사업자가 추가로 장기임대주택을 취득한 경우 – 추가로 취득한 결과 20호 이상을 보유하게 되었을 경우에는 그 20호부터 초과분까지 – 2024. 12. 31.까지
	–	–	50% 경감	50% 경감	– 공동주택(최초 수분양), 오피스텔(최초 수분양) – 10년 이상의 장기 임대목적(장기임대주택)을 20호 이상 취득한 경우 – 20호 이상의 장기임대주택을 보유한 임대사업자가 추가로 장기임대주택을 취득한 경우 – 추가로 취득한 결과 20호 이상을 보유하게 되었을 경우에는 그 20호부터 초과분까지 – 2024. 12. 31.까지
재산세 149)	–	50% 감면	–	–	– 공동주택, 오피스텔 – 2호 이상 임대의무기간 이상 임대 – 2024. 12. 31.까지
	–	–	25% 감면	–	– 공동주택, 오피스텔 – 2호 이상 임대의무기간 이상 임대 – 2024. 12. 31.까지
	면제	–	–	–	공공지원민간임대주택 및 장기일반민간임대주택

					공동주택, 다가구주택, 오피스텔 2024. 12. 31.까지
	-	75% 감면	-	-	공공지원민간임대주택 및 장기일반민간임대주택 - 공동주택, 오피스텔 - 2024. 12. 31.까지
	-	-	50% 감면	-	공공지원민간임대주택 및 장기일반민간임대주택 - 공동주택, 오피스텔 - 2024. 12. 31.까지

가. 취득세 관련

1) 신축하는 경우

「민간임대주택에 관한 특별법」에 따른 임대사업자가 임대할 목적으로 공동주택[150]을 건축하는 경우, 그 공동주택에 대해서는 다음 각 호에서 정하는 바에 따라 지방세를 2024년 12월 31일까지 감면한다.(「지방세특례제한법」 제31조 제1항)

위 '임대사업자'란 임대용 부동산 취득일부터 60일 이내에 해당 임대용 부동산을 임대목적물로 하여 임대사업자로 등록한 경우를 말하되, 토지에 대해서는 (a)「주택법」 제15조에 따른 사업계획승인을 받은 날 또는 (b)「건축법」 제11조에 따른 건축허가를 받은 날부터 60일 이내로서 토지 취득일부터 1년 6개월 이내에 해당 임대용 부동산을 임대목적물로 하여 임대사업자로 등록한 경우를 포함한다.

다만 2020년 7월 11일 이후, 「민간임대주택에 관한 특별법」(2020. 8. 18. 법률 제17482호로 개정되기 전의 것) 제5조에 따른 임대사업자등록 신청(임대할 주택을 추가하기 위하여 등록사항의 변경 신고를 한 경우를 포함한다.)을 한 (a) 같은 법 제2조 제5호에 따른 장기일반민간임대주택 중 아파트를 임대하는 민간매입임대주택이거나 (b) 같은 조 제6호

148) 지방세특례제한법 제31조 제1항, 제2항
149) 지방세특례제한법 제31조 제4항
150) 해당 공동주택의 부대시설 및 임대수익금 전액을 임대주택관리비로 충당하는 임대용 복리시설을 포함한다.

에 따른 단기민간임대주택인 경우 또는 ⒞ 같은 법 제5조에 따라 등록한 단기민간임대주택을 같은 조 제3항에 따라 2020년 7월 11일 이후 같은 법 제2조 제4호에 따른 '공공지원민간임대주택'이나 '장기일반민간임대주택'으로 변경 신고한 주택은 제외한다.

1. **전용면적 60㎡ 이하인 공동주택**을 취득하는 경우에는 **취득세를 면제**한다.
2. 「민간임대주택에 관한 특별법」에 따라, ⒜ 10년 이상의 장기임대 목적으로 전용면적 60㎡ **초과 85㎡ 이하인 장기임대주택을 20호(戶) 이상 취득**하거나, ⒝ 20호 이상의 장기임대주택을 보유한 임대사업자가 **추가로 장기임대주택을 취득**하는 경우(추가로 취득한 결과로 20호 이상을 보유하게 되었을 때에는 그 20호부터 초과분까지를 포함한다)에는 **취득세의 100분의 50을 경감**한다.

다만, 토지를 취득한 날부터 정당한 사유 없이 2년 이내에 공동주택을 착공하지 아니한 경우는 제외한다.

광주지방법원 2020. 5. 14. 선고 2019구단11074 판결 [취득세등부과처분취소]

기존 임대사업자가 토지를 매수하여 임대할 목적으로 그 토지상에 공동주택을 건축하는 경우에 지방세특례제한법 제31조 제1항에 따른 취득세를 면제받기 위하여는, **취득한 토지의 취득일부터 60일 이내에 당해 토지에 건축할 공동주택을 임대목적물로 기존 임대사업자등록사항에 추가하는 방법으로 해당 임대용 부동산에 대한 임대사업자등록을 마쳐야 한다**고 봄이 상당하다.

이 사건 조항에서는 '임대사업자('임대용 부동산' 취득일부터 60일 이내에 해당 임대용 부동산을 임대목적물로 하여 임대사업자로 등록한 경우)가 임대할 목적으로 공동주택을 신축하는 경우 그 공동주택에 대하여 취득세를 면제하고 있는데, 앞서 본 바와 같이 이 사건 조항에 의하여 취득세가 면제되는 '그 공동주택'은 부지인 토지를 포함하는 공동주택 건물이고, 위 조항에서 정하는 '임대용 부동산'도 장래 건축할 공동주택 및 그 부지인 토지를 포함한다고 할 것이므로, 토지를 취득하여 그 토지상에 공동주택을 건축하려고 하는 경우에는 **(아직 공동주택이 완공되지 아니하였다고 하더라도) 당해 토지의 취득일부터 그 임대사업자 등록기간이 진행되고, 그로부터 60일 이내에 해당 임대용 부동산인 장래 건축할 공동주택에 대한 임대사업자등록을 마쳐야 한다**고 할 것이다.

2) 최초로 분양받은 경우

임대사업자가 임대할 목적으로 건축주로부터 ⓐ **공동주택** 또는 ⓑ「민간임대주택에 관한 특별법」 제2조 제1호에 따른 준주택 중 **오피스텔**(그 부속토지를 포함한다.)을 **최초로 분양받은 경우**, 그 공동주택 또는 오피스텔에 대해서는 다음 각 호에서 정하는 바에 따라 지방세를 2024년 12월 31일까지 **감면**한다.(「지방세특례제한법」 제31조 제2항)

다만, 「지방세법」 제10조에 따른 취득 당시의 가액이 3억원(「수도권정비계획법」 제2조 제1호에 따른 수도권은 6억원으로 한다.)을 초과하는 경우에는 감면 대상에서 제외한다.

1. **전용면적 60㎡ 이하인** ⓐ 공동주택 또는 ⓑ 오피스텔을 취득하는 경우에는 **취득세를 면제**한다.
2. **장기임대주택을 20호(戶) 이상** 취득하거나, 20호 이상의 장기임대주택을 보유한 임대사업자가 추가로 **장기임대주택**을 취득하는 경우(추가로 취득한 결과로 20호 이상을 보유하게 되었을 때에는 그 20호부터 초과분까지를 포함한다.)에는 **취득세의 100분의 50을 경감**한다.

3) 감면된 취득세의 추징 및 제외

「민간임대주택에 관한 특별법」 제43조 제1항에 따른 법정 임대의무기간에 「민간임대주택에 관한 특별법」 제43조 제4항[151]으로 정한 경우가 아닌 사유로 다음 각 호의 어느 하나에

151) 임대사업자는 임대의무기간 중에도 다음 각 호의 어느 하나에 해당하는 경우에는 임대의무기간 내에도 계속 임대하지 아니하고 말소하거나, 대통령령으로 정하는 바에 따라 시장ㆍ군수ㆍ구청장에게 허가를 받아 임대사업자가 아닌 자에게 민간임대주택을 양도할 수 있다.
1. 부도, 파산, 그 밖의 대통령령으로 정하는 경제적 사정 등으로 임대를 계속할 수 없는 경우
2. 공공지원임대주택을 20년 이상 임대하기 위한 경우로서 필요한 운영비용 등을 마련하기 위하여 제21조의2 제1항 제4호에 따라 20년 이상 공급하기로 한 주택 중 일부를 10년 임대 이후 매각하는 경우
3. 제6조 제1항 제11호에 따라 말소하는 경우

해당하는 경우에는 감면된 취득세를 추징한다.(「지방세특례제한법」 제31조 제3항)

1. 임대 외의 용도로 사용하거나 매각ㆍ증여하는 경우
2. 「민간임대주택에 관한 특별법」 제6조에 따라 임대사업자 등록이 말소된 경우

> **대전지방법원 2021. 4. 22. 선고 2020구합100757 판결 [취득세경정거부처분취소]**
>
> 원고는 이 사건 추징규정을 '임대 외의 용도로 매각한 경우'에만 추징한다는 의미로 해석해야 한다는 주장도 한다. 그러나 '임대'는 주택을 사용하는 방법의 하나이고 용도의 사전적 의미가 '물건이 쓰이는 방식'이라는 점을 고려하면, **'임대 외의 용도로 사용'하는 것은 가능해도 '임대 외의 용도로 매각'한다는 것은 있을 수 없다.** 이는 문리적으로 가능한 범위를 벗어난 부당한 해석이고, 조세법률주의에도 반한다.

나. 재산세 관련

1) 임대용 공동주택 또는 오피스텔

대통령령으로 정하는 임대사업자 등[152]이 (a) 「민간임대주택에 관한 특별법」 제5조에 따라 해당 부동산을 임대목적물로 하여 임대사업자로 등록하고, (b) 국내에서 **임대용 공동주택 또는 오피스텔**을 과세기준일 현재 **2세대 이상** 임대 목적으로 직접 사용하는 경우에는 다음 각 호에서 정하는 바에 따라 재산세를 **2024년 12월 31일까지 감면**한다.(「지방세특례제한법」 제31조 제4항)

다만 2020년 7월 11일 이후 「민간임대주택에 관한 특별법」(2020. 8. 18. 법률 제17482호로 개정되기 전의 것) 제5조에 따른 임대사업자등록 신청(임대할 주택을 추가하기 위하여 등록사항의 변경 신고를 한 경우를 포함한다.)을 한 (a) 장기일반민간임대주택 중 아파트를 임대하는 민간매입임대주택이거나 (b) 단기민간임대주택인 경우 또는 (c) 같은 법 제5조에

152) 1. 주택건설사업자(해당 건축물의 사용승인서를 내주는 날 또는 매입일 이전에 「부가가치세법」 제8조에 따라 건설업 또는 부동산매매업의 사업자등록증을 교부받거나 같은 법 시행령 제8조에 따라 고유번호를 부여받은 자를 말한다)
2. 「주택법」 제4조 제1항 제6호에 따른 고용자
3. 「민간임대주택에 관한 특별법」 제2조 제7호의 임대사업자

따라 등록한 단기민간임대주택을 같은 조 제3항에 따라 2020년 7월 11일 이후 '공공지원민간임대주택'이나 '장기일반민간임대주택'으로 변경 신고한 주택은 제외한다.

그리고, ① (a)「지방세법」 제4조 제1항에 따라 공시된 가액 또는 (b) 시장ㆍ군수가 산정한 가액이 3억원[「수도권정비계획법」 제2조 제1호에 따른 **수도권은** 6억원(「민간임대주택에 관한 특별법」 제2조 제2호에 따른 **민간건설임대주택인 경우에는** 9억원)으로 한다.]을 초과하는 **공동주택**과 ②「지방세법」 제4조에 따른 시가표준액이 2억원(「수도권정비계획법」 제2조 제1호에 따른 수도권은 4억원으로 한다)을 초과하는 **오피스텔은** 감면 대상에서 제외한다.

1. 전용면적 40㎡ 이하인 임대 목적의 공동주택, 다가구주택 또는 오피스텔에 대해서는 재산세(「지방세법」 제112조에 따른 부과액을 포함한다)를 면제한다.
2. 전용면적 40㎡ 초과 60㎡ 이하인 임대 목적의 공동주택 또는 오피스텔에 대해서는 재산세(「지방세법」 제112조에 따른 부과액을 포함한다)의 100분의 50을 경감한다.
3. 전용면적 60㎡ 초과 85㎡ 이하인 임대 목적의 공동주택 또는 오피스텔에 대해서는 재산세의 100분의 25를 경감한다.

2) 장기일반민간임대주택 등

「민간임대주택에 관한 특별법」 제2조 제4호에 따른 **공공지원민간임대주택** 및 같은 조 제5호에 따른 **장기일반민간임대주택**을 임대하려는 자가 ①「민간임대주택에 관한 특별법」 제5조에 따라 해당 부동산을 임대목적물로 하여 임대사업자로 등록하고, ② (a) 국내에서 임대 목적의 **공동주택 2세대 이상** 또는 (b) 대통령령으로 정하는 **다가구주택**[153](모든 호수의 전용면적이 40㎡ 이하인 경우)을 과세기준일 현재 임대 목적에 직접 사용하는 경우 또는 (c) 같은 법 제2조 제1호에 따른 준주택 중 **오피스텔**을 2세대 이상 과세기준일 현재 임대 목적에 **직접 사용**하는 경우에는 다음 각 호에서 정하는 바에 따라 2024년

153) 다가구주택(「민간임대주택에 관한 특별법 시행령」 제2조의2에 따른 일부만을 임대하는 다가구주택은 임대 목적으로 제공하는 부분만 해당한다.)으로서 「건축법」 제38조에 따른 건축물대장에 호수별로 전용면적이 구분되어 기재되어 있는 다가구주택을 말한다.

12월 31일까지 지방세를 감면한다.(「지방세특례제한법」 제31조의3)

다만 위 **공공지원민간임대주택 중**, 「민간임대주택에 관한 특별법」(2020. 8. 18. 법률 제17482호로 개정되기 전의 것) 제5조에 따라 등록한 같은 법 제2조 제6호에 따른 단기민간임대주택을 같은 법 제5조 제3항에 따라 2020년 7월 11일 이후 공공지원민간임대주택으로 변경 신고한 주택은 제외한다.

그리고 위 **장기일반임대주택 중**, 2020년 7월 11일 이후 「민간임대주택에 관한 특별법」(2020. 8. 18. 법률 제17482호로 개정되기 전의 것) 제5조에 따른 임대사업자등록 신청(임대할 주택을 추가하기 위하여 등록사항의 변경 신고를 한 경우를 포함한다.)을 한 장기일반민간임대주택 중 **아파트를 임대하는 민간매입임대주택**이거나 **단기민간임대주택**을 같은 조 제3항에 따라 2020년 7월 11일 이후 장기일반민간임대주택으로 변경 신고한 주택은 제외한다.

그리고 ① (a) 「지방세법」 제4조 제1항에 따라 공시된 **가액** 또는 (b) **시장 · 군수가 산정한 가액이** 3억원[「수도권정비계획법」 제2조 제1호에 따른 **수도권은** 6억원(「민간임대주택에 관한 특별법」 제2조 제2호에 따른 **민간건설임대주택인 경우는** 9억원)으로 한다.]을 초과하는 **공동주택**과 ② 「지방세법」 제4조에 따른 **시가표준액이** 2억원(「수도권정비계획법」 제2조 제1호에 따른 **수도권은** 4억원으로 한다)을 초과하는 **오피스텔**은 감면 대상에서 제외한다.

1. 전용면적 40㎡ **이하**인 임대 목적의 **공동주택**, **디가구주택 또는 오피스텔**에 대해서는 재산세(「지방세법」 제112조에 따른 부과액을 포함한다.)를 면세한다.
2. 전용면적 40㎡ **초과** 60㎡ **이하**인 임대 목적의 **공동주택 또는 오피스텔**에 대하여는 재산세(「지방세법」 제112조에 따른 부과액을 포함한다)의 100분의 75를 경감한다.
3. 전용면적 60㎡ 초과 85㎡ 이하인 임대 목적의 **공동주택 또는 오피스텔**에 대하여는 재산세의 100분의 50을 경감한다.

대법원 2021. 9. 9. 선고 2021두34558 판결 [재산세등부과처분취소]

구 지방세특례제한법(2018. 1. 16. 법률 제15356호로 개정되기 전의 것) 제31조의3 제1항 제1호 의 '직접 사용'의 의미를 위탁관리 부동산투자회사가 부동산투자회사법령에 따라 보유 부동산을 신탁하여 임대하는 경우도 포함하는 것으로 해석할 수 있는지 여부(소극)

구 지방세특례제한법에서 정한 '직접 사용'의 문구는 특별한 사정이 없는 한 '직접 사용'의 의미에 관한 정의규정인 구 지방세특례제한법 제2조 제1항 제8호에 따라 해석하여야 하고, '직접 사용'의 의미를 이와 달리 해석하기 위해서는 원칙적으로 그에 관한 별도의 규정이 필요하다. 그런데 이 사건 조항은 구 지방세특례제한법 제20조 제1호, 제22조 제2항, 제50조 제2항 등과는 달리 '직접 사용'의 의미를 구 지방세특례제한법 제2조 제1항 제8호와 다르게 해석하도록 하는 별도의 규정을 두고 있지 않다. 따라서 이 사건 조항의 '직접 사용'의 의미도 구 지방세특례제한법 제2조 제1항 제8호에 따라 '부동산 등의 소유자가 해당 부동산 등을 사업 또는 업무의 목적이나 용도에 맞게 사용하는 것'으로 해석하여야 한다.

구 지방세특례제한법 제31조의4 제2항 제1호에서 정한 '직접 사용'의 의미를 위탁관리 부동산투자회사가 부동산투자회사법령에 따라 보유 부동산을 신탁하여 임대하는 경우도 포함하는 것으로 해석할 수 있다고 하더라도, 이 사건 조항에서 정한 '직접 사용'의 의미까지 이와 동일하게 해석하여야 한다고 볼 근거는 없다. 오히려 지방세특례제한법은 이 사건 조항을 그대로 둔 채 2018. 12. 24. 개정을 통하여 제31조의4 제2항 제1호가 정한 '직접 사용'에 대해서만 '부동산투자회사가 부동산투자회사법 제35조 등에 따라 위탁하여 임대하는 경우'를 포함하도록 정하였을 뿐이다.

3) 감면된 재산세의 추징 및 제외

「민간임대주택에 관한 특별법」 제6조에 따라 임대사업자 등록이 말소되거나 같은 법 제43조제1항에 따른 임대의무기간에 임대용 공동주택 또는 오피스텔을 매각·증여하는 경우에는 그 감면 사유 소멸일부터 소급하여 5년 이내에 감면된 재산세를 추징한다. 다만, 다음 각 호의 어느 하나에 해당하는 경우에는 추징에서 제외한다.

1. 「민간임대주택에 관한 특별법」 제43조 제1항에 따른 임대의무기간이 경과한 후 등록이 말소된 경우

2. 「민간임대주택에 관한 특별법」 제43조 제4항의 사유로 임대사업자 등록이 말소된 경우

2. 종합소득세 관련

가. 주택임대소득에 대한 세액 계산의 특례

1) 분리과세 선택 가능

분리과세 주택임대소득이 있는 거주자의 **종합소득 결정세액**은 다음 각 호의 세액 중 하나를 선택하여 적용한다.(「소득세법」 제64조의2 제1항)

1. 「소득세법」 제14조 제3항 제7호를 적용하기 전의 **종합소득 결정세액**
2. **다음 각 목의 세액을 더한 금액**
   가. 분리과세 주택임대소득에 대한 사업소득금액에 100분의 14를 곱하여 산출한 금액. 다만, 「조세특례제한법」 제96조 제1항에 해당하는 거주자가 같은 항에 따른 임대주택을 임대하는 경우에는 해당 임대사업에서 발생한 분리과세 주택임대소득에 대한 사업소득금액에 100분의 14를 곱하여 산출한 금액에서 같은 항에 따라 감면받는 세액을 차감한 금액으로 한다.
   나. 가목 외의 종합소득 결정세액

2) 대 상(등록 임대주택)

주택임대소득에 대한 분리과세를 선택할 수 있는 임대주택은 다음 각호의 '등록 임대주택'이다.

1. 다음 각 목의 어느 하나에 해당하는 주택일 것
   가. 「민간임대주택에 관한 특별법」 제5조에 따른 임대사업자등록을 한 자가 임대 중인 같은 법 제2조 제4호에 따른 공공지원민간임대주택
   나. 「민간임대주택에 관한 특별법」 제5조에 따른 임대사업자등록을 한 자가 임대 중인 같은 법 제2조 제5호에 따른 **'장기일반민간임대주택'**[아파트를 임대하는

민간매입임대주택의 경우에는 2020년 7월 10일 이전에 종전의「민간임대주택에 관한 특별법」(2020. 8. 18. 법률 제17482호 민간임대주택에 관한 특별법 일부개정법률에 따라 개정되기 전의 것을 말한다.) 제5조에 따라 등록을 신청(임대할 주택을 추가하기 위해 등록사항의 변경 신고를 한 경우를 포함한다.)한 것에 한정한다]

다. 종전의「민간임대주택에 관한 특별법」제5조에 따른 임대사업자등록을 한 자가 임대 중인 같은 법 제2조 제6호에 따른 단기민간임대주택(2020년 7월 10일 이전에 등록을 신청한 것으로 한정한다)

2.「소득세법」제168조에 따른 사업자의 임대주택일 것

3. 임대보증금 또는 임대료("임대료 등")의 증가율이 100분의 5를 초과하지 않을 것. 이 경우 임대료 등의 증액 청구는 임대차계약의 체결 또는 약정한 임대료 등의 증액이 있은 후 1년 이내에는 하지 못하고, 임대사업자가 임대료 등의 증액을 청구하면서 임대보증금과 월임대료를 상호 간에 전환하는 경우에는「민간임대주택에 관한 특별법」제44조 제4항의 전환 규정을 준용한다.

단 종전의「민간임대주택에 관한 특별법」제5조에 따라 등록한 같은 법 제2조 제6호에 따른 단기민간임대주택을 같은 법 제5조 제3항에 따라 2020년 7월 11일 이후「민간임대주택에 관한 특별법」제2조 제4호 또는 제5호에 따른 공공지원민간임대주택 또는 장기일반민간임대주택(이하 "장기일반민간임대주택 등"이라 한다)으로 변경 신고한 주택은 등록임대주택에서 제외한다.

3) 필요경비 차감

위 분리과세 주택임대소득에 대한 사업소득금액은 총수입금액에서 필요경비(총수입금액의 100분의 50으로 한다)를 차감한 금액으로 하되, 분리과세 주택임대소득을 제외한 해당 과세기간의 종합소득금액이 2천만원 이하인 경우에는 추가로 200만원을 차감한 금액으로 한다. 다만, 대통령령으로 정하는 임대주택('등록 임대주택')을 임대하는 경우

에는 해당 임대사업에서 발생한 사업소득금액은 총수입금액에서 **필요경비(총수입금액의 100분의 60으로 한다)**를 차감한 금액으로 하되, 분리과세 주택임대소득을 제외한 해당 과세기간의 종합소득금액이 2천만원 이하인 경우에는 **추가로 400만원을 차감한** 금액으로 한다.(「소득세법」 제64조의2 제2항)

4) 추징되는 경우

다음 각 호의 어느 하나에 해당하는 경우에는 그 사유가 발생한 날이 속하는 과세연도의 과세표준신고를 할 때 다음 각 호의 구분에 따른 금액을 소득세로 납부하여야 한다. 다만, 「민간임대주택에 관한 특별법」 제6조 제1항 제11호에 해당하여 등록이 말소되는 경우 등 대통령령으로 정하는 경우[154]에는 그러하지 아니하다.(「소득세법」 제64조의2 제3항)

1. 분리과세에 따라 세액을 감면받은 사업자가 해당 임대주택을 4년(「민간임대주택에 관한 특별법」 제2조 제4호에 따른 공공지원민간임대주택 또는 같은 법 제2조 제5호에 따른 장기일반민간임대주택의 경우에는 10년) 이상 임대하지 아니하는 경우 : 「소득세법」 제1항 제2호 가목 단서에 따라 감면받은 세액
2. 「소득세법」 제64조의2 제2항 단서를 적용하여 세액을 계산한 사업자가 해당 임대주택을 10년 이상 임대하지 아니하는 경우 : 제2항 단서를 적용하지 아니하고 계산한 세액과 당초 신고한 세액과의 차액

154) 1. 「민간임대주택에 관한 특별법」 제6조 제1항 제11호 또는 같은 조 제5항에 따라 임대사업자 등록이 말소된 경우
2. 「도시 및 주거환경정비법」에 따른 재개발사업ㆍ재건축사업, 「빈집 및 소규모주택 정비에 관한 특례법」에 따른 소규모주택정비사업으로 임대 중이던 당초의 임대주택이 멸실되어 새로 취득하거나 「주택법」에 따른 리모델링으로 새로 취득한 주택이 아파트(당초의 임대주택이 단기민간임대주택인 경우에는 모든 주택을 말한다)인 경우. 다만, 새로 취득한 주택의 준공일부터 6개월이 되는 날이 2020년 7월 10일 이전인 경우는 제외한다.

5) 이자 상당 가산액

「소득세법」 제64조의2 제3항 각 호에 따라 소득세액을 납부하는 경우에는 「조세특례제한법」 제33조의2 제4항의 **이자 상당 가산액**에 관한 규정을 준용한다. 다만, 다음 각 호의 부득이한 사유가 있는 경우에는 그러하지 아니하다.

1. 파산 또는 강제집행에 따라 임대주택을 처분하거나 임대할 수 없는 경우
2. 법령상 의무를 이행하기 위해 임대주택을 처분하거나 임대할 수 없는 경우
3. 「채무자 회생 및 파산에 관한 법률」에 따른 회생절차에 따라 법원의 허가를 받아 임대주택을 처분한 경우

6) 주택임대소득의 계산 방법

분리과세 주택임대소득에 대한 종합소득 결정세액의 계산 및 임대주택 유형에 따른 사업소득금액의 산출방법 등은 아래와 같다.

1. 과세기간 중 일부 기간 동안 등록임대주택을 임대한 경우 등록임대주택의 임대사업에서 발생하는 수입금액은 월수로 계산한다. 이 경우 해당 임대기간의 개시일 또는 종료일이 속하는 달이 15일 이상인 경우에는 1개월로 본다.
2. 해당 과세기간 중에 임대주택을 등록한 경우 주택임대소득금액은 다음의 계산식에 따라 계산한다.

[등록한 기간에 발생한 수입금액 X (1–0.6)] + [등록하지 않은 기간에 발생한 수입금액 X(1–0.5)]

3. 해당 과세기간 동안 등록임대주택과 등록임대주택이 아닌 주택에서 수입금액이 발생한 경우 「소득세법」 제64조의2 제2항에 따라 해당 과세기간의 종합소득금액이 2천만원 이하인 경우에 추가로 차감하는 금액은 다음의 계산식에 따라 계산한다.

[(등록한 기간에 발생한 수입금액 /총 주택임대수입금액) X 400만원] + [(등록하지 않은 기간에 발생한 수입금액/총 주택임대수입금액 X 200만원)]

7) 증명서류의 제출

(a)「소득세법」 제64조의2 제1항 제2호 가목 단서에 따라 소득세를 감면받거나 (b) 같은 조 제2항 단서에 따라 등록임대주택의 사업소득금액을 계산하려는 자는 해당 과세표준신고를 할 때 다음 각호의 증명서류를 납세지 관할 세무서장에게 제출해야 한다.

1. 「민간임대주택에 관한 특별법 시행령」 제4조 제5항에 따른 **임대사업자 등록증** 또는 「공공주택 특별법」 제4조에 따른 **공공주택사업자 지정을 증명하는 자료**
2. 「민간임대주택에 관한 특별법 시행령」 제36조 제4항에 따른 **임대 조건 신고증명서**
3. 「민간임대주택에 관한 특별법」 제47조 또는 「공공주택 특별법」 제49조의2에 따른 **표준임대차계약서 사본**
4. 「민간임대주택에 관한 특별법 시행규칙」 제19조 제7항에 따른 **임대차계약 신고이력 확인서**
5. 그 밖에 국세청장이 필요하다고 인정하는 서류

나. 소형주택 임대사업자에 대한 세액 감면

구 분	감면되는 세액
임대주택을 1호 임대하는 경우	소득세 또는 법인세의 100분의 30 ※ '장기일반민간임대주택 등'의 경우에는 100분의 75에 상당하는 세액
임대주택을 2호 이상 임대하는 경우	소득세 또는 법인세의 100분의 20 ※ '장기일반민간임대주택 등'의 경우에는 100분의 50에 상당하는 세액

1) 요 건

'대통령령으로 정하는 내국인'이 **'대통령령으로 정하는 임대주택'**을 1호 이상 임대하는 경우에는 2022년 12월 31일 **이전**에 끝나는 과세연도까지 해당 **임대사업에서 발생한** 소득에 대해서는 다음 각 호에 따른 **세액을 감면**한다.(「조세특례제한법」 제96조 제1항)

1. 임대주택을 1호 임대하는 경우 : 소득세 또는 법인세의 100분의 30[임대주택 중 「민간임대주택에 관한 특별법」 제2조 제4호에 따른 **공공지원민간임대주택** 또는 같은 법 제2조 제5호에 따른 **장기일반민간임대주택**(이하 '**장기일반민간임대주택등**'이라 한다.)의 경우에는 100분의 75]에 상당하는 세액
2. 임대주택을 2호 이상 임대하는 경우 : 소득세 또는 법인세의 100분의 20(**장기일반민간임대주택등의 경우에는** 100분의 50)에 상당하는 세액

위 임대사업자가 임대하는 임대주택의 수를 계산할 때에는 해당 과세연도 종료일 현재 임대주택 수를 기준으로 한다.

가) 내국인

위 '**대통령령으로 정하는 내국인**'이란 다음 각 호의 요건을 모두 충족하는 내국인을 말한다.

1. 「소득세법」 제168조 또는 「법인세법」 제111조에 따른 **사업자등록**을 하였을 것
2. 「민간임대주택에 관한 특별법」 제5조에 따른 **임대사업자등록**을 하였을 것

나) 임대주택

위 '**대통령령으로 정하는 임대주택**'이란 다음 각 호의 요건을 모두 갖춘 임대주택을 말한다.

1. 위 내국인이 임대주택으로 등록한 주택으로서 다음 각 목의 어느 하나에 해당하는 주택일 것
   가. 「민간임대주택에 관한 특별법」 제2조 제4호에 따른 공공지원민간임대주택. 다만, 종전의 「민간임대주택에 관한 특별법」(2020. 8. 18. 법률 제17482호, 「민간임대주택에 관한 특별법」 일부 개정법률로 개정되기 전의 것) 제2조 제6호에 따른 **단기민간임대주택**으로서 2020년 7월 11일 이후 같은 법 제5조 제3항에 따라 **공공지원민간임대주택**으로 변경 신고한 주택은 제외한다.
   나. 「민간임대주택에 관한 특별법」 제2조 제5호에 따른 장기일반민간임대주택.(2020. 8. 18. 법률 제17482호 민간임대주택에 관한 특별법 일부개정법률 부칙

제5조 제1항에 따라 장기일반민간임대주택으로 보는 아파트를 임대하는 민간매입임대주택을 포함한다.)

다만 다음의 어느 하나에 해당하는 주택은 **제외**한다.

1) 2020년 7월 11일 이후 종전의 「민간임대주택에 관한 특별법」 제5조 제1항에 따라 등록 신청(같은 조 제3항에 따라 임대할 주택을 추가하기 위해 등록한 사항을 변경 신고한 경우를 포함한다.)한 장기일반민간임대주택 중 아파트를 임대하는 민간매입임대주택

2) 종전의 「민간임대주택에 관한 특별법」 제2조 제6호에 따른 단기민간임대주택으로서 2020년 7월 11일 이후 같은 법 제5조 제3항에 따라 장기일반민간임대주택으로 변경 신고한 주택

다. 종전의 「민간임대주택에 관한 특별법」 제2조 제6호에 따른 단기민간임대주택. 다만, 2020년 7월 11일 이후 같은 법 제5조 제1항에 따라 등록 신청한 단기민간임대주택은 제외한다.

2. 「주택법」 제2조 제6호에 따른 국민주택규모[155][156]의 주택(주거에 사용하는 오피스텔과 주택 및 오피스텔에 딸린 토지를 포함하며, 그 딸린 토지가 건물이 정착된 면적에 지역별로 다음 각 목에서 정하는 배율을 곱하여 산정한 면적을 초과하는 경우 해당 주택 및 오피스텔은 제외한다)일 것

가. 「국토의 계획 및 이용에 관한 법률」 제6조 제1호에 따른 도시지역의 토지 : 5배

나. 그 밖의 토지 : 10배

3. 주택 및 이에 부수되는 토지의 기준시가의 합계액이 **해당 주택의 임대개시일**(임대개시 후 제1항 제1호 및 제2호의 요건을 충족하는 경우 그 요건을 모두 충족한 날을 말한다.) 당시 **6억원을 초과하지 않을 것**

155) "국민주택규모"란 주거의 용도로만 쓰이는 면적('주거전용면적')이 1호(戶) 또는 1세대당 85㎡ 이하인 주택(「수도권정비계획법」 제2조 제1호에 따른 수도권을 제외한 도시지역이 아닌 읍 또는 면 지역은 1호 또는 1세대당 주거전용면적이 100㎡ 이하인 주택을 말한다)을 말한다.(「주택법」 제2조 제6호)

156) 해당 주택이 다가구주택일 경우에는 '가구당 전용면적'을 기준으로 한다.

4. 임대보증금 또는 임대료('임대료 등')의 증가율이 100분의 5를 초과하지 않을 것. 이 경우 '임대료 등' 증액 청구는 임대차계약 또는 약정한 '임대료 등'의 증액이 있은 후 1년 이내에는 하지 못하고, 임대사업자가 '임대료 등'의 증액을 청구하면서 임대보증금과 월임대료를 상호 간에 전환하는 경우에는 「민간임대주택에 관한 특별법」 제44조 제4항에 따라 정한 기준을 준용한다.

2) 감면된 소득세 또는 법인세가 추징되는 경우

가) 요 건

위와 같이 소득세 또는 법인세를 감면받은 내국인이 1호 이상의 임대주택을 4년('장기일반민간임대주택 등'의 경우에는 10년) 이상 임대하지 아니하는 경우, 그 사유가 발생한 날이 속하는 과세연도의 과세표준신고를 할 때 감면받은 세액을 소득세 또는 법인세로 납부하여야 한다.(「조세특례제한법」 제96조 제2항)

위 4년('장기일반민간임대주택 등'의 경우에는 10년) 이상 임대하는지 여부는 다음 각 호에 따른다.

1. 해당 과세연도의 매월 말 현재 실제 임대하는 임대주택이 1호 이상인 개월 수가 해당 과세연도 개월 수(1호 이상의 임대주택의 임대개시일이 속하는 과세연도의 경우에는 1호 이상의 임대주택의 임대개시일이 속하는 월부터 과세연도 종료일이 속하는 월까지의 개월 수)의 12분의 9 이상인 경우에는 1호 이상의 임대주택을 임대하고 있는 것으로 본다. 다만, 「조세특례제한법」 제96조 제2항 단서에 해당하는 경우에는 등록이 말소되는 날이 속하는 해당 과세연도에 1호 이상의 임대주택을 임대하고 있는 것으로 본다.
2. 1호 이상의 임대주택의 임대개시일부터 4년('장기일반민간임대주택 등'의 경우에는 10년)이 되는 날이 속하는 달의 말일까지의 기간 중 매월 말 현재 실제 임대하는 임대주택이 1호 이상인 개월 수가 43개월('장기일반민간임대주택 등'의 경우에는 108개월) 이상인 경우에는 1호 이상의 임대주택을 4년('장기일반민간임대주택

등'의 경우에는 10년) 이상 임대하고 있는 것으로 본다.

3. 제1호 및 제2호를 적용할 때 기존 임차인의 퇴거일부터 다음 임차인의 입주일까지의 기간으로서 3개월 이내의 기간은 임대한 기간으로 본다.

4. 제1호 및 제2호를 적용할 때 상속, 합병, 분할, 물적분할, 현물출자로 인하여 피상속인, 피합병법인, 분할법인, 출자법인(이하 이 호에서 "피상속인 등"이라 한다)이 임대하던 임대주택을 상속인, 합병법인, 분할신설법인, 피출자법인(이하 이 호에서 "상속인 등"이라 한다)이 취득하여 임대하는 경우에는 피상속인 등의 임대기간은 상속인 등의 임대기간으로 본다.

5. 제1호 및 제2호를 적용할 때 「공익사업을 위한 토지 등의 취득 및 보상에 관한 법률」 또는 그 밖의 법률에 따른 수용(협의 매수를 포함한다.)으로 임대주택을 처분하거나 임대를 할 수 없는 경우에는 해당 임대주택을 계속 임대하는 것으로 본다.

6. 제1호 및 제2호를 적용할 때 (a)「도시 및 주거환경정비법」에 따른 재개발사업ㆍ재건축사업, 「빈집 및 소규모주택 정비에 관한 특례법」에 따른 소규모주택정비사업 또는 (b)「주택법」에 따른 리모델링의 사유로 임대주택을 처분하거나 임대를 할 수 없는 경우에는 해당 주택의 관리처분계획 인가일(소규모주택정비사업의 경우에는 사업시행계획 인가일, 리모델링의 경우에는 허가일 또는 사업계획승인일을 말한다.) 전 6개월부터 준공일 후 6개월까지의 기간은 임대한 기간으로 본다. 이 경우 임대기간 계산에 관하여는 「종합부동산세법 시행령」 제3조 제7항 제7호[157] 및 제7호의2[158]를 준용한다.

---

157) 7. 「도시 및 주거환경정비법」에 따른 재개발사업ㆍ재건축사업 또는 「빈집 및 소규모주택 정비에 관한 특례법」에 따른 소규모주택정비사업에 따라 당초의 합산배제 임대주택이 멸실되어 새로운 주택을 취득하게 된 경우에는 멸실된 주택의 임대기간과 새로 취득한 주택의 임대기간을 합산한다. 이 경우 새로 취득한 주택의 준공일부터 6개월 이내에 임대를 개시해야 한다.

158) 7의2. 「주택법」에 따른 리모델링을 하는 경우에는 해당 주택의 같은 법에 따른 허가일 또는 사업계획승인일 전의 임대기간과 준공일 후의 임대기간을 합산한다. 이 경우 준공일부터 6개월 이내에 임대를 개시해야 한다.

나) 예 외

①「민간임대주택에 관한 특별법」 제6조 제1항 제11호 또는 같은 조 제5항에 따라 **임대사업자 등록이 말소된 경우** 및 ② ⓐ「도시 및 주거환경정비법」에 따른 재개발사업 · 재건축사업, ⓑ「빈집 및 소규모주택 정비에 관한 특례법」에 따른 소규모주택정비사업으로 당초의 임대주택이 멸실되어 새로 취득하거나 ⓒ「주택법」에 따른 리모델링으로 새로 취득한 주택이 아파트(당초의 임대주택이 단기민간임대주택인 경우에는 모든 주택을 말한다.)인 경우에는 감면된 소득세 또는 법인세가 추징을 하지 아니한다.

다만, 새로 취득한 주택의 준공일부터 6개월이 되는 날이 2020년 7월 10일 이전인 경우는 제외한다.

다) 이자 상당 가산액

위와 같이 감면받은 소득세액 또는 법인세액을 추징하여 납부하는 경우에는 **이자 상당 가산액**(=감면을 받은 과세연도의 종료일 다음 날부터 해당하는 사유가 발생한 날이 속하는 과세연도의 종료일까지의 기간 X 1일 10만분의 22)을 소득세 또는 법인세에 가산하여 납부하여야 한다.

다만, 다음 각 호와 같은 **부득이한 사유**가 있는 경우에는 그러하지 아니하다.

1. 파산, 강제집행에 따라 임대주택을 처분하거나 임대를 할 수 없는 경우
2. 법령상 의무를 이행하기 위하여 임대주택을 처분하거나 임대를 할 수 없는 경우
3. 「채무자 회생 및 파산에 관한 법률」에 따른 회생절차에 따라 법원의 허가를 받아 임대주택을 처분한 경우

3) 세액감면신청

세액의 감면신청을 하려는 자는 해당 과세연도의 과세표준신고와 함께 기획재정부령으로 정하는 **'소형주택 임대사업자에 대한 세액감면신청서'**(「조세특례제한법 시행규칙」

[별지 제60호의16 서식])에 다음 각 호의 서류를 첨부하여 납세지 관할 세무서장에게 제출하여야 한다.

1. 「민간임대주택에 관한 특별법 시행령」 제4조 제5항에 따른 임대사업자 등록증
2. 「민간임대주택에 관한 특별법 시행령」 제36조 제4항에 따른 임대 조건 신고증명서
3. 「민간임대주택에 관한 특별법」 제47조에 따른 표준임대차계약서 사본
4. 「민간임대주택에 관한 특별법 시행규칙」 제19조 제8항에 따른 [별지 제23호의2 서식 : 임대차계약 신고 이력 확인서]

3. 양도소득세 관련

가. 1세대 3주택 이상 임대사업자에 대한 가산세율 배제 혜택

1) 원 칙

원칙적으로 **1세대 3주택 이상**에 해당하는 주택을 양도하는 경우에는 10% **세율을 양도소득세에 가산하여 부과**한다.(「소득세법」 제104조 제4항)

2) 예 외

그러나, (a)「소득세법」 제168조에 따른 **사업자등록**[159]과 (b)「민간임대주택에 관한 특별법」 제5조에 따른 **임대사업자 등록**('사업자등록 등')[160]을 한 거주자가 민간임대주택으로 등록하여 임대하는 다음의 어느 하나에 해당하는 '장기임대주택'에 대해서는 가산세율

---

159) 제168조(사업자등록 및 고유번호의 부여)
① 새로 사업을 시작하는 사업자는 대통령령으로 정하는 바에 따라 사업장 소재지 관할 세무서장에게 등록하여야 한다.
② 「부가가치세법」에 따라 사업자등록을 한 사업자는 해당 사업에 관하여 제1항에 따른 등록을 한 것으로 본다.

160) 2003년 10월 29일("기존사업자기준일") 현재 「민간임대주택에 관한 특별법」 제5조에 따른 임대사업자등록을 했으나, 「소득세법」 제168조에 따른 사업자등록을 하지 않은 거주자가 2004년 6월 30일까지 같은 조에 따른 사업자등록을 한 때에는 「민간임대주택에 관한 특별법」 제5조에 따른 임대사업자등록일에 「소득세법」 제168조에 따른 사업자등록을 한 것으로 봄

이 적용되지 않는다.(「소득세법 시행령」 제167조의3 제1항 제2호)

다만, 「소득세법 시행령」 제167조의3, 제167조의4, 제167조의10 및 제167조의11을 적용할 때 가목 및 다목부터 마목까지의 규정에 해당하는 **장기임대주택**(2020. 8. 18. 법률 제17482호 민간임대주택에 관한 특별법 일부개정법률 부칙 제5조 제1항[161])이 적용되는 주택으로 한정한다.)으로서, 「민간임대주택에 관한 특별법」 제6조 제5항에 따라 임대의무기간이 종료한 날 등록이 말소되는 경우에는 임대의무기간이 종료한 날 해당 목에서 정한 임대기간요건을 갖춘 것으로 본다.

가. ⓐ 「민간임대주택에 관한 특별법」 제2조 제3호에 따른 **민간매입임대주택을 1호 이상** 임대하고 있는 거주자가 ⓑ **5년 이상 임대한 주택**으로서 ⓒ 해당 주택 및 이에 부수되는 토지의 기준시가의 합계액이 해당 주택의 임대개시일 당시 6억원(수도권 밖의 지역인 경우에는 3억원)을 초과하지 않고, ⓓ 임대보증금 또는 임대료('임대료 등')의 증가율이 100분의 5를 초과하지 않는 주택('임대료 등'의 증액 청구는 임대차계약의 체결 또는 약정한 '임대료 등'의 증액이 있은 후 1년 이내에는 하지 못하고, 임대사업자가 '임대료 등'의 증액을 청구하면서 임대보증금과 월임대료를 상호 간에 전환하는 경우에는 「민간임대주택에 관한 특별법」 제44조 제4항의 전환 규정을 준용한다).

다만, 2018. 3. 31.까지 '사업자등록 등'을 한 주택으로 한정한다.[162]

---

161) 제5조(폐지되는 민간임대주택 종류에 관한 특례)
① 이 법 시행 당시 종전의 규정에 따라 ⓐ 장기일반민간임대주택 중 아파트를 임대하는 민간매입임대주택 또는 ⓑ 단기민간임대주택을 등록한 임대사업자 및 그 민간임대주택은 임대사업자 및 그 민간임대주택의 등록이 말소되기 전까지 이 법에 따른 임대사업자 및 장기일반민간임대주택으로 보아 이 법을 적용한다. 다만, 임대의무기간은 종전의 규정에 따른다.

162) 2018. 2. 13. 대통령령 제28637호로 일부 개정된 「소득세법 시행령」
제1조(시행일) 이 영은 공포한 날부터 시행한다. 다만, 다음 각 호의 개정규정은 각 호의

2018. 3. 31. 이전까지는 법정 임대의무기간이 4년인 **단기임대주택**이나, 법정 임대의무기간이 8년인 **장기임대주택** 중 어느 것으로 등록하더라도 구「소득세법」에서 정한 일정 요건만 갖추면 양도소득세 중과배제를 적용받을 수 있었다. 하지만 2018. 4. 1.부터는 무조건 장기임대주택으로 등록하여야만 양도소득세 중과배제를 적용받을 수 있었다.

한편 2018. 9. 13. 이전까지는 조정대상지역 내에 소재하고 있는 주택을 취득해 장기임대주택으로 등록하면 종합부동산세 합산배제를 적용받을 수 있었다. 하지만 2018. 9. 14. 부터는 조정대상지역 내 소재하고 있는 주택을 취득해 장기임대주택으로 등록한다 하더라도 종합부동산세 합산배제를 더 이상 받을 수 없게 되었다.

나. (a) 기존사업자기준일 이전에 '사업자등록 등'을 하고, (b)「주택법」 제2조 제6호에 따른 **국민주택규모**[163]에 해당하는 (c)「민간임대주택에 관한 특별법」 제2조 제3호에 따른 **민간매입임대주택을 2호 이상 임대**하고 있는 거주자가 (d) **5년 이상 임대**한 주택(기존사업자기준일 이전에 임대주택으로 등록하여 임대하는 것에 한한다.)으로서 (e) 당해 주택 및 이에 부수되는 토지의 기준시가의 합계액이 해당 주택의 취득 당시 3억원을 초과하지 아니하는 주택

다. (a)「민간임대주택에 관한 특별법」에 따라 대지면적이 298㎡ 이하이고, (b) 주택의 연면적(제154조 제3항 본문에 따라 주택으로 보는 부분과 주거전용으로 사용되는 지하실부분의 면적을 포함하고, 공동주택의 경우에는 전용면적을 말한다.)이 149㎡ 이하인 (c) 건설임대주택을 2호 이상 임대하는 거주자가 (d) 5년 이상 임대하거나

구분에 따른 날부터 시행한다.

1. 제87조제1호 및 제1호의2, 제165조 제4항, 제167조의3, 제167조의4, 제167조의9, 제167조의10, 제167조의11 및 제168조의3의 개정규정 : 2018년 4월 1일

163) "국민주택규모"란 주거의 용도로만 쓰이는 면적('주거전용면적')이 1호(戶) 또는 1세대당 85㎡ 이하인 주택(「수도권정비계획법」 제2조 제1호에 따른 수도권을 제외한 도시지역이 아닌 읍 또는 면 지역은 1호 또는 1세대당 주거전용면적이 100㎡ 이하인 주택을 말한다)을 말한다.(「주택법」 제2조 제6호)

분양전환(같은 법에 따라 임대사업자에게 매각하는 경우를 포함한다)하는 주택으로서 (e) 해당 주택 및 이에 부수되는 토지의 기준시가의 합계액(「부동산 가격공시에 관한 법률」에 따른 주택가격이 있는 경우에는 그 가격을 말한다)이 해당 주택의 임대개시일 당시 **6억원을 초과하지 않고**, (f) '임대료 등'의 증가율이 100분의 5를 초과하지 않는 주택("임대료 등"의 증액 청구는 임대차계약의 체결 또는 약정한 "임대료 등"의 증액이 있은 후 1년 이내에는 하지 못하고, 임대사업자가 "임대료 등"의 증액을 청구하면서 임대보증금과 월임대료를 상호 간에 전환하는 경우에는 「민간임대주택에 관한 특별법」 제44조제4항의 전환 규정을 준용한다). 다만, 2018. 3. 31.까지 '사업자등록 등'을 한 주택에 한정한다.

라. 「민간임대주택에 관한 특별법」 제2조 제3호에 따른 **민간매입임대주택**[164]으로서 다음의 요건을 모두 갖춘 주택.

이 경우 해당 주택을 양도하는 거주자는 해당 주택을 양도하는 날이 속하는 과세연도의 과세표준확정신고 또는 과세표준예정신고와 함께 시장 · 군수 또는 구청장이 발행한 **미분양주택 확인서 사본 및 미분양주택 매입 시의 매매계약서 사본**을 납세지 관할세무서장에게 제출해야 한다.

1) 대지면적이 298㎡ 이하이고 주택의 연면적(제154조 제3항 본문에 따라 주택으로 보는 부분과 주거전용으로 사용되는 지하실부분의 면적을 포함하고, 공동주택의 경우에는 전용면적을 말한다)이 149㎡ 이하일 것
2) 5년 이상 임대하는 것일 것
3) 취득 당시 해당 주택 및 이에 부수되는 토지의 기준시가의 합계액이 3억원 이하일 것
4) 수도권 밖의 지역에 소재할 것

164) 미분양주택(「주택법」 제54조에 따른 사업주체가 같은 조에 따라 공급하는 주택으로서 입주자모집공고에 따른 입주자의 계약일이 지난 주택단지에서 2008년 6월 10일까지 분양계약이 체결되지 아니하여 선착순의 방법으로 공급하는 주택을 말한다)으로서 2008년 6월 11일부터 2009년 6월 30일까지 최초로 분양계약을 체결하고 계약금을 납부한 주택에 한정한다.

5) 1)부터 4)까지의 요건을 모두 갖춘 매입임대주택(**"미분양매입임대주택"**)이 같은 시·군에서 5호 이상일 것{가목에 따른 매입임대주택이 5호 이상이거나 나목에 따른 매입임대주택이 2호 이상인 경우에는 가목 또는 나목에 따른 매입임대주택과 미분양매입임대주택을 합산하여 5호 이상일 것(나목에 따른 매입임대주택과 합산하는 경우에는 그 미분양매입임대주택이 같은 시·군에 있는 경우에 한정한다)}

6) 2020년 7월 11일 이후 종전의 「민간임대주택에 관한 특별법」 제5조에 따른 등록을 신청(임대할 주택을 추가하기 위해 등록사항의 변경 신고를 한 경우를 포함한다.)한 같은 법 제2조 제5호에 따른 **장기일반민간임대주택 중 아파트를 임대하는 민간매입임대주택** 또는 같은 조 제6호에 따른 **단기민간임대주택이 아닐 것**

7) 종전의 「민간임대주택에 관한 특별법」 제5조에 따라 등록을 한 같은 법 제2조 제6호에 따른 **단기민간임대주택**을 같은 법 제5조 제3항에 따라 2020년 7월 11일 이후 '장기일반민간임대주택 등'으로 변경 신고한 주택이 아닐 것

마. (a) 「민간임대주택에 관한 특별법」 제2조 제3호에 따른 **민간매입임대주택 중 '장기일반민간임대주택 등'**으로 (b) **10년 이상 임대**하는 주택으로서, (c) 해당 주택 및 이에 부수되는 토지의 **기준시가의 합계액**이 해당 주택의 임대개시일 당시 6억원(**수도권 밖의 지역인 경우에는 3억원**)을 초과하지 않고, (d) '임대료 등'의 증가율이 100분의 5를 초과하지 않는 주택('임대료 등'의 증액 청구는 임대차계약의 체결 또는 약정한 "임대료 등"의 증액이 있은 후 1년 이내에는 하지 못하고, 임대사업자가 "임대료 등"의 증액을 청구하면서 임대보증금과 월임대료를 상호 간에 전환하는 경우에는 「민간임대주택에 관한 특별법」 제44조 제4항의 전환 규정을 준용한다.). 다만, 다음의 어느 하나에 해당하는 주택은 **제외한다**.

1) **1세대가 국내에 1주택 이상을 보유한 상태에서 새로 취득한 조정대상지역에** 있는 「민간임대주택에 관한 특별법」 제2조 제5호에 따른 **장기일반민간임대주**

택[조정대상지역의 공고가 있은 날 이전에 주택(주택을 취득할 수 있는 권리를 포함한다.)을 취득하거나 주택(주택을 취득할 수 있는 권리를 포함한다.)을 취득하기 위해 매매계약을 체결하고 계약금을 지급한 사실이 증빙서류에 의해 확인되는 경우는 제외한다.]

2) 2020년 7월 11일 이후「민간임대주택에 관한 특별법」제5조에 따른 임대사업자 등록 신청(임대할 주택을 추가하기 위해 등록사항의 변경신고를 한 경우를 포함한다.)을 한 종전의「민간임대주택에 관한 특별법」제2조 제5호에 따른 장기일반민간임대주택 중 아파트를 임대하는 민간매입임대주택

3) 종전의「민간임대주택에 관한 특별법」제5조에 따라 등록을 한 같은 법 제2조 제6호에 따른 단기민간임대주택을 같은 법 제5조 제3항에 따라 2020년 7월 11일 이후 '장기일반민간임대주택 등'으로 변경 신고한 주택

바. ⓐ「민간임대주택에 관한 특별법」제2조 제2호에 따른 **민간건설임대주택 중 '장기일반민간임대주택 등'**으로서 ⓑ 대지면적이 298㎡ 이하이고, ⓒ 주택의 연면적(제154조 제3항 본문에 따라 주택으로 보는 부분과 주거전용으로 사용되는 지하실부분의 면적을 포함하고, 공동주택의 경우에는 전용면적을 말한다.)이 149㎡ 이하인 ⓓ **건설임대주택을 2호 이상 임대하는 거주자**가 10년 이상 임대하거나 분양전환(같은 법에 따라 임대사업자에게 매각하는 경우를 포함한다)하는 주택으로서, ⓔ 해당 주택 및 이에 부수되는 토지의 기준시가의 합계액(「부동산 가격공시에 관한 법률」에 따른 주택가격이 있는 경우에는 그 가격을 말한다.)이 해당 주택의 임대개시일 당시 6억원을 초과하지 않고, ⓕ '임대료 등'의 증가율이 100분의 5를 초과하지 않는 주택('임대료 등'의 증액 청구는 임대차계약의 체결 또는 약정한 '임대료 등'의 증액이 있은 후 1년 이내에는 하지 못하고, 임대사업자가 '임대료 등'의 증액을 청구하면서 임대보증금과 월임대료를 상호 간에 전환하는 경우에는「민간임대주택에 관한 특별법」제44조 제4항의 전환 규정을 준용한다.).

다만, 종전의「민간임대주택에 관한 특별법」제5조에 따라 등록을 한 같은 법 제2조

제6호에 따른 단기민간임대주택을 같은 법 제5조 제3항에 따라 2020년 7월 11일 이후 '장기일반민간임대주택 등'으로 변경 신고한 주택은 제외한다.

사. 가목 및 다목부터 마목까지의 규정에 따른 장기임대주택(2020. 8. 18. 법률 제17482호 민간임대주택에 관한 특별법 일부개정법률 부칙 제5조 제1항이 적용되는 주택으로 한정한다.)이 「민간임대주택에 관한 특별법」 제6조 제1항 제11호에 따라 임대사업자의 임대의무기간 내 등록 말소 신청으로 등록이 말소된 경우(같은 법 제43조에 따라 임대의무기간의 2분의 1 이상을 임대한 경우로 한정한다.)로서 등록 말소 이후 1년 이내 양도하는 주택. 이 경우 임대기간요건 외에 해당 목의 다른 요건은 갖추어야 한다.

나. 장기임대주택에 대한 양도소득세의 감면

1) 요 건

임대주택을 5호 이상 임대하는 거주자[165]가 다음 각 호의 어느 하나에 해당하는 국민주택[166](이에 딸린 해당 건물 연면적의 2배 이내의 토지를 포함한다)을 2000년 12월 31일 이전에 임대를 개시하여 5년 이상 임대한 후 양도하는 경우에는 그 임대주택을 양도함으로써 발생하는 소득에 대한 양도소득세의 100분의 50에 상당하는 세액을 감면한다.(「조세특례제한법」 제97조 제1항)

1. 1986년 1월 1일부터 2000년 12월 31일까지의 기간 중 신축된 주택
2. 1985년 12월 31일 이전에 신축된 공동주택으로서 1986년 1월 1일 현재 입주된 사실이 없는 주택

---

165) 이 경우 임대주택을 여러 사람이 공동으로 소유한 경우에는 공동으로 소유하고 있는 임대주택의 호수에 지분비율을 곱하여 호수를 산정한다.

166) 주거전용면적(다가구주택의 경우에는 가구당 주거전용면적을 기준으로 한 면적)이 1호(戶) 또는 1세대당 85㎡ 이하인 주택(「수도권정비계획법」 제2조 제1호에 따른 수도권을 제외한 도시지역이 아닌 읍 또는 면 지역은 1호 또는 1세대당 주거전용면적이 100㎡ 이하인 주택)

다만, ⓐ「민간임대주택에 관한 특별법」에 따른 **건설임대주택 중 5년 이상 임대한 임대주택**과 ⓑ 같은 법에 따른 **매입임대주택 중 1995년 1월 1일 이후 취득 및 임대를 개시하여 5년 이상 임대한 임대주택**(취득 당시 입주된 사실이 없는 주택만 해당한다.) 및 ⓒ 10년 이상 임대한 임대주택의 경우에는 양도소득세를 면제한다.

2) 주택임대기간의 계산

'주택임대기간'의 계산은 다음 각호에 의한다.

1. 주택임대기간의 기산일은 주택의 임대를 개시한 날로 할 것
3. 상속인이 상속으로 인하여 피상속인의 임대주택을 취득하여 임대하는 경우에는 피상속인의 주택임대기간을 상속인의 주택임대기간에 합산할 것
4. 5호 미만의 주택을 임대한 기간은 주택임대기간으로 보지 아니할 것
5. 제1호 또는 제3호의 규정을 적용함에 있어서 '기존 임차인의 퇴거일부터 다음 임차인의 입주일까지의 기간으로서 3월 이내의 기간'은 이를 주택임대기간에 산입할 것

3) 장기임대주택의 소유주택 제외

「소득세법」 제89조 제1항 제3호[167]를 적용할 때 위 장기임대주택은 그 거주자의 소유주

---

167) 제89조(비과세 양도소득)

① 다음 각 호의 소득에 대해서는 양도소득에 대한 소득세(이하 "양도소득세"라 한다)를 과세하지 아니한다.

3. 다음 각 목의 어느 하나에 해당하는 주택(주택 및 이에 딸린 토지의 양도 당시 실지거래가액의 합계액이 12억원을 초과하는 고가주택은 제외한다.)과 이에 딸린 토지로서 건물이 정착된 면적에 지역별로 대통령령으로 정하는 배율을 곱하여 산정한 면적 이내의 토지(이하 이 조에서 "주택부수토지"라 한다)의 양도로 발생하는 소득

가. 1세대가 1주택을 보유하는 경우로서 대통령령으로 정하는 요건을 충족하는 주택

나. 1세대가 1주택을 양도하기 전에 다른 주택을 대체취득하거나 상속, 동거봉양, 혼인 등으로 인하여 2주택 이상을 보유하는 경우로서 대통령령으로 정하는 주택

택으로 보지 아니한다.

4) 세액 감면신청

위와 같이 양도소득세를 감면받으려는 자는 ⓐ 주택의 임대를 개시한 날부터 3월 이내에 **'주택임대신고서'**(「조세특례제한법 시행규칙」 [별지 제61호 서식])를 임대주택의 소재지 관할 세무서장에게 제출하고, ⓑ 당해 임대주택을 양도한 날이 속하는 과세연도의 **과세표준신고**와 함께 **'장기임대주택에 대한 양도소득 세액감면신청서'**(「조세특례제한법 시행규칙」 [별지 제62호 서식])에 다음 각호의 서류를 첨부하여 납세지 관할 세무서장에게 제출하여야 한다.

1. 「민간임대주택에 관한 특별법 시행령」 제4조 제4항에 따른 임대사업자 등록증
2. 임대차계약서 사본
3. 임차인의 주민등록표등본 또는 주민등록증 사본. 이 경우 「주민등록법」 제29조 제1항에 따라 열람한 주민등록 전입세대의 열람내역 제출로 갈음할 수 있다.

위와 같은 세액의 감면신청을 받은 납세지 관할세무서장은 「전자정부법」 제36조 제1항에 따른 행정정보의 공동이용을 통하여 **임대주택에 대한 등기사항증명서** 또는 **토지 및 건축물대장 등본**을 확인하여야 한다.

다. 신축임대주택에 대한 양도소득세의 감면 특례

1) 요 건

1호 이상의 신축임대주택을 포함하여, 2호 이상의 임대주택을 5년 이상 임대하는 거주자가 다음 각 호의 어느 하나에 해당하는 **국민주택**(이에 딸린 해당 건물 연면적의 2배 이내의 토지를 포함한다)을 5년 이상 임대한 후 양도하는 경우에는 그 신축임대주택을 양도함으로써 발생하는 소득에 대한 양도소득세를 **면제**한다.(「조세특례제한법」 제97조의2 제1항)

1. 다음 각 목의 어느 하나에 해당하는 「민간임대주택에 관한 특별법」 건설임대주택
   가. 1999년 8월 20일부터 2001년 12월 31일까지의 기간 중에 신축된 주택

나. 1999년 8월 19일 이전에 신축된 공동주택으로서 1999년 8월 20일 현재 입주된 사실이 없는 주택

2. 다음 각 목의 어느 하나에 해당하는「민간임대주택에 관한 특별법」에 따른 매입임대주택 중 1999년 8월 20일 이후 취득(1999년 8월 20일부터 2001년 12월 31일까지의 기간 중에 매매계약을 체결하고 계약금을 지급한 경우만 해당한다.) 및 임대를 개시한 임대주택(취득 당시 입주된 사실이 없는 주택만 해당한다.)

가. 1999년 8월 20일 이후 신축된 주택

나. 제1호 나목에 해당하는 주택

2) 주택임대기간의 계산

'주택임대기간'의 계산은 다음 각호에 의한다.

1. 주택임대기간의 기산일은 주택의 임대를 개시한 날로 할 것

3. 상속인이 상속으로 인하여 피상속인의 임대주택을 취득하여 임대하는 경우에는 피상속인의 주택임대기간을 상속인의 주택임대기간에 합산할 것

4. 5호 미만의 주택을 임대한 기간은 주택임대기간으로 보지 아니할 것

5. 제1호 또는 제3호의 규정을 적용함에 있어서 '기존 임차인의 퇴거일부터 다음 임차인의 입주일까지의 기간으로서 3월 이내의 기간'은 이를 주택임대기간에 산입할 것

3) 신축임대주택의 소유주택 제외

「소득세법」 제89조 제1항 제3호[168]를 적용할 때 위 신축임대주택은 그 거주자의 소유주

---

168) 제89조(비과세 양도소득)

① 다음 각 호의 소득에 대해서는 양도소득에 대한 소득세(이하 "양도소득세"라 한다)를 과세하지 아니한다.

3. 다음 각 목의 어느 하나에 해당하는 주택(주택 및 이에 딸린 토지의 양도 당시 실지거래가액의 합계액이 12억원을 초과하는 고가주택은 제외한다.)과 이에 딸린 토지로서 건물이 정착된 면적에 지역별로 대통령령으로 정하는 배율을 곱하여 산정한 면적 이내의 토지(이하 이 조에서 "주택부수토지"라 한다)의 양도로 발생하는 소득

가. 1세대가 1주택을 보유하는 경우로서 대통령령으로 정하는 요건을 충족하는 주택

택으로 보지 아니한다.

4) 세액 감면신청

위와 같이 양도소득세를 감면받으려는 자는 ⓐ 주택의 임대를 개시한 날부터 3월 이내에 **'주택임대신고서'**(「조세특례제한법 시행규칙」 [별지 제61호 서식])를 임대주택의 소재지 관할 세무서장에게 제출하고, ⓑ 당해 임대주택을 양도한 날이 속하는 과세연도의 **과세표준신고**와 함께 **'장기임대주택에 대한 양도소득 세액감면신청서'**(「조세특례제한법 시행규칙」 [별지 제62호 서식])에 다음 각호의 서류를 첨부하여 납세지 관할 세무서장에게 제출하여야 한다.

1. 「민간임대주택에 관한 특별법 시행령」 제4조 제4항에 따른 임대사업자 등록증
2. 임대차계약서 사본
3. 임차인의 주민등록표등본 또는 주민등록증 사본. 이 경우 「주민등록법」 제29조 제1항에 따라 열람한 주민등록 전입세대의 열람내역 제출로 갈음할 수 있다.

위와 같은 세액의 감면신청을 받은 납세지 관할세무서장은 「전자정부법」 제36조 제1항에 따른 행정정보의 공동이용을 통하여 **임대주택에 대한 등기사항증명서** 또는 **토지 및 건축물대장 등본**을 확인하여야 한다.

라. '장기일반민간임대주택 등'에 대한 양도소득세의 과세특례

1) 요 건

「소득세법」 제1조의2 제1항 제1호에 따른 거주자[169]가 ⓐ 2020년 12월 31일(「민간임대주택에 관한 특별법」 제2조 제2호에 따른 민간건설임대주택의 경우에는 2022년 12월 31일)까지 「민간임대주택에 관한 특별법」 제2조 제4호에 따른 **공공지원민간임대주택**

나. 1세대가 1주택을 양도하기 전에 다른 주택을 대체취득하거나 상속, 동거봉양, 혼인 등으로 인하여 2주택 이상을 보유하는 경우로서 대통령령으로 정하는 주택

169) 국내에 주소를 두거나 183일 이상의 거소(居所)를 둔 개인을 말한다.

또는 같은 법 제2조 제5호에 따른 **장기일반민간임대주택을 등록**[170]하여 (b) 다음 각 호의 요건을 모두 갖춘 경우, (c) 그 주택('장기일반민간임대주택 등')을 양도하는 경우에 대통령령으로 정하는 바에 따라[171] 임대기간 중 발생하는 소득에 대해서는 「소득세법」 제95조 제1항[172]에 따른 '장기보유 특별공제액'을 계산할 때 같은 조 제2항에도 불구하고 100분의 50의 공제율을 적용한다.(「조세특례제한법」 제97조의3 제1항)

다만, '장기일반민간임대주택 등'을 10년 이상 계속하여 임대한 후 양도하는 경우에는 100분의 70의 공제율을 적용한다.

1. **8년 이상** 계속하여 임대한 후 양도하는 경우
2. 대통령령으로 정하는 임대보증금 또는 임대료 증액 제한 요건 등을 준수하는 경우

「소득세법」 제95조 제1항에 따른 장기보유 특별공제액을 계산할 때 위 100분의 50의 공제율 또는 위 100분의 70의 공제율을 적용할 때에는 임대기간 중에 발생한 양도차익에 한정하여 적용하며, 임대기간 중 양도차익은 기준시가를 기준으로 산정한다.

위와 같은 과세특례는 「**조세특례제한법**」 **제97조의4**에 따른 장기임대주택에 대한 양도소득세의 과세특례와 중복하여 적용하지 아니한다.(「조세특례제한법」 제97조의3 제2항)

---

170) 2020년 7월 11일 이후 장기일반민간임대주택으로 등록 신청한 경우로서 아파트를 임대하는 민간매입임대주택이나 「민간임대주택에 관한 특별법」(2020. 8. 18. 법률 제17482호로 개정되기 전의 것) 제2조 제6호에 따른 단기민간임대주택을 2020년 7월 11일 이후 같은 법 제5조 제3항에 따라 공공지원민간임대주택 또는 장기일반민간임대주택으로 변경 신고한 주택은 제외한다.

171) 장기보유 특별공제액을 계산할 때, 「조세특례제한법」 제97조의3 제1항 본문에 따른 100분의 50의 공제율 또는 같은 항 단서에 따른 100분의 70의 공제율을 적용할 때에는 임대기간 중에 발생한 양도차익에 한정하여 적용하며, 임대기간 중 양도차익은 기준시가를 기준으로 산정한다. 〈신설 2021. 2. 17.〉

172) 제95조(양도소득금액)

① 양도소득금액은 제94조에 따른 양도소득의 총수입금액(이하 "양도가액"이라 한다)에서 제97조에 따른 필요경비를 공제하고, 그 금액(이하 "양도차익"이라 한다)에서 장기보유 특별공제액을 공제한 금액으로 한다.

2) 위 8년 또는 10년의 등록 및 임대한 기간의 계산 방법

1. (a)「도시 및 주거환경정비법」에 따른 재개발사업 · 재건축사업, (b)「빈집 및 소규모 주택 정비에 관한 특례법」에 따른 소규모주택정비사업 또는 (c)「주택법」에 따른 리모델링으로 임대할 수 없는 경우 : 해당 주택의 관리처분계획 인가일(소규모주택 정비사업의 경우에는 사업시행계획 인가일, 리모델링의 경우에는 허가일 또는 사업계획승인일을 말한다.) 전 6개월부터 준공일 후 6개월까지의 기간 동안 계속하여 임대한 것으로 보되, 임대기간 계산 시에는 실제 임대기간만 포함한다.
2. 종전의「민간임대주택에 관한 특별법」(2020. 8. 18. 법률 제17482호 「민간임대주택에 관한 특별법」 일부개정법률로 개정되기 전의 것) 제2조 제5호에 따른 **장기일반민간임대주택 중 아파트를 임대하는 민간매입임대주택**이「민간임대주택에 관한 특별법」 제6조 제5항에 따라 등록이 말소되는 경우 : 해당 주택은 **8년 동안** 등록 및 임대한 것으로 본다.

3) 임대보증금 또는 임대료 증액 제한 요건 등

위 '대통령령으로 정하는 임대보증금 또는 임대료 증액 제한 요건 등'이란 다음 각 호의 요건을 말한다.

1. 임대보증금 또는 임대료('임대료 등')의 증가율이 100분의 5를 초과하지 않을 것. 이 경우 임대료 등 증액 청구는 임대차계약 또는 약정한 임대료 등의 증액이 있은 후 1년 이내에는 하지 못하고, 임대사업자가 임대료 등의 증액을 청구하면서 임대보증금과 월임대료를 상호 간에 전환하는 경우에는「민간임대주택에 관한 특별법」 제44조 제4항에 따라 정한 기준을 준용한다.
2. 「주택법」 제2조 제6호에 따른 국민주택규모 이하의 주택(해당 주택이 다가구주택일 경우에는 가구당 전용면적을 기준으로 한다.)일 것
3. **'장기일반민간임대주택 등'**의 임대개시일부터 8년 이상 임대할 것
4. '장기일반민간임대주택 등' 및 이에 부수되는 토지의 기준시가의 합계액이 해당 주택의 임대개시일 당시 6억원(수도권 밖의 지역인 경우에는 3억원)을 초과하지 아니할 것

4) 주택임대기간의 계산

'주택임대기간'의 계산은 다음 각호에 의한다.

1. 주택임대기간의 기산일은 주택의 임대를 개시한 날로 할 것
3. 상속인이 상속으로 인하여 피상속인의 임대주택을 취득하여 임대하는 경우에는 피상속인의 주택임대기간을 상속인의 주택임대기간에 합산할 것
5. 제1호 또는 제3호의 규정을 적용함에 있어서 '기존 임차인의 퇴거일부터 다음 임차인의 입주일까지의 기간으로서 3월 이내의 기간'은 이를 주택임대기간에 산입할 것

이 경우 ⓐ「소득세법」 제168조에 따른 **사업자등록**과 「민간임대주택에 관한 특별법」 제5조에 따른 **임대사업자등록**을 하고, ⓑ '장기일반민간임대주택 등'으로 **등록하여 임대하는 날부터** 임대를 개시한 것으로 보며, ⓒ「민간임대주택에 관한 특별법」 제5조 제3항에 따라 같은 법 제2조 제6호의 단기민간임대주택을 '장기일반민간임대주택 등'으로 변경 신고한 경우에는 같은 법 시행령 제34조 제1항 제3호에 따른 시점[173]부터 임대를 개시한 것으로 본다.

5) 과세특례 적용의 신청

위와 같이 과세특례 적용의 신청을 하려는 자는 ⓐ 주택의 임대를 개시한 날부터 3월 이내에 **'주택임대신고서'**(「조세특례제한법 시행규칙」 [별지 제61호 서식])를 임대주택의 소재지 관할 세무서장에게 제출하고, ⓑ 당해 '장기일반민간임대주택 등'의 양도소득 과세표준예정신고 또는 과세표준확정신고와 함께 '장기일반민간임대주택 등에 대한 과세특례적용신청서'(「조세특례제한법 시행규칙」 [별지 제62호의2 서식])에 다음 각호의 서류를 첨부하여 납세지 관할 세무서장에게 제출하여야 한다.

1. 「민간임대주택에 관한 특별법 시행령」 제4조 제4항에 따른 임대사업자 등록증
2. 임대차계약서 사본

173) 변경 신고의 수리일(또는 신고를 수리한 것으로 보는 날). 다만, 변경 신고 이후 임대가 개시되는 주택은 임대차계약서상의 실제 임대개시일로 한다.

3. 임차인의 주민등록표등본 또는 주민등록증 사본. 이 경우「주민등록법」제29조 제1항에 따라 열람한 주민등록 전입세대의 열람내역 제출로 갈음할 수 있다.

위와 같은 세액의 감면신청을 받은 납세지 관할세무서장은「전자정부법」제36조 제1항에 따른 행정정보의 공동이용을 통하여 **임대주택에 대한 등기사항증명서** 또는 **토지 및 건축물대장 등본**을 확인하여야 한다.

마. '장기임대주택'에 대한 양도소득세의 과세특례

1) 요 건

거주자 또는 **비거주자**가「민간임대주택에 관한 특별법」제2조 제2호에 따른 **민간건설임대주택**, 같은 법 제2조 제3호에 따른 **민간매입임대주택**으로서,「소득세법 시행령」제167조의3 제1항 제2호 가목[174] 및 다목[175]에 따른 **'장기임대주택'**(「소득세법」제1조의2 제1항

---

174) 가.「민간임대주택에 관한 특별법」제2조 제3호에 따른 민간매입임대주택을 1호 이상 임대하고 있는 거주자가 5년 이상 임대한 주택으로서 해당 주택 및 이에 부수되는 토지의 기준시가의 합계액이 해당 주택의 임대개시일 당시 6억원(수도권 밖의 지역인 경우에는 3억원)을 초과하지 않고 임대보증금 또는 임대료("임대료 등")의 증가율이 100분의 5를 초과하지 않는 주택('임대료 등'의 증액 청구는 임대차계약의 체결 또는 약정한 '임대료 등'의 증액이 있은 후 1년 이내에는 하지 못하고, 임대사업자가 '임대료 등'의 증액을 청구하면서 임대보증금과 월임대료를 상호 간에 전환하는 경우에는「민간임대주택에 관한 특별법」제44조 제4항의 전환 규정을 준용한다). 다만, 2018년 3월 31일까지 사업자등록등을 한 주택으로 한정한다.

175) 다.「민간임대주택에 관한 특별법」에 따라 대지면적이 298㎡ 이하이고, 주택의 연면적(제154조 제3항 본문에 따라 주택으로 보는 부분과 주거전용으로 사용되는 지하실부분의 면적을 포함하고, 공동주택의 경우에는 전용면적을 말한다)이 149㎡ 이하인 건설임대주택을 2호 이상 임대하는 거주자가 5년 이상 임대하거나 분양전환(같은 법에 따라 임대사업자에게 매각하는 경우를 포함한다)하는 주택으로서 해당 주택 및 이에 부수되는 토지의 기준시가의 합계액(「부동산 가격공시에 관한 법률」에 따른 주택가격이 있는 경우에는 그 가격을 말한다)이 해당 주택의 임대개시일 당시 6억원을 초과하지 않고 '임대료 등'의 증가율이 100분의 5를 초과하지 않는 주택('임대료 등'의 증액 청구는 임대차계약의 체결 또는 약정한 '임대료 등'의 증액이 있은 후 1년 이내에는 하지 못하고, 임대사업자가 '임대료 등'의 증액을 청구하면서 임대보증금과 월임대료를 상호 간에 전환하는 경우에는「민간임대주택에 관한 특별법」제44조제4항의 전환 규정을 준용한다). 다만, 2018년

제2호에 따른 비거주자가 소유한 주택을 포함)을 6년 이상 임대한 후 양도하는 경우, 그 주택을 양도함으로써 발생하는 소득에 대해서는 「소득세법」 제95조 제1항에 따른 **장기보유 특별공제액을 계산할** 때 같은 조 제2항에 따른 보유기간별 공제율에 해당 주택의 임대기간에 따라 다음 표에 따른 추가공제율을 더한 공제율을 적용한다. 다만, 같은 항 단서에 해당하는 경우에는 그러하지 아니하다.(「조세특례제한법」 제97조의4 제1항)

임대기간	추가공제율
6년이상 7년 미만	2/100
7년 이상 8년 미만	4/100
8년 이상 9년 미만	6/100
9년 이상 10년 미만	8/100
10년 이상	10/100

2) 주택임대기간의 계산

'주택임대기간'의 계산은 다음 각호에 의한다.

1. 주택임대기간의 기산일은 주택의 임대를 개시한 날로 할 것
3. 상속인이 상속으로 인하여 피상속인의 임대주택을 취득하여 임대하는 경우에는 피상속인의 주택임대기간을 상속인의 주택임대기간에 합산할 것
5. 제1호 또는 제3호의 규정을 적용함에 있어서 '기존 임차인의 퇴거일부터 다음 임차인의 입주일까지의 기간으로서 3월 이내의 기간'은 이를 주택임대기간에 산입할 것

이 경우 「소득세법」 제168조에 따른 **사업자등록**과 「민간임대주택에 관한 특별법」 제5조에 따른 **임대사업자등록**을 하고, 임대하는 날부터 임대를 개시한 것으로 본다.

3월 31일까지 사업자등록등을 한 주택에 한정한다.

3) 과세특례 적용의 신청

위와 같이 과세특례 적용의 신청을 하려는 자는 (a) 주택의 임대를 개시한 날부터 3월 이내에 **'주택임대신고서'**(「조세특례제한법 시행규칙」[별지 제61호 서식])를 임대주택의 소재지 관할 세무서장에게 제출하고, (b) 당해 '장기임대주택'의 양도소득 과세표준예정 신고 또는 과세표준확정신고와 함께 '장기임대주택의 과세특례적용신청서'(「조세특례제한법 시행규칙」[별지 제62호의3 서식])에 다음 각호의 서류를 첨부하여 납세지 관할 세무서장에게 제출하여야 한다.

1. 「민간임대주택에 관한 특별법 시행령」 제4조 제4항에 따른 임대사업자 등록증
2. 임대차계약서 사본
3. 임차인의 주민등록표등본 또는 주민등록증 사본. 이 경우 「주민등록법」 제29조 제1항에 따라 열람한 주민등록 전입세대의 열람내역 제출로 갈음할 수 있다.

위와 같은 세액의 감면신청을 받은 납세지 관할세무서장은 「전자정부법」 제36조 제1항에 따른 행정정보의 공동이용을 통하여 **임대주택에 대한 등기사항증명서 또는 토지 및 건축물대장 등본**을 확인하여야 한다.

바. '장기일반민간임대주택 등'에 대한 양도소득세 감면

1) 요 건

(a) 거주자가 (b) 다음 각 호의 요건을 모두 갖춘 (c) 「민간임대주택에 관한 특별법」 제2조 제4호에 따른 '공공지원민간임대주택' 또는 같은 법 제2조 제5호에 따른 '장기일반민간임대주택'(**'장기일반민간임대주택 등'**)을 양도하는 경우에는, 대통령령으로 정하는 바에 따라 임대기간 중 발생한 양도소득에 대한 양도소득세의 100분의 100에 상당하는 세액을 감면한다.(「조세특례제한법」 제97조의5 제1항)

1. (a) 2018년 12월 31일까지 「민간임대주택에 관한 특별법」 제2조 제3호의 민간매입임대주택 및 (b) 「공공주택 특별법」 제2조 제1호의3에 따른 공공매입임대주택을 취득(2018년 12월 31일까지 매매계약을 체결하고, 계약금을 납부한 경우를 포함

한다.)하고, 취득일로부터 3개월 이내에 「민간임대주택에 관한 특별법」에 따라 '장기일반민간임대주택 등'으로 등록할 것

2. '장기일반민간임대주택 등'으로 등록 후 10년 이상 계속하여 '장기일반민간임대주택 등'으로 임대('장기일반민간임대주택 등'으로 10년 이상 계속하여 등록하고, 그 등록한 기간 동안 계속하여 10년 이상 임대한 경우)한 후 양도할 것

   이 경우 다음 각 호의 경우에는 해당 기간 동안 계속하여 임대한 것으로 본다.

   ① 기존 임차인의 퇴거일부터 다음 임차인의 주민등록을 이전하는 날까지의 기간으로서 6개월 이내의 기간

   ② 「조세특례제한법 시행령」 제72조 제2항 각 호의 법률에 따라 협의매수 또는 수용되어 임대할 수 없는 경우의 해당 기간

   ③ (a) 「도시 및 주거환경정비법」에 따른 재개발사업ㆍ재건축사업, (b) 「빈집 및 소규모주택 정비에 관한 특례법」에 따른 소규모주택정비사업 또는 (c) 「주택법」에 따른 리모델링의 사유로 임대할 수 없는 경우에는 해당 주택의 관리처분계획 인가일(소규모주택정비사업의 경우에는 사업시행계획 인가일, 리모델링의 경우에는 허가일 또는 사업계획승인일을 말한다) 전 6개월부터 준공일 후 6개월까지의 기간

3. 임대기간 중 「조세특례제한법」 제97조의3 제1항 제2호의 요건(임대보증금 또는 임대료 증액 제한 요건 등)을 준수할 것

2) 양도소득금액의 계산식

임대기간 중 발생한 양도소득은 다음 계산식에 따라 계산한 금액으로 한다. 이 경우 새로운 기준시가가 고시되기 전에 취득 또는 양도하거나 위 임대기간의 마지막 날이 도래하는 경우에는 직전의 기준시가를 적용하여 계산한다.

「소득세법」 제95조 제1항에 따른 양도소득금액 X [(위 임대기간의 마지막 날의 기준시가 - 취득 당시의 기준시가)/(양도 당시 기준시가 -취득 당시 기준시가)]

3) 주택임대기간의 계산

‘주택임대기간’의 계산은 다음 각호에 의한다.

1. 주택임대기간의 기산일은 주택의 임대를 개시한 날로 할 것
3. 상속인이 상속으로 인하여 피상속인의 임대주택을 취득하여 임대하는 경우에는 피상속인의 주택임대기간을 상속인의 주택임대기간에 합산할 것

이 경우 「소득세법」 제168조에 따른 **사업자등록**과 「민간임대주택에 관한 특별법」 제5조에 따른 **임대사업자등록**을 하고, ‘장기일반민간임대주택 등’으로 등록하여 임대하는 날부터 임대를 개시한 것으로 본다.

4) 중복 적용의 금지

위와 같은 세액감면은 (a) 「조세특례제한법」 제97조의3의 ‘장기일반민간임대주택 등에 대한 양도소득세의 과세특례’ 및 (b) 같은 법 제97조의4의 ‘장기임대주택에 대한 양도소득세의 과세특례’와 중복하여 적용하지 아니한다.

5) 과세특례 적용의 신청

위와 같이 과세특례 적용의 신청을 하려는 자는 (a) 주택의 <u>임대를 개시한 날부터 3월 이내</u>에 ‘주택임대신고서’(「조세특례제한법 시행규칙」 [별지 제61호 서식])를 임대주택의 소재지 관할 세무서장에게 제출하고, (b) 당해 ‘장기일반민간임대주택 등’의 양도소득 과세표준예정신고 또는 과세표준확정신고와 함께 <u>‘장기일반임대주택 등의 과세특례적용신청서’</u>[176]에 다음 각호의 서류를 첨부하여 납세지 관할 세무서장에게 제출하여야 한다.

1. 「민간임대주택에 관한 특별법 시행령」 제4조 제4항에 따른 임대사업자 등록증
2. 임대차계약서 사본
3. 임차인의 주민등록표등본 또는 주민등록증 사본. 이 경우 「주민등록법」 제29조 제1항에 따라 열람한 주민등록 전입세대의 열람내역 제출로 갈음할 수 있다.

176) 「조세특례제한법 시행규칙」 [별지]에 관련 서식은 없는 것으로 보인다.

위와 같은 세액의 감면신청을 받은 납세지 관할세무서장은「전자정부법」제36조 제1항에 따른 행정정보의 공동이용을 통하여 **임대주택에 대한 등기사항증명서 또는 토지 및 건축물대장 등본**을 확인하여야 한다.

사. 임대사업자에게 양도한 토지에 대한 과세특례

1) 요 건

거주자가 **'공공지원민간임대주택'**을 **300호 이상** 건설하려는「민간임대주택에 관한 특별법」제2조 제7호에 따른 임대사업자에게 **2018년 12월 31일까지** 토지를 양도함으로써 발생하는 소득에 대해서는 양도소득세의 100분의 10에 상당하는 세액을 감면한다.(「조세특례제한법」제97조의7 제1항)

토지와 건물 등을 함께 양도하는 경우 토지와 건물 등의 양도가액 또는 취득가액의 구분이 불분명할 때에는「소득세법 시행령」제166조 제6항[177]을 준용하여 안분 계산한다.

---

177) 토지와 건물 등의 가액의 구분이 불분명한 때에는「부가가치세법 시행령」제64조에 따라 안분계산 하며, 이를 적용함에 있어「상속세 및 증여세법」제62조 제1항에 따른 선박 등 그 밖의 유형재산에 대하여「부가가치세법 시행령」제64조 제2호 단서에 해당하는 장부가액이 없는 경우에는「상속세 및 증여세법」제62조 제1항에 따라 평가한 가액을 기준으로 한다.

「부가가치세법 시행령」

제64조(토지와 건물 등을 함께 공급하는 경우 건물 등의 공급가액 계산)

① 법 제29조 제9항 각 호 외의 부분 단서 및 같은 항 제2호 본문에 따른 안분계산한 금액은 다음 각 호의 구분에 따라 계산한 금액으로 한다.

1. 토지와 건물 또는 구축물 등(이하 이 조에서 "건물등"이라 한다)에 대한「소득세법」제99조에 따른 기준시가(이하 이 조에서 "기준시가"라 한다)가 모두 있는 경우: 공급계약일 현재의 기준시가에 따라 계산한 가액에 비례하여 안분(按分) 계산한 금액. 다만, 감정평가가액[제28조에 따른 공급시기(중간지급조건부 또는 장기할부판매의 경우는 최초 공급시기)가 속하는 과세기간의 직전 과세기간 개시일부터 공급시기가 속하는 과세기간의 종료일까지「감정평가 및 감정평가사에 관한 법률」에 따른 감정평가법인등이 평가한 감정평가가액을 말한다. 이하 이 조에서 같다]이 있는 경우에는 그 가액에 비례하여 안분 계산한 금액으로 한다.
2. 토지와 건물 등 중 어느 하나 또는 모두의 기준시가가 없는 경우로서 감정평가가액이 있는 경우: 그 가액에 비례하여 안분 계산한 금액. 다만, 감정평가가액이 없는 경우에는

2) 세액 감면 신청

위와 같이 세액감면 적용을 받으려는 자는 **해당 토지의 양도소득 과세표준예정신고 또는 과세표준확정신고**와 함께 기획재정부령으로 정하는 **세액감면신청서**[178]에 토지를 양수하는 자가 「민간임대주택에 관한 특별법」 제2조 제7호에 따른 임대사업자로서 같은 조 제4호에 따른 공공지원민간임대주택 또는 같은 조 제5호에 따른 장기일반민간임대주택을 300호 또는 300세대 이상 취득하였거나 취득하려는 자임을 증빙할 수 있는 서류를 첨부하여 납세지 관할 세무서장에게 제출하여야 한다.

3) 감면된 세액의 납부

임대사업자가 다음 각 호의 사유에 해당하는 경우, 위와 같이 감면된 세액에 상당하는 금액을 그 사유가 발생한 과세연도의 과세표준을 신고할 때 소득세 또는 법인세로 납부하여야 한다.

1. 「민간임대주택에 관한 특별법」 제23조에 따라 공공지원민간임대주택 개발사업의 시행자로 지정받은 자인 경우 : 토지 양도일로부터 3년 이내에 해당 토지가 「민간임대주택에 관한 특별법」 제22조에 따른 공급촉진지구로 지정을 받지 못하거나, 공급촉진지구로 지정을 받았으나 공급촉진지구 지정일로부터 6년 이내에 공급촉진지구내 유상공급면적의 100분의 50 이상을 공공지원민간임대주택으로 건설하여 취득하지 아니하는 경우
2. 제1호 외의 임대사업자의 경우 : 토지 양도일로부터 3년 이내에 해당 토지에 공공지

장부가액(장부가액이 없는 경우에는 취득가액)에 비례하여 안분 계산한 후 기준시가가 있는 자산에 대해서는 그 합계액을 다시 기준시가에 의하여 안분 계산한 금액으로 한다.

3. 제1호와 제2호를 적용할 수 없거나 적용하기 곤란한 경우: 국세청장이 정하는 바에 따라 안분하여 계산한 금액

② 법 제29조 제9항 제2호 단서에 따라 다음 각 호의 어느 하나에 해당하는 경우에는 건물 등의 실지거래가액을 공급가액으로 한다.

1. 다른 법령에서 정하는 바에 따라 토지와 건물 등의 가액을 구분한 경우
2. 토지와 건물 등을 함께 공급받은 후 건물 등을 철거하고 토지만 사용하는 경우

178) 「조세특례제한법 시행규칙」 [별지]에 관련 서식은 없는 것으로 보인다.

원민간임대주택 건설을 위한 「주택법」 제15조에 따른 사업계획승인 또는 「건축법」 제11조에 따른 건축허가('사업계획승인 등')를 받지 못하거나, '사업계획승인 등'을 받았으나, 사업계획승인일로부터 6년 이내에 사업부지 내 전체 건축물 연면적 대비 공공지원민간임대주택 연면적의 비율이 100분의 50 이상이 되지 아니하는 경우

4) 이자 상당 가산액

위와 같이 감면받은 세액을 추징하여 납부하는 경우에는 **이자 상당 가산액**(=감면을 받은 과세연도의 종료일 다음 날부터 해당하는 사유가 발생한 날이 속하는 과세연도의 종료일까지의 기간 X 1일 10만분의 22)을 소득세 또는 법인세에 가산하여 납부하여야 한다.

다만, 다음 각 호와 같은 **부득이한 사유**가 있는 경우에는 그러하지 아니하다.

1. 파산, 강제집행에 따라 임대주택을 처분하거나 임대를 할 수 없는 경우
2. 법령상 의무를 이행하기 위하여 임대주택을 처분하거나 임대를 할 수 없는 경우
3. 「채무자 회생 및 파산에 관한 법률」에 따른 회생절차에 따라 법원의 허가를 받아 임대주택을 처분한 경우

4. 종합부동산세 관련

가. 세 율

1) 원 칙

2020. 8. 18. 법률 제17478호로 개정되어 2021. 1. 1.부터 시행되는 「종합부동산세법」 제9조 제2항은 '법인', 다주택자 등의 투기 수요를 차단하기 위하여 아래와 같은 **단일 세율 규정**을 신설하였다.

1. 2주택 이하를 소유한 경우(조정대상지역 내 2주택을 소유한 경우는 제외한다.) : 1천분의 30 2. 3주택 이상을 소유하거나, 조정대상지역 내 2주택을 소유한 경우 : 1천분의 60

2) 특 례

한편 2021. 2. 17.[179]부터는 「민간임대주택에 관한 특별법」 제2조 제2호의 민간건설임대주택을 2호 이상 보유하고 있는 임대사업자로서 해당 민간건설임대주택과 다음 각 목에서 정하는 주택만을 보유한 경우에 대하여는 '주택분 종합부동산세액'에 관하여 '단일 최고 세율(1주택, 일반 : 3% 혹은 3주택 이상 : 6%)'이 적용되지 않고, (a) '일반 누진세율(0.6 ~ 6%)', (b) 기본공제(과표기준 6억원 이하 주택은 과세 되지 않음), (c) 세부담 상한(150%, 300%)의 적용을 받는 '법인'에 포함되게 되었다.((a) 「종합부동산세법」 제9조 제2항, 같은 법 시행령 제4조의4 제6호, (b) 같은 법 제8조 제1항, (c) 같은 법 제10조)

가. 「종합부동산세법」 제6조 제1항에 따라 재산세 비과세 규정을 준용하는 주택 및 「지방세법」 제109조에 따라 재산세 비과세 대상인 주택

나. 「공공주택 특별법」 제2조 제1호 가목에 따른 공공임대주택

다. 제4조(합산배제 사원용주택 등) 제1항 각 호의 어느 하나에 해당하는 주택

특례 적용 전후의 종합부동산세 혜택 비교

구 분		특례 적용 전	특례 적용 후
기본 공제		없음	6억원
세율	1~2주택(조정대상지역 2주택 제외)	3%	0.6% ~ 3%
	3주택 이상(조정대상지역 2주택 포함)	6%	1.2% ~ 6%
세부담 상한	1~2주택(조정대상지역 2주택 제외)	없음	150%
	3주택 이상(조정대상지역 2주택 포함)		300%

3) 특례 신청

위 특례 대상 법인은 「종합부동산세법」 제8조 제3항에 따른 주택의 보유현황 신고기간(9. 16. ~ 9. 30.)에 '법인 주택분 종합부동산세 일반세율 적용 신청서'(「종합부동산세법

179) 2022. 2. 17. 대통령령 제31447호로 개정되어 같은 날 시행된 「종합부동산세법 시행령」 제4조의3 신설

시행규칙」[별지 서식 제2호의4]) 및 **임대사업자 등록증 사본을 매년** 관할 세무서장에게 제출해야 한다.(「종합부동산세법 시행령」 제4조의4 제2항)

위와 같은 서류를 제출받은 관할 세무서장은「전자정부법」제36조 제1항에 따른 행정정보의 공동이용을 통하여 다음 각 호의 정보를 확인해야 한다.

1. 법인등기사항증명서
2. 건물등기사항증명서
3. 건축물대장

나. 종합부동산세 과세표준 합산배제의 대상

①「민간임대주택에 관한 특별법」에 따른 **민간임대주택** 또는 ② 임대사업자로서 사업자 등록을 한 자가 임대하는「건축법 시행령」별표 1 제1호 다목에 따른 **다가구주택**[180]으로서 임대기간, 주택의 수, 가격, 규모 등을 고려하여 대통령령으로 정하는 주택은「종합부동산세법」제8조 제1항에 따른 **종합부동산세 과세표준 합산의 대상이 되는 주택의 범위에 포함되지 아니하는 것으로 본다.**(「종합부동산세법」 제8조 제2항)

2018. 3. 31. 이전까지는 법정 임대의무기간이 4년인 단기임대주택이나, 법정 임대의무기간이 8년인 장기임대주택 중 어느 것으로 등록하더라도 구「종합부동산세법」에서 정한 일정 요건만 갖추면 종합부동산세 합산배제를 적용받을 수 있었다. 하지만 2018. 4. 1.부터는 무조건 장기임대주택으로 등록하여야만 종합부동산세 합산배제를 적용받을 수 있었다.

한편 2018. 9. 13. 이전까지는 조정대상지역 내에 소재하고 있는 주택을 취득해 장기임대주택으로 등록하면 종합부동산세 합산배제를 적용받을 수 있었다. 하지만 2018. 9. 14.부터는 조정대상지역 내 소재하고 있는 주택을 취득해 장기임대주택으로 등록한다 하더라도 종합부동산세 합산배제를 더 이상 받을 수 없게 되었다.

180) 다가구주택은「지방세법 시행령」제112조에 따른 1구를 1호의 주택으로 본다.

다. 종합부동산세 과세표준 합산배제의 요건

(a)「민간임대주택에 관한 특별법」 제2조 제7호[181]에 따른 **등록한 임대사업자로서**, (b) 과세기준일 현재「소득세법」 제168조 또는「법인세법」 제111조에 따른 **주택임대업 사업자등록**을 한 자가 과세기준일 현재 **임대**[182]하거나 **소유**[183]하고 있는 다음 각 호의 주택(이하 **"합산배제 임대주택"**이라 한다)을 말한다.(「종합부동산세법 시행령」 제3조 제1항)

이 경우 과세기준일 현재 임대를 개시한 자가「종합부동산세법」 제8조 제3항에 따른 합산배제 신고기간 종료일(해당 연도 9월 16일부터 9월 30일까지)까지 임대사업자로서 사업자등록을 하는 경우에는 해당 연도 과세기준일 현재 임대사업자로서 사업자등록을 한 것으로 본다.

[2022. 9. 16. 현재 기준]

구 분	주거전용면적	주택가격	주택수	임대기간
민간건설임대주택 (장기일반민간 임대주택 등)	149㎡ 이하	9억원 이하	전국 2호 이상	5년 이상(*), 10년 이상
민간매입임대주택(**) (장기일반민간 임대주택 등)	–	6억원 (비수도권 3억원) 이하	전국 1호 이상	5년 이상(*), 10년 이상
기존임대주택(***)	국민주택규모(****) 이하	3억원 이하	전국 2호 이상	5년 이상
미임대 민간건설 임대주택	149㎡ 이하	9억원 이하	–	–
리츠, 펀드 매입 임대주택	149㎡ 이하	6억원 이하	비수도권 5호 이상	10년 이상
미분양 매입 임대주택	149㎡ 이하	3억원 이하	비수도권 5호 이상	5년 이상

181) 「공공주택 특별법」 제4조 제1항에 따른 공공주택사업자가 아닌 자로서 1호 이상의 민간임대주택을 취득하여 임대하는 사업을 할 목적으로 제5조에 따라 등록한 자

182) 제1호부터 제3호까지, 제5호부터 제8호까지의 주택을 임대한 경우를 말한다.

183) 제4호의 주택을 소유한 경우를 말한다.

(*) 2018. 3. 31. 이전에 임대사업자등록과 사업자등록을 한 주택
(**) 매매, 증여, 상속 등으로 취득한 주택
(***) 2005. 1. 5. 이전에 임대사업자등록을 하고 임대하고 있는 경우
(****) 주거전용 면적 85㎡ 이하(단, 수도권을 제외한 도시지역이 아닌 읍,면지역은 100㎡ 이하)

1) 민간건설임대주택의 경우

「민간임대주택에 관한 특별법」 제2조 제2호에 따른 **'민간건설임대주택'**으로서 다음 각 목의 요건을 모두 갖춘 주택이 **2호 이상**인 경우 그 주택(「종합부동산세법 시행령」 제3조 제1항 제1호)

다만, 「민간임대주택에 관한 특별법」 제2조 제2호에 따른 '민간건설임대주택'의 경우에는 2018년 3월 31일 이전에 같은 법 제5조에 따른 '임대사업자 등록'과 '사업자등록'('사업자등록 등')을 한 주택으로 한정한다.

2018. 3. 31. 이전까지는 ⓐ 법정 의무임대기간이 **4년인 단기임대주택**이나 ⓑ 법정 의무임대기간이 **8년인 장기임대주택** 중 어느 것으로 등록하더라도, 「종합부동산세법」에서 정한 일정 요건만 갖추면 '종합부동산세 합산배세'를 적용받을 수 있었다. 하지만 2018. 4. 1.부터는 '장기일반임대주택 등'으로 등록해야만 '종합부동산세 합산배세'를 적용받을 수 있게 되었다[184].

184) 2018. 2. 13. 대통령령 제28645호로 일부 개정된 「종합부동산세법 시행령」 부칙 제1조 단서
제1조(시행일) 이 영은 공포한 날부터 시행한다. 다만, 제3조 제1항 제7호 및 제8호, 제3조 제5항 및 제7항의 개정규정(같은 조 제1항 제7호 및 제8호와 관련된 것으로 한정한다.)은 2018년 4월 1일부터 시행한다.

부산지방법원 2014. 10. 2. 선고 2014구합20248 판결 [종합주동산세부과처분취소]

구 임대주택법상 민간임대사업자 A(원고)가 국민주택기금을 지원받아 공공건설임대주택을 신축 후 임대하였으나, 법정 임대의무기간 **5년이 되기 전에 임대사업자 등록이 취소**된 사안에서, A(원고)의 "구 임대주택법 제15조 제3항은 '제1항에 따라 임대사업자의 등록이 말소된 경우라도 말소 이전에 이미 체결된 임대차계약의 기간이 끝날 때까지는 그 임대사업자와 임차인에게 이 법을 적용한다.'라고 규정하고 있으므로, 비록 원고의 임대사업자등록이 말소되었다 하더라도 원고는 여전히 등록말소 이전에 체결된 임대차계약의 효력에 따라 임대주택법상의 의무를 부담하고 있어 원고의 임대사업자 지위는 실질적으로 유지되고 있는바, 구 종합부동산세법 시행령 제3조 제1항의 합산배제 임대주택 요건을 충족하였으므로, 이와 다른 전제에서 한 이 사건 종합부동산세 등 부과처분은 위법하다."는 주장에 기초한 청구를 기각한 사례.

임대주택법 제15조 제3항 규정은 사업자등록이 말소된 임대사업자가 말소 이전에 체결하였던 임대차계약에 임대주택법이 적용됨을 확인하는 규정일 뿐이고, 이는 임대주택법의 입법 취지 등에 비추어 임대사업자 등록말소 후 임대사업자로서 각종 세제혜택을 더 이상 받을 수 없게 되더라도 그와는 별도로 그 임대사업자와 임대차계약을 체결한 임차인을 보호하기 위하여 기존에 임차인에 대하여 부담하는 각종 의무를 그대로 존속시키는 규정으로 봄이 상당하다.

가. 전용면적이 149㎡ 이하로서 2호 이상의 주택의 임대를 개시한 날(2호 이상의 주택의 임대를 개시한 날 이후 임대를 개시한 주택의 경우에는 그 주택의 임대개시일을 말한다.) 또는 최초로 「종합부동산세법 시행령」 제9항에 따른 합산배제신고를 한 연도의 과세기준일의 공시가격이 9억원 이하일 것

나. 5년 이상 계속하여 임대하는 것일 것

다. 임대료 등(임대보증금 또는 임대료)의 증가율이 100분의 5를 초과하지 않을 것. 이 경우 임대료 등 증액 청구는 임대차계약의 체결 또는 약정한 임대료 등의 증액이 있은 후 1년 이내에는 하지 못하고, 임대사업자가 임대료 등의 증액을 청구하면서 임대보증금과 월임대료를 상호 간에 전환하는 경우에는 「민간임대주택에 관한 특별법」 제44조 제4항에 따라 정한 기준을 준용한다.

2) 민간매입임대주택의 경우

「민간임대주택에 관한 특별법」 제2조 제3호에 따른 **민간매입임대주택**으로서 다음 각 목의 요건을 모두 갖춘 주택(「종합부동산세법 시행령」 제3조 제1항 제2호)

다만, 「민간임대주택에 관한 특별법」 제2조 제3호에 따른 민간매입임대주택의 경우에는 2018년 3월 31일 이전에 '사업자등록 등'을 한 주택으로 한정한다.

가. 해당 주택의 임대개시일 또는 최초로 「종합부동산세법 시행령」 제9항에 따른 합산배제신고를 한 연도의 과세기준일의 공시가격이 6억원[「수도권정비계획법」 제2조 제1호에 따른 수도권 밖의 지역인 경우에는 3억원] 이하일 것

나. 5년 이상 계속하여 임대하는 것일 것

다. 임대료 등의 증가율이 100분의 5를 초과하지 않을 것[185]. 이 경우 임대료 등 증액 청구는 임대차계약의 체결 또는 약정한 '임대료 등'의 증액이 있은 후 1년 이내에는 하지 못하고, 임대사업자가 임대료 등의 증액을 청구하면서 임대보증금과 월임대료를 상호 간에 전환하는 경우에는 「민간임대주택에 관한 특별법」 제44조 제4항에 따라 정한 기준을 준용한다.

3) 기존임대주택의 경우

임대사업자의 지위에서 2005년 1월 5일 이전부터 임대하고 있던 임대주택으로서 다음 각목의 요건을 모두 갖춘 주택이 **2호 이상**인 경우 그 주택(「종합부동산세법 시행령」 제3조 제1항 제3호)

가. **국민주택 규모 이하**[186]로서 2005년도 과세기준일의 공시가격이 3억원 이하일 것

나. 5년 이상 계속하여 임대하는 것일 것

---

185) 2019. 2. 12. 이후 임대차계약을 갱신하거나 새로 체결하는 분부터 적용(2019. 2. 12. 대통령령 제29524호로 일부 개정되어 같은 날 시행된 「종합부동산세법 시행령」 부칙 제3조)

186) "국민주택규모"란 주거의 용도로만 쓰이는 면적('주거전용면적')이 1호(戶) 또는 1세대당 85㎡ 이하인 주택(「수도권정비계획법」 제2조 제1호에 따른 수도권을 제외한 도시지역이 아닌 읍 또는 면 지역은 1호 또는 1세대당 주거전용면적이 100㎡ 이하인 주택을 말한다)을 말한다.(「주택법」 제2조 제6호)

대법원 2014. 12. 11. 선고 2013두2273 판결 [종합부동산세등부과처분취소]

임대주택법 제2조 제2호에 따른 건설임대주택(이하 '건설임대주택'이라한다)과 임대주택법 제2조 제3호에 따른 매입임대주택(이하 '매입임대주택'이라 한다)에 대하여는 구 종합부동산세법 시행령(2005. 12. 31. 대통령령 제19253호로 개정되기 전의 것) 부칙(2005. 5. 31.) 제3조가 임대주택법에 의한 임대사업자등록에 관하여 특례를 두고 있는 것과 달리, 임대주택법 제6조의 규정에의하여 등록한 임대사업자의 지위에서 2005. 1. 5. 이전부터 임대하고 있던 임대주택(이하 '기존임대주택'이라 한다)에 대하여는 그러한 특례를 정한 규정이 없으므로 임대주택법 제6조의 규정에 의하여 임대사업자가 임대사업용으로 등록한 임대주택으로서 임대기간, 주택의 수, 가격, 규모 등을 감안하여 대통령령이 정하는 주택(이하 '합산배제 임대주택'이라 한다.)인 **기존임대주택에 해당하기 위해서**는 2005. 1. 5. 이전에 **임대주택법에 의한 임대사업자등록을 마친 임대사업자의 지위에 있어야 한다.** 그리고 위 부칙 제5조는 건설임대주택과 매입임대주택에 대하여는 임대를 개시한 날이 2005. 1. 5. 이전인 경우에도 2005. 1. 5.을 임대의무기간의 기산일로 간주하고 있으므로, 2005. 1. 5. 이전부터 임대를 개시하였다고 하더라도 건설임대주택의 경우에는 2005. 1. 5.부터 5년 이상, 매입임대주택의 경우에는 2005. 1. 5.부터 10년 이상 계속하여 임대하지 아니한 경우에는 합산배제 임대주택인 건설임대주택이나 매입임대주택에 해당하지 아니한다.

종부, 사전-2021-법령해석재산-0622, 2021.10.26.

[요 지]

2005.1.5. 이전부터 임대하던 주택을 2005.1.5. 후에 임대사업자등록 등을 한 경우는 2005.1.5. 이전부터 구 임대주택법에 따라 임대사업자로서 임대하던 임대주택에 해당하지 않으므로 종합부동산세법 시행령 제3조 제1항 제3호(기존임대주택)을 적용할 수 없는 것임

[답변내용]

귀 사전답변 신청의 사실관계와 같이, 2005.1.5. 이전부터 임대하던 주택을 2005.1.5. 후에 임대사업자등록 등을 한 경우는 2005.1.5.이전부터 구 임대주택법(2015. 8. 28. 법률 제13499호 민간임대주택에 관한 특별법으로 전문개정되기 전의 것) 제6조에 따라 등록한 임대사업자로서 임대하고 있던 임대주택에 해당하지 않으므로 종합부동산세법 시행령 제3조 제1항 제3호를 적용할 수 없는 것입니다.

4) 미임대 민간건설임대주택의 경우

「민간임대주택에 관한 특별법」 제2조 제2호에 따른 **민간건설임대주택**으로서 다음 각 목의 요건을 모두 갖춘 주택(「종합부동산세법 시행령」 제3조 제1항 제4호)

가. 전용면적이 149㎡ 이하일 것

나. 「종합부동산세법 시행령」 제9항에 따른 합산배제신고를 한 연도의 과세기준일 현재의 공시가격이 9억원 이하일 것

다. (a)「건축법」 제22조에 따른 사용승인을 받은 날 또는 (b)「주택법」 제49조에 따른 사용검사 후 사용검사필증을 받은 날부터 과세기준일 현재까지의 기간 동안 임대된 사실이 없고, 그 임대되지 아니한 기간이 2년 이내일 것

5) 부동산투자회사, 부동산간접투자기구의 경우

「부동산투자회사법」 제2조 제1호에 따른 **부동산투자회사** 또는 「간접투자자산 운용업법」 제27조 제3호에 따른 **부동산간접투자기구**가 2008년 1월 1일부터 2008년 12월 31일까지 취득 및 임대하는 **매입임대주택**으로서 다음 각 목의 요건을 모두 갖춘 주택이 5호 이상인 경우의 그 주택(「종합부동산세법 시행령」 제3조 제1항 제5호)

가. **전용면적이** 149㎡ **이하로서** 2008년도 과세기준일의 공시가격이 6억원 이하일 것

나. 10년 이상 계속하여 임대하는 것일 것

다. 수도권 밖의 지역에 위치할 것

6) 미분양 매입임대주택의 경우

매입임대주택[187]으로서 다음 각 목의 요건을 모두 갖춘 주택(「종합부동산세법 시행령」 제3조 제1항 제6호)

187) 미분양주택(「주택법」 제54조에 따른 사업주체가 같은 조에 따라 공급하는 주택으로서 입주자모집공고에 따른 입주자의 계약일이 지난 주택단지에서 2008년 6월 10일까지 분양계약이 체결되지 아니하여 선착순의 방법으로 공급하는 주택을 말한다. 이하 이 조에서 같다)으로서 2008년 6월 11일부터 2009년 6월 30일까지 최초로 분양계약을 체결하고 계약금을 납부한 주택에 한정한다.

이 경우 가목부터 다목까지의 요건을 모두 갖춘 매입임대주택(이하 **"미분양매입임대주택"**이라 한다)이 **5호 이상**188)이어야 한다.

가. **전용면적이 149㎡ 이하로서 5호 이상**의 주택의 임대를 개시한 날189) 또는 최초로 제9항에 따른 합산배제신고를 한 연도의 과세기준일의 **공시가격이 3억원 이하**일 것. 다만, 다음의 어느 하나에 해당하는 주택은 **제외한다.**

1) 2020년 7월 11일 이후 종전의 「민간임대주택에 관한 특별법」(2020. 8. 18. 법률 제17482호 민간임대주택에 관한 특별법 일부개정법률로 개정되기 전의 것) 제5조 제1항에 따라 등록 신청(같은 조 제3항에 따라 임대할 주택을 추가하기 위한 등록사항의 변경신고를 포함한다.)한 같은 법 제2조 제6호에 따른 **단기민간임대주택**

2) 2020년 7월 11일 이후 종전의 「민간임대주택에 관한 특별법」 제5조 제1항에 따라 등록 신청한 같은 법 제2조 제5호에 따른 **장기일반민간임대주택 중 아파트를 임대하는 민간매입임대주택**

3) 종전의 「민간임대주택에 관한 특별법」 제2조 제6호에 따른 **단기민간임대주택**으로서 2020년 7월 11일 이후 같은 법 제5조 제3항에 따라 같은 법 제2조 제4호에 따른 공공지원민간임대주택 또는 같은 조 제5호에 따른 장기일반민간임대주택으로 **변경 신고한 주택**

나. 5년 이상 계속하여 임대하는 것일 것

다. 수도권 밖의 지역에 위치할 것

라. 해당 주택을 보유한 납세의무자가 「종합부동산세법」 제8조 제3항에 따른 신고와 함께 시장·군수 또는 구청장이 발행한 미분양주택 확인서 사본 및 미분양주택 매입 시의 매매계약서 사본을 제출할 것

---

188) 제2호에 따른 매입임대주택이 5호 이상이거나 제3호에 따른 매입임대주택이 2호 이상이거나 제5호에 따른 임대주택이 5호 이상인 경우에는 제2호·제3호 또는 제5호에 따른 매입임대주택과 미분양매입임대주택을 합산하여 5호 이상(제3호에 따른 매입임대주택과 합산하는 경우에는 그 미분양매입임대주택이 같은 특별시·광역시 또는 도 안에 있는 경우에 한정한다.)을 말한다.

189) 5호 이상의 주택의 임대를 개시한 날 이후 임대를 개시한 주택의 경우에는 그 주택의 임대개시일을 말한다.

7) 건설임대주택 중 장기일반민간임대주택 등의 경우

건설임대주택 중「민간임대주택에 관한 특별법」 제2조 제4호에 따른 **공공지원민간임대주택** 또는 같은 조 제5호에 따른 **장기일반민간임대주택**(이하 이 조에서 **"장기일반민간임대주택 등"**이라 한다)으로서 다음 각 목의 요건을 모두 갖춘 주택이 **2호 이상**인 경우 그 주택[190](「종합부동산세법 시행령」 제3조 제1항 제7호)

다만, 종전의「민간임대주택에 관한 특별법」 제2조 제6호에 따른 **단기민간임대주택**으로서 2020년 7월 11일 이후 같은 법 제5조 제3항에 따라 같은 법 제2조 제4호에 따른 **공공지원민간임대주택** 또는 같은 조 제5호에 따른 **장기일반민간임대주택**으로 변경신고한 주택은 제외한다.

가. 전용면적이 149㎡ 이하로서 2호 이상의 주택의 임대를 개시한 날(2호 이상의 주택의 임대를 개시한 날 이후 임대를 개시한 주택의 경우에는 그 주택의 임대개시일을 말한다.) 또는 최초로 제9항에 따른 합산배제신고를 한 연도의 과세기준일의 공시가격이 9억원 이하일 것

나. 10년 이상 계속하여 임대하는 것일 것. 이 경우 임대기간을 계산할 때「민간임대주택에 관한 특별법」 제5조 제3항에 따라 같은 법 제2조 제6호의 단기민간임대주택을 장기일반민간임대주택 등으로 변경 신고한 경우에는 제7항 제1호에도 불구하고 같은 법 시행령 제34조 제1항 제3호에 따른 시점부터 그 기간을 계산한다.

다. 임대료 등의 증가율이 100분의 5를 초과하지 않을 것. 이 경우 임대료 등 증액 청구는 임대차계약의 체결 또는 약정한 임대료 등의 증액이 있은 후 1년 이내에는 하지 못하고, 임대사업자가 임대료 등의 증액을 청구하면서 임대보증금과 월 임대료를 상호 간에 전환하는 경우에는「민간임대주택에 관한 특별법」 제44조 제4항에 따라 정한 기준을 준용한다.

190) 2020. 8. 18. 법률 제17482호로 개정되어 같은 날부터 시행된「민간임대주택에 관한 특별법」에 따라, 2020. 8. 18.부터 등록 신청한 경우부터 적용

8) 매입임대주택 중 장기일반민간임대주택 등의 경우

매입임대주택 중 장기일반민간임대주택 등으로서 가목 1)부터 3)까지의 요건을 모두 갖춘 주택[191](「종합부동산세법 시행령」 제3조 제1항 제8호)

다만, 나목 1)부터 4)까지에 해당하는 주택의 경우는 제외한다.

가. 적용요건

1) 해당 주택의 임대개시일 또는 최초로 제9항에 따른 합산배제신고를 한 연도의 과세기준일의 공시가격이 6억원(수도권 밖의 지역인 경우에는 3억원) 이하일 것

2) 10년 이상 계속하여 임대하는 것일 것. 이 경우 임대기간을 계산할 때 「민간임대주택에 관한 특별법」 제5조 제3항에 따라, 같은 법 제2조 제6호의 단기민간임대주택을 장기일반민간임대주택 등으로 변경 신고한 경우에는 제7항 제1호에도 불구하고 같은 법 시행령 제34조 제1항 제3호에 따른 시점부터 그 기간을 계산한다.

3) 임대료 등의 증가율이 100분의 5를 초과하지 않을 것. 이 경우 임대료 등 증액 청구는 임대차계약의 체결 또는 약정한 임대료 등의 증액이 있은 후 1년 이내에는 하지 못하고, 임대사업자가 '임대료 등'의 증액을 청구하면서 임대보증금과 월임대료를 상호 간에 전환하는 경우에는 「민간임대주택에 관한 특별법」 제44조 제4항에 따라 정한 기준을 준용한다.

나. 제외되는 주택

1) 1세대가 국내에 1주택 이상을 보유한 상태에서 세대원이 새로 취득(제7항 제2호 또는 제7호에 따라 임대기간이 합산되는 경우의 취득은 제외한다.)한 **조정대상지역**(「주택법」 제63조의2 제1항 제1호에 따른 조정대상지역을 말한다.)에 있는 「민간임대주택에 관한 특별법」 제2조 제5호에 따른 **장기일반민간임대주택**[192]

2) 법인 또는 법인으로 보는 단체가 조정대상지역의 공고가 있은 날(이미 공고된 조정

---

191) 2020. 8. 18. 법률 제17482호로 개정되어 같은 날부터 시행된 「민간임대주택에 관한 특별법」에 따라, 2020. 8. 18.부터 등록 신청한 경우부터 적용

192) 조정대상지역의 공고가 있은 날 이전에 주택(주택을 취득할 수 있는 권리를 포함한다.)을 취득하거나 취득하기 위하여 매매계약을 체결하고 계약금을 지급한 사실이 증빙서류에 의하여 확인되는 경우는 제외한다.

대상지역의 경우 2020년 6월 17일을 말한다.)이 지난 후에 사업자등록 등을 신청((a) 임대할 주택을 **추가하기 위한 등록사항의 변경신고**를 포함하며, (b) 제7항 제7호에 따라 **임대기간이 합산되는 경우는 멸실된 주택에 대한 신청**을 말한다.)한 조정대상지역에 있는 「민간임대주택에 관한 특별법」 제2조 제5호에 따른 장기일반민간임대주택

3) 2020년 7월 11일 이후 종전의 「민간임대주택에 관한 특별법」 제5조 제1항에 따라 등록 신청한 같은 법 제2조 제5호에 따른 **장기일반민간임대주택 중 아파트를 임대하는 민간매입임대주택**

4) 종전의 「민간임대주택에 관한 특별법」 제2조 제6호에 따른 **단기민간임대주택**으로서 2020년 7월 11일 이후 같은 법 제5조 제3항에 따라, 같은 법 제2조 제4호에 따른 **공공지원민간임대주택** 또는 같은 조 제5호에 따른 **장기일반민간임대주택**으로 변경신고한 주택

라. 임대주택의 수 계산 방법

「종합부동산세법 시행령」 제3조 제1항 제1호, 제6호 및 제7호를 적용할 때 임대주택의 수(數)는 같은 특별시·광역시 또는 도에 소재하는 주택별로 각각 합산하여 계산한다.

마. 합산배제 임대주택의 임대기간의 계산 방법

합산배제 임대주택의 임대기간의 계산은 다음 각 호에 따른다.(「종합부동산세법 시행령」 제3조 제7항)

1. (a) 「종합부동산세법 시행령」 제3조 제1항 제1호 나목, 같은 항 제3호 나목 및 같은 항 제7호 나목에 따른 임대기간은 임대사업자로서 2호 이상의 주택의 임대를 개시한 날[193]부터, (b) 같은 조 제1항 제2호 나목 및 같은 항 제8호 가목 2)에 따른 임대기간은 임대사업자로서 해당 주택의 임대를 개시한 날부터, (c) 같은 조 제1항 제5호

193) 2호 이상의 주택의 임대를 개시한 날 이후 임대를 개시한 주택의 경우에는 그 주택의 임대개시일을 말한다.

나목 및 같은 항 제6호 나목에 따른 임대기간은 임대사업자로서 5호 이상의 주택의 임대를 개시한 날[194]부터 계산한다.

2. 상속으로 인하여 피상속인의 합산배제 임대주택을 취득하여 계속 임대하는 경우에는 당해 피상속인의 임대기간을 상속인의 임대기간에 합산한다.
3. 합병ㆍ분할 또는 조직변경을 한 법인(이하 이 조에서 **"합병법인 등"**이라 한다)이 합병ㆍ분할 또는 조직변경전의 법인(이하 이 조에서 "피합병법인 등"이라 한다)의 합산배제 임대주택을 취득하여 계속 임대하는 경우에는 당해 피합병법인 등의 임대기간을 합병법인 등의 임대기간에 합산한다.
4. 기존 임차인의 퇴거일부터 다음 임차인의 입주일까지의 기간이 2년 이내인 경우에는 계속 임대하는 것으로 본다.
5. 다음 각 목의 어느 하나에 해당하는 사유로 제1항 각 호(제4호는 제외한다.)의 주택이 같은 항의 요건을 충족하지 못하게 되는 때에는 제1호에 따른 기산일부터 제1항 각 호의 나목에 따른 기간이 되는 날까지는 각각 해당 사유로 임대하지 못하는 주택에 한하여 계속 임대하는 것으로 본다.
   가. 「공익사업을 위한 토지 등의 취득 및 보상에 관한 법률」이나 그 밖의 법률에 따른 협의매수 또는 수용
   나. 건설임대주택으로서 「공공주택 특별법 시행령」 제54조 제2항 제2호에 따른 임차인에 대한 분양전환
   다. 천재ㆍ지변, 그 밖에 이에 준하는 사유의 발생
6. 「종합부동산세법 시행령」 제3조 제1항 제1호 및 같은 항 제7호에 해당하는 건설임대주택은 제1호에도 불구하고, (a) 「건축법」 제22조에 따른 사용승인을 받은 날 또는 (b) 「주택법」 제49조에 따른 사용검사 후 사용검사필증을 받은 날부터 「민간임대주택에 관한 특별법」 제43조에 따른 임대의무기간의 종료일까지의 기간(해당 주택을 보유한 기간에 한정한다.) 동안은 계속 임대하는 것으로 본다.

---

194) 5호 이상의 주택의 임대를 개시한 날 이후 임대를 개시한 주택의 경우에는 그 주택의 임대개시일을 말한다.

광주고등법원 2020. 8. 21. 선고 2020누10127 판결

[종합부동산세및농어촌특별세부과처분취소]

민간건설임대사업자 A(원고)가 민간건설임대주택을 신축하여 임대한 후 **5년 이내에** 다른 민간임대사업자 B에게 당해 민간건설임대주택을「민간임대주택에 관한 특별법」제43조 제2항에 근거하여 **법정 임대의무기간 내에 매각**한 경우,「종합부동산세법 시행령[195)]」제3조 제7항 제6호 및 같은 시행령 제3조 제1항 제1호 나목에 따라 **5년 동안 계속 보유(소유) 요건**을 충족하지 않아 결국 같은 시행령 제3조에 정한 종합부동산세 합산배제 임대주택에 해당하지 않는다고 하여 A(원고)의 종합부동산세 등 부과처분취소청구를 기각한 사례.

7. (a)「도시 및 주거환경정비법」에 따른 재개발사업ㆍ재건축사업 또는 (b)「빈집 및 소규모주택 정비에 관한 특례법」에 따른 소규모주택정비사업에 따라, 당초의 합산배제 임대주택이 멸실되어 새로운 주택을 취득하게 된 경우에는 멸실된 주택의 임대기간과 새로 취득한 주택의 임대기간을 합산한다. 이 경우 새로 취득한 주택의 준공일부터 6개월 이내에 임대를 개시해야 한다.

7의2.「주택법」에 따른 리모델링을 하는 경우에는 해당 주택의 같은 법에 따른 허가일 또는 사업계획승인일 전의 임대기간과 준공일 후의 임대기간을 합산한다. 이 경우 준공일부터 6개월 이내에 임대를 개시해야 한다.

바. 합산배제 임대주택의 제외

「종합부동산세법 시행령」제3조 제1항을 적용할 때, (a) 같은 항 제1호 다목[196)], (b) 같은 항 제2호 다목[197)], (c) 같은 항 제7호 다목[198)] 및 (d) 같은 항 제8호 가목 3)[199)]의 요건을

195) 2018. 2. 13. 대통령령 제28645호로 일부 개정되기 전의「종합부동산세법 시행령」
196) 임대료 등의 증가율이 100분의 5를 초과하지 않을 것. 이 경우 임대료 등 증액 청구는 임대차계약의 체결 또는 약정한 임대료 등의 증액이 있은 후 1년 이내에는 하지 못하고, 임대사업자가 '임대료 등'의 증액을 청구하면서 임대보증금과 월 임대료를 상호 간에 전환하는 경우에는「민간임대주택에 관한 특별법」제44조 제4항 및「공공주택 특별법 시행령」제44조 제3항에 따라 정한 기준을 준용한다.
197) 상동
198) 상동

충족하지 않게 된 때에는 해당 과세연도를 포함하여 연속하는 2개 과세연도까지는 합산배제 임대주택에서 제외한다.

사. 합산배제의 신고 등

「종합부동산세법」 제8조 제2항 제1호에 따른 주택을 보유한 자가 합산배제 임대주택의 규정을 적용받으려는 때에는 **'임대주택 합산배제 신고서'**(「종합부동산세법 시행규칙」 [별지 제1호 서식(1) 및 별지 제1호 서식(2)])에 따라 신고하여야 한다.(「종합부동산세법 시행령」 제3조 제9항 전문)

다만, 최초의 합산배제 신고를 한 연도의 다음 연도부터는 그 신고한 내용 중 임대주택의 소유권 또는 전용면적에 변동이 없는 경우에는 신고하지 아니할 수 있다.

즉 임대주택의 소유권 또는 전용면적에 변동이 있는 경우에는 **'임대주택 합산배제 (변동) 신고서'**(「종합부동산세법 시행규칙」 [별지 제1호 서식(1) 및 별지 제1호 서식(2)])에 따라 신고하여야 한다.

「종합부동산세법 시행령」 제3조 제7항 제7호 및 제7호의2에 따라 주택의 임대기간의 합산을 받으려는 자는 주택이 멸실(리모델링의 경우에는 허가일 또는 사업계획승인일을 말한다.)된 후에 최초로 도래하는 과세기준일이 속하는 과세연도의 9. 16.부터 9. 30.까지에 기획재정부령으로 정하는 서류[200]를 관할 세무서장에게 제출해야 한다.

아. 추징액 등

관할세무서장 또는 관할지방국세청장은 과세표준 합산의 대상이 되는 주택에서 제외된 임대주택이 추후 그 요건을 충족하지 아니하게 된 경우 (a) 경감받은 세액과 (b) 이자상당가

---

199) 상동

200) 「조세특례제한법 시행규칙」 [별지]에 관련 서식은 없는 것으로 보인다.

산액을 추징하여야 한다.(「종합부동산세법」 제17조 제5항 제1호)

1) 경감받은 세액

위와 같이 추징해야 하는 경감받은 세액은 제1호의 금액에서 제2호의 금액을 뺀 금액으로 한다.

1. 합산배제 임대주택 또는 가정어린이집용 주택(이하 "합산배제 임대주택 등"이라 한다)으로 보아 왔던 매 과세연도마다 해당 주택을 종합부동산세 과세표준 합산의 대상이 되는 주택으로 보고 계산한 세액
2. 합산배제 임대주택 등으로 보아 왔던 매 과세연도마다 해당 주택을 종합부동산세 과세표준 합산의 대상에서 제외되는 주택으로 보고 계산한 세액

2) 이자상당가산액

위와 같이 추징해야 하는 이자상당가산액은 위 경감받은 세액에 (a) 제1호의 기간과 (b) 제2호의 율을 곱하여 계산한 금액으로 한다.

1. 합산배제 임대주택 등으로 신고한 매 과세연도(「종합부동산세법 시행령」 제3조 제9항 단서 및 제4조 제4항 단서에 따라 신고하지 않은 과세연도를 포함한다.)의 납부기한 다음 날부터 「종합부동산세법」 제17조 제5항 제1호에 따라 추징할 세액의 고지일까지의 기간
2. 1일당 10만분의 22

3) 추징 제외

다음 각 호의 어느 하나에 해당하는 경우에는 (a) 경감받은 세액과 (b) 이자상당가산액을 추징하지 않는다.

1. 「종합부동산세법 시행령」 제3조 제1항 제1호 나목, 같은 항 제2호 나목, 같은 항 제7호 나목 및 같은 항 제8호 가목 2)에 따른 최소 임대의무기간이 지난 후에 같은 항 제1호 다목, 같은 항 제2호 다목, 같은 항 제7호 다목 및 같은 항 제8호 가목

3)의 요건을 충족하지 않게 된 경우

2. 「민간임대주택에 관한 특별법」ⓐ 제6조 제1항 제11호[201] 또는 ⓑ 같은 조 제5항[202]에 따라 임대사업자 등록이 말소된 경우

3. ⓐ「도시 및 주거환경정비법」에 따른 재개발사업·재건축사업, ⓑ「빈집 및 소규모주택 정비에 관한 특례법」에 따른 **소규모주택정비사업**으로 당초의 합산배제 임대주택이 멸실되어 새로 취득하거나 ⓒ「주택법」에 따른 **리모델링**으로 새로 취득한 주택이 다음 각 목의 어느 하나에 해당하는 요건을 갖춘 경우. 다만, 새로 취득한 주택의 준공일부터 6개월이 되는 날이 2020년 7월 10일 이전인 경우는 제외한다.

   가. 새로 취득한 주택에 대하여, ⓐ 2020년 7월 11일 이후 종전의「민간임대주택에 관한 특별법」(2020. 8. 18. 법률 제17482호 민간임대주택에 관한 특별법 일부개정법률로 개정되기 전의 것을 말한다.) 제2조 제5호에 따른 장기일반민간임대주택 중 아파트를 임대하는 민간매입임대주택 또는 ⓑ 같은 조 제6호에 따른 단기민간임대주택으로 같은 법 제5조 제1항에 따라 등록 신청(같은 조 제3항에 따라 임대할 주택을 추가하기 위해 등록사항의 변경신고를 한 경우를 포함한다.)을 했을 것

   나. 새로 취득한 주택이 아파트(당초의 합산배제 임대주택이 단기민간임대주택인 경우에는 모든 주택을 말한다.)인 경우로서 해당 주택에 대하여 임대사업자 등록을 하지 않았을 것

---

201) 제43조에도 불구하고 종전의「민간임대주택에 관한 특별법」(법률 제17482호 민간임대주택에 관한 특별법 일부개정법률에 따라 개정되기 전의 것을 말한다. 이하 이 조에서 같다) 제2조 제5호의 장기일반민간임대주택 중 아파트(「주택법」 제2조 제20호의 도시형 생활주택이 아닌 것을 말한다)를 임대하는 민간매입임대주택 또는 제2조 제6호의 단기민간임대주택에 대하여 임대사업자가 임대의무기간 내 등록 말소를 신청(신청 당시 체결된 임대차계약이 있는 경우 임차인의 동의가 있는 경우로 한정한다)하는 경우

202) 종전의「민간임대주택에 관한 특별법」 제2조 제5호에 따른 장기일반민간임대주택 중 아파트(「주택법」 제2조 제20호의 도시형 생활주택이 아닌 것을 말한다.)를 임대하는 민간매입임대주택 및 제2조 제6호에 따른 단기민간임대주택은 임대의무기간이 종료한 날 등록이 말소된다.

5. 임대주택투자기구 과세 특례

가. 취득세 및 재산세 관련

1) 취득세 관련

「부동산투자회사법」 제2조 제1호 나목에 따른 **위탁관리 부동산투자회사**[203][204]가 임대할 목적으로 취득하는 부동산[205]에 대해서는 취득세의 100분의 20을 2021년 12월 31일까지 경감한다. 이 경우 「지방세법」 제13조 제2항 본문 및 같은 조 제3항의 세율을 적용하지 아니한다. (「지방세특례제한법」 제31조의4 제1항)

2) 재산세 관련

위 부동산투자회사가 과세기준일 현재 국내에 2세대 이상의 해당 공동주택을 임대 목적에 **직접 사용**[206]하는 경우에는 다음 각 호에서 정하는 바에 따라 지방세를 2021년 12월 31일까지 감면한다.(「지방세특례제한법」 제31조의4 제2항)

1. 전용면적 60㎡ 이하인 임대 목적의 공동주택에 대해서는 재산세(「지방세법」 제112조에 따른 부과액을 포함한다)의 100분의 40을 경감한다.
2. 전용면적 85㎡ 이하인 임대 목적의 공동주택에 대해서는 재산세의 100분의 15를 경감한다.

3) 취득세의 추징

다음 각 호의 어느 하나에 해당하는 경우에는 경감받은 취득세를 추징한다.

1. 토지를 취득한 날부터 정당한 사유 없이 2년 이내에 착공하지 아니한 경우

---

203) 자산의 투자·운용을 자산관리회사에 위탁하는 회사

204) 해당 부동산투자회사의 발행주식 총수에 대한 국가, 지방자치단체, 한국토지주택공사 및 지방공사가 난독 또는 공동으로 출자한 경우, 그 소유주식 수의 비율이 100분의 50을 초과하는 경우를 말한다.

205) 「주택법」 제2조 제3호에 따른 공동주택(같은 법 제2조 제4호에 따른 준주택 중 오피스텔을 포함한다.)을 건축 또는 매입하기 위하여 취득하는 경우의 부동산으로 한정한다.

206) 「부동산투자회사법」 제22조의2 또는 제35조에 따라 위탁하여 임대하는 경우를 포함한다.

2. 정당한 사유 없이 해당 부동산의 매입일부터 1년이 경과할 때까지 해당 용도로 직접 사용하지 아니하는 경우
3. 해당 용도로 직접 사용한 기간이 2년 미만인 상태에서 매각·증여하거나 다른 용도로 사용하는 경우

나. 자기관리 부동산투자회사 등에 대한 과세특례

1) 2009. 12. 31. 이전의 신축 및 매입

「부동산투자회사법」 제2조 제1호 가목에 따른 '**자기관리 부동산투자회사**'가 2009. 12. 31. 이전에 ⓐ '국민주택' 규모 이하의 주택을 신축하거나, ⓑ 취득 당시 입주된 사실이 없는 국민주택을 매입하여 임대업을 경영하는 경우에는 그 임대업으로부터 최초로 소득이 발생한 사업연도(임대사업 개시일부터 5년이 되는 날이 속하는 사업연도까지 그 사업에서 소득이 발생하지 아니하는 경우에는 5년이 되는 날이 속하는 사업연도)와 그 다음 사업연도 개시일부터 5년 이내에 끝나는 사업연도까지 국민주택을 임대함으로써 발생한 소득금액의 100분의 50에 상당하는 금액을 각 사업연도의 소득금액에서 공제한다.

2) 2021. 12. 31. 이전의 신축 및 매입

자기관리 부동산투자회사가 2021. 12. 31. 이전에 ⓐ 다음 각 호의 어느 하나에 해당하는 주택을 신축하거나 ⓑ 취득 당시 입주된 사실이 없는 다음 각 호의 어느 하나에 해당하는 주택을 매입하여 임대업을 경영하는 경우에는 그 임대업으로부터 최초로 소득이 발생한 사업연도(임대사업 개시일부터 5년이 되는 날이 속하는 사업연도까지 그 사업에서 소득이 발생하지 아니하는 경우에는 5년이 되는 날이 속하는 사업연도)와 그 다음 사업연도 개시일부터 8년(제2호에 해당하는 주택의 경우에는 5년) 이내에 끝나는 사업연도까지 해당 주택을 임대함으로써 발생한 소득금액의 100분의 100에 상당하는 금액을 각 사업연도의 소득금액에서 공제한다.

1. 「민간임대주택에 관한 특별법」 제2조 제4호에 따른 '**공공지원민간임대주택**' 또는 같은 법 제2조 제5호에 따른 '**장기일반민간임대주택**'으로서 주택의 연면적(공동주

택의 경우 전용면적)이 85㎡ 이하인 주택

2. 위 제1호에 해당하지 아니하는 주택으로서 주택의 연면적(공동주택의 경우 전용면적)이 149㎡ 이하인 주택

3) 구분경리

위 내용을 적용받으려는 자기관리 부동산투자회사가 소득공제를 적용받는 사업과 그 밖의 사업을 겸영하는 경우에는 「법인세법」 제113조에 따라 구분하여 경리하여야 한다.

4) 과세특례 적용의 신청

자기관리부동산투자회사는 **법인세과세표준신고**와 함께 **소득공제신청서**(「조세특례제한법 시행규칙」 [별지 제43호 서식])를 납세지 관할세무서장에게 제출하여야 한다.

다. '부동산집합투자기구 등' 집합투자증권의 배당소득에 대한 과세특례

1) 종합소득과세표준 합산 배제

거주자가 ⓐ「민간임대주택에 관한 특별법」 제2조에 따른 '민간임대주택' 및 이에 부수되는 토지의 기준시가의 합계액이 취득 당시 6억원 이하이고, 주택의 연면적(공동주택의 경우에는 전용면적)이 149㎡ 이하인 '임대주택'에 자산총액 중 100분의 50 이상을 투자하는 「자본시장과 금융투자업에 관한 법률」에 따른 **'부동산집합투자기구'**(집합투자재산의 100분의 50 이상을 같은 법 제229조 제2호에서 정한 부동산에 투자하는 같은 법 제9조 제19항에 따른 **'사모집합투자기구'**를 포함한다.) 또는 ⓑ「부동산투자회사법」에 따른 **'부동산투자회사'**(**'부동산집합투자기구 등'**)로부터 2018. 12. 31.까지 받는 '부동산집합투자기구 등'별 액면가액 합계액이 2억원 이하인 보유주식 또는 수익증권('집합투자증권')의 배당소득은 「소득세법」 제14조 제2항에 따른 종합소득과세표준에 합산하지 아니한다.(「조세특례제한법」 제87조의6 제1항 전문)

위 100분의 50 이상 '부동산집합투자기구 등'의 설정일 또는 설립일[207] 이후 결산·분배일까지 다음 계산식에 따른 매일의 비율을 합산하여 해당 기간의 총 일수로 나누어 계산한다. 이 경우 '부동산집합투자기구 등'의 설정일·설립일 또는 영업인가일부터 최초 3개월 및 해지일 또는 해산일 이전 3개월은 제외하고 계산한다.

('부동산집합투자기구 등'이 임대주택에 투자한 자산 또는 자금의 총액 + '부동산집합투자기구 등'이 다른 '부동산집합투자기구 등'을 통하여 임대주택에 투자한 자산 또는 자금의 총액)/'부동산집합투자기구 등'의 자산총액

위 계산식 중 '부동산집합투자기구 등'이 다른 '부동산집합투자기구 등'을 통하여 임대주택에 투자한 자산 또는 자금의 총액은 다른 '부동산집합투자기구 등'별로 다음의 계산식에 따라 계산한 금액의 합계액으로 한다.

('부동산집합투자기구 등'이 다른 부동산집합투자기구 등에 투자한 금액 X 다른 '부동산집합투자기구 등'이 임대주택에 투자한 자산 또는 자금의 총액)/다른 부동산'집합투자기구 등'의 자산 총액

'부동산투자집합기구 등'이 액면가액을 초과하여 집합투자증권을 발행하는 경우, 액면가액 합계액은 발행가액 합계액으로 한다.

2) 100분의 5의 세율

이 경우 '부동산집합투자기구 등'별 액면가액 합계액이 5천만원 이하인 집합투자증권의 배당소득에 대해서는 「소득세법」 제129조에도 불구하고 100분의 5의 세율을 적용한다. (「조세특례제한법」 제87조의6 제1항 후문)

207) ⓐ 부동산투자회사의 경우 영업인가일을 말하며, ⓑ 설정일·설립일 또는 영업인가일 이후 결산·분배가 있었던 경우에는 직전 결산·분배일 다음날을 말한다.

3) 통지 및 원천징수

'부동산집합투자기구 등'의 집합투자증권이 투자매매업자 또는 투자중개업자에게 전자등록되거나 예탁된 경우 '부동산집합투자기구 등'은 그 배당소득을 지급하기로 결정한 후 즉시 제1항에 따른 집합투자증권보유자별·투자매매업자별·투자중개업자별 **분리과세대상소득**의 명세를 직접 또는 전자등록기관 또는 한국예탁결제원을 통하여 집합투자증권 보유자가 위탁매매하는 투자매매업자 또는 투자중개업자에게 통지하여야 하며, 통지받은 투자매매업자 또는 투자중개업자는 통지받은 내용에 따라 원천징수하여야 한다.

'부동산집합투자기구 등'의 집합투자증권이 투자매매업자 또는 투자중개업자에게 예탁되어 있지 아니한 경우에는 그 '부동산집합투자기구 등'은 직접 또는 그 '부동산집합투자기구 등'의 명의개서대행기관을 통하여 집합투자증권 보유자별로 분리과세 대상소득을 구분하여 원천징수하여야 한다.

위 원천징수의무자가 직접 '부동산집합투자기구 등'의 배당소득을 지급할 경우에는 그 배당소득을 지급하는 날이 속하는 분기의 종료일의 다음 달 말일까지 기획재정부령으로 정하는 **'부동산집합투자기구 등 배당소득분리과세명세서'**(「조세특례제한법 시행규칙」[별지 제59호의2 서식])를 원천징수 관할 세무서장에게 제출하여야 한다.

4) 원천징수의무의 대리 또는 위임 의제

거주자가 「자본시장과 금융투자업에 관한 법률」에 따른 신탁업자와 신탁계약을 통하여 '부동산집합투자기구 등'의 집합투자증권에 투자하는 경우에는 해당 신탁업자와 '부동산집합투자기구 등' 간에 원천징수의무의 대리 또는 위임의 관계가 있는 것으로 본다.

라. 임대주택 부동산투자회사의 현물출자자에 대한 과세특례 등

1) 양도소득세 납부 또는 법인세 과세의 이연

내국인이 다음 각 호의 요건을 모두 갖추어 **'임대주택 부동산투자회사'**[208]에 2017년

12월 31일까지 「소득세법」 제94조 제1항 제1호에 따른 토지 또는 건물을 현물출자함으로써 발생하는 양도차익에 상당하는 금액(현물출자 후 임대주택용으로 사용되는 부분[209]에서 발생하는 것에 한정한다.)에 대하여는, 양도소득세의 납부 또는 법인세의 과세를 이연받을 수 있다.(「조세특례제한법」 제97조의6 제1항)

1. 「부동산투자회사법」 제9조 제1항에 따른 영업인가(변경인가의 경우 당초 영업인가 이후 추가적인 현물출자로 인한 변경인가에 한정한다.)일부터 1년 이내에 현물출자할 것
2. 현물출자의 대가를 전액 주식으로 받을 것

현물출자를 2회 이상 하는 경우에는 각각을 독립된 현물출자로 보아 「조세특례제한법」 제97조의6 제1항을 적용한다.

2) 양도소득세의 납부 또는 법인세의 과세를 이연받을 수 있는 금액

1. **거주자의 경우** : 「소득세법」 제93조 제2호에 따른 양도소득 결정세액 × 거주자가 현물출자한 「소득세법」 제94조 제1항 제1호에 따른 토지 또는 건물('자산') 중 제2항에 따라 임대주택용으로 사용되는 부분의 비율

---

208) 「부동산투자회사법」 제14조의8 제3항 제2호의 주택임대사업에 투자하는 부동산투자회사로서 다음 각호의 요건을 모두 갖춘 임대주택 부동산투자회사
 1. 보유하고 있는 건축물 연면적의 100분의 70 이상을 「임대주택법」 제2조 제2호 또는 제3호에 따른 건설임대주택 또는 매입임대주택으로 제공할 것
 2. 임대주택으로 제공하는 각 주택과 그에 부수되는 토지의 취득 당시 기준시가의 합계액이 6억원 이하일 것
 3. 임대주택으로 제공하는 각 주택의 전용면적이 85㎡ 이하일 것

209) 다음 각 호의 어느 하나에 해당하는 부분을 말한다.
 1. 「민간임대주택에 관한 특별법」 제2조에 따른 민간임대주택(주거에 사용하는 오피스텔을 포함한다.)
 2. 제1호에 따른 주택에 딸린 토지(건물이 정착된 면적에 지역별로 다음 각 목에서 정하는 배율을 곱하여 산정한 면적을 초과하는 경우 그 초과하는 부분의 토지는 제외한다.)
 가. 「국토의 계획 및 이용에 관한 법률」 제6조 제1호에 따른 도시지역의 토지: 5배
 나. 그 밖의 토지: 10배

2. **내국법인의 경우** : (「조세특례제한법」 제97조의6 제1항 제2호에 따른 현물출자의 대가 – 현물출자한 자산의 장부가액) × 내국법인이 현물출자한 자산 중 임대주택용으로 사용되는 부분의 비율

「소득세법」 제93조 제2호에 따른 양도소득 결정세액은 같은 법 제96조 제1항에 따른 실지거래가액을 기준으로 계산하며, 「조세특례제한법」 제97조의6 제1항 제2호에 따른 현물출자의 대가는 현물출자한 자산의 「법인세법」 제52조 제2항에 따른 시가를 기준으로 계산한다.

3) 손금 산입 등

내국법인이 「조세특례제한법」 제97조의6 제1항에 따라 법인세의 과세를 이연받는 경우에는 위에 따라 계산한 금액을 현물출자일이 속하는 사업연도의 소득금액을 계산할 때 손금에 산입한다. 이 경우 손금에 산입하는 금액은 현물출자하는 자산의 개별 자산별로 계산하여야 하며, 손금에 산입하는 금액의 합계는 현물출자로 취득한 부동산투자회사 주식의 압축기장충당금으로 계상하여야 한다.

4) 이연된 양도소득세액 납부 또는 과세 이연받은 금액의 익금 산입

위 제1항을 적용받은 내국인이 다음 각 호의 어느 하나에 해당하게 되는 경우에는 대통령령으로 정하는 바에 따라, ⓐ **거주자의 경우**에는 해당 사유 발생일이 속하는 달의 말일부터 **2개월 이내**(제4호의 증여의 경우 3개월 이내, 상속의 경우 6개월 이내)에 **이연받은 양도소득세액을 납부**하여야 하며, ⓑ **내국법인의 경우**에는 해당사유가 발생한 사업연도의 소득금액을 계산할 때 **과세 이연받은 금액을 익금에 산입**하여야 한다.

1. 현물출자의 대가로 받은 주식의 일부 또는 전부를 처분하는 경우(제4호에 따라 거주자가 증여하거나 거주자의 사망으로 상속이 이루어지는 경우는 제외한다.)
2. 현물출자 받은 임대주택 부동산투자회사가 「부동산투자회사법」 제44조에 따라 해산하는 경우(다만, 「부동산투자회사법」 제43조에 따른 합병으로서 「법인세법」

제44조 제2항 각 호의 요건을 모두 갖춘 합병인 경우는 제외한다. 이 경우 합병법인을 당초에 현물출자 받은 임대주택 부동산투자회사로 보아 이 조를 적용한다.)

3. 매분기말 2분기 연속하여 '임대주택 부동산투자회사' 요건을 갖추지 못한 경우

4. 위 제1항을 적용받은 거주자가 현물출자의 대가로 받은 주식의 일부 또는 전부를 증여하거나 거주자의 사망으로 해당 주식에 대한 상속이 이루어지는 경우

이연받은 양도소득세액을 납부하거나 과세이연받은 소득금액을 익금에 산입하는 경우에는 다음 각 호의 방법에 따른다.

1. **거주자의 경우** : 다음 각 목에 따라 계산한 금액을 **양도소득세액으로 납부**한다.

가. 「조세특례제한법」 제97조의6 제2항 제1호 또는 제4호에 해당하는 경우로서 현물출자의 대가로 받은 주식 중 처분한 주식 수를 현물출자의 대가로 받은 주식 수로 나눈 비율(현물출자 외의 방법으로 취득한 주식을 처분하는 경우 현물출자의 대가로 받은 주식을 먼저 처분한 것으로 보며, 이하 이 호에서 "주식처분비율"이라 한다)을 누적한 값이 100분의 50 미만인 경우 : 제3항에 따라 납부이연받은 양도소득세액 × 주식처분비율

나. 「조세특례제한법」 제97조의6 제2항 제1호 또는 제4호에 해당하는 경우로서 주식처분비율을 누적한 값이 100분의 50 이상인 경우 : 제3항에 따라 납부이연받은 양도소득세액 전액(가목에 따라 이미 납부한 세액이 있는 경우에는 해당 금액을 제외한다.)

다. 법 제97조의6 제2항 제2호 또는 제3호에 해당하는 경우 : 제3항에 따라 납부이연받은 양도소득세액 전액(가목에 따라 이미 납부한 세액이 있는 경우에는 해당 금액을 제외한다.)

2. **내국법인의 경우** : 다음 각 목에 따라 계산한 금액을 **익금에 산입**한다.

가. 「조세특례제한법」 제97조의6 제2항 제1호에 해당하는 경우로서 각 현물출자의

대가로 받은 주식 중 해당 사업연도에 처분한 주식 수를 현물출자의 대가로 받은 주식 수로 나눈 비율(먼저 취득한 주식을 먼저 처분한 것으로 보며, 현물출자 외의 방법으로 취득한 주식을 처분하는 경우 현물출자의 대가로 받은 주식을 먼저 처분한 것으로 본다. 이하 이 호에서 "해당연도주식처분비율"이라 한다.)을 누적한 값이 100분의 50 미만인 경우 : 현물출자별로 계상된 압축기장충당금 × 해당연도주식처분비율

나. 「조세특례제한법」 제97조의6 제2항 제1호에 해당하는 경우로서 각 현물출자의 대가로 받은 주식의 해당연도주식처분비율을 누적한 값이 100분의 50 이상인 경우 : 제4항에 따라 계상한 압축기장충당금 전액(가목에 따라 이미 익금에 산입한 금액이 있는 경우에는 해당 금액을 제외한다.

다. 법 제97조의6제2항제2호 또는 제3호에 해당하는 경우 : 제4항에 따라 계상한 압축기장충당금 전액(가목에 따라 이미 익금에 산입한 금액이 있는 경우에는 해당 금액을 제외한다.)

5) 이자 상당액

(a) 내국인이 위 제1항에 따라 납부를 이연받은 양도소득세액 또는 (b) 과세를 이연받은 법인세액을 위 제2항 제2호(「부동산투자회사법」 제42조에 따른 영업인가 취소의 경우에 한정한다.) 또는 (c) 제2항 제3호에 따라 납부하는 경우에는 이자 상당액을 양도소득세 또는 법인세에 더하여 납부하여야 하며, 해당세액은 「소득세법」 제111조 또는 「법인세법」 제64조에 따라 납부하여야 할 세액으로 본다.

위 이자 상당액은 다음 각 호의 구분에 따라 계산한 금액으로 한다.

1. 거주자의 경우 : 제7항 제1호 다목에 따라 납부하여야 할 양도소득세 납부이연금액에 가목에 따른 기간과 나목에 따른 율을 곱하여 계산한 금액
   가. 현물출자한 토지 등에 대한 양도소득세 예정신고 납부기한의 다음 날부터 법 제97조의6제2항 제2호 또는 제3호에 따른 세액의 납부일까지의 기간

나. 제11조의2 제9항 제2호에 따른 율

2. **내국법인의 경우** : 제7항 제2호 다목에 따라 익금에 산입하는 금액을 제4항에 따라 손금산입하여 발생한 법인세액의 차액에 가목에 따른 기간과 나목에 따른 율을 곱하여 계산한 금액

가. 현물출자일이 속하는 사업연도 종료일의 다음 날부터 제7항 제2호 다목에 따른 금액을 익금에 산입하는 사업연도의 종료일까지의 기간

나. 1일 10만분의22

6) 과세특례 적용의 신청

내국인은 과세표준 신고와 함께 기획재정부령으로 정하는 **'현물출자명세서'**(「조세특례제한법 시행규칙」[별지 제62호의4 서식]) 및 기획재정부령으로 정하는 **'현물출자 과세특례신청서'**(「조세특례제한법 시행규칙」[별지 제62호의5 서식])를 납세지 관할 세무서장에게 제출하여야 한다. 이 경우 임대주택 부동산투자회사도 현물출자 과세특례신청서를 제출하여야 한다.

7) 필요한 서류의 제출

내국인이 위와 같이 과세특례를 적용받는 경우, 임대주택 부동산투자회사는 매분기의 마지막 날까지 주주명부와 투자결과보고서를 납세지 관할 세무서장에게 제출하여야 한다.

참고문헌

1. 이영준, '민법총칙', 박영사, 1996. 2. 10.
2. 김준환, '주택임대관리업의이해', 이프레스, 2017. 3.
3. 현무준, '맞춤형 주택임대사업을 위한 임대주택시장의 이해(주택임대사업 실무와 이론), 도서출판 범론사, 2017. 3. 24.
4. 강세진, '국외 주택협동조합의 운영구조와 유형화에 관한 연구', 대한국토,도시계획학지 "국토계획" 제49권 제2호, 2014. 4.
5. 이동진, '계약이전의 연구, 상대방의 동의 요건의 기능과 위치를 중심으로" 서울대학교 법학 제53권 제1호, 2012. 3.
6. 양창수, '등기없이 일어나는 물권변동'. 사법행정(제31권 제6호), 한국사법행정학회, 1990
7. 김준호, '민법강의'(제24판), 법문사, 2018
8. 정구태, '주택임대차보호법상 임차주택의 양도와 임대인의 제3채무자로서의 지위 승계', 고려법학(제7호) 고려대학교 법학연구원, 2014. 9.
9. 윤나리, '포괄승계에 대한 새로운 이해', 법조 제70권 제5호(통권 제749호), 2021. 10. 28.
10. 황남석, '포괄승계의 개념에 관한 연구', 기업법연구(제27권 제2호), 한국기업법학회, 2013. 6.
11. 이혜민, '주택임대차보호법상 임대인 지위 승계의 성질 및 범위', 민사판례연구(ⅩⅩⅩⅥ), 민사판례연구회, 2014. 2.

저자 임 진 욱

서울대학교 지리학과 졸업
제45회 사법시험 합격
사법연수원 제35기 수료
서울지방변호사회 변호사 등록
(주)부영 사내변호사
법무법인 (유)한길
변호사 임진욱 법률사무소
현) 법무법인 (유)우송
현) 서울시 공익변호사

민간임대주택법 이론 및 실무

2023년 2월 10일 초판 1쇄 인쇄
2023년 2월 20일 초판 1쇄 발행

저 자 임 진 욱
발 행 인 김 용 성
발 행 처 **법률출판사**
서울시 동대문구 휘경로2길 3, 4층
☎ 02) 962-9154 팩스 02) 962-9156
등록번호 : 제1-1982호
ISBN : 978-89-5821-416-8 13360
e-mail : lawnbook@hanmail.net

정가 40,000원